8° R 9801

Paris
1889

Bouctot, J.-G.

Etudes de sociologie. Histoire du communisme et du socialisme

HISTOIRE

DU

COMMUNISME

ET DU

SOCIALISME

En préparation

TOME II

LES SOCIALISTES MODERNES

PROUDHON, LASSALLE, Karl MARX

Châteauroux. — Typographie et Lithographie A. Majesté.

ÉTUDES DE SOCIOLOGIE

HISTOIRE

DU

COMMUNISME

ET DU

SOCIALISME

PAR

J.-G. BOUCTOT

TOME I

PARIS

AUGUSTE GHIO, ÉDITEUR

PALAIS-ROYAL, 1, 3, 5 ET 7, GALERIE D'ORLÉANS

1889

« Le but d'une noble vie doit être une poursuite idéale et désintéressée. »

RENAN.

« Il faut avoir une carrière et mettre de l'unité dans sa vie. »

COUSIN.

« L'homme est né pour travailler comme l'oiseau pour voler. »

TRITHÈME.

« Je ne troublerai pas par plus de paroles l'émotion de vos
« souvenirs. Disons adieu sans grandes phrases à l'ami qui ne
« les aimait pas, ou plutôt disons-lui au revoir; car tous ceux
« qui gardent l'espérance en une vie future ne peuvent se
« résigner à croire qu'ils le quittent aujourd'hui pour tou-
« jours. Il a vécu selon l'honneur; il a été simple et bon, il a
« beaucoup travaillé. Il est dans le paradis des honnêtes gens. »

Éloge funèbre de M. de Chantelauze (auteur d'une *Histoire de
la Fronde* et du *Cardinal de Retz*) par François COPPÉE (janvier
1883).

PRÉFACE

L'homme ne commande à la nature qu'en lui obéissant.

BACON.

A une époque où, abandonnant les discussions théoriques, les revendications du prolétariat entrent peu à peu dans le domaine du fait et, envahissant toutes les parties essentielles de l'organisme gouvernemental, semblent prêtes à ébranler jusque dans son fondement l'ancienne constitution des peuples modernes, il n'est peut-être pas sans intérêt de jeter un coup d'œil d'ensemble sur les systèmes de rénovation proposés par les différentes écoles, de rechercher l'origine de leurs griefs, de peser la valeur de leurs protestations et de se pénétrer de l'influence qu'ont pu exercer, sur le développement de l'esprit public contemporain, les écrivains qui se sont donnés comme les défenseurs des déshérités de tous les temps.

Fidèle à la méthode évolutionniste, en tant que conception historique, nous nous contentons d'exposer les manifestations les plus saillantes du communisme : les rêves de Platon et des moines du moyen âge, les visions des premiers chrétiens et

des agitateurs de la Réforme, les tentatives de Babœuf, de Cabet, de Pierre Leroux et de Louis Blanc,
inspirées de J.-J. Rousseau, la propagande des nihilistes russes, adeptes dévoyés du fatalisme quasi-
oriental de Hégel.

Nous nous réservons d'examiner de plus près les
doctrines scientifiques et économiques auxquelles
Fourier, Saint-Simon, Auguste Comte, Proudhon et
Colins, en France, F. Lassalle, Karl Marx et Schœffle,
en Allemagne, ont attaché leurs noms, et de dégager
des pratiques de l'Internationale et des professions
de foi des congrès ouvriers la véritable portée du
mouvement qui — à entendre les chefs du radicalisme
intransigeant, — doit emporter, à la première trombe
politique, toutes les traditions du passé.

Notre but est de démontrer, qu'en présence de
l'amélioration incessante de la condition humaine
— impérissable honneur de notre temps, — le socialisme, désormais sans objet, est finalement condamné à l'impuissance.

Dans l'opinion de tous les esprits équilibrés, il
est aujourd'hui admis que le règne possible des
violences matérielles ne saurait s'établir d'une
manière durable; notre ambition serait de faire
comprendre aux masses, leurrées par de vaines promesses, qu'il n'appartient pas à la puissance gouvernementale de contredire au libre jeu des *lois
naturelles*, et que, si le propre de l'État est de favoriser l'expansion des institutions de sauvegarde, de
protection et de bienfaisance qui viennent, chaque
jour, consolider l'édifice d'affranchissement fondé
par la Révolution française, l'intervention de la loi

dans le domaine de la répartition des biens est
une utopie que les plus savantes combinaisons des
sophistes ne sont pas capables de faire définitivement prévaloir. Nous voudrions éveiller la défiance
de tous les hommes de bonne foi contre les imita-
tions pseudo-germaniques vantées par la presse révolutionnaire, et nous considérerions nos efforts
comme couronnés s'il nous était permis d'assister
un jour, sur notre terre française, à un retour éclatant en faveur de l'*individualisme*, dont un des plus
éminents représentants de la race anglo-saxonne,
M. Gladstone, a prédit le triomphe, tout en laissant
tomber cette parole mémorable, résumé des aspirations légitimes de la classe la plus intéressante et la
plus nombreuse : « *Le XIXᵉ siècle est le siècle des
ouvriers.* »

HISTOIRE
DU
COMMUNISME
ET
DU SOCIALISME

Les précurseurs. — Platon. — Thomas Morus. — Campanella. — Harrington. — Restif de la Bretonne.

Dans la société antique, où le travail est l'objet du mépris universel, où le commerce est considéré comme une production artificielle, où l'esclavage est vanté comme une institution nécessaire, le mode le plus honorable et le plus sûr d'enrichissement est la guerre. Aussi le but du législateur est-il, avant tout, de fonder une cité militaire dont les institutions défient les attaques des villes rivales.

La constitution de Lycurgue est le type le plus achevé de cette conception, inspirée des lois de la Crète. La république de Platon, que son auteur lui-même a déclarée irréalisable, en est l'expression la plus harmonieuse, en tant qu'interprétation idéale de la perfectibilité grecque. Cette doctrine est un système d'organisation du bonheur à l'usage exclusif des hommes libres (artisans, guerriers, magistrats). La propriété individuelle, la monogamie, la puissance paternelle ne conviennent pas à une société vouée au culte des jouissances exclusivement matérielles : tout est commun entre tous ; propriété, femmes, enfants.

En dépit des protestations de la liberté humaine et

1

des lois naturelles, l'État, image de la justice sur la
terre, est le seul répartiteur des biens et ses représentants seuls ont mission de régler les unions annuelles, de
limiter le nombre des enfants en sacrifiant impitoyablement les faibles et les infirmes, et de former par
une éducation virile des soldats destinés à vivre dans
un camp retranché.

Abandonnée par ses contemporains, l'idée communiste platonicienne rentre dans les lettres.

C'est d'abord un philosophe de l'école d'Alexandrie,
Plotin, qui demande sans succès, à l'empereur Gallien,
l'autorisation d'en faire l'application à un village de
l'Italie méridionale. Puis, dans les temps modernes,
une pléiade d'hommes éminents, esprits hantés de réformes, qui exhalent, dans une forme insaisissable,
leurs griefs contre une société qui les opprime.

C'est ce qui ressort de l'examen de l'Utopie, de Thomas Morus, que nombre de bons esprits considèrent
comme une fantaisie politique plutôt que comme un
système d'organisation sociale sérieux, opinion que
semble confirmer la division même de l'ouvrage, dont
la première et la quatrième et dernière parties sont
consacrées à la critique de la politique anglaise : le
déisme est la religion de l'État, la morale un épicu-
risme éclairé, les biens sont communs à tous dans la
cité dont le nombre des habitants est limité à 6000,
les repas en commun, les objets nécessaires à la vie
déposés dans les magasins de la communauté à la disposition gratuite des citoyens, le commerce extérieur
surtout méprisé, l'agriculture seule tolérée.

Mais la cesse l'analogie. Le christianisme est passé
laissant son empreinte, l'esclavage a fait place au servage, la femme a été affranchie ; en conséquence le
travail manuel est obligatoire mais réduit à six heures ; le mariage respecté et le divorce admis.

A Platon aussi se rattache le dominicain Campanella,
auteur de la *Cité du soleil* [1].

1. Garin, p. 176, *Anarchistes*.
Campanella, moine dominicain, né à Stilo (Calabre), auteur de

Plus hardi que Morus, et pénétré de la perfection de
la vie monastique, il admet la connexité de l'abolition
de la famille et de la propriété, la promiscuité des
sexes, la sélection des unions pour le perfectionnement
des races, la mise en commun de tous les biens; le
travail est organisé sur une base rationnelle; la fru-
galité et la pauvreté étant nécessaires au progrès humain, quatre heures de travail manuel suffisent, le
surplus du temps étant consacré au développement des
intelligences par l'étude. Mais comme, fatalement, l'i-
négalité reprend toujours ses droits, la cité consacre
une hiérarchie des capacités; au sommet de l'édifice,
un chef élu, sorte de pape industriel que nous verrons
plus loin rétabli par Saint-Simon, puis trois ministres
représentants de la puissance (guerre), de la sagesse
(sciences, arts, industrie) et de l'amour (agriculture,
lois sociales réglant les unions par la sélection des races).

Contemporain de Hume, Harrington vit à une des
époques les plus troublées de l'histoire de l'Angleterre.
Opposant ferme et modéré sous Charles Iᵉʳ, dont il
reste jusqu'à la fin le plus dévoué et le plus chevale-
resque des serviteurs, ennemi déclaré du pouvoir
absolu sous Cromwell, persécuté et emprisonné
à l'instigation de ses ennemis, à la Tour de Londres, sous Charles II, l'auteur d'« Oceana » cherche
dans les études spéculatives la réalisation d'un état
social meilleur. Il croit trouver la solution du problème
de la paix perpétuelle dans l'équilibre entre le pouvoir
et la propriété. Aspirant à l'égalité politique, il re-
doute l'oppression de l'individu à l'aide du monopole
territorial; en conséquence il demande une nouvelle
répartition agraire irrévocable. Son idée n'est pas un
partage communiste en vue d'établir une égalité absolue, mais une répartition proportionnelle au mérite,
au rang social.

la *Cité du soleil* (1630), fut un héros de la conviction philosophique. Enfermé en prison 27 années, torturé sept fois, il refusa de se rétracter. Il mourut pensionné par Louis XIII et
protégé du pape.

C'est un essai politique de république parlementaire, une tentative de distribution des devoirs et des droits telle qu'en eût pu concevoir l'école saint-simonienne, dont Harrington semble, en certains points, un précurseur.

Restif de la Bretonne (1734-1806), romancier connu surtout par la hardiesse et la liberté licencieuse de ses écrits, mérite mention comme inspirateur des réformateurs modernes. Admirateur de J.-J. Rousseau, il ne voit, comme lui, de bonheur pour les hommes que dans le retour à l'état primitif de la nature. Il existe un Dieu, créateur d'une matière unique qu'il a animée du souffle de la vie. Au commencement, il n'y avait qu'un végétal, qu'un seul animal. Ce sont les différences de milieu qui, seules, ont déterminé la variété des espèces.

Cela étant, il n'est plus besoin de culte : les religions révélées sont la source de tous les maux, de la tyrannie, de l'oppression des consciences, de l'Inquisition[1]. Pourquoi des églises et des prêtres? Les seules cérémonies acceptables, ce sont ces hommages périodiques à la Nature que l'homme doit lui rendre aux solstices et aux équinoxes.

« L'univers est le temple et la terre est l'autel[2]. »

La morale s'appuie sur les saines notions que nous a données la nature des choses. L'homme doit faire usage de ses organes d'une manière conforme aux vues de la nature. Ne rien négliger, ne rien outrer. La base de toute la morale est l'ordre ; or, l'ordre n'est possible que dans l'état d'égalité, source de bonheur et de la vertu. Tout étant à tous, personne ne peut rien s'approprier exclusivement : plus de crimes, plus de délits puisque la cupidité n'a plus d'objet. Tout est commun entre égaux. Chacun travaille au bien-être général, chacun y participe également. Les femmes toutes égales entre elles, vêtues de même, sont réparties tous les

---

1. Hermantin délivrant du bûcher les Maures et les Juifs que les Portugais de Goa ont condamnés au dernier supplice.
2. Lamartine. La Prière, *Méditations*.

deux ans entre les hommes non mariés encore, laissées au choix de ceux qui l'ont déjà été. Cette périodicité des unions prévient l'adultère sans laisser d'incertitude sur la paternité.

Les dettes supprimées, la propriété abolie, il n'y a plus d'oisifs, chacun travaille avec plaisir six heures par jour, l'esprit se développe, le corps se délasse. Le malheur n'est plus la loi d'une société où les uns sont surchargés de labeur, les autres dépourvus de tout, où les travailleurs sont « abrutis » et où « tout le monde est fort bête ».

Pour ménager la transition, les conditions de la vie ne sont pas modifiées pendant la génération présente, mais, pour inaugurer le nouveau système, les enfants à naître seront élevés pour l'exercice des professions selon leur état et leur naissance; toutefois les métiers manuels seront les plus estimés; les arts seront méprisés, à l'exception de la musique et de la danse. Le salaire sera proportionnel aux besoins, et l'unité de temps de travail sera le fondement de la valeur. Tout citoyen sera honoré suivant ses actions, son âge, sa vertu. Les distinctions exclusivement attribuées au mérite personnel ne seront pas transmissibles aux descendants. L'enfant et le vieillard seront à la charge de tous; l'homme fait, jusqu'à 40 ans, deviendra l'agent le plus actif de la production; à partir de cet âge il participera aux honneurs, à l'administration et à l'exercice de la souveraineté, et à 70 ans, les vieillards, prêtres de la Nation, assisteront le souverain pontife choisi parmi les plus anciens.

Ce qui étonne, chez Restif de la Bretonne, c'est sa surprenante imagination, l'énergie et le naturel de son style, l'originalité de ses conceptions. On y trouve en germe le transformisme de Darwin fondé sur l'idée panthéiste, l'organisation phalanstérienne de Fourier, la haine de la propriété de Proudhon, la banque d'échange de L. Blanc, les récompenses au mérite personnel, l'abolition de l'hérédité, le Grand Pontife industriel de Saint-Simon et de Comte.

Aussi l'auteur de *la Découverte australe*, par un

homme volant, ou *le Dédale français* (nouvelle très philosophique, imprimée à Leipsig, sans date), est-il considéré comme un penseur: sous une forme triviale et éloquente tour à tour, sa peinture des mœurs du dix-huitième siècle est une critique amère que ses contemporains ont estimée comme un pamphlet de génie et que nous nous plaisons encore à parcourir comme une curiosité historique.

Le communisme religieux. — Le christianisme. — Les premiers chrétiens. — Les Pères de l'Église. — Le mouvement
protestant. — Le soulèvement anabaptiste. — Les Frères
moraves. — Les Jésuites au Paraguay. — Les mouvements
communistes en Orient.

Il est un fait inhérent à la nature humaine, constaté
dans tous les temps, chez toutes les races. Celui qui
offre sa vie à Dieu a besoin d'une force morale qui
semble incompatible avec le souci des intérêts matériels. La suppression de la famille, la mise en commun
des biens, leur administration par des économes élec-
tifs, la vie simple, commune, uniforme et réglée, ne
répugnent pas à celui qui est décidé à se consacrer au
culte d'un idéal qu'il juge seul capable de donner une
complète satisfaction aux plus nobles aspirations de
l'intelligence et du cœur.

Ainsi s'explique l'existence de ces sectes antiques,
telles que celles des Esséniens de la mer Morte (vantées
par Pierre Leroux), des Thérapeutes judaïsants de l'É-
gypte dont Pline a dit [1] : « Ces peuplades solitaires se
» perpétuent sans femmes, vivent sans argent. Ainsi,
» chose incroyable, depuis plusieurs siècles elles se re-
» nouvellent sans qu'il y naisse personne. Le repentir,
» le dégoût du monde, sont les sources fécondes qui
» les alimentent. »

Cette tendance au détachement devait trouver son
complet développement dans les associations chrétiennes de la primitive Église. Obligés de combattre contre

1. *Hist. natur.* chap. V, p. 15.

l'organisme social romain, le plus puissant qui ait jamais existé, de se garantir contre une persécution séculaire dont les excès sanguinaires n'ont pu être contestés par aucun historien sérieux [1], traqués comme les pires ennemis de l'État antique qui n'admettait que l'exercice des cultes qu'il avait publiquement et solennellement consacrés, les chrétiens durent renoncer à la vie familiale, abandonner leurs biens ou les mettre en commun dans l'intérêt de la propagande. « Ceux qui croyaient (*Actes des Apôtres*) étaient tous unis ensemble, et tout ce » qu'ils avaient était mis en commun. Ils vendaient » leurs possessions et leurs biens et ils les distribuaient » à tous selon le besoin [2]. »

Tels étaient les sacrifices que les néophytes acceptaient suivant les règles dont saint Basile et saint Ephraïm ont retracé les lignes essentielles. La persécution religieuse cessant, cet état de renoncement exceptionnel ne pouvait devenir général ni se perpétuer. Malheureusement tous les Pères de l'Église ne le

1. *Revue des Deux-Mondes*, 1886, article de M. Paul Janet.
2. Il convient toutefois de faire remarquer que le christianisme, s'il conseille le renoncement aux biens de ce monde, n'en fait pas une obligation absolue.

En ce sens on peut citer :

Les versets 1, 2, 3, ... 12, chapitre V, des *Actes des apôtres* :

Ananias et sa femme Saphira ont fait vœu d'apporter à la communauté chrétienne le prix de tous leurs biens. Mais, malgré leur promesse solennelle à saint Pierre, ils en dissimulent une partie : ils sont foudroyés, non pas parce qu'ils n'ont pas voulu se soumettre à la pratique communiste, mais parce qu'ils ont fait un faux serment.

... Nonne manens tibi manebat et venumdatum in tua erat potestate ? Quare posuisti in corde tuo hanc rem. Non est mentitus hominibus, sed Deo...

Les préceptes et conseils évangéliques de saint Mathieu, XIX, 16 :

- Si vous voulez être parfait, dit Jésus à un jeune homme
- qui l'interroge, allez, vendez ce que vous avez et le donnez
- aux pauvres et vous aurez un trésor dans le ciel...
- Je vous le dis en vérité, il est plus aisé qu'un chameau
- passe par le trou de l'*Aiguille* (porte basse de Jérusalem)
- qu'un riche entre dans le royaume des cieux. -
.... Qui donc pourra être sauvé ?. - Cela est impossible aux hommes, mais tout est possible à Dieu ! -

comprirent pas: ils pensèrent que ce qui avait été bon et utile dans la lutte ne devait pas être rejeté après la victoire définitive du christianisme, et, s'inspirant de leurs préférences pour le célibat, ils préconisèrent la doctrine monacale du communisme.

« Il eut été meilleur, dit saint Grégoire de Nysse, et » plus juste, puisque nous sommes tous frères et unis » par les liens du sang et de la nature, que nous partage- » geassions tous également. »

Saint Jérôme attaque la richesse dans une apos- trophe digne de Rousseau : « L'opulence est le produit » du vol; s'il n'a été commis par le propriétaire ac- » tuel, il l'a été par ses ancêtres. »

Saint Clément, plus hardi, nie le droit de propriété : « En bonne justice, tout devrait appartenir à tous. » C'est l'iniquité qui a fait la propriété privée [1]. »

Et saint Jean Chrysostome recommandant la vie en communauté s'écrie: « Si nous adoptions nous-mêmes » aujourd'hui ce genre de vie, il en résulterait un » bien-être immense pour le riche et pour le pauvre, » et l'avantage ne serait pas plus grand pour l'un que » pour l'autre [2]. »

[1] « Communis vita, omnibus necessaria est et maxime his, qui Deo irreprehensibiliter militari cupiunt et vitam apostolo- rum eorumque discipulorum imitari volunt. Communis enim usus omnium quæ sunt in hoc mundo, omnibus esse homi- nibus debuit, sed, per iniquitatem, alius hoc suum esse dixit, et alius istud, et sic inter mortales facta divisio est. » Corpus juris canonici. Causa 12, édition 1618, Paroles de saint Clément. (Villegardelle).

[2] M. Paul Janet (Histoire de la science politique dans ses rapports avec la morale) fait toutefois observer, à la décharge des docteurs chrétiens, que ceux-ci proposent un idéal sans pour cela abroger le droit de chacun ; d'ailleurs, même sans faire la part de l'hyperbole oratoire, il faut convenir que les attaques à l'opulence dans la société antique étaient quelque peu justifiées : chez les peuples modernes, où le travail est de- venu le plus sûr moyen d'enrichissement, ces pieux anathèmes n'ont plus de sens, mais à Rome, où la conquête et l'usure étaient les sources uniques de fortune, les appels à la pau- vreté volontaire et à l'abandon des biens aux indigents avaient, dans une certaine mesure, le caractère d'une répara- tion et d'une restitution.

1.

Répudiée par les orthodoxes, cette tradition du communisme chrétien et religieux fut recueillie par les dissidents. Après les Vaudois, qui attendaient « la » venue du Messie qui doit paraître pour réaliser l'éga- » lité évangélique dans une société sans prêtres, sans » nobles et sans riches, » après l'insurrection formi- dable de 1384 qui amena sur Londres 200,000 paysans excités par les prédications de John Ball, de Wat Tyler et James Straw, disciples de Wiclef, elle fut accep- tée avec enthousiasme par ce troupeau de paysans ignorants et affamés qui, vers 1522, répondit à l'appel d'un disciple renié de Luther et de Melanchton. Ce fut lui qui, sous le nom de Thomas Münzer, souleva le premier la guerre civile en Allemagne au nom de la Ré- forme :

« Pourquoi, disait-il, gémirions-nous dans la pau- » vreté et serions-nous accablés de maux, tandis que » nos frères nagent dans les délices ? N'avons-nous pas » droit à l'égalité des biens qui, de leur nature, sont » faits pour être partagés entre tous les hommes ? » Rendez-nous, riches, usurpateurs, les biens que vous » tenez avec tant d'injustice. Ce n'est pas seulement » comme hommes que nous avons droit à une égale » distribution des avantages de la fortune, c'est aussi » *comme chrétiens.* »

Successivement maîtres de Nuremberg, de Prague et de Mulhausen en Thuringe (1524) ces illuminés, par- tisans de Metzler, autre apôtre de la destruction uni- verselle, qui étaient convaincus que la Providence al- lait les secourir par la main des anges, succombèrent à Frankenhausen (1525) où leurs chefs furent exécutés par l'ordre des électeurs de Mayence et de Brande- bourg, du duc de Brunswick et du landgrave de Hesse.

Vers la même époque, s'inspirant de la doctrine exposée par Zwingle à Zurich en 1523, les Anabap- tistes proclamèrent (1525) le symbole de Zolicone qui a pour principe l'égalité radicale et religieuse obtenue par l'abolition de l'État et des magistrats, la commu- nauté des biens, la promiscuité des sexes, la réhabilita-

tion de la chair par le baptême des adultes et les sacrifices humains, l'interdiction du serment et des procès
et l'abolition du service militaire.

Exécutés en masse sur l'ordre du Sénat de Zurich
(noyades dans le Rhin en 1529), traqués partout, ces
partisans se répandirent dans toute l'Europe centrale,
en Pologne, en Bohême, en Moravie, en Souabe, en
Suisse, aux Pays-Bas où ils provoquèrent une insurrection à Amsterdam, et en Westphalie à Münster.
Maîtres de la ville par un hardi coup de main après
en avoir chassé le prince-évêque, Mathias et Jean Bo-
cold (dit Jean de Leyde, le prophète, le roi de Jérusalem), s'y fortifièrent et s'y déclarèrent sectateurs
du système anabaptiste. Malgré d'effroyables orgies,
grâce à un despotisme furieux, ce régime, dont les
excès dépassèrent en horreur ceux du Bas-Empire ou de
la Terreur, parvint à se maintenir pendant près de
deux années (1534-35), laissant dans l'histoire un des
plus remarquables exemples de ce que l'énergie et la
persévérance du fanatisme sont capables de susciter
de haines, de soulever de passions et d'amonceler de
ruines.

Il résulte de ce rapide exposé que le communisme religieux n'a pu s'établir d'une façon durable
que par la suppression du principe premier de toute
société, c'est-à-dire par l'abolition de la famille. C'est
ce qu'un exemple demeuré célèbre tend à confirmer.
Des émigrés vaudois et piémontais, établis primitivement à Fulneck, en Moravie, au quatorzième siècle,
puis en haute Lusace sur les terres du comte de Zin-
zendorf, en 1722, (association de hussistes comme sous
le nom de Frères moraves), avaient permis aux membres de la confrérie de se marier sous la condition que
les biens seraient mis en commun et que les parents
renonceraient à l'éducation des enfants. Or, qu'arriva-
t-il? Les idées individualistes de liberté du travail, de
propriété, d'hérédité directe qui sont l'essence même
du cœur humain, furent plus fortes que les règlements
et la congrégation ne se maintint qu'en relâchant les liens
qui unissaient ses membres: chacun, pour lui-même et

sa descendance, eut la jouissance exclusive de l'enclos qui lui avait été accordé lors du premier partage, à charge de redevance envers la communauté qui, seule, put autoriser l'aliénation du bien et son passage en des mains étrangères. Cette large concession fut nécessaire pour assurer l'existence de l'association.

C'est pour avoir méconnu ces principes que les Jésuites échouèrent dans leur tentative des missions du Paraguay [1], colonie de production imitée, dit Raynal, des anciennes corporations péruviennes.

Il ne suffit pas, pour fonder une société, de déterminer, avec un soin méticuleux, la distribution des tâches et des récompenses suivant un plan absolu, de régler le mariage, l'éducation uniforme des enfants et l'alimentation générale. Le despotisme, sous quelque aménité de forme qu'il se cache, aboutit à l'anéantissement de l'initiative et de l'effort humain, et, comme l'a dit le célèbre voyageur Bougainville, « à *l'abrutissement* [2]. » Aussi le système ne survécut-il pas à l'expulsion des Jésuites (1760).

Le christianisme n'a pas seul servi d'appui aux tentatives communistes : la plupart des religions ont connu à leur heure cette évolution spéciale de l'esprit humain.

Au sixième siècle de notre ère, vers l'an 500, à la suite d'une famine et d'une peste effroyables, c'est le grand pontife des Mages de la Perse, Mazdak, qui tente d'établir la communauté des biens et la promiscuité des sexes, et ne parvient qu'à faire massacrer dix mille de ses partisans [3].

---

1. Chateaubriand a fait des Missions un éloge pompeux.

2. Dans les premières années de la colonisation, des tentatives de culture en commun en Virginie et à New-Plymouth (États-Unis) ont eu le même résultat.

3. Mme Guillard (*le Berceau du communisme en Perse*) a écrit une histoire du grand prêtre dissident de la secte des Manichéens, Mazdak, dont le système communiste aboutit à l'abolition de la propriété. « Toute chose animée ou inanimée, « dit-il, appartient à Dieu : c'est donc une impiété, dans un in- « dividu, de s'approprier un objet qui est la propriété du « créateur, et comme telle destinée à l'usage commun de l'es- « pèce humaine. »

Au siècle suivant, c'est Mahomet qui, poursuivant avant tout un but politique, la conquête du monde par la race arabe, proclame dans le Coran la polygamie et la dévolution des biens à la communauté.

Enfin au onzième siècle, en Chine, vers l'an 1069, c'est Wang-Ngan-Ché, ministre de l'empereur Chen-Tsoung, qui, en dépit des protestations de son prédécesseur Ssé-Ma-Kouang, applique pendant une quinzaine d'années au Céleste-Empire un système complet de communisme, lequel s'écroule rapidement de toutes pièces, sans laisser de traces [1].

1. *Un socialiste chinois au XI*e *siècle.* C. de Varigny. (*Revue des Deux-Mondes*, 15 février 1880.)

La Révolution française. — Le mouvement intellectuel de 1750. — Morelly. — Mably. — J.-J. Rousseau. Son œuvre. — Caractère individualiste de la première partie de la Révolution. Robespierre. — Le maximum et les assignats. — Babeuf et le soulèvement communiste de 1796.

Vers 1750, le grand courant d'idées qui, jusque-là, était venu frapper l'Église, commença à se retourner contre l'État et l'ancienne société française. Avant cette époque, aucun écrivain français n'avait attaqué directement les institutions politiques du pays. Voltaire, parvenu déjà à un âge avancé, avait puisé dans une génération antérieure le principe de ses écrits ; ses difficultés avec le prince de Rohan l'avaient éclairé sur le danger qu'il y avait à attaquer les puissants du jour ; esprit généralisateur, historien, poète tragique, apôtre de la tolérance, ennemi du surnaturel, il ne s'était mêlé de politique qu'autant qu'il s'agissait d'assaillir le clergé et les ordres religieux [1]. Dans cette campagne il avait

1. « Ôtez les prêtres et laissez-dire.
« Avec cela, pour la canaille dont la pente autrement serait « trop forte vers l'improbité, un Dieu rémunérateur et ven-« geur, c'est toute la philosophie sociale de Voltaire et son idéal « ne s'est jamais élevé plus haut.
» Nature indifférente ou plutôt étrangère à la notion du bien » ou du mal moral, toute l'honnêteté ne consiste pour lui que » dans l'observation des usages sociaux, comme la vertu même » que dans l'obéissance à quelques préjugés universels et né-« cessaires ».
(F. Brunetière, Revue des Deux-Mondes, 1er juillet 1886, p. 216. Article de critique sur Voltaire et J.-J. Rousseau, à propos d'un livre de M. Maugras).

eu pour lui non seulement l'opinion, mais encore la complicité du pouvoir qui, par l'édit de Machault, d'août 1749, interdisait la formation de tout établissement religieux sans le consentement préalable de la Couronne exprimé par lettres patentes enregistrées au Parlement.

Ce ne fut que dans la deuxième moitié du dix-huitième siècle, lorsque les esprits, fatigués de tragédies, de comédies et de romans, commencèrent à se passionner pour la politique, et à s'intéresser, jusque dans les salons, aux nouveautés économiques de du Quesnay de Gournay, de Necker et de Turgot, c'est-à-dire aux traités sur les finances, le commerce, la population, que s'opéra un grand changement.

Tandis qu'un petit cénacle d'hommes éminents, d'Holbach, Helvétius, Diderot, Laplace, — j'en passe et des meilleurs, — faisaient ouvertement profession d'athéisme [1]; d'autres, non sans succès, s'abstenant de toute lutte contre le christianisme, se bornaient presque exclusivement à dénoncer les abus civils et politiques. Morelly, Mably, Rousseau, sont, en ce sens, de véritables novateurs; leur influence est un phénomène moral de cette période préparatoire à laquelle ils inculquent l'imitation des héros de l'antiquité grecque et romaine, le culte du faux naturel, de l'uniformité égalitaire, de la toute-puissance de l'État, prodromes justificatifs des tentatives de bouleversement social qui compromettent un instant les plus fécondes réformes de la Révolution française. Aussi, est-ce avec une certaine raison que Napoléon Ier a pu dire: « Sans Rousseau, la France n'aurait pas eu de Révolution. »

---

1. « L'affaiblissement du sentiment religieux en France
» depuis 1760, — cause principale de la Révolution française,
» — fait comprendre son caractère violent, son orgueil, son
» manque de mesure, son esprit de propagande universelle,
» son fanatisme, cet air de guerre de religion qu'elle a eu tout
» de suite, et qu'elle garde encore »
       E. Faguet. Mme de Staël. (Revue des Deux-
Mondes, 15 sept. 1887, p. 338).

Suivant Morelly[1], les sentiments naturels de sociabilité et de bienveillance inhérents à l'espèce humaine trouvent un obstacle à leur développement normal dans le principe de la propriété qui, créant un antagonisme entre les obligations et les convoitises, engendre l'égoïsme sous le nom d'intérêt particulier. Son abolition préalable est indispensable si l'on veut fonder la morale de l'avenir qu'il importe d'enseigner aux générations nouvelles.... Il convient, sans doute, de reconnaître qu'il a, dans le présent, le mérite d'inspirer du goût et de l'ardeur pour le travail, « mais si, dans » notre corruption, nous ne connaissons plus que ce » ressort capable de nous mouvoir, ne nous trom- » pons pas jusqu'au point de croire que rien ne peut » y suppléer ». L'homme est né naturellement actif, et le sens de la possession, base primitive de la propriété, n'est pas fatalement nécessaire pour secouer son indolence; la paresse n'est que la conséquence de l'excès d'assiduité des uns et du peu d'application des autres, en un mot des entraves que la civilisation a mises à l'expansion des passions. Leur réhabilitation ouvrirait une ère de bonheur et de fécondité, et dès lors le travail, devenu distrayant, ne serait plus l'objet d'une universelle répugnance, une peine afflictive, mais au contraire un repos, un délassement et une récompense.

L'amour de la gloire, la recherche de la considération sont des mobiles plus nobles et non moins puissants que l'intérêt et l'avarice auxquels nous attachent nos études et nos traditions d'éducation. Rompons les liens qui brisent notre libre essor : la haine, l'envie, l'hypocrisie, n'ayant plus d'aliment, disparaîtront ; l'ordre apparaîtra automatiquement pour ainsi dire : et aussitôt, à l'abri des préoccupations de la vie matérielle,

---

1. *Code de la nature*, 1755.
Voltaire, qui se prononce contre cet ouvrage de désorganisation sociale, reconnaît cependant qu'il est lu dans toutes les classes, notamment par « des savants, des ignorants et des femmes ».
(Buckle, *Histoire de la civilisation*, t. III, p. 2 6.)

chaque citoyen, assujetti à des devoirs en rapports avec ses facultés, jouira de droits proportionnels à ses besoins.

Un sénat suprême, un chef à vie pris alternativement dans chaque famille, auront pour mission d'établir et de maintenir la nouvelle organisation. Les enfants, élevés en commun aux frais de la société, seront, de 20 à 25 ans, répartis dans les diverses branches du travail par un conseil de révision, pacifique distributeur des tâches et des récompenses, et il ne sera plus question des mots barbares de vente et d'échange, puisque tous les fruits de la production, déposés désormais dans des magasins publics, seront prodigués par de généreux économes à tous ceux qui justifieront de nécessités véritables.

Mably, adversaire des économistes physiocrates, veut dans sa réponse à Mercier de la Rivière, intitulée *Doutes sur l'ordre naturel essentiel des sociétés* (1768), et dans ses ouvrages subséquents ; — *Les droits et devoirs du citoyen* (1776) ; — *Du gouvernement et des lois de la Pologne* (1781), préparer les citoyens d'un état corrompu à se rapprocher des lois de la nature.

Les lois de la nature.... c'est l'acheminement au communisme [1].

Ses arguments contre la propriété sont ceux de Morus, de Campanella, de Morelly ; mais les moyens sont moins violents ; la transition est ménagée, il ne s'agit

---

[1]. Il n'ose pas attaquer de front la propriété.

« La principale source de tous les malheurs qui affligent l'humanité est, dit-il, la propriété des biens : les premières sociétés ont pu l'établir avec justice pour combattre les désordres de l'état de nature. Mais nous, qui voyons les maux infinis qui sont sortis de cette boîte funeste de Pandore, si le moindre rayon d'espérance frappait notre raison, ne devrions-nous pas aspirer à cette heureuse communauté des biens tant louée, tant regrettée par les poètes que Lycurgue avait établie à Lacédémone, que Platon voulait faire revivre dans sa République, et qui, grâce à la dépravation des mœurs, ne peut plus être qu'une chimère dans le monde ? » *Droits et devoirs du citoyen*. p. 83.

plus d'une abolition brutale, mais d'une épuration par
la limitation de l'étendue des propriétés, par des lois
spoliatrices sur le droit de tester et les successions, par
quelques lois somptuaires. La législation de Lycurgue,
l'organisation des Jésuites du Paraguay, sont les modèles à l'imitation desquels il convie ses concitoyens. Il
imagine bien que la mise en œuvre de son principe sera
difficile, qu'elle soulèvera de l'opposition, voire même
une lutte sérieuse, mais, comme il appartient à cette
époque qui pense et travaille pour le genre humain,
rien ne l'arrête, parce qu'il vaut mieux ne compter
« qu'un million d'hommes heureux sur la terre entière
» que d'y voir cette multitude innombrable de miséra-
» bles et d'esclaves qui ne vit qu'à moitié dans l'abru-
» tissement et la misère ».

Comme Mably, J.-J. Rousseau veut ramener l'homme
aux lois naturelles. Mais tandis que l'un, grand seigneur, diplomate, homme de cour, lettré ayant vécu
dans la compagnie des anciens et plein de mépris pour
le travail industriel, écœuré de déboires personnels,
dégoûté de son siècle, rêve pour les générations futures
le retour à la civilisation antique, — l'autre, plébéien
au cœur sensible et fier, à l'âme affamée d'idéal, brutal dans l'expression de ses sentiments, impétueux
dans ses passions, puise dans le contact obligé d'une
existence agitée par les nécessités matérielles ce mépris de la vie positive, cette antipathie de la société et
de ses semblables qui anime ses écrits, et enfin cette
hypocondrie, ce délire de persécution, malheur de ses
dernières années. Tour à tour commis-greffier, graveur, domestique, séminariste, précepteur, secrétaire,
copiste, musicien, Jean-Jacques a connu tous les
métiers, tous les caractères, toutes les misères humaines. Il n'est pas sceptique, railleur comme Figaro,
complaisant d'humeur facile comme Philinte; son
cœur est ulcéré d'injustice, gonflé de haine contre les
abus; il est exaspéré de voir chez l'homme tant d'hypocrisie, de lâcheté et de petitesse; offensé, il ne pardonne

pas il s'en prend à la civilisation, auteur de tous ces vices et de tous ses maux.

Celui qui a écrit la profession de foi du *Vicaire savoyard* croit en Dieu, à la conscience, à la vie future ; il admet bien l'inégalité physique, parce qu'elle est établie par la nature et qu'elle est en relation nécessaire avec les différences d'âge, de santé, de force du corps et de qualités de l'esprit ou du cœur, mais il n'accepte pas sans réticence cette inégalité d'un autre genre qu'il appelle morale ou politique, parce qu'elle dépend d'une sorte de convention, et qu'elle est fondée sur le consentement des hommes, c'est-à-dire celle qui consiste dans les divers privilèges dont quelques-uns jouissent au préjudice des autres, comme d'être plus riches, plus honorés, plus puissants qu'eux, ou même de se faire obéir. Celle-là, l'auteur du « *Discours sur l'inégalité parmi les hommes* » la déclare contraire à l'ordre de nature auquel personne, avant lui, n'a voulu ni osé remonter. Dans cet état primitif l'homme a d'abord eu souci de son existence, de la conservation de lui-même et de son espèce (amour des sexes), de celle de ses instruments de travail, de celle de ses biens (propriété). De ce besoin de repos, de tranquillité est né le droit et la loi qui en est l'expression.

La civilisation est donc l'origine de l'inégalité morale qui est fausse parce qu'il n'est pas bien qu'un enfant commande à un vieillard, qu'un imbécile conduise un homme sage, et qu'une poignée de gens regorge de superfluités, tandis que la multitude affamée manque du nécessaire. Toute l'organisation sociale reposant sur une convention est révisable comme l'est tout contrat. La haine des citoyens les uns envers les autres, la paresse des riches, le travail excessif des pauvres, la contrainte morale, sont les résultats de la civilisation. Arrière l'imposteur qui, ayant enclos un terrain, s'est avisé de dire : « Ceci est à moi » et a trouvé des gens assez simples pour le croire. La terre n'est à personne et les fruits sont à tous.

A ce premier terme de l'inégalité qui a nom la propriété, est venu s'en ajouter un second qui a été

l'institution de la magistrature, création des puissants
contre les faibles, et un troisième et dernier, le changement du pouvoir légitime en pouvoir arbitraire qui
a abouti à la relation de maître à esclave. L'homme,
seul, a fait le mal, lui seul doit le réparer en rétablissant le règne de la nature et de la vérité.

Dans les républiques antiques l'État égalise les fortunes par la confiscation légale, par l'impôt progressif,
par les lois somptuaires. Ainsi le veut l'utilité publique, parce que, ainsi que l'a dit Locke, « il ne saurait y
» avoir d'injure où il n'y a pas de propriété ».

Dans la véritable démocratie, la magistrature n'est
pas un avantage, mais une charge onéreuse qu'on ne
peut justement imposer à un particulier plutôt qu'à un
autre. Pour toutes les fonctions où suffisent le bon sens,
la justice, l'intégrité — qualités communes à tous les
citoyens d'un état bien constitué — le sort et la désignation par l'élection conviennent. Les dépositaires de la
puissance exécutive ne sont pas les maîtres du peuple,
mais ses officiers. La volonté générale est indestructible parce qu'elle se rapporte à la commune conservation et au bien-être. Plus les délibérations sont importantes, plus le nom qui l'emporte doit approcher de
l'unanimité ; mais, quand il y a utilité de terminer sur-
le-champ, l'excédent d'une voix doit suffire.

Cet exposé, on le voit, contient en puissance le principe
du suffrage étendu à tous les actes du gouvernement,
plébiscitaire et fédéraliste à l'imitation des républiques
grecques et des cantons suisses, l'omnipotence de l'État,
l'oppression des minorités au nom de l'intérêt général.
M. Vuy[1] a mis en lumière ce dernier point dans une étude
récente : l'idée dominante de la politique de Rousseau
est empruntée aux franchises nationales octroyées à la
cité de Genève par son prince-évêque Adhémar Fabri
dans le but de faire échec aux entreprises des comtes
et ducs de Savoie. De là cette préférence avouée pour
le régime oligarchique et aristocratique[2] établi par les

1. « Origine des idées politiques de J.-J. Rousseau. »
2. Contrat social. Lettres écrites de la Montagne.

calvinistes dans son pays d'origine, qu'il justifie par
une distinction entre le gouvernement et la souveraineté.

Tel est Rousseau. Ne comprenant pas qu'une société
est un organisme soumis à la loi du développement, non
un produit, il n'a pas conscience de « l'immensité de la
» distance qui sépare une abstraction creuse, un fan-
» tôme philosophique, un simulacre vide et sans subs-
» tance, de l'homme réel et complet [1] ». Imbu de
cette erreur, il veut refaire l'homme et la société par
un retour vers l'état primitif de la nature. Théorie uto-
pique sans doute, conception folle, mais profondément propre à troubler des esprits préparés au grand
souffle de la Révolution. Qu'importe la fausseté des
vues sur certains points de religion, de gouvernement
de soi-même et des autres ? qu'importent les contradictions entre la beauté morale des écrits et la bassesse
de l'homme ? s'il n'en reste pas moins que le contact
du génie de Rousseau « semble rendre l'homme meil-
» leur [2] », que son style plein de vie, de force et de chaleur « laisse dans tout l'être intellectuel et moral
» cette vibration électrique qui éveille de nouvelles
» facultés, et fait de l'homme et de la nature un nou-
» veau monde de pensées et de sentiments [3] ». Là est le
secret de sa puissante influence sur le dix-huitième siècle, et voilà pourquoi, toujours cité comme une autorité par les réformateurs, « cet ange tombé restera
» plus près du ciel de leurs espérances que son rival
» Voltaire [4] ».

1. Taine.
2. Opinion de Mounier à propos de l'*Émile*.
3. George Elliot. Œuvres publiées par M. Cross (1885).
4. Nettement. *Ruines morales*.

Hegel a dit que, pendant la Révolution française, la raison
était devenue la règle suprême de tout, qu'elle fut le temps où
la tête dirigeait le monde (auf dem Kopf gestellt wurde).

Les philosophes français du XVIIIe siècle avaient fait de la
raison la règle suprême de toute chose.

« Le *Contrat social* de Rousseau avait trouvé sa réalité dans
» le règne de la Terreur. »   (Citations de Engels).

« Nous n'avons pas vu de notre temps et le monde n'a vu
» qu'une ou deux fois, dans le cours entier de l'histoire, des

Aussi n'est-ce pas sans une certaine vérité que certains historiens contemporains ont vu dans la Révolu-

» travaux exercer une aussi prodigieuse influence sur l'esprit
» des hommes de tout caractère et de toute nuance intellec-
« tuelle que les livres publiés par Rousseau de 1749 à 1762.
« Ce fut la première tentative pour reconstruire l'édifice de
« la croyance humaine après les travaux de démolition com-
» mencés par Bayle et par Locke, et achevés par Voltaire.
» Or, toute tentative de construction a toujours la supériorité
« sur les œuvres purement destructives. »
                              (Summer Maine. — L'ancien droit).

Hume écrit de Paris (1750) : « Il est impossible d'exprimer ou
« d'imaginer l'enthousiasme de cette nation en faveur de Rous-
« seau. Personne n'excita jamais autant son attention. Voltaire
» et tous les autres sont complètement éclipsés par lui ».

« Le système entièrement nouveau d'une démocratie absolue fut
» exposé par J.-J. Rousseau. » (Schlosser, Histoire du XVIIIe siècle).

C'est pourquoi, sur la motion de Lakanal, les restes de
J.-J. Rousseau furent transportés au Panthéon et une fête instituée le 20 vendémiaire an III, en l'honneur « de l'homme de la
nature et de la vérité. »

Anatole France Temps, 20 mars 1887 a également mis en
lumière les causes de la profonde influence de Rousseau et de
l'impression durable de ses Confessions.

« Quant à Rousseau, écrit-il, dont l'âme renferme tant de
« misères et de grandeurs, on ne peut lui reprocher de s'être
» confessé à demi. Il avoue ses fautes et celles des autres avec
» une heureuse facilité. La vérité ne lui coûte point à dire :
» il sait que, pour ignoble et vile qu'elle est, il la rendra tou-
« chante et belle ; il a des secrets pour cela, les secrets du
» génie qui, comme le feu, purifient tout. Pauvre grand Jean-
» Jacques ! Il a remué le monde. Il a dit aux mères : « Nour-
» rissez vos enfants » et les jeunes mères sont devenues nour-
» rices, et les peintres ont représenté les plus belles dames
» donnant le sein à un nourrisson. Il a dit aux hommes :
« Les hommes sont nés bons et heureux ; la société les a
» rendus malheureux et méchants ; ils retrouveront le bonheur
» en retournant à la nature : alors les reines se sont faites
» bergères, les ministres se sont faits philosophes, les légis-
» lateurs ont proclamé les droits de l'homme, et le peuple,
» naturellement bon, a massacré les prisonniers dans les pri-
« sons pendant trois jours.

« Mais si Jean-Jacques a encore aujourd'hui des lecteurs,
» ce n'est pas pour avoir jeté par le monde, avec une élo-
« quence enchanteresse, un sentiment nouveau d'amour et de
» pitié, mêlé aux idées les plus fausses et les plus funestes
» que jamais homme ait eues sur la nature et sur la société ;
« ce n'est pas pour avoir écrit le plus beau des romans d'a-
» mour ; ce n'est pas pour avoir fait jaillir des sources nou-

tion[1] un mouvement religieux. L'homme du dix-huitième siècle ébloui de sa propre lumière, enivré de son orgueil, a une idole, et cette idole c'est lui-même, c'est la raison. Son culte n'est pas un accident, mais le profond symbole de ses aspirations vers l'idéal. Aux convictions sincères succédera l'exploitation des agitateurs, meute affamée de vengeances et de jouissances, qui détournera le courant, mais auparavant il faudra subir le déchainement des principes purs. Son grand-prêtre sera-t-il un homme de génie spontané, original, un homme d'État, rompu à la pratique des affaires ? Non, ce sera un esprit médiocre, correct, terne bien que studieux, absolu et dogmatique. Robespierre, élève de Mably et de Rousseau, voudra établir le règne du déisme de la vertu et de l'égalité, conformément à la doctrine du *Contrat social*; sa politique, étant une morale, n'admettra pas de contradiction; elle périra entrainée avec son chef victime des haines qu'elle aura suscitées par ses monstrueuses violences[2].

Au point de vue social, cette première période révolutionnaire est nettement déiste, individualiste, anticommuniste[3]. Les ministres du culte sont persécutés en

« velles de poésie: c'est pour avoir peint sa pitoyable existence; c'est pour avoir raconté ce qui lui advint en ce triste monde depuis le temps où il n'était qu'un jeune vagabond, vicieux, voleur, ingrat, et pourtant sensible à la beauté des choses, rempli de l'amour sacré de la nature, jusqu'au jour où son âme inquiète sombra dans la folie. On n'ouvre plus guère l'*École* et la *Nouvelle Héloïse*. On lira toujours les *Confessions*.

« Rousseau n'était point en opposition contre son siècle. Il avait trouvé dans sa logique très particulière le moyen d'être un misanthrope optimiste croyant l'homme bon en soi et devenu mauvais par la manière dont il s'était aménagé sur la terre, aimant l'homme et détestant les organisations humaines, jugeant les hommes bons, pervertis et corrigibles, et, tout en détestant les sociétés, en rêvant, où les hommes non pas arriveraient à la perfection, mais y reviendraient, ce qui est, par un détour, croire à la perfection plus que personne ».

E. Faguet.—*Mme de Staël, Revue des Deux-Mondes*, 15 sept. 1887.

1. M. A. Sorel.

2. « Ah ! Si vous aviez vu ses yeux verts vous auriez voté comme nous au 9 thermidor. » (*Paroles d'un Montagnard*.)

3. Taine. *Revue des Deux-Mondes*, 1er mars 1883.

tant que caste capable de contrebalancer l'omnipotence de l'État. La notion de l'Être suprême demeure
intacte ; Chaumette, Anacharsis Clootz et les autres promoteurs du mouvement anti-catholique lui sont immo-
lés. La passion de l'égalité fait ses ravages : « les capi-
» talistes sont détruits pécuniairement par les assignats
» et physiquement par la guillotine[1]. » Robespierre
déclare ennemis publics les hommes vicieux et les
riches. Saint-Just, son bras droit, maintient que l'opulence est une infamie incompatible avec un régime d'é-
galité. Barrère voudrait faire disparaître l'esclavage
de la misère : plus de mendiants, d'aumônes, d'hôpi-
taux... Mais le principe de la propriété individuelle
résiste aux attaques de Brissot, seul véritable ancêtre
du socialisme. Quelques écrits périodiques, où le partage des biens et la communauté des biens sont vantés,
(le *Catéchisme du genre humain*, la *Chronique de Paris*
du girondin Rabaud), quelques attaques indirectes à l'hérédité, telles que celles de l'abbé Fauchet (*la Bouche de
fer*), de Necker (*le Commerce des grains*), ou de Saint-Just,
n'ont raison ni de la logique de Condorcet ni de l'éloquence
de Vergniaud (séance de la Convention, 8 mars 1793).

A la déclaration des Droits de l'Homme mentionnant
dans l'article 2, l'égalité, la liberté, la sûreté la propriété, la Convention ajoute, comme corollaire, le
décret du 17 mars 1793, édictant la peine de mort
contre quiconque proposerait la loi agraire. Quinet a
donc raison contre Buchez et L. Blanc quand il nie la
tendance communiste de la Convention. Ce qu'il n'a
peut-être pas vu, c'est la tendance au socialisme d'État
à l'imitation de l'antiquité[2] qui s'est manifestée par la
création des assignats, les réquisitions et la loi du maximum (1793-95).

La rapidité et l'intensité du mouvement révolutionnaire devaient fatalement provoquer une crise des in-

1. Morris, commissaire de la République à Lyon.
2. « Dans la société antique l'homme est asservi à l'État par
son âme, par son corps, par ses biens. » (Fustel de Coulanges,
la Cité antique).

térêts matériels. Les mesures inspirées par une fausse conception du salut public la précipitèrent. La confiscation des biens du clergé et de la noblesse, la colossale émission de 45 milliards d'assignats[1] en quatre ans, la vente des biens nationaux, les réquisitions, avaient jeté un tel trouble sur le marché de la valeur de toutes choses dans le prix des denrées de première nécessité, qu'il fallait un prompt remède. Au lieu de pacifier les esprits en laissant libre cours à la loi naturelle de l'offre et de la demande, les hommes nouveaux, pleins du souvenir des scandaleuses spéculations de l'abbé Terray[2], soucieux avant tout de gagner la confiance de la foule qui voyait en tout riche un accapareur, édictèrent une taxe réglant le maximum des prix des denrées d'après la moyenne de ceux de 1790, avec augmentation d'un tiers. De là, les décrets de 1793[3] qui semblent inspirés des édits de Philippe le-Bel. « Le salut » du peuple, dit Coupé de l'Oise, est la règle suprême: » la société a le droit de résister à cette guerre du commerce et des tyrans, de rétablir et d'assurer, d'une » main ferme, la balance qui doit exister au milieu de » nos productions et de nos besoins. » — De là, celui des 3-4 mai, contre ceux qui refusent de livrer leur blé en échange d'assignats dépréciés : «Tous les fermiers » ou marchands de grains seront tenus de déclarer la » quantité de blé qu'ils possèdent, de battre leurs ger- » bes et de vendre exclusivement dans les marchés au » prix fixé dans chaque commune basé sur les prix cotés » du 1er janvier au 1er mai. » De là, en septembre, les dispositions qui, étendant le régime de l'arbitraire à toutes les marchandises dites « de première nécessité »,

1. Valeur des assignats émis (45 milliards en quatre ans) :

Janvier	1791	95,25 0/0
—	1792	76,25 —
—	1793	55,50 —
—	1795	17,25 —.

(Du Chatellier, correspondant de l'Académie des sciences morales et politiques).

2. Arrêt du Conseil de 1764.

3. Décrets des 3-4 mai, 19 août, 11-29 septembre 1793. (Thiers, p. 331, t. 4).

autorisent les visites domiciliaires. A Paris la distribution du pain se fait comme dans une ville assiégée sur
présentation de cartes de sûreté, et un ordre va jusqu'à
régler la manière de faire la queue aux bureaux. Cependant
les assignats baissent au dixième de leur valeur nominale et les municipalités elles-mêmes n'hésitent pas à
encourager les cultivateurs à la résistance et à la réduction
des emblavures. Paris affamé manque de combustible ;
toutes les denrées ou marchandises sont hors de prix.
Les protestations de Johannot et de Bréard, la misère
générale amènent le retrait des décrets funestes, les
4 nivôse et 13 ventôse an III (décembre 1794) : « La rai-
» son, l'égalité, l'intérêt de la République réprouvaient
» depuis longtemps la loi du maximum ; la Convention
» nationale l'a révoquée. »

Dans la deuxième période de la Révolution, après le
9 thermidor, en même temps qu'un mouvement latent
de réaction se fait sentir, on voit se produire une tendance nettement matérialiste et communiste. A. Clootz
a professé la religion de l'humanité, l'absorption de
l'individu dans l'espèce. Marat a ramassé la sottise en
vogue, le droit fondé sur le besoin physique, Babœuf
l'applique. Robespierre est un obstacle, le « *Journal de
la liberté de la presse* » l'attaque violemment jusqu'à sa
chute ; « le *Tribun du peuple* » qui lui succède conclut à
l'abolition de la propriété comme conséquence de l'égalité des conditions (15 brumaire, an IV) : « Qu'est-ce que
la révolution ? Une guerre entre les patriciens et les
plébéiens, entre les riches et les pauvres [1]. » Après l'amnistie de vendémiaire le n° 35 déchire le voile : « Il
» faut dépropriétariser la France. Dans mon bonheur
» commun, je veux qu'il n'existe aucune propriété in-
» dividuelle. La supériorité du talent n'est qu'une chi-
» mère. La valeur de l'intelligence est une chose d'o-

---

1. « Le moyen d'arriver à la tyrannie, c'est de gagner la
« confiance de la foule ; or, on gagne sa confiance en se dé-
« clarant l'ennemi des riches. Ainsi firent Pisistrate à Athènes,
« Théagène à Mégare, Denys à Syracuse ». (Aristote, *Politique*, V 4, cité par Fustel de Coulanges, *la Cité antique*, p. 411).

pinion. » Le *Manifeste des Égaux* de Sylvain Maréchal réclame l'égalité de fait : « Faisons table rase pour nous en tenir à elle seule ; l'égalité conditionnelle devant la loi est une chimère ; s'il existe un seul homme sur terre plus riche, plus puissant que ses semblables, que ses égaux, l'équilibre est rompu ; qu'il ne soit plus d'autre différence parmi les hommes que celle de l'âge et du sexe ; la terre n'est à personne ; les fruits sont à tout le monde ; l'État les distribue aux individus auxquels ils doit une existence heureuse : en revanche il exige d'eux un travail obligatoire dont le mode, la quantité, la qualité sont réglés par lui seul. Le luxe, marque de l'inégalité, doit disparaître et avec lui les grandes villes, centre d'agitation et d'immoralité. L'égalité implique l'éducation commune des enfants, hors de la surveillance des parents, l'enseignement limité aux connaissances d'utilité pratique à l'exclusion de l'instruction spéculative. Le système établi, nul n'aura le droit d'émettre une opinion contraire aux principes sacrés de l'égalité et la frontière sera inexorablement fermée aux produits et aux idées de l'étranger. Enfin, pour favoriser l'établissement du nouveau régime, les dettes publiques et privées seront abolies. Et les soldats de la première heure (sans-culottes) recevront en récompense les biens des riches et des conspirateurs, ce qui leur constituera « une médiocre et frugale aisance. » — Tel est le système que les conjurés de 1796 se préparaient à imposer par la force quand la dénonciation de l'officier Grisel, glissé dans leurs rangs, fit échouer leurs projets et les fit condamner à l'échafaud et à la déportation.

Les babouvistes ne sont donc pas « comme les massacreurs d'août 1572, comme ceux de septembre 1793, en majeure partie des marchands ruinés, des boutiquiers furieux qui ne faisaient pas leurs affaires[1]. » Leurs appétits sont peut-être les mêmes, mais leur prétention est plus haute ; il s'agit pour eux de créer un ordre social nouveau ; ils sont les ancêtres des communistes contemporains.

[1]. Michelet.

Robert Owen et les revendications anglaises. — Le chartisme en 1842.

Robert Owen (1771-1853), manufacturier et administrateur anglais, est le fondateur d'un système de coopération communitaire emprunté à un écrivain peu connu du seizième siècle, John Bellers, et inspiré çà et là du *Contrat social*, de Rousseau.

Doué d'une âme noble et d'un cœur généreux, Owen est frappé de la pénible situation des classes inférieures. (Statistique de 1792 à 1817). Il a remarqué avec douleur que tandis que les inventions de Watt et d'Arkwright ont augmenté douze fois la puissance productive de l'industrie anglaise, le sort des travailleurs est demeuré aussi misérable, sans espoir d'amélioration ni de progrès [1]. Ce régime d'iniquité, de mensonge, viole les lois naturelles. Les religions impuissantes qui le défendent calomnient le Créateur avec leur doctrine des peines et des récompenses futures qui ne se justifie pas par l'idée fausse du mérite et du démérite. La fatalité domine l'homme : ses convictions, ses actions ne sont que le résultat de son organisation originelle et des influences extérieures. L'irresponsabilité est une loi naturelle [2]. Il n'y a ni bien ni mal : il n'y a que des malades, que des moralités souffrantes. Au culte de la

1. Mémoire adressé aux souverains réunis à Aix-la-Chapelle, 1818.
2. Owen nie la responsabilité. Il est le chef des nécessitariens. « Les actions d'un homme, dit-il, sont le résultat de son caractère ; son caractère a été fait *pour* lui, non *par* lui. Il n'est pas juste de le punir pour ce qu'il ne peut pas ne pas faire ».

Providence se substitue celui du bonheur terrestre, puisqu'il n'y a plus de place pour les préoccupations idéales des causes et des fins de notre être. Un régime rationnel ne supprime pas les inégalités naturelles, mais il peut les atténuer par une morale nouvelle qui nous rendra tous heureux : la bienveillance mutuelle. Or, qu'exige ce système ? L'abolition de la religion, de la famille et de la propriété individuelle ; l'institution de communautés coopératives, absolues, réglées par un gouvernement producteur et distributeur. Chacune d'elles est une sorte de grande famille de deux à trois mille habitants, adonnée, alternativement ou en même temps, aux travaux de l'industrie et de l'agriculture.

Plus de chômage ; plus d'oisifs ; ni privilège, ni capacité, ni fortune. La tâche de chacun est donce parce qu'elle est proportionnée à l'âge, seule inégalité reconnue. Jusqu'à 15 ans l'éducation commune, uniforme, absorbe tous les instants de l'enfant. Au sortir de la salle d'asile, l'enseignement a pour but le développement progressif et gradué des facultés suivant l'âge ; le vice et la vertu étant remplacés par le nuisible et l'utile, les peines et les récompenses ne sont pas applicables. Le sentiment de l'émulation, le délaissement si sensible au jeune âge, le mépris des maîtres et surtout des camarades, sont des correctifs suffisamment efficaces. — Rien n'est laissé à l'idéal : la liberté de conscience est entière ; l'enseignement laïque, c'est-à-dire sans culte. — Ce n'est pas l'application de la doctrine purement déiste du théorique Rousseau dans l'*Émile*, ou du pratique Pestalozzi, mais la transformation de celle de Bell sur l'instruction mutuelle expurgée par le quaker Lancaster de toute affinité religieuse et confessionnelle. — De 20 à 25 ans, l'homme est l'agent le plus actif de la production ; de 25 à 30 il est distributeur et conservateur ; surveillant du mouvement intérieur de 30 à 40 ans, du mouvement extérieur de 40 à 60 ans [1].

1. Essai sur la formation du caractère humain, 1812. Ou-

2.

Le principe communiste brise l'initiative de l'individu, mais il réduit aussi ses passions en développant le sentiment de la justice, de la pitié, de la bienveillance et de l'amour. Dans le passé chacun a été en lutte avec tous et tous avec chacun ; dans l'avenir l'assistance de chacun sera acquise à tous [1].

Dans l'application, Owen réussit quand, s'en tenant au côté moral de sa doctrine, il respecte l'ordre social établi. Doué du génie organisateur, associé de riches filateurs de Manchester, ayant entre les mains un outillage industriel de premier ordre, création de son beau-père, M. Dale (1784), sur les bords de la Clyde (New Lanark), homme d'affaires accompli, il comprend le premier — et c'est peut-être là son plus grand mérite aux yeux de la postérité — que l'amélioration de la vie matérielle de l'ouvrier, son association aux bénéfices de l'entreprise du patron, sont à la fois une œuvre méritoire et une bonne spéculation. Là où, avant lui, les tâches étaient accomplies sans goût par le rebut de la population, le travail fait dans des ateliers mieux agencés, plus vastes et mieux aérés devient moins pénible et plus rémunérateur ; au-dessus de la tête de chaque ouvrier un tableau indique les notes méritées et le mépris des égaux éveillant l'amour-propre impressionne plus que le blâme d'un supérieur. — Achetées en gros par le patron, les denrées de consommation revendues au détail au prix de revient, procurent une alimentation plus saine et toute préparée. — Au dehors, une maison propre et confortable, un petit jardin invitent au repos, loin des excitations malsaines des cabarets que la direction supprime virtuellement en vendant le wisky à 30 °/₀ au-dessous du cours. — Les malades reçoivent des avances sur leurs salaires ; et les vieillards une rente d'une caisse de réserve alimentée par un prélèvement sur les salaires et les bénéfices du maître.

Ce premier succès, l'enthousiasme de ses amis, en-

tline of the rational system. Mémoire aux souverains réunis à Aix-la-Chapelle. 1818.

1. Manifeste, 2 février 1840.

couragent le réformateur : jusqu'à présent, ses efforts
l'ont enrichi, lui et ses associés ; il a assuré à sa famille
l'indépendance matérielle ; mais l'entreprise n'a pas
dépassé les limites d'une affaire purement personnelle
et privée ; il s'agit, désormais, d'organiser la classe
ouvrière. Pour cela, il faut créer une colonie expérimentale. L'hostilité du clergé anglican, la défiance
des radicaux, ne permettent pas de réaliser en Angleterre cette tentative. Les États-Unis offrent un
terrain plus propice : le Congrès écoute l'appel de
l'apôtre. Un territoire de trente mille acres sur les
bords du Wabash (Indiana, 1824) reçoit le nom de
New-Harmony : de petits groupes autonomes s'y établissent ; on y pratique le communisme dans les habitudes en attendant qu'il s'établisse dans les intérêts : triste attrait pour la fortune, la capacité et le talent. On ne tarde guère à s'en apercevoir. La colonie
devient un repaire de déclassés des deux mondes. Celle
de Miss Wright fondée pour les nègres à Nashoba, les
trente établissements (1827) créés par ses disciples,
succombent après un essai infructueux au Texas.
Owen, à demi-ruiné, revient en Europe. Son disciple
favori, Abraham Comb, rédacteur du *Coopérative magazine*, qui comprend que l'idée communiste est la cause
première de l'insuccès de son maître, fonde, sur le système coopératif, près d'Édimbourg, à Orbiston un établissement de métallurgie (fonderie et fabrique de machines). Cette tentative généreuse, imitation de celle de
New-Lanarck, réussit un instant, grâce au mérite personnel du directeur, mais ne lui survit pas.

Dès lors Owen, dégoûté, veut agir directement sur
l'humanité entière. En 1832 il organise des magasins
coopératifs ; la valeur d'échange n'est plus le numéraire
métal ou sa représentation, mais bien un papier représentatif de l'heure de travail, idée qui sera reprise plus tard
par Proudhon et les socialistes allemands, Lassalle, Karl
Marx et Schæffle. La fausseté du principe de l'égalité de
produit de l'effort humain amène le désastre du *National
labour équitable exchange* et la faillite de son créateur.
Ses dernières années sont consacrées à l'établissement de

sociétés mutuelles sous le nom de « Community friendly societies » à Manchester et à Londres (grève des tailleurs) et à des arbitrages entre patrons et ouvriers : intervention dans laquelle la droiture de ses intentions ne lui concilie pas la sympathie d'intérêts opposés et ruine sa popularité.

Telle est la doctrine, telle est la vie de Robert Owen. Génie puissant, l'apôtre de l'harmonie et de la bienveillance universelle subsiste, en tant que philosophe, comme le représentant d'une doctrine de transition entre le communisme et le socialisme auquel il se rattache par son organisation du travail et sa conception d'une banque d'échange ; et, comme homme, il laisse à la postérité l'exemple d'une vie de sacrifices et de dévouement à l'idée généreuse du relèvement moral des classes pauvres.

Malheureusement les plaintes d'Owen contre le développement de la puissance industrielle de l'Angleterre n'étaient pas toutes sans fondement. Aux progrès inouïs du commencement du siècle, dus en partie à l'application de la vapeur et à la substitution des forces naturelles à l'effort humain, devait succéder une crise de surproduction. Le continent, saturé des marchandises anglaises venant des manufactures nouvelles de Manchester, de Birmingham, de Leeds, des deux Bolton, de Preston, de Stockport, de Sheffield, de Newcastle et de Macclesfield, élevait les barrières du protectionnisme. En France la Restauration, et la monarchie de Juillet surtout, ne marchandaient pas aux industriels dont leur politique avait besoin le secours de l'élévation de tarif ; l'Allemagne, divisée par les rivalités d'influence de ses princes, supprimait ses douanes intérieures à l'instigation de Litz, créateur du Zollverein, et concluait de nouveaux traités au profit de ses industries naissantes. La formation trop rapide des agglomérations ouvrières, la dépréciation croissante du tissage et de l'impression, la baisse des salaires dans le Lancashire, les abus du « Truck system » imposant le salaire en na-

ture aux conditions imposées par le patron, provoquèrent la crise que la loi des pauvres de 1834 créant
les work-houses précipita.

Le *Chartisme* recruta cette armée de mécontents pour
donner, à la suite de l'échauffourée de Frost et Wil-
liams, l'assaut à la société aristocratique et industrielle. Vers 1842, Roëbuck, O'Connell, Leader, Bo-
wring, Fulden, Hume, Wackley soulevèrent une agitation électorale en faveur du vote secret universel à
21 ans et de l'abolition du cens. La pétition en faveur
d'une nouvelle charte, déposée au Parlement par vingt
mille signataires, eut le sort que ses promoteurs auraient dû prévoir : elle ne fut même pas discutée. L'ouvrier anglais comprenait, du reste, assez mal l'intérêt
de ces revendications théoriques : la réduction du travail, l'augmentation du salaire lui semblaient des réformes infiniment plus désirables. Les chefs du chartisme les crurent également plus facilement réalisables ;
aussi n'est-ce pas sans raison qu'on les accuse d'avoir
trempé dans les insurrections ouvrières de Manchester,
Bolton, Asthon, Oldham, Bury, Rochdale, Stockport
Leeds et surtout dans celle de Preston, dont le dénouement sanglant est demeuré un des plus tristes épisodes
de l'histoire des grèves anglaises (1853).

« Le travail, dit le manifeste publié au plus fort de
» la lutte, ne doit pas être la proie des maîtres et des
» despotes... C'est pourquoi nous avons tous juré so-
» lennellement que l'heureuse occasion qui s'offre à
» nous ne sera pas perdue, mais que nous ne nous re-
» mettrons au travail que le jour où les justes griefs
» des travailleurs auront cessé d'exister... Soyons
» fermes et ne prêtons point à nos tyrans le fouet dont
» ils nous frappent. Dans un rayon de 50 milles autour
» de Manchester toutes les machines sont en repos,
» excepté la roue utile des moulins à blé... Le dé de la
» liberté est jeté ; nous devons, comme des hommes en
» courir toutes chances... Tous nos moyens d'action
» sont préparés et dans trois jours notre cause sera
» soutenue par toute l'intelligence que nous pouvons
» appeler à notre aide... Aidez vos chefs ; ralliez-vous

» autour de notre saint drapeau et laissez la direction
» au Dieu de la justice et des batailles... »

La grève dura 38 semaines, coûta 4,128,000 fr.
aux patrons et 6,250,000 francs aux ouvriers (au nombre de 25,000) et n'aboutit pas à l'augmentation de
10 0/0 du salaire que le meneur Georges Cowell avait
promise. Les demandes des mineurs de Newcastle et du
Staffordshire (quatre shillings), celles des ouvriers du
Lancashire (2 à 3 shillings), eurent le même sort et les
salaires furent ramenés aux taux de 1835-36.

Tel fut le mouvement chartiste, précurseur de l'agitation des associations ouvrières dites *Trade's unions*,
qui fera plus loin l'objet d'une étude spéciale.

La Révolution de 1848. — Louis Blanc et son système. — Le droit au travail à l'Assemblée nationale en septembre 1848. — Les ateliers nationaux. — Les journées de juin. — L'Empire.

L'impopularité des gouvernements institués en 1815 par les traités de Vienne et soutenus par la Sainte-Alliance, avait contribué à jeter dans les sociétés secrètes des hommes convaincus de l'impuissance du nouveau régime et de son mauvais vouloir à l'égard des classes ouvrières. Tandis que les Burschenschaften en Allemagne, l'ordre du Manteau, en Espagne, l'Hétaïria en Grèce, les Carbonari en Italie[1], organisaient la résistance politique, des associations ouvrières provoquaient l'agitation économique.

L'un des survivants du mouvement babouviste de 1796, descendant de la famille de Michel-Ange, Buonarotti, semble avoir transmis à la génération de 1830 la tradition révolutionnaire ; membre occulte de la société des Droits de l'homme, il est accusé d'avoir contribué à jeter le groupe des mutuellistes dans les voies de l'in-

1. « La Charbonnerie, née sur la terre classique des complots, dans les cabanes des Abruzzes, établissait dans toute la France ces réunions mystérieuses qu'elle nommait ventes, parce qu'à l'origine les conjurés se donnaient pour des charbonniers vendant leur charbon. Ceux-ci, et les Chevaliers de la liberté qui leur étaient affiliés, tramaient sans relâche des complots militaires, débauchant des officiers et des sous-officiers auxquels ils faisaient courir plus de dangers qu'ils n'en couraient eux-mêmes. »

(Le Temps, juillet 1887, Anatole France, à propos d'Armand Carrel).

surrection. Les événements de Lyon (12 avril 1834), les massacres de la rue Transnonain (14 avril), précédés deux ans auparavant des émeutes de la Croix-Rousse et de Lyon-Vaise et suivis, l'année suivante, de l'attentat Fieschi (1835), avaient propagé, dans toutes les classes de la société française, une douloureuse émotion que le *Journal des Débats* envisageait avec une rare lucidité d'esprit (22 février 1834): «Les événements de » Lyon n'ont aucune couleur républicaine, et c'est pour » cela surtout qu'ils doivent effrayer. Leur cause » est plus profonde et plus grave: elle tient à l'état » même de notre société commerciale et industrielle. » Lyon est le symptôme d'une triste maladie sociale » qu'il n'est au pouvoir d'aucune forme politique de » guérir.... Comme la Monarchie, la République aurait » affaire à d'immenses agglomérations dans les villes » manufacturières, à des foules dont la vie précaire et » chanceuse dépend des mouvements et des vicissitu- » des du commerce. A moins de jeter ces foules sur les » champs de bataille, le danger serait le même pour la » République que pour la Monarchie».

C'est, en effet, contre une maladie sociale que le gouvernement de Louis-Philippe avait à lutter, et c'est pour avoir méconnu ce danger qu'il a succombé. Tour à tour autoritaire et pusillanime, suivant les besoins de la politique parlementaire [1], avide de répression (loi du 10 avril 1834), débonnaire avec les amnisties de 1837, c'est-à-dire vis-à-vis d'adversaires qui, comme Martin-Bernard, A. Barbès, Blanqui, Huber, prêchaient ouvertement le régicide dans le *Moniteur républicain* [2], la mo-

---

1. « L'application trop hâtive de la noble forme de gouvernement que la France avait, en 1814, empruntée à l'Angleterre, soulevait déjà des protestations. Le pays, indigné du scandale d'alliances conclues entre des hommes qui n'avaient ni une idée, ni une espérance communes, humilié des compromissions du pouvoir dans la lutte électorale, commençait à manifester cette indifférence mêlée d'inquiétude et de dégoût qui est le prélude du détachement de l'opinion ». (Thureau-Dangin, *Histoire de la monarchie de Juillet*.)

2. Les journaux l'*Homme libre*, le *Travail de Lyon*, la *Fra-*

narchie de 1830 avait fini par déconsidérer le principe même du pouvoir légal.

On le vit bien quand, le 12 mai 1839, après les attentats d'Alibaud et de Meusnier, un groupe de 7 à 800 hommes armés par la société des Saisons, ayant à leur tête Blanqui, Auguste Barbès et Martin-Bernard, étonna l'opinion par l'audace même de sa tentative (assassinat du lieutenant Drouineau).

Aussi, quand, huit années plus tard (9 juillet, 25 décembre 1847), les banquets de réforme électorale provoquèrent une agitation dont les chefs prétendaient limiter les effets, le mouvement s'étendit-il et bien au delà des illusions ambitieuses des amis du *National*. Aux libéraux qui déclaraient vouloir seulement assurer la pureté et la sincérité des institutions représentatives fondées en 1830, Ledru-Rollin, à la réunion de Lille (préparée le 7 novembre 1847 par Bianchi, rédacteur du *Messager du Nord*, et Charles Delescluzes, de l'*Impartial du Nord*), répondit par une rupture éclatante et par des avances bientôt accueillies de Lamartine[1].

ternité, le *Populaire*, le *Communitaire*, l'*Humanitaire*, avaient les mêmes tendances.

1. Lettre du 14 novembre au *Bien public*, de Mâcon.

Lamartine avait dit, le 10 janvier 1839 : « Il ne faut pas se figurer que, parce que nous sommes fatigués, le siècle et nous, tout le monde est fatigué comme nous et craint le moindre mouvement. Les générations qui grandissent derrière nous ne sont pas lasses, elles veulent agir et se fatiguer à leur tour. Quelle action leur avez-vous donnée? La France est une nation qui s'ennuie ! »

On peut juger de l'influence morale de Lamartine, en 1848, par ces quelques lignes d'Henri Heine (lettres adressées, en 1848, au directeur de la *Gazette d'Augsbourg*, publiées, en 1887, par une revue de Stuttgard, *Die Deutsche Dichtung*) :

« Quelle merveille cette circulaire, ou plutôt ce manifeste de M. de Lamartine! Dans ses phrases passe un souffle de gravité, de religion, de conciliation qui rafraîchit les blessures du présent et bannit les terreurs de l'avenir ! Cet homme est véritablement un prophète; il en a le langage et le regard. C'est un étonnement, un vertige quand on lève les yeux vers cette haute figure qui, depuis un an, a pris sous nos yeux des proportions monumentales. Ce n'était d'abord qu'un poète, de premier ordre, certes, mais qui ne dépassait pas de beaucoup

Et le 10 février 1848, M. Guizot, s'adressant à M. Odilon Barrot qui demandait l'autorisation d'organiser un banquet aux Champs-Elysées, put répliquer avec raison par cette phrase demeurée célèbre : « Je n'accepte pas la ga-» rantie de la parole de l'honorable M. Odilon Barrot. » Je ne suis pas obligé de régler ma prévoyance sur la » sienne ». Malheureusement il était déjà trop tard ; au bout de quatorze jours la France se réveillait en pleine anarchie : le trône n'était pas seul brisé, la société elle-même était ébranlée, la question sociale était posée. [1]

notre taille à nous autres. Je l'appréciais sans doute, pour la perfection de sa forme et l'harmonieuse unité de ses sentiments et de ses pensées, — deux qualités qui manquent absolument à son émule, Victor Hugo, — et qui sont nécessaires cependant pour être immortel. Mais ce qui était terrible pour moi dans les poésies de Lamartine, c'était ce spiritualisme, cet amour platonique qui m'étaient déjà insupportables dans les canzones et les sonnets de son ancêtre Pétrarque et contre lesquels j'ai bataillé en vers et en prose tous les jours de ma vie. Mais quand j'entendis ses discours politiques, mes idées allèrent au-devant des siennes et leur firent fête comme à une famille d'élection. J'aimai ce trait de ressemblance entre Lamartine et Messer Francesco qui ne fut pas seulement l'adorateur de Laure, mais l'ami de Rienzi, et qui brûla d'enthousiasme aussi sincère pour le soleil de l'éternelle liberté que pour les yeux de la belle Provençale, ces étoiles périssables. Comment décrire l'enthousiasme qui s'empara de moi quand Lamartine publia les *Girondins*, cette œuvre dont la popularité tient du fabuleux ? Depuis l'*Histoire de la Révolution*, de Thiers et les *Mystères de Paris*, d'Eugène Sue, il n'est pas de livre qui ait fait autant de bruit en ce pays-ci • .... •.... ....
....
....

• Il semblait vraiment qu'il serait impossible à l'auteur de surpasser sa renommée. Il y a réussi cependant, depuis qu'il n'est plus seulement l'historiographe de la République, mais l'un de ses héros favoris, son gonfalonnier portant la bannière tricolore qu'il a fidèlement défendue quand on voulait lui mettre en mains ce drapeau rouge dont le ciel nous garde longtemps ! »

1. « En 1848, il y avait un gouvernement qui, pendant dix-huit années, avait présidé aux destinées de notre pays avec sagesse, avec honnêteté, avec humanité et non sans gloire. Ce gouvernement n'avait commis aucun excès ; il n'avait violé aucun droit, aucune loi. Eh bien, le 24 février, sans raison,

Le 24 février, à 8 heures et demie du soir, Louis Blanc réclamait, en même temps que Marrast et Flocon, son inscription sur la liste du gouvernement provisoire et le lendemain, ce pouvoir d'un jour, cédant aux sommations injurieuses de l'ouvrier Marche et du journaliste Laney, rédacteur de la *Démocratie pacifique*, feuille phalanstérienne, décrétait : « Le Gouvernement » provisoire s'engage à garantir l'existence de l'ouvrier « par le travail ; il s'engage à garantir du travail à » tous les citoyens ; il reconnaît que les ouvriers doi- » vent s'associer entre eux pour jouir du bénéfice légi- » time de leur travail. »

Quelques heures après le ministère du Progrès était fondé et une commission de gouvernement, dite *des Travailleurs*, s'installait au Luxembourg [1] précédée de trois bannières portant ces mots : *Organisation du travail. — Ministère du travail. — Abolition de l'exploitation de l'homme par l'homme*. Albert ralliait autour de lui le groupe des condamnés politiques : Martin-Bernard, Lhéritier, Chancel, Eugène Sue ; Louis Blanc traînait à sa suite les corporations ouvrières.

Né à Madrid, en 1812, fils d'un inspecteur des finances et descendant par sa mère de l'aristocratique famille corse des Pozzo di Borgo, Louis Blanc voyait ses espérances de fortune ruinées par la Révolution de 1830. Successivement clerc d'étude, mathématicien, précepteur, poète, historien, journaliste rédacteur au *Bon sens*, à la *Revue du Progrès* (1839), il avait montré dans ces phases si diverses de son existence cette puis-

sans prétexte, sans excuse, la sédition l'a renversé, la République s'est installée sur ses ruines. »
(M. Rocher. Discours du 22 janvier 1875 à l'Assemblée nationale.)

1. Proudhon (*Capacité des classes ouvrières*, p. 62) dit que le système du Luxembourg se réduit à un « pastiche » des réformateurs illustres : Minos, Lycurgue, Pythagore, Platon, Campanella, Morus, Baboeuf, Robert Owen. Pour lui le communisme est « une *absurdité antédiluvienne* qui, depuis trente siècles, rampe, comme le limaçon sur les fleurs, à travers les sociétés ».

sance de facultés, cette variété d'aptitudes, enfin cette
largeur de vues qui imposent un homme à une révolution triomphante. La force du génie ou de l'utopie
a seule le rare privilège de fasciner les masses, de per-
sonnifier leurs tendances, de régler leurs aspirations.
Mais, tandis que le génie fonde ou rétablit un ordre
durable, l'utopie, non moins séduisante par la fausse
générosité de sa spéculation, se brise bientôt contre les
impossibilités créées par la nature ; l'habileté de l'exposition, l'adresse à ménager l'appréhension des intérêts, l'éloquence communicative, l'ardeur de l'apôtre,
contrebalancent bien pendant quelques semaines le
vide de la théorie ; mais il arrive un jour où le so-
phisme succombe devant la raison. Ce jour, l'auteur
de l'*Organisation du travail*, « ce ministre qui a parlé
le langage de la Montagne », l'a connu. Ce qu'il faut
néanmoins dire à sa décharge, c'est que, homme d'é-
tude, arrivé tout d'un coup au faîte du pouvoir, mis
en demeure d'appliquer son système à bref délai, il a
eu à lui seul la charge de la direction ; que lui seul a
eu à supporter la responsabilité de l'insuccès, et que,
fidèle à son principe, il en a porté le poids sans contradiction comme sans faiblesse.

« Si la liberté humaine existe, dans la rigoureuse
» acception du mot, a dit Montaigne, de grands philo-
» sophes l'ont mise en doute. Toujours est-il que chez
» le pauvre elle se trouve étrangement modifiée et
» comprimée. »

La responsabilité humaine n'existant que peu ou pas,
le principe civilisé de l'individualisme ne répand que
crime, misère ; le laissez-faire crée la guerre, peuple
les bagnes et les prisons et dit : « Succès aux forts,
malheur aux vaincus. »

« La concurrence, loterie meurtrière, est pour le
» peuple un système d'extermination, pour la bour-
» geoisie une cause sans cesse agissante de ruine
» et d'appauvrissement [1]. »

On accuse la nature humaine de tous les maux : il

---

1. Discours de Nîmes, 28 septembre 1879.

faut accuser le vice des institutions sociales. La Révolution, qui a proclamé la liberté, n'a pas compris qu'elle ne consiste pas seulement dans le *droit*, mais dans le pouvoir donné à chacun de développer ses facultés. A. Smith, Turgot, n'ont vu dans l'étude des phénomènes économiques que des relations de force et de matière : de là la fixation du prix du travail par la loi de l'offre et de la demande, c'est-à-dire la rétribution suivant les facultés. — La solidarité légale, qui existe déjà entre l'État et les nations, est seule capable de mettre un terme à l'anarchie, de resserrer les liens détendus de la famille, d'organiser la commune, de sauver la société. Ainsi le progrès s'opère par la conviction et non par la violence. — L'effort étant proportionnel à l'aptitude et aux facultés, la prééminence d'intelligence ne constitue pas plus un droit que la supériorité musculaire : elle ne crée qu'un devoir. Celui qui peut davantage doit plus.

L'égalité juste veut la proportionnalité de la récompense aux besoins. « Le droit de vivre, a dit Reid, implique le droit de s'en procurer les moyens. » L'association de tous, la mise en commun des instruments de travail par l'expropriation des propriétaires d'ateliers, d'usines et de terres, assure ce résultat. Dans une société de frères qui travaillent, au mobile de l'intérêt se substitue celui de l'émulation, du point d'honneur, de la gloire, du devoir. Tout paresseux est un voleur. La réduction de la journée à huit heures, donnant à l'ouvrier une heure pour vivre de la vie de l'intelligence et du cœur, assure à ses émules plus d'emplois sans augmentation exagérée de la production. Celle-ci étant réglée par l'État, à la fois manufacturier et banquier, les crises disparaissent. Acheteur de tous les biens, il fait bourse commune des revenus de toutes les industries solidarisées, y compris les mines et les chemins de fer, et rembourse les anciens propriétaires [1] par annuités, au moyen du prélèvement d'un quart sur

1. Ils reçoivent le montant du capital, bonifié de l'intérêt légal, sans aucune part de bénéfice, ce qui est justifié puisqu'ils n'ont plus droit qu'à une valeur représentative du bien exproprié.

les bénéfices, distribue un quart en espèces aux ouvriers, verse un quart aux fonds de secours, aux vieillards, aux malades et aux blessés, et réserve un quart pour subventionner les branches d'activité en souffrance. Quoi qu'il advienne, plus de chômage ; le travailleur reçoit un salaire minimum tendant progressivement à l'égalité, fixé d'après le taux moyen actuel [1], soit 0 fr. 15 c. l'heure. Plus de préoccupation d'établissement pour les enfants, auxquels l'État donne l'instruction gratuite et obligatoire.

L'État ne recule devant aucun sacrifice pour assurer la stabilité de l'exploitation unitaire. Banquier de tous, il avance aux détenteurs du sol les fonds nécessaires pour les dégrever d'hypothèques ; aux associations de toute nature il accorde le crédit personnel et gratuit, supérieur au crédit réel, escompte les lettres de change, les récépissés de dépôt de marchandises ; et, pour ces diverses opérations émet du papier-monnaie, gagé sur la valeur du sol et destiné à solder les prélèvements en nature opérés par le consommateur aux magasins généraux [2].

Comme mesure transitoire, l'impôt unique et progressif, sur les successions égalisera la condition des hommes ; car, s'il est vrai que la famille vient de Dieu, l'hérédité vient des hommes. Pour obtenir la sincérité des déclarations, l'État établira l'assurance mutuelle universelle de tous les objets tant mobiliers qu'immobiliers dont il tiendra la comptabilité [3]. Sans même créer de monopole légal, tous viendront à lui, parce

1. En 1848.
2. Vidal, « Vivre en travaillant. » p. 102. — « Le crédit foncier est le crédit réel par excellence. »
« La terre est un gage à nul autre pareil, un gage qui ne peut être anéanti ni déprécié ; un gage qui, loin de se détériorer par l'action du temps, tend chaque jour à augmenter de valeur, de valeur absolue et de valeur relative. »
P. 1880. — « La terre va toujours en augmentant de valeur vénale. »
3. Le duc de Modène avait eu l'idée, en 1832, du monopole des assurances par l'État, plan repris plus tard dans la Démocratie pacifique de Victor Considérant.

que, les rôles étant établis par les percepteurs, les frais seront moindres et la prime réduite à une proportion qui ne permettra pas à l'initiative privée de tenter la concurrence. Les sinistres devant causer une perte pour la collectivité, chacun sera intéressé à dénoncer les fraudes de jour en jour plus rares, et leur règlement sera fait sans frais par des experts départementaux dont les décisions, frappées d'appel, pourront être déférées à un jury spécial.

Le couronnement de l'œuvre sera l'institution d'un droit des gens applicable au travail de tous les peuples et l'abolition de

la Guerre, la Conquête, la Destruction, la Rivalité, l'Impôt,

remplacés par:

la Paix, la Civilisation, la Consommation, l'Échange et le Crédit [1].

A cette théorie complète de communisme, M. Wolowski opposait, le 20 mars 1848 en l'absence de M. Chevalier dont la chaire avait été supprimée, au Luxembourg même : « La liberté individuelle n'est pas » l'égoïsme; la liberté c'est la toute-puissance de l'ac- » tivité personnelle; la fraternité est le lien qui relie » toute la société par le sentiment de la bienveillance » mutuelle. L'égalité, ce n'est pas le niveau; l'égalité

[1]. — Un décret présidentiel, en date du 23 octobre 1886, autorise « l'érection d'une statue à Louis Blanc, sur la place Monge, à « Paris. Louis Blanc était un écrivain de mérite qui connaissait « à fond la ressource de la langue française; mais il est de ces « hommes dont la vie s'écoule inutile, sans qu'ils aient jamais « rien réalisé de substantiel, et dont on est tenté de dire, comme « le sénateur Pococurante : « Ah! s'il avait seulement inventé « l'art de faire des épingles! » Louis Blanc a vivement flétri les « septembriseurs, dans son *Histoire de la Révolution*; c'est un mé- « rite dont on doit lui tenir compte. Il se rattachait aux écoles « socialistes par son livre de l'*Organisation du travail*, dont il « tenta vainement de réaliser les utopies, en 1848; il renonça « dès lors à systématiser et se contenta de souscrire aux for- « mules vagues et diffuses de l'anarchie sociale. C'est, sans doute, « ce qui lui vaut aujourd'hui les honneurs du bronze. » (Nov. 1886.) Cette statue, œuvre de Delhomme, a été érigée en février 1887.

» admet des diversités de récompenses, suivant la di-
» versité des services rendus. »

Dans la discussion de septembre 1848, à l'Assemblée nationale, sur le droit au travail, répondant aux
périodes creuses de Lamartine, aux vœux sans sincérité
de Billault, en faveur de la fraternité, aux déclamations sonores de Ledru-Rollin (il appelait le droit au
travail la République appliquée), M. Gaslonde répli-
quait : « En inscrivant le droit au travail, à l'assis-
« tance, vous substituez, dans l'accomplissement des
» devoirs moraux, l'État à l'individu, à la famille, et
» vous amoindrissez l'accomplissement de ces devoirs ».

Et M. Thiers, avec la clarté précise du talent, sinon
du génie, don supérieur de l'homme d'État, protestant
contre l'injustice même de la mise en commun de biens
fécondés par le travail de plusieurs siècles de civilisation, s'écriait : « Ce que vous regrettez, ce n'est pas
» l'usage des droits de pêche, de chasse, de cueillette,
» de pâture ! Ce que vous voulez, c'est jouir d'une terre
» couverte de capitaux : constructions, instruments,
» bétail, engrais, semence ; — la terre, telle qu'elle était
» dans l'état primitif, vous n'en voulez pas..... Eh
» bien, est-il étonnant que les générations qui vous
» ont précédés, qui ont couvert cette terre de capi-
» taux, vous en demandent un intérêt... tous les jours
» moindre. — Elles n'occupent pas l'univers en maîtres
» absolus, inexorables, qui n'en veulent rien céder aux
» nouveaux venus ; elles n'ont fait que l'approprier à
» vos besoins et vous le rendre plus accessible. »

La société repose sur trois principes : la propriété,
la liberté, la concurrence : la prospérité est proportionnelle au respect de la propriété individuelle, l'émulation est indispensable au progrès. L'amélioration
de la condition matérielle, l'augmentation des salaires
sont la loi du progrès naturel des choses.

Dans l'application de son principe, la Révolution de
1848 débuta par quelques dispositions malheureuses ;
bien plus par nécessité que par conviction, le Gouvernement provisoire fut obligé de prendre une de ces

mesures extrêmes que l'intensité d'une crise sociale
seule justifie. A l'imitation des hommes de 1830,
il prorogea les échéances par les décrets successifs des
18 février, 3, 19, 29 mars 1848, abolit le marchandage
(décret du 21 mars 1848) et, cédant à l'initiative du
comité du Luxembourg, réduisit la journée de travail
à dix heures pour Paris, à onze heures pour la province
(décret du 2 mars 1848). — distinction effacée par la loi
du 9 septembre 1848 qui la porte à douze heures pour
tout le territoire [1], — puis, sur la motion de Garnier-
Pagès, installa les *Ateliers nationaux*, suivant le plan
d'Émile Thomas. Cette organisation, application du
droit au travail, fut la plus lourde faute du gouvernement qu'elle devait conduire à sa perte, parce que, ainsi
que l'a dit Lamartine, « les expériences des peuples
sont des catastrophes [2] ».

Avec Albert, le travail fut obligatoire un jour sur
quatre, et la solde d'activité fixée à 2 francs, d'inactivité
à 1 fr. 50, chiffres réduits bientôt à 1 fr. 50 et 1 franc.

Le 26 mai 1848, Marie prononça ces imprudentes
paroles : « Partout où s'assembleront des ouvriers
» comme vous, si patients, si calmes, si amis de l'ordre,
» le Gouvernement provisoire sera toujours confiant ».
Mais bientôt le nombre des travailleurs s'accrut des
paresseux, des déclassés, des repris de justice venant
de toutes les directions [3].

---

1. M. Deschamps, commissaire à Rouen, prit un arrêté tari-
fant les salaires.
2. Suivant Villegardelle, l'idée première des ateliers nationaux, application du droit au travail, serait due non à Louis
Blanc, mais à Mansion. — *Essai sur l'extinction du paupérisme
en France.*
3. Nombre des inscrits aux ateliers nationaux :
Suivant Émile Thomas :
          Au 15 mars 1848............ 14,000
Suivant Léon Lalanne :
          9-15 mars................. 6,100
          16-31   — 23,250
          1-15 avril................. 36,320
          16-30   — 34,530
          1-15 mai.................. 13,610
          16-31   · 3,100

Auguste Blanqui, ce conspirateur par essence, élève
de Buonarotti, n'eut pas de peine à fomenter la haine
et l'envie dans cette armée du désordre : ces hommes
s'inquiétaient peu de savoir si l'ordre économique était
oui ou non le résultat de la conspiration des capitalistes, si l'abolition du prêt à intérêt, si l'égalité des
salaires améliorerait leur situation matérielle. Ils
croyaient la société sans défense; ils avaient entendu
l'imprudent appel de George Sand (*Bulletin* du 15 avril)
à l'insurrection, au cas où les élections de la province
ne seraient pas suffisamment favorables au gouvernement de Paris; ils voyaient en la personne du préfet
de police Caussidière un complice de Barbès et du
club de la Révolution et un rallié du lendemain, con-
naissaient les menées de son collaborateur Sobrier,
de Villain son collègue à la société des Droits de
l'homme [1], et savaient que Louis Blanc, restant étranger au mouvement, « était complètement dans le sentiment que le peuple devait manifester ». Ces encouragements les précipitèrent à l'assaut de l'Assemblée, que
l'énergie de la garde nationale devait sauver (15 mai).

Cette journée était un avertissement. Le gouvernement prit peur. Le comité exécutif, peu soucieux de
ménager les transitions imposées autant par la prudence que par l'équité, prit des mesures violentes qui,
loin d'apaiser les passions, ne firent que les surexciter.
Il ordonna l'enrôlement des jeunes travailleurs de 18
à 25 ans, la suppression des secours à ceux qui n'a-
vaient pas six mois de séjour dans la capitale, et
accorda aux patrons de bonne volonté la faculté de
requérir des ouvriers à leur discrétion, prononçant la
radiation sur la liste de ceux qui refuseraient de les
suivre, et déclarant que, pour les autres, le travail
serait alloué non à la journée, mais à la tâche (en attendant leur mise en route pour les départements). Emile
Thomas ayant hasardé quelques observations, Trélat,
ministre des travaux publics, le fit empoigner à son
bureau du jardin Monceau et transporter sans expli-

1. *Critique sociale* d'Aug. Blanqui.

cations à Bordeaux, donnant à son propre beau-frère, Léon Lalanne, la place qu'il arrachait violemment à l'organisateur des ateliers nationaux.

L'Assemblée nationale ratifia cet ukase par l'ordre du jour du 29 mai.

C'est dans cette journée même du 29 mai que commencèrent, à la Porte-Saint-Denis et à la Porte-Saint-Martin, les rassemblements précurseurs de l'émeute. La loi du 7 juin, qui les interdisait, arriva trop tard. À partir du 8 juin, jour des élections complémentaires qui envoyèrent à l'Assemblée, en même temps, Thiers, Changarnier, Goudchaux, Pierre Leroux, Lagrange, Proudhon, V. Hugo et Louis-Napoléon Bonaparte, les manifestations eurent lieu tous les soirs. Du 10 au 20 juin, les appels de la presse au bouleversement furent incessants et d'autant plus réitérés que le terrain lui semblait mieux préparé à une action décisive [1]. Dès le 28 avril, Proudhon avait, dans le *Représentant du peuple*, écrit ces lignes prophétiques : « La masse du peuple est » prête à marcher, la garde nationale, aidée de l'ar- » mée, à faire résistance. L'idée vague d'une nouvelle » et inévitable Terreur circule dans l'air et agite les » âmes. Les ouvriers se disent que la révolution est à » recommencer. » Lignes corroborées plus tard par ces paroles prononcées par Félix Pyat à la tribune de l'Assemblée (en novembre 1848): « Le besoin d'un droit » méconnu, matériel et moral, voilà le sens de la Ré-

[1]. Le nombre des journaux, feuilles éphémères écloses au souffle de la Révolution, s'était accru rapidement : du 21 février au 16 avril, vingt-quatre organes nouveaux avaient paru.

On peut citer entre autres :

Le *Représentant du peuple*, de Proudhon;

L'*Ami du peuple*, de Raspail;

La *Vraie République*, de Thoré, avec la collaboration de George Sand et de ses amis P. Leroux, Lamennais, Agricol Perdiguier;

Le *Bulletin de la République*;

Le *Tribun du peuple*;

Le *Père Duchêne* (80,000 exemplaires);

La *Voix des femmes*;

Le *Peuple constituant* (27 avril), de Lamennais, disciple de J.-J. Rousseau, flottant du communisme au socialisme.

» volution de Février. Le peuple a fait celle-là au nom
» du droit de vivre en travaillant, et quand il lui a eu
» fait trois mois de crédit… il est revenu le quatrième
» pour apporter son protêt au nom de la misère ».

Cinq cent mille ouvriers n'attendaient que le signal
de l'insurrection. Ni la proposition de Goudchaux,
appuyée par Victor Hugo, ayant pour but d'assurer à
l'ouvrier le crédit, l'instruction obligatoire, la liberté
d'association, ni celle de Caussidière offrant des défrichements à faire aux frais de l'État en Corse et en
Sologne, n'étaient de nature à calmer les passions.
Cependant, M. E. Lalanne, croyant en imposer par un
acte d'énergie, ordonna impérieusement l'enrôlement
militaire des ouvriers assistés, le 21 juin. Le lendemain 22, quatre mille ouvriers, précédant de deux jours
l'ordre donné pour la Saint-Jean, s'emparaient du quartier de la Bastille, à l'heure même où, sur la motion
de M. de Falloux, l'Assemblée prononçait la dissolution
des ateliers (23 juin), la guerre civile éclatait et les
troupes, soutenues par l'autorité morale de la garde
nationale, sous les ordres de Cavaignac, Lamoricière,
Bedeau, Damesme, livraient dans les rues de Paris
une sanglante bataille qui ne devait avoir son épilogue
que le 3 juillet, jour où le général Cavaignac annon-
çait à la barre de l'Assemblée la fin de l'insurrection.

La lutte avait été terrible. L'armée avait eu 800 hommes tués et 1,500 blessés, la mobile 100 tués et 592 blessés. Mgr Affre, archevêque de Paris, les généraux
Négrier, Bréa, le capitaine Mangin, avaient succombé
victimes de leur dévouement à la cause populaire et de
leur ardent désir d'arrêter l'effusion du sang. Enfin
12,000 prisonniers (dont 6,374 relâchés aussitôt), au
nombre desquels on reconnut 1,400 forçats, étaient
tombés aux mains des défenseurs de la légalité.

En province, une seule ville, Marseille, avait suivi
jusqu'au bout l'exemple de la capitale, grâce à l'attitude d'Émile Ollivier, représentant du gouvernement,
et aux hésitations du général Parchappe.

L'insurrection vaincue, les ateliers nationaux dissous

par la force, la nécessité d'un remède immédiat à la crise s'imposait. Un secours de 3 millions fut accordé par l'Assemblée pour être distribué aux ouvriers sans travail. Toutefois, la répression fut sévère : la transportation prononcée par décret contre tous ceux qui avaient été pris les armes à la main, les chefs déférés aux conseils de guerre, des poursuites autorisées tardivement contre Caussidière et L. Blanc (25 août). Mais ces derniers, d'autant plus coupables qu'ils s'étaient abstenus au moment du danger, avaient jugé prudent de se mettre à l'abri de la frontière et de partir pour Londres, justifiant le vers du poète :

Dat veniam corvis, vexat censura columbas [1].

La tourmente passée, quand le calme parut renaître dans les esprits. l'Assemblée, à propos de la rédaction de la Constitution (septembre 1848), dut aborder la question du droit au travail [2] ; après une discussion magistrale à laquelle MM. Duvergier de Hauranne, de Tocqueville, Lamartine, Billault, Thiers, prirent une part importante, M. Dufaure (16 sept.) obtint un vote en faveur du droit à l'assistance, vœu stérile qui impliquait une concession importante aux tendances communistes de l'époque.

A partir de ce jour, gouvernement et parlement n'eurent ni la possibilité, ni le courage de donner une entière satisfaction à ce besoin impérieux d'ordre, de méthode, de mesure et de bon sens « qu'exige, comme l'a dit M. Sorel [3], à la fin de toutes les grandes commotions, l'âme de la France ».

E. de Girardin avait dit :
« La politique, c'est le passé ;
» Le socialisme, l'avenir ;
» L'administration, le présent. »

1. Juvénal, sat. 2.
2. « Le droit au travail, c'est tout simplement les galères, » avec la satisfaction pour la chiourme de choisir ses argousins. » Secrétan la *Question sociale*, p. 119.
3. *La Révolution.*

Le pouvoir se débattait dans le passé, ne donnait pas de sécurité contre un avenir que les journées de juin avaient pour longtemps assombri et rendu incertain. Le projet de réforme électorale, qui avait pour but de restreindre le droit universel de suffrage tel qu'il avait été institué sur l'initiative de Ledru-Rollin, de Cormenin et d'Albert (décret du 2 mars 1848), acheva de discréditer le parlement.

Un homme qui se présentait avec le prestige d'un nom, symbole des plus grandes gloires françaises, Louis-Napoléon Bonaparte, promit le maintien de l'intégrité du suffrage universel, l' « accession facilitée de la classe ouvrière à la propriété ¹ », à tous la sécurité matérielle et une administration tolérable. Après avoir poursuivi de plus vastes desseins, les masses se contentèrent de ces modestes satisfactions. L'Empire était fait.

I. Colins.

Cabet et l'Icarie.

Cabet, ancien magistrat, auteur du *Voyage en Icarie* (1837), est le fondateur d'une secte communiste connue sous le nom d'*Icariens*.

Déiste convaincu de l'inutilité d'un culte extérieur, inspiré de l'*Utopie* de Morus, et du *Contrat social* de Rousseau, il adopte la doctrine de Babœuf, mais répudie la violence qui n'a jamais rien fondé de durable. La persuasion est son moyen ; son but, la communauté des biens avec le partage des fruits entre tous les citoyens. Les professions étant au concours, chacun produit selon ses forces ; chacun consomme suivant ses besoins. Sans que la collectivité ait à regretter la contrainte, les machines venant au secours de l'indolence, il n'y a plus de paresseux, parce que le travail est un agrément. L'État, omnipotent, pourvoit à l'alimentation (4 repas par jour), au vêtement, au logement, vient au secours des infirmes et des vieillards, entretient les hospices publics. — Une assemblée nationale unique règle, avec les conseils provinciaux, les moindres détails de la vie.

Ainsi entendu, le communisme devient une assurance pour l'individu contre la misère.

Mais, éclairé par une expérience relative [1], Cabet n'y prétend parvenir que par échelons, en 50 ans. En Icarie le gouvernement n'admet pas la contradiction : une

1. Averti par l'échec des Saint-Simoniens, il n'ose attaquer la famille.

seule langue est tolérée, un *Journal officiel*, un seul, a droit de paraître. Si l'inégalité revient, l'enseignement uniforme et égalitaire, la taxation des salaires, la réduction des fortunes nouvelles par l'impôt progressif, en auront bien vite raison.

Tel est le programme révélé par le *Populaire* et l'*Almanach icarien* (1844) qui a eu le don de soulever l'enthousiasme de quelques illuminés auxquels l'État du Texas a bien voulu concéder des terrains en 1848, et que son inventeur lui-même, en désespoir de cause, a tenté d'appliquer au Nouveau-Monde, successivement au Texas et dans l'ancienne cité des Mormons, à Nauvoo, (Illinois, 1849.) Aucun de ses efforts, plus généreux que sensés, n'a été couronné de succès.

Accusé de manœuvres frauduleuses et de détournements, Cabet, déclaré innocent par la cour de Paris, en 1851, a dû, en 1856, renoncer définitivement à une entreprise qui avait été le but suprême de sa vie, et ses continuateurs n'ont guère été plus heureux.

Les 66 personnes composant onze familles, débris d'une ancienne colonie de 1,500 membres [1], qui ont essayé de constituer à Corning (Iowa) une seconde Icarie dont l'existence, relativement prospère, a été constatée en 1874-75 par M. Nordhoff, ne sont pas parvenues à maintenir la concorde parmi leurs rares adhérents.

MM. Marchand et Sauva, du « *Vieux parti* », rédacteurs du journal la *Revue icarienne*, ont cru devoir planter leur tente à un mille de l'ancienne exploitation de M. Piron, du « *Jeune parti* », directeur du *Communisme libertaire* ; et un autre groupe est allé récemment (1881) à Sonoma (Californie), créer un nouvel établissement.

Ainsi, aucune de ces fondations n'a réussi. Est-il besoin de dire pourquoi ?

Ce que le colon venu d'Europe va chercher au Nouveau-Monde, c'est la liberté de sa personne, la récom-

1. Richard T. Ely, professeur d'économie politique à Baltimore. *French and german socialism in modern times.* (*Journal des économistes*, juin 1881, p. 518.)

pense entière de ses efforts, une rémunération avanta-
geuse pour les risques de son capital, toutes choses que
les réformateurs lui refusent, et en échange desquelles ils lui offrent les douceurs de la gamelle égalitaire.

L'homme ayant encore le sentiment de lui-même ne
laisse pas étouffer en lui les aspirations les plus nobles
que la nature lui ait données, et garde sa personnalité,
dût-il subir les plus pénibles épreuves ; l'espérance en
un temps meilleur le soutient, et cette espérance c'est
sa vie.

Pierre Leroux. — Le panthéisme social. — Théorie du circulus
et de la triade.

Pierre Leroux (1798-1871), philosophe et homme politique, exprime, parmi les écrivains socialistes, la
tradition humanitaire. Son système est une synthèse
de ceux de Proudhon, de L. Blanc et de Cabet qui représentent respectivement la liberté, l'égalité, la fraternité. Toute sa doctrine reposant sur sa philosophie
religieuse, il importe d'en présenter au moins la synthèse :

« Dieu existe. Nous gravitons vers lui spirituelle-
» ment par l'intermédiaire de l'humanité. Or, l'homme
» est un être idéal, composé d'une multitude d'êtres
» réels qui sont eux-mêmes l'humanité en germe, l'hu-
» manité à l'état virtuel, et réciproquement l'homme
» est un être réel dans lequel vit à l'état virtuel l'être
» idéal appelé l'humanité; l'homme est l'humanité
» dans une manifestation particulière et actuelle. Il y
» a pénétration de l'être particulier homme et de l'être
» général humanité, et la vie résulte de cette pénétra-
» tion. »

Cela étant, la vie future est en germe dans la vie
actuelle, et réciproquement. La mort tranche une
manifestation de l'existence, mais n'en modifie pas l'essence; d'où il suit que nous sommes destinés à renaître dans l'humanité, sinon dans l'individu, et qu'il y a
folie d'admettre une autre vie différente de la présente.

Cette conception quelque peu pythagoricienne,

ou panthéiste, suffisant à expliquer Dieu, la nature et l'homme, implique l'identité de l'esprit et de la matière (âme et corps), l'abolition de la personnalité, l'absorption de l'individu dans la raison, dans la volonté générales. L'ordre exige donc une communion complète de l'homme avec ses semblables.

Le christianisme a cru en trouver le principe dans la charité qui ordonne d'aimer Dieu dans les autres, par méconnaissance de la loi naturelle qui a dit à l'homme de se connaître lui-même. Les religions ont toutes été, à une époque déterminée, un bienfait, mais leur œuvre n'a été que transitoire ; leur mérite est dans l'unité de vues. Strauss n'a pas eu conscience de la connexité du christianisme et de « l'essénisme », du lien intime de l'essénisme et des religions de l'Egypte et de l'Inde, berceaux de tous les cultes.

De cette tendance à l'unité résulte un principe supérieur et plus général : la *solidarité*, pont qui doit unir l'amour du moi et l'amour du prochain. Louez Dieu en vous et dans les autres.

L'esprit humain est un composé de sensation, de sentiment, de connaissance, qui a donné naissance à deux séries : liberté, fraternité, égalité, — propriété, famille, patrie, — dont l'harmonie des termes constituerait une entité supérieure. Malheureusement, anciens et modernes n'ont compris la propriété, la famille, la patrie, qu'à l'état de caste, cet obstacle insurmontable à la communion complète de l'homme avec ses semblables. La caste avec la propriété a fait le propriétaire, individu possesseur de portions divises ; avec la patrie, le sujet ; avec la famille, l'héritier ; — c'est-à-dire l'asservissement de l'homme. La contradiction, le désordre, viennent de ce que, bien que proclamée en principe, l'égalité — criterium de la justice, règle divine antérieure dont toutes les autres dérivent, — n'existe pas en fait, ainsi que le prouvent : l'exonération militaire, les avantages que crée aux capitalistes la concurrence, l'infériorité légale de la femme.

Le droit à la vie, présomption du droit au travail et au partage des fruits, résulte de ce que l'homme étant

à la fois consommateur et producteur rend journellement, et au delà, de quoi féconder le sol nécessaire à
son alimentation.

Grâce à la théorie du *circulus* justifiée par l'histoire
naturelle et la chimie, l'enfant et le vieillard, qui ne
travaillent pas, ont un droit naturel à faire valoir à la
subsistance. S'il en est ainsi, que ne devra-t-on pas à
l'industriel, au savant, à l'artiste (triade), au citoyen,
fonctionnaire actif? L'habitation, le vêtement, la nourriture, la propriété, suivant leur capacité, leur travail
et leurs besoins.

Telle est la doctrine de Pierre Leroux : la vraie égalité réalisée à la suite du panthéisme et du communisme comme modes de transition. Mais avant d'y arriver quel chemin difficile il faudra parcourir !

L'amour de l'humanité implique-t-il sa déification,
la suppression de la responsabilité de cette complaisance excessive de l'homme pour lui-même qui n'a
d'autre nom que l'égoïsme ? Le respect de ses semblables, le culte de l'égalité, de la fraternité et de la liberté
a-t-il pour corollaire la destruction de l'ordre social
établi sur la patrie, la famille et la propriété? Conçoit-
on la patrie sans sujets, la famille sans héritiers et la
propriété sans propriétaires ? Autant vaudrait chercher
à comprendre le mouvement sans la force et l'effet sans
la cause.

Et quelle étrange idée que celle du *circulus!* La consommation n'est pas reproductive par elle-même.
L'engrais le plus chimiquement riche n'est fécond que
lorsqu'il a été converti, approprié au sol par l'effort
humain. Le guano du Pérou est resté inutilisé pendant des siècles. Victor Hugo a signalé l'immense
perte occasionnée par le système des égouts : des richesses incalculables restent sous la forme de phos-
phates et d'azotates, attendant encore que la main de
l'homme vienne les ramasser. A qui est donc due cette
transformation de la matière en capital ? au hasard,
ou à l'intelligence qui a compris qu'elle pouvait être
utilisée ?

Ces contradictions, ces divagations trahissent une imagination égarée dans des poursuites interdites à l'humanité. De là cette pauvreté de logique, cette recherche outrée de la synthèse, cette absence de conclusion, cet encombrement d'aphorismes [1].

C'est d'après ces principes que 52 socialistes ont fondé à Boussac (Creuse) une communauté agricole avec le concours financier de G. Sand (1845) et que Pierre Leroux (1848) a proposé à l'Assemblée la création de colonies rurales en Algérie.

[1]. Proudhon (la Pornocratie, pages 124 et suivantes), parlant de Pierre Leroux, écrit le bon, l'honnête homme : « Malgré ses petites railleries, dit-il, il a beau mordre, il ne fait pas de mal : il n'a pas de dents.... »

Il raconte aussi qu'un jour, dans une réunion où il exposait les principes de la Banque du peuple, en 1848, Pierre Leroux, hanté de son invention de la Triade, s'écria : « Votre économie politique est fausse ; votre comptabilité est fausse : je vous dis que la tenue des livres doit se faire en partie triple, non en partie double, ce qui est absurde ! »

Le nihilisme et le communisme slave. — Le mir et le servage. — Le nihilisme, Herzen, Bakounine. — La propagande par le fait. — Les étudiants, les femmes, les déclassés psychopathes. — La littérature russe. — Les attentats. — L'avenir. — La lutte suprême de l'individualisme germanique et du communisme slave.

Tandis que la race anglo-saxonne tient ferme le drapeau de l'individualisme, la race slave représente le principe communiste. L'Anglais, qu'il ait fixé sa demeure au bord de la Tamise ou de l'Hudson, au déclin des collines de l'Écosse ou dans les prairies du Far-West, veut demeurer maître de lui-même, de sa maison, de son champ, suivant l'antique formule de l'*habeas corpus*. Le Russe, partout où il pénètre, des confins de la Chine au pays bulgare, apporte aux peuples vaincus, en même temps que le despotisme militaire et l'administration bureaucratique, la soumission de la personne à l'entité collective.

Depuis Pierre le Grand jusqu'à Alexandre III, l'autocratie tend à l'unité de la condition humaine sous le régime de la force; dans cet immense empire (de 5,421,246 hectares, en Europe) de 88,000,000 d'habitants (dont 71,000,000 en Europe) occupant près d'un sixième du globe, deux puissances dominent : l'empereur et le peuple. La bourgeoisie (7,000,000 marchands) en voie de lente formation n'existant pas encore en tant que classe; la noblesse étant abaissée comme pouvoir politique par l'ambition soupçonneuse des czars, détruite comme puissance territoriale par l'abolition du servage [1], la prédominance de l'élément

1. Noblesse héréditaire, 682,887 hab. ; noblesse personnelle, 374,367 hab.

rural (63,840,291 hab., soit 70 0/0 de la population)
s'impose. Ce grand corps, dont l'étendue est une cause
de faiblesse pour un effort rapide, mais une garantie
sérieuse contre un bouleversement intérieur, tend à
s'affranchir de l'influence allemande des provinces baltiques, legs du fondateur de Saint-Pétersbourg. Le
cœur de la patrie bat à Moscou, où ses princes se font
couronner et d'où partent les grands courants qui re-
muent jusque dans leurs entrailles les couches profondes des masses.

Quand, pour résister à l'assaut de l'Europe remor-
quée par les légions napoléoniennes, Rostopchine
incendia la ville sainte; quand, obéissant aux injonctions du panslavisme, Alexandre II partit, en 1876-77,
délivrer les frères jougo-slaves de l'oppression turque,
l'un et l'autre n'étaient que l'émanation de la nationalité russe, « cette source pure, cachée et inconnue, mais
« puissante, d'où surgit une eau vive », a dit le poète
Komiakof.

Le temps et les dures leçons des dernières années ont
dissipé momentanément les rêves d'expansion patriotique « à l'imitation de ces feux d'herbes qui incendient
la steppe [1] pendant une nuit de juin avant que les
défricheurs y mettent la charrue ». Skobeleff a emporté
son épée dans le tombeau, Aksakoff et Katkof leurs
plumes, mais le slavisme n'a pas péri dans son essence ;
l'idée du salut public et de la volonté du peuple prenant
l'aspect austère du devoir a survécu.

Le Grand-Russien, démocrate égalitaire, peu soucieux
de la liberté de l'occident, craint l'injustice et non le
despotisme ; il a l'âme ouverte à l'enthousiasme, au
dévouement ; il a tellement le sentiment de l'égalité
qu'il n'hésitera pas, sans espoir de récompense, à aider
son voisin à rentrer sa récolte ou à réparer sa chau-
mière (*Coutume du pomotchis ou tolokis*).

Mais s'il a le cœur large et la bourse ouverte aux
misères d'autrui, il ne comprend pas qu'il n'y ait pas

---

[1] Tolstoï a dit de la steppe: « Ce lointain sans bornes qui
appelle à lui » et Nékrassof (*Les malheureux*, à propos des pays
du Nord : « Ce jour malade, cette aube lente et embrumée. »

réciprocité. « Tous les hommes sont fils d'une même
» mère et il est inutile d'étudier chacun séparément;
» un seul exemplaire humain suffit pour juger tous les
» autres. Les hommes sont comme les *bouleaux des
» forêts*[1], dont aucun botaniste ne s'avisera d'étudier
» chaque échantillon séparément[2] ».Ils sont semblables
et dès lors pourquoi y aurait-il entre eux des différences
de pouvoir, de fortune et de jouissance? pourquoi y
aurait-il une propriété privée alors que le proverbe a
dit que « la communauté est belle, même jusque dans
la mort ? »

De cette tendance vient le *mir*, sorte d'unité autonome, ayant pour lien la possession des terres et l'exploitation de leurs produits, et comprenant une ou plusieurs divisions administratives, suivant les nécessités
agricoles. Une ou deux rues droites et larges chez les
Grands-Russiens, étroites et tortueuses chez les Petits-
Russiens, partout sales et défoncées, bordées de constructions en bois et de petits jardins (izba) d'une
désespérante monotonie dans leur uniformité, sont le
centre de la vie rurale chez les Slaves. Propriété et
travail, tout est en commun.

L'assemblée communale ou *skod*, composée de tous
les chefs de famille, — la femme remplaçant l'homme en
cas de décès ou d'absence, —ayant à sa tête un maire élu
ou *selski sfarosta*, préside à la distribution d'une égale
proportion des trois classes de terres entre les *osmaks*
(subdivision du mir) à raison du nombre de têtes, garçons ou filles ; puis les paysans partagent entre eux,
sans juge ni arpenteur, soit à l'amiable, soit par tirage
au sort. Les périodes de jouissance sont variables suivant les régions ; dans le sud[3], où les terres produisent
sans amendement, elles sont d'une année ; ailleurs de
3, 6, 9, 12, 13, 15 ans, suivant l'utilité croissante d'encourager le perfectionnement des cultures et de

---

1. Tacite a dit de la monotonie de la nature des pays slaves: « *Aut silvis horrida, aut paludibus fœda* ».
2. Ivan Tourgueneff, *Pères et fils*.
3. Les terres noires occupent 90,000,000 de déciatines (1 hectare 09,25).

récompenser le détenteur de ses débours et de son travail[1]. Dans quelques provinces, telles que celles de Yaroslaff, les terres non fumées seules changent de mains, et dans la région du nord celui qui défriche un terrain vague est autorisé à le conserver pendant un nombre d'années proportionné à sa peine. Tout titulaire de part peut, à sa guise, en disposer, la cultiver, donner à bail, moyennant rétribution en argent ou en nature, mais nul n'a le droit de bâtir, de quitter son village ou de s'y établir sans être autorisé.

Le sol arable ne fait pas seul l'objet d'une répartition périodique. Il en est de même, dans certains districts, des forêts, des maisons, du croît des troupeaux, des droits de pêche ou de mouture du grain. Pour compenser les pertes occasionnées par les inondations ou les intempéries, les époques de labourage, de moisson ou de fenaison sont fixées par l'assemblée, comme nos bans de vendange dans certaines communes du midi de la France et, une fois la récolte mise en meules, les charrettes de chaque famille emportent les lots que le sort leur a assignés.

Cette organisation primitive n'est pas sur le point de disparaître ; lors de l'abolition du servage on a pu croire pendant quelques années (1861-1879) que le paysan, satisfait des conditions nouvelles de son existence, avait renoncé à une constitution surannée ; il n'en était rien. Quand il a été convaincu que la répartition de 1861 était définitive et ne serait pas modifiée par une révision vainement attendue, il a réclamé le rétablissement de fait de l'ancienne coutume contre laquelle les efforts d'Alexandre II s'étaient brisés.

L'opinion générale est contraire à l'abolition qui ne peut être prononcée, en droit, qu'à la majorité des 2/3 des voix dans l'assemblée et implique, comme conséquence légale, en faveur de chaque détenteur la cession individuelle et perpétuelle de son lot.

1.   Gouvernement de Moscou...   13 ans
        —   Riazan....   10-15
        —   Tambor...   10-13
6 ans chez les Cosaques de Kazan.

Le système du mir qui régit actuellement la plus grande partie de l'empire,

98.4 0.0 du territoire dans la province du Bas-Volga		
97	—	— de Moscou
95	—	— Oural
89 0.0	—	— Grande-Russie
58 0.0	—	— Petite-Russie

loin de s'affaiblir, tend au contraire à s'étendre dans la Russie-Blanche 55 0.0, dans l'Ukraine polonaise 45 0.0 et gagne même du terrain dans les provinces de Koursk, Voronej, Tambov, Riazan, et jusque sur les frontières de Bessarabie et de Moldavie. Cela tient à ce qu'en dépit de toute assimilation, la commune slave et le servage sont deux faits distincts et indépendants, qui se superposent, sans se confondre, ainsi que l'indique l'établissement récent du mir dans la Russie-Blanche et l'ignorance complète qu'en ont les populations des provinces baltiques, pays de servage par excellence où domine l'élément allemand.

Chose singulière, la tenure collective du sol, contrairement aux données historiques sur la transformation de la propriété civilisée, chez les occidentaux, aurait, suivant les travaux des savants russes, MM. Tchitchérine et Blumenfeld, été précédée d'une période d'appropriation individuelle : il en résulterait que cette nouvelle phase de développement et non de stagnation serait une condition nécessaire de l'évolution chez les Slaves. — point essentiel sur lequel on ne saurait trop insister [1].

Néanmoins, il ne faudrait pas rejeter toute idée de

[1]. L'idée de la mise en commun est si développée dans la race slave que l'on voit assez souvent plusieurs familles s'associer pour exploiter ensemble une terre ou une usine.

Tikhomirov en cite deux exemples : celui des paysans de Grekovsky (Petite-Russie) et celui des ouvriers de Votkine (*La Russie*, p. 130).

La race anglo-germanique, au contraire, est essentiellement individualiste. Un récent exemple en fait foi :

Le gouvernement colonial du Cap avait eu, il y a quelques années, l'idée de distribuer des terres conquises à des familles

lien entre les deux grands faits qui planent sur le monde russe : *l'organisation communiste* arrêtant l'expansion des cultures intensives par l'insécurité des tenanciers, et favorisant la routine aux dépens des améliorations progressives, a précipité *l'abolition du servage* qu'elle contribuait à rendre intolérable.

L'impôt perçu sur les bases de 1719, modifiées dix fois seulement à des intervalles irréguliers, non pas en proportion du rendement du sol, mais d'après le nombre des habitants, comme une véritable capitation, avait fait ressortir le danger social de ce régime. L'intérêt fiscal, soutenu par la conquête, avait provoqué dès les débuts de l'établissement du czarat de Moscovie, sous Boris Godunof, l'abolition du droit de migration des serfs. Il en était résulté que le paysan, attaché au sol, était devenu une sorte d'immeuble par destination du propriétaire, sorte de bête de somme, soumise au travail et au service militaire obligatoires. Le despotisme des seigneurs était tel que, lorsque Pierre III mourut assassiné, après s'être laissé arracher, en 1762, la dispense du service obligatoire en faveur des nobles, un intrigant cosaque, du nom de Pougatchef, parti des bords du Volga, avait pu soulever une formidable insurrection au nom de la libération des serfs.

Loin d'atténuer le mal, le passage aux mains de l'État des biens ecclésiastiques séculaires, et l'ukase féroce du 22 août 1767, sous Catherine II, n'avaient été qu'une aggravation[1]. Peu développé dans le nord et le sud-est, pays de faible production, le servage, qui ne comprenait, dans ces régions, que 3 0/0 de la population, avait englobé les ⅚ de la totalité, soit 50/0/0 à 70 0/0, en Moscovie. Les seigneurs, abandonnant leurs

d'anciens soldats anglais, chaque lot étant attribué à dix familles indivisément. Il a dû bientôt renoncer à cette pratique en présence des réclamations des intéressés contre cet « essai de socialisation du sol » qui présentait, dans l'espèce, des avantages sérieux, au point de vue agricole et militaire.

1. L'ukase du 22 août 1767 punit du knout et de l'envoi aux mines de Nerkschinsk toute pétition d'un serf contre son seigneur.

terres pour vivre noblement dans les villes, avaient renoncé à percevoir eux-mêmes les redevances directes des paysans en denrées et en travail. Il en était résulté ce singulier contrat d'*Obrok* par lequel le labeur des travailleurs était vendu comme une denrée et la terre cédée au mir, en usufruit, moyennant un loyer payable en argent.

De cette absence d'intérêt porté à l'avenir de la propriété, de ce mépris de l'homme étaient nées des spéculations scandaleuses et une oppression facilitée par les punitions corporelles[1]. Nicolas, éclairé par la protestation de Gogol contre une odieuse capitation payée pour des hommes morts depuis dix ans[2], ému par l'émouvant et irrésistible plaidoyer de Tourgueneff[3] en faveur de pauvres esclaves, avait recommandé à son fils et successeur une réforme qui devait être l'œuvre capitale du nouveau règne.

Dès mars 1856, Alexandre II avait annoncé les projets que l'ukase du 19 février 1861 devait réaliser.

La liberté civile de 24 millions de serfs était proclamée ; ceux qui étaient attachés aux personnes en qualité de domestiques devenaient libres au bout de deux années, et les autres, héréditairement cultivateurs, avaient la faculté de devenir propriétaires moyennant le versement d'une somme représentant les anciennes redevances capitalisées à 6 0/0. Pour faciliter l'opération, le gouvernement s'engageait à fournir les 4 directement par l'émission de rentes d'État, moyennant une annuité de 6 0/0 pendant 49 ans, pour compensation de ses avances, l'autre cinquième restant à la charge des paysans[4].

---

1. En 1859, 215 seigneurs étaient déposés pour abus d'autorité et l'administration de leurs domaines était confiée par le czar à des curateurs.

2. Gogol. Les *Ames mortes*, 1842.

3. Tourgueneff. *Récits d'un chasseur*, 1852.

4. Émission de rentes 5 1/2 et 5 0/0 en obligations remboursables en 37 ans, transformées en rentes russes 5 0/0 1877.
   Les prêts aux paysans s'élevaient à
   781,000,000 roubles, au 1er Janvier 1883
   826,000,000   »   »   1884

Grâce à la générosité des seigneurs qui n'exigèrent que rarement ce dernier cinquième, aux avances de la Banque foncière des paysans, à la remise de douze millions de roubles d'Alexandre III, en 1883, cette grande opération de crédit a pu s'effectuer à l'honneur de la Russie. L'impôt de capitation, présage de complications sociales, a pu être aboli et l'ukase du 28 décembre 1881 a proclamé définitivement propriétaires tous les anciens serfs de la grande et de la petite Russie.

Ainsi a été résolue, pour un temps, la question agraire; les czars ont compris, en effet, que la masse du peuple, inaccessible aux théories compliquées des révolutionnaires, était capable, comme le sable vague et meuble du désert, de se soulever en tourbillon au premier vent qui lui soufflerait les mots fatidiques « terre et liberté ». Ils n'ont pas oublié que David, quand il leva des bandes contre Saül, dans la forêt de Rama, vit venir à lui « tous ceux qui vivaient dans l'état d'angoisse, acca- » blés de dettes et qui avaient l'âme amère ». Ils se sont demandé ce que deviendraient ces misérables sans pain, quand les fertiles territoires des frontières qui leur servaient d'exutoire seraient saturés par la population la plus prolifique de l'Europe[1], et, pleins de ces sombres préoccupations, de la perspective du renouvellement des jacqueries du dix-huitième siècle, — déchaînement de la brute soumise à la poussée des forces élémentaires et collectives, — ils ont abordé résolument un des plus difficiles problèmes de notre époque et mérité la reconnaissance de la portion la plus nombreuse de leur empire[2]. Auront-ils le même succès

1. Natalité de la race slave : 4, 8, à 5 p. 0.0.
    —   allemande 3, 8 p. 0.0.
    --   française latine 2, 6 p. 0.0.
2. Tourgueneff, dans son dernier ouvrage, *Poumine et Baboukvine*, représente deux paysans philanthropes et républicains transportés de joie en apprenant l'abolition du servage. Une lettre du 3 avril 1861, adressée à M. Annenkoff, montre l'enthousiasme d'Ivan Tourgueneff lors de la promulgation de l'ukase du 19 février 1861 : « Vraisemblablement, avant la fin « de cette année, la corvée aura cessé d'exister. Dimanche der- « nier nous avons assisté au service d'action de grâces à l'église

contre cet autre phénomène plus retentissant et plus dramatique qui a frappé toutes les imaginations contemporaines : le nihilisme ? C'est ce qu'il convient d'examiner ici.

La répression sanglante de la conspiration de 1825, les massacres de Pologne et la persécution des cultes dissidents, l'absolutisme militaire dont Nicolas I⁰ʳ imposait l'empreinte dans tout son empire, avaient étouffé toute velléité de protestation politique. Comme dans la Rome des Césars, les mécontents se réfugièrent dans les lettres et la philosophie en attendant des jours meilleurs.

Vers 1830, à l'époque où un grand mouvement de libéralisme emportait le trône des Bourbons, consolidait le régime parlementaire en France, en Belgique et en Espagne et éveillait le sentiment des nationalités en Italie, en Allemagne et en Pologne, Hégel[1] prenait possession des esprits en Russie. Son système du « perpétuel devenir » — c'est-à-dire son culte de la vie dont l'essence est un changement continu, — avait séduit la génération nouvelle affamée d'idéal sous le dehors de prétentions réalistes. Convaincus qu'à chaque période une race a la mission providentielle de mettre la raison absolue (*Weltgeist*) à même de se manifester en existence objective et de guider les autres devenues incapables de tenir la tête, les progressistes croyaient que le moment était venu pour les Slaves de tenir le drapeau de l'avenir et d'affirmer dans le monde la prédominance de l'antique principe de la communauté sur celui de l'individualisme.

L'opposition de Solovief, Kaveline, Pypine et de la revue *Viestnik Ievropi*, organe des occidentaux, était

---

« russe (de Paris). Le père Vassilief a prononcé un discours très
» sensé et très touchant, qui nous a fait venir les larmes aux
» yeux... Nicolas Tourguéneff, lui aussi, s'essuyait les yeux ;
» c'était pour lui quelque chose comme le *nunc dimittis servum*
» *tuum*. Enfin ce grand jour est arrivé ! »

1. Hégel a dit : « La puissance et la force se confondent avec le droit ».

impuissante à lutter contre les tendances de Boudilovicz, de Lamansky et de Danilevski qui dénonçaient au mépris de l'opinion la « pourriture civilisée ». A cette théorie nouvelle il fallait un écrivain, une formule ; un élève de l'université de Moscou, Russe par son père, Allemand par sa mère, disciple passionné de Fuerbach, de Rousseau et de Brissot, en est l'apôtre [1].

Herzen proclame, le premier, le principe de la négation, de la nécessité de la destruction du passé et de la révolution sociale non politique. Aspirant à une rénovation complète, il nie Dieu, l'intervention providentielle dans les affaires humaines, l'immortalité de l'âme, la notion morale du bien et du mal, l'utilité de l'Église et de l'État, il croit à l'efficacité de la violence pour régénérer la société par l'avènement du travailleur « qui ne doit pas, ne peut pas » peiner pour autrui. Ce qui arrête le mouvement, c'est » que les ouvriers n'ont pas encore conscience de leur » force et que les paysans sont en arrière dans leur » développement... Mais, quand ouvriers et paysans se » donneront la main... Alors l'absorption de la majorité » par la vie brillante et exubérante de la minorité aura » vu sa dernière heure... L'homme porte en lui un éter- » nel tribunal révolutionnaire, un inexorable Fouquier- » Tinville qui lui crie : pas de concession, de grâce, de » compassion ; la logique, qui a une merveilleuse simi- » litude avec la terreur, n'admet pas cela...sans doute » il sera nécessaire de sacrifier non seulement ce que » l'on déteste, mais encore ce que l'on aime »... Cette tâche requiert toute notre virilité. Il s'agit de briser, dans les faits, l'exploitation de l'homme par l'homme qui est déjà ruinée dans l'ordre des idées, et « si nous ne

1. Alexandre Herzen, né à Moscou en 1812, mort en 1870 ; écrivain socialiste et romancier, relégué à Perm, sous Nicolas, puis autorisé à résider à l'étranger.
    Auteur de : *A qui la faute ?* 1847. (roman) ; *Avant la tempête* (1847-48) ; *Après la tempête* ; *L'idée révolutionnaire en Russie* (1851) ; *La propriété baptisée* (1853) ; *Prison et exil* (1854) ; ouvrages socialistes. Fondateur de la revue hebdomadaire *le Kolokol (la Cloche)*, 1877, Londres.

sommes pas appelés à recueillir les fruits, soyons au
moins les bourreaux du passé ; persécutons-le dans ses
institutions, dans ses croyances ; démasquons-le et
immolons-le dans ses espérances pour l'avenir... »

Hélas ! l'éternel jeu de la vie (*perpetuum mobile*) qui
constitue le flux et le reflux de l'histoire, devait apprendre à l'auteur de « *Avant la tempête* » et d'*Après la
tempête* », 1847-48, combien est décevante la théorie de
la destruction universelle.

Il put protester contre l'abaissement du niveau moral
de la société française, après les journées de juin, dé-
clamer son humeur chagrine contre la répression de
Cavaignac, agent d'une assemblée de « boutiquiers
furieux » ses espérances étaient déçues, ses yeux étaient
dessillés ; l'Occident n'ouvrirait pas la voie. « Il ne suffit
pas, disait-il en 1850, de démolir de fond en comble la
Bastille, pour rendre les hommes libres ». Le suffrage
universel, intempestivement appliqué au peuple français non encore préparé à son usage, a été le « rasoir »
avec lequel il a failli se suicider. La négation de la propriété est une chose inutile, une phrase vide de sens,
parce que « si suffisants que soient les motifs en eux-
mêmes, ils ne peuvent produire d'effets sans des moyens
suffisants ». Le défenseur du bien et de la liberté du
peuple était découragé, quand, dans un suprême effort,
il s'écriait, en apprenant la mort du czar Nicolas :
« *Maintenant ou jamais* ».

Le fondateur de l'*Étoile polaire* et de *la Cloche* était
un homme d'étude, à l'âme indécise, insouciant de la
politique, ennemi des violences de fait et des intrigues
des conspirateurs.

Avec Bakounine le nihilisme prend le caractère défini de propagande brutale que son précurseur n'a ni
voulu ni osé lui donner [1]. Le cri de guerre de Radichtchev a été entendu, et les affiliés de l'alliance de la
démocratie socialiste entonnent l'hymne :

[1]. Ses romans sont sans conclusion : son chef-d'œuvre « *A
qui la faute ?* » 1847 est un exposé magistral du mal social
auquel il ne propose aucun remède.

O liberté,
Transforme en lumière les ténèbres de l'esclavage ;
Que Brutus et Tell s'éveillent ;
Que par ta voix les tzars
Sur leurs trônes se sentent troublés [1].

Bakounine [2] ne connaît ni les euphémismes de langage ni la timidité de la conscience ; il va droit au but : « Si Dieu est, l'homme est esclave. Or, l'homme peut et doit être libre ; par conséquent Dieu n'existe pas » ; les religions qui prêchent l'abstention des jouissances et le mépris de l'existence matérielle sont les alliées du pouvoir civil et de la tradition.—Ni mariage, ni État, ni héritage, mais l'attraction brutale des passions et l'égalité absolue par la remise à la collectivité de tous les biens.

« Je vote, dit le maître au congrès de Bâle (1869), pour
» la collectivité du sol en particulier et en général de
» toutes les richesses sociales dans le sens de la liqui-
» dation sociale. J'entends par liquidation sociale l'ex-
» propriation, en droit, de tous les propriétaires actuels
» ainsi que l'abolition de l'État politique et juridique ;
» sanction et tutelle de la propriété actuelle et de tout
» ce qui a nom droit juridique, et l'expropriation de
» fait partout et autant qu'elle sera possible, eu égard
» aux événements et à la force des choses. Je suis an-
» tagoniste décidé de l'État et de toute politique
» bourgeoise de l'État. Je demande la destruction de

1. Radichtchev, condamné à mort, sous Catherine II, puis déporté en Sibérie, auteur du célèbre « Voyage de Saint-Pétersbourg à Moscou ».

2. Michel Bakounine, né à Tver, en 1812, mort à Berne, en 1876 ; cousin de Mouravieff, ancien gouverneur de la Pologne ; conspirateur et agitateur socialiste, expulsé de Paris, en 1847, par M. Guizot, sur la demande du czar Nicolas (entrevues avec Proudhon et George Sand) ; promoteur de l'insurrection de Dresde, en 1848 ; pris à Chemnitz par les Prussiens, livré à la Russie, puis gracié, en 1856, à l'avènement d'Alexandre II ; colon déporté sur les bords de l'Amour, échappé en 1861 ; collaborateur au Kolokol (la Cloche) dont il transporte la rédaction à Genève, à la mort de Herzen ; fondateur de l'Alliance de la Démocratie socialiste, et organisateur, en septembre-octobre 1870, de l'insurrection de Lyon, avec Richard et Gaspard Blanc.

M. Strauss (Temps, 23 avril 1884) fait de Bakounine le portrait suivant :

» tous les États nationaux et territoriaux et sur leurs
» ruines la fondation de l' « État international des tra-
» vailleurs ». — Aucun progrès n'a été accompli : l'in-
» struction et la science dont nous avons assez pour un
» millier d'années sont du domaine des aspirations aris-
» tocratiques. Avec la famille et l'amour, elles engen-
» drent le désir de la propriété : extirpons ces désirs.

» Les choses en sont à ce point qu'il convient d'en finir
» au plus vite, de pousser les choses à l'extrême, qu'il
» y a lieu d'augmenter par tous les moyens possibles
» les souffrances des opprimés pour lasser leur patience.
» Développons l'ivresse (dit un personnage des *Esprits*
» *méchants* de Dostoievsky, les cancans, les dénoncia-
» tions, une corruption jusqu'à présent inconnue ; étouf-
» fons les génies dans leur berceau. Et alors nous arri-
» verons à une égalité complète ».

Pour réaliser l'état d' « amorphisme », prélude d'une
nouvelle ère de bonheur, les cent frères internationaux,
les frères nationaux, les adhérents initiés du *Catéchisme
révolutionnaire* ne doivent reculer devant aucun
moyen de propagande par le fait : ils doivent faire
abandon de leur personne, étouffer tous leurs sentiments intimes, toutes leurs aspirations, en raison du
but supérieur qu'ils poursuivent. Il faut qu'ils comprennent bien que tout pour eux se résume dans ce mot
unique : *rien*. « Rien ! ni parents, ni femmes, ni amis ;
» rien qui fasse trembler la main le jour où il faut pren-

» Ce qui ressort de cette vie étrange et romanesque, c'est le mépris dans lequel Bakounine tenait la morale vulgaire. Cet
homme n'avait aucun préjugé : il estimait, à l'instar des
Jésuites, que tous les moyens sont bons pour parvenir. Il
y avait en lui du cardinal de Retz et du Casanova. Nul n'a
moins rappelé le Slave mystique et croyant.

» Tel qu'il apparaît, il est actif, intrigant, dévoré d'ambition,
sceptique. Grand, énorme, un peu bellâtre, il a des succès de
» femmes ; il parle bien et a le souffle oratoire.

» Il a les qualités et les défauts nécessaires pour être un ma-
» nieur d'hommes, la parole et l'audace, l'esprit d'intrigue et
» l'absence de sens moral. On voit revivre en lui le type de cer-
» tains patriciens des républiques italiennes : natures com-
» plexes à la fois abruptes et raffinées, très en dessous et
» tout en dehors, faites de contradictions et de contrastes. »

» dre la vie des autres ou donner la sienne »[1]. Il faut qu'ils vivent d'une espérance, gravant dans leur cœur le suprême appel de Tcherny [2] : « Mon sang sera peut-» être la goutte qui, tombant, pareille au plomb ardent, » éveillera la conscience du peuple, lequel, voyant avec » effroi le spectre d'un des siens, comprendra quelles » horreurs il laisse commettre »..

Ces enseignements devaient porter leurs fruits.

Vers 1860, au lendemain des désastres militaires de Crimée, à la veille de l'insurrection polonaise, au moment où le prince Gortschakoff déclarait solennellement à l'Europe que la Russie se recueillait pour la préparation d'une grande mesure d'apaisement, les signes précurseurs de la rébellion contre le monde ancien se manifestaient. Les mécontents étaient nombreux : l'ancienne organisation des castes succombait. Les propriétaires nobles se plaignaient de l'émancipation des serfs qui, leur enlevant leurs plus précieuses prérogatives, les condamnait à la gêne et à la perte de leurs influences; les catholiques opprimés pour leurs sympathies polonaises, les israélites pourchassés, sous le coup de la défense de former des communes indépendantes, d'exercer des professions sans autorisations spéciales et d'acquérir des immeubles, n'étaient pas les seuls ennemis d'un despotisme bureaucratique : le clergé national lui-même était las de voir qu'il n'était plus entre les mains du pouvoir, au mépris de la grandeur de son rôle, qu'un instrument politique, soumis à une discipline passive. A mesure que l'antagonisme s'accentuait entre les deux clergés, — noir ou régulier, blanc ou séculier, — l'indifférence religieuse croissait parmi les hautes classes et de nouvelles sectes nationalistes apparaissaient comme une protestation populaire contre la souveraineté spirituelle du chef de l'État.

Dans les universités, les étudiants soumis au régime militaire par l'abrogation de l'édit libéral de 1849 (en 1858 il y avait eu un retour au système de 1835, créé

1. E. Zola. *Germinal* (portrait de Souvarine), p. 509.
2. *D'au delà les barreaux. — Peut-être! — Comment le savoir?*

par Nicolas, en haine de la révolution) souffraient péni-
blement de sentir que non seulement leurs actes, mais
même leurs moindres manifestations étaient soumis à
une censure aussi inique que tracassière[1]. Les arresta-
tions de leurs camarades envoyés pour des peccadilles
dans les garnisons les plus pénibles quand ils n'étaient
pas déportés aux mines de Sibérie; le souvenir des
châtiments immérités infligés aux plus éminents représentants de la liberté de la pensée, tels que Teherny-
chevski, Dostoievski, Chevchenko, faisaient de l'élite de
la jeunesse un ennemi irréconciliable du pouvoir.

Les femmes, reléguées par l'usage dans les emplois
secondaires de l'activité humaine, commençaient à
protester contre l'injustice des proverbes moscovites[2];
elles prouvaient, par leur assiduité aux écoles nouvelles et dans leurs universités, leur aptitude à s'assimiler des connaissances plus relevées que celles de la
musique et de l'aiguille réservées par Gogol « aux
compagnes des maîtres à danser et des pitres »; elles
s'adonnaient aux études supérieures de la littérature et
des sciences naturelles, notamment de médecine[3], et,

---

1. Deux journaux seuls étaient admis dans les universités :
le *Nord* (de Bruxelles), la *Gazette de la Croix* (de Berlin).

2. Mépris des Russes pour la femme.
Proverbes : En dix femmes il n'y a qu'une âme. — Dans une
femme il n'y a point d'âme, mais seulement une vapeur. — Les
femmes ont les cheveux longs, mais l'intelligence courte. —
Aime ta femme comme ton âme, secoue-la comme un poirier. —
Bats ta femme avant de dîner et de nouveau avant de souper.
— Ta femme n'est pas un vase, elle ne se cassera pas si tu la
frappes. — Qui croit sa femme ne vivra pas trois jours. — Le
chien est plus intelligent que la femme, il n'aboie pas contre
son maître. — Devant la femme, Satan n'est qu'un petit innocent. — La femme est deux fois chère : quand elle entre dans
la maison et quand on l'emporte (morte) de la maison. — La
poule n'est pas un oiseau, la femme n'est pas un homme (c'est-
à-dire un être humain). — Avant d'aller à la guerre, fais une
prière; avant d'aller sur mer, fais deux prières; avant de te
marier, fais trois prières.

3. A Zurich, les cours de l'école de médecine ont été suivis
par les femmes russes au nombre de 2, en 1864, et de 117, en
1873.
Et en 1872, à Saint-Pétersbourg, on a constaté qu'il y avait
500 femmes aspirantes au brevet de docteur en médecine.

pénétrées de l'idée de l'émancipation de leur sexe, réchauffaient le zèle des hommes dont elles partageaient les angoisses et les travaux dans l'émigration.

De l'union de ces révoltes, de l'accord des négations pessimistes de Moleschott, Büchner et Schopenhauer et des doctrines subversives d'Herzen et de Bakounine, est né le parti de la Révolution[1].

Sous l'influence d'un accès trop rapide à la civilisation occidentale, d'une absorption trop brusque de nos conceptions philosophiques, politiques et sociales, l'âme slave a subi une commotion qui, dégénérant en maladie nerveuse, a fait depuis cinquante ans d'innombrables victimes. Visionnaire et mystique, jeune dans ses ardeurs d'expansion vitale, vieille par son inertie asiatique, elle a absorbé d'un trait le poison positiviste. Mais la liqueur était trop forte pour son organisme en formation : elle l'a rejeté dans un mouvement fébrile ; et elle s'est précipitée, par un besoin irréfléchi d'action, vers la religion nouvelle de la force. En présence de l'inutilité de l'effort, de l'impossibilité même du vouloir qui est la caractéristique du mal russe, l'équilibre intellectuel s'est rompu. L'apparence est sauvée puisque la logique guide encore les raisonnements ; mais pour peu qu'on y regarde, c'est une logique égoïste, passionnée, dépourvue de la notion élémentaire du bien et du mal, qui ne connaît aucun obstacle ; et qui, pour satisfaire le caprice d'un instant, est prête, sans même le prétexte de la provocation, à aller jusqu'à la perdition et jusqu'au crime. En un mot, c'est l'état *psychopathe* inguérissable pour lequel le professeur Belin-ky a réclamé du jury et des magistrats une reconnaissance d'irresponsabilité, la maladie morale dont la littérature

---

1. Avant 1871 la doctrine nihiliste se résume dans la négation de tout surnaturel, de tout devoir, de toute obligation, dans le triomphe absolu de la volonté individuelle. Vers 1871, au contraire, — sous l'impulsion de Bakounine et de Lavroff — les idées socialistes font leur apparition en Russie et trouvent de nombreux adhérents dans les centres universitaires. De là la transformation du nihilisme philosophique en nihilisme politique, en anarchisme.

nationale a souvent exposé les phénomènes symptoma-
tiques[1].

L'homme nouveau, luttant contre le néant à la recherche de l'impénétrable, nous représente l' « animal
dépravé, la plainte enlaidie » que Rousseau a imaginé
dans sa provocante peinture de la société civilisée.
Le comte Tolstoï, ascète exalté, poursuivi par l'obses-
sion du surnaturel, décrit dans un style, aussi vibrant
que celui des « *Confessions* » ce sentiment de vide scepticisme et de fatal désespoir qui s'empare d'une imagination de seize ans (otchaaïnie, mot russe intraduisible).

« Quand je me souviens, dit-il, de mon adolescence et
» de l'état d'esprit où je me trouvais alors, je com-
» prends très bien les crimes les plus atroces commis
» sans but, sans désir de nuire, comme cela, par curio-
» sité, par besoin d'action. Il y a des minutes où l'ave-
» nir se présente à l'homme sous des couleurs si
» sombres, que l'esprit craint d'arrêter son regard sur
» cet avenir, qu'il suspend totalement en lui-même
» l'exercice de la raison et s'efforce de se persuader
» qu'il n'y aura pas d'avenir et qu'il n'y a pas eu de
» passé[2]. »

Dans *Pères et Enfants*[3], Bazarof nie l'aristocratie, le
libéralisme, le progrès et tous les principes, « mots étrangers à notre langue et parfaitement inutiles »; et quand
on lui dit que toutes ses négations ne sont que la
manifestation de son impuissance, il répond par le
vieux dicton : « une chandelle d'un sou a suffi pour
brûler Moscou. »

1. Tutchef a dit:
« On ne comprend pas la Russie avec la raison. On ne la me-
» sure pas avec le mètre commun. Elle a pour soi seule un mètre
» à sa taille, — on ne peut que croire à la Russie. »
2. Cité par Melchior de Vogüé, *la Société russe*. (*Revue des
Deux-Mondes* du 15 juillet 1881.)
Tutchef, poète russe (1803-1873) donne de la vie la définition
suivante :
» Une colonne de fumée qui brille dans l'air. — Une ombre in-
» saisissable qui rampe sur la terre. — Voilà notre vie, disais-tu.
» — Non, ce n'est pas même la fumée brillante que la lune
» éclaire. — C'est l'ombre tremblante de cette fumée. »
3. Ivan Tourgueneff, 1861.

Raskolnikof, héros de *Crime et châtiment* [1], est un monomane, un Hamlet du dix-neuvième siècle. Pauvre étudiant, que la misère a chassé de l'Université malgré les sacrifices d'une mère et d'une sœur, cet orgueilleux, relégué dans un taudis, passe des journées entières couché sur son divan en rêvassant sans travailler. Dans ce cerveau, hanté de songeries confuses, l'idée fixe a germé : « La nature a partagé les
» hommes en deux catégories, l'une, inférieure, celle
» des hommes ordinaires ayant pour seule mission de
» reproduire des êtres semblables à eux ; l'autre, supé-
» rieure, comprenant les hommes qui possèdent le don
» ou le talent de faire entendre un mot nouveau...
» A la première appartiennent d'une façon générale
» les conservateurs, les hommes d'ordre qui vivent
» dans l'obéissance et qui l'aiment...; le second groupe
» se compose exclusivement d'hommes qui violent la
» loi ou tendent, suivant leurs moyens, à la violer...
» Les uns sont les maîtres du présent, les autres ceux
» de l'avenir... les uns conservent le monde et en
» multiplient les habitants, les autres conduisent au
» but... » — L'homme extraordinaire a le droit d'au-
toriser sa conscience à franchir les obstacles quand l'application de son idée l'exige. Tous les guides de l'humanité, Lycurgue, Mahomet, Napoléon, ont été des malfaiteurs... tous ces génies ont aimé à répandre le sang... « en conséquence, tous, non seulement les
» grands hommes, mais encore ceux qui sortent de l'or-
» nière, qui sont capables de dire quelque chose de nou-
» veau, doivent, par leur nature, être nécessairement
» des criminels à un degré plus ou moins élevé. Autre-
» ment il leur serait difficile de sortir de l'ornière. Quant
» à y rester ils ne peuvent certainement pas y consentir
» et, à mon avis, leur devoir est de ne pas y consentir...»
L'audace est le signe qui marque au front les élus, l'attentat, l'épreuve nécessaire. Le hasard le conduit dans une maison de thé (traktir) où deux jeunes gens se plaignent amèrement de l'usurière. Aléna Ivanovna,

1. Dostoïevski.

chez laquelle lui-même a, naguère, engagé une vieille
montre et un anneau. L'un d'eux dit : « Celui qui dé-
barrasserait la terre de cette méchante et vieille caco-
chyme serait un bienfaiteur de l'humanité. » Raskolnikof halluciné boit ces paroles de haine; l'idée du
sang l'obsède, la fatalité, sorte d'Ananké antique, l'entraîne au meurtre [1]. Mais comme l'esprit est plus dépravé que le cœur, le remords l'empoigne, il lui faut un
confident de sa honte. Sonia, jeune fille dont les outrages d'une marâtre et l'ivrognerie d'un père abruti ont
fait une prostituée par sacrifice, reçoit l'aveu du crime
mais ne l'absout point. L'horreur qu'elle manifeste
amollit le cœur endurci de l'assassin, ses larmes cou-
lent, « la terre l'a reconquis »; il court au bureau de
police, et est condamné aux travaux forcés où Sonia
l'accompagne.

Kirilof [2] est un apôtre du suicide « point culminant
du libre arbitre ».

La prêtre Néjdanof des *Terres vierges* [3], le lieutenant
d'artillerie Teglew entré dans l'armée pour devenir un
Napoléon, se tuent pour se venger de la société qui n'a
pas su utiliser leurs facultés géniales.

Rakmetoff est convaincu que tous les hommes ont un
droit égal à participer aux jouissances et comme « il
convient de prouver, par l'exemple, qu'il le demande
non pas pour lui afin de satisfaire ses propres passions,
mais pour l'homme en général, qu'il dit cela par principe et par conviction, il abandonne l'héritage paternel
et ne se réserve qu'une faible rente pour subsister. Le
but de la vie étant le développement de l'individu et la
lutte contre la souffrance, il se fait gymnasiarque et
adopte le régime alimentaire des boxeurs pour acquérir
de la force physique, lit quatre-vingts heures de suite
en se soutenant avec du café pour donner de la vigueur

1. Tolstoï, dans la *Puissance des ténèbres*, a fait la peinture
d'un caractère analogue. Son héros se laisse aller à tous les
crimes « parce qu'il aime les femmes comme le sucre et suit sa
fantaisie. »
2. Dostoïevski, *Les mauvais esprits*.
3. Tourgueneff.

à son esprit, — et, pour exercer sa patience contre la douleur, couche une nuit entière sur un tapis de feutre garni de clous dont les pointes lui ensanglantent le corps [1].

Ces détraqués, ces ratés monomanes sont les auxiliaires inconscients d'un petit nombre de mécontents, esprits froids et calculateurs qui méditent, de Londres, de Genève ou de Zurich, les coups qu'ils pourront porter à leurs persécuteurs d'hier. Ces habiles metteurs en scène savent, comme le conspirateur Verkhovenski [2], « que le précepteur qui se moque, avec les enfants, de » leur Dieu, est des leurs, que l'avocat qui défend un » assassin bien élevé, que les écoliers qui tuent un » paysan afin d'éprouver une émotion, que le procu- » reur qui tremble en plein tribunal parce qu'il n'est » pas assez libéral, que les jurés qui acquittent des cri- » minels, sont des leurs ». « Des leurs aussi les litté- » rateurs qui exposent les faits tel qu'ils sont, parce » que le peuple est ivre, que les mères sont ivres, et que » les églises sont vides. » — Ces instruments d'une main occulte, nous allons les voir à l'œuvre, mettant à profit toutes les ressources d'invention du génie civilisé, toutes les énergies patientes et fatalistes de l'Orient [3].

Le 7 juillet 1862, un écrivain économiste, critique de Stuart Mill, organisateur d'une association socialiste connue sous le nom de la « jeune Russie », était arrêté sous l'inculpation de proclamations séditieuses et d'excitation à la guerre civile, condamné par le Sénat aux travaux forcés dans les mines, pour quatorze ans et à la déportation en Sibérie à perpétuité.

Le 20 mai 1864, Tchernychevski, à l'âge de trente-cinq ans, était mis au pilori, sur l'une des places publiques de Saint-Pétersbourg et disparaissait pour le

1. Tchernychevski : *Que faire?*
2. Dostoïevski.
3. Le nihilisme a puisé dans « l'organisation de l'obéissance » la plus grande partie de sa force. C'est ce que Dostoïevski a bien indiqué dans son roman « les Possédés ». Stavroguine, un des principaux personnages, est un type d'héroïsme, de perversité et de bizarrerie à froid qui épouvante.

monde. Cet acte de brutal despotisme soulevait l'opinion. Les sociétés secrètes recrutaient d'autant plus d'adhérents que le pouvoir devenait plus intolérant; et de toutes parts l'esprit de révolte se développait avec une effrayante rapidité.

Un étudiant de Moscou originaire de Saratof, Dmitri Karakosof, est le premier martyr de la cause révolutionnaire. Affilié, dès 1864, à l'association dite « l'Organisation » et désigné au sort par la section de « l'Enfer » pour tuer le czar, il attend pendant près de deux années l'occasion favorable ; le 16 avril 1886, il croit la trouver, et ne manque Alexandre II au sortir du Palais-d'Eté que grâce à la présence du jeune paysan Komissarof, qui détourne son coup de pistolet. Il meurt exécuté, le 16 septembre 1866.

Cet échec ne détourne pas ses camarades. Netschaïeff rapporte de Genève, où il a été accueilli par Bakounine, les pleins pouvoirs de « l'Alliance » (1869). — « Il ne » nous reste, leur dit-il, plus qu'une chose à faire, c'est » d'étrangler nos maîtres comme des chiens. Plus de » quartier. Il faut que tous disparaissent. Il faut in- » cendier les villes ; il faut que notre pays sorte purifié » par le feu. A quoi bon les villes ? elles ne servent qu'à » engendrer la servitude[1]. » Les conspirateurs ont résolu que le mouvement éclatera le 19 février (3 mars 1870), mais un étudiant de l'académie de Petrofskaïa, Ivanof, qui a surpris les détournements de cotisations du chef, menace de les révéler. Netschaïeff, sous l'empire d'une colère sauvage, tue le dénonciateur, sous prétexte qu'il voulait trahir les secrets de la société, et l'instruction judiciaire qui suit le crime révèle au gouvernement russe l'imminence du danger.

La période de 1875-76 est celle de la propagande, l'âge héroïque du nihilisme. Tchernychevski est déporté, Bakounine est mort, mais leur œuvre n'est pas abandonnée; Valérien Ossinsky, Weinoralsky, Pierre

---

1. Tolstoï éprouve la même aversion pour les grandes villes. Au citadin raffiné et perverti il préfère le paysan, l'homme du peuple, simple d'esprit et de cœur. Sa dernière nouvelle, *Mort d'Ivan Ilytch*, confirme cette tendance.

Lavroff[1], Dobroliouboff, Tikhomirof, Stepniak (probablement un pseudonyme), Kropotkine, Alexandre Mi-
kaïloff, organisateur du Comité exécutif (rédacteur du
chef du *Messager de la volonté du peuple*), reprennent la
direction d'une lutte à mort contre le gouvernement
russe ; deux à trois mille émissaires des deux sexes
au nombre desquels il faut compter nombre d'étudiants en médecine, revenus en Russie à la suite de
l'ukase de 1875 (punissant de bannissement toute
femme russe qui continuerait à habiter Zurich), s'en
vont en secret dans toutes les directions pour évangé-
liser le peuple, « appelant toutes les âmes à la grande
» œuvre de la rédemption de la patrie et du genre hu-
» main ».

» En entendant leur appel, les âmes se lèvent dans
» la honte et la douleur de leur vie passée. On aban-
» donne sa maison, ses richesses, ses honneurs, sa
» famille; on se jette dans le mouvement avec une joie
» et un enthousiasme, une confiance comme on n'en
» éprouve qu'une fois dans la vie, comme on n'en re-
» trouve plus quand on l'a perdue... Déjà, ce n'est plus
» un mouvement politique, cela est plutôt le caractère
» contagieux et absorbant d'une *révolution religieuse.*
» Car on ne se propose pas seulement d'attendre une
» fin pratique, on a un sentiment profond et intime du
» devoir, une aspiration individuelle vers la perfection
» morale[2]. »

Dès lors, les attentats et les condamnations se succèdent avec une effrayante rapidité. Après le procès de

1. Pierre Lavroff, né en 1823, dans la province de Pskow,
ancien colonel et professeur à l'école d'artillerie et à l'académie
militaire de Saint-Pétersbourg, exilé par Alexandre II dans la
province de Vologda pour ses écrits hostiles au gouvernement,
habitant périodiquement Paris, Londres ou Zurich depuis sa
fuite de Russie (15 mars 1870), est un des plus ardents organisateurs des comités nihilistes.
L'auteur des *Lettres historiques* et de l'*Essai sur l'histoire de la
pensée* est un des rédacteurs du *Messager de la volonté du peuple*
et du journal *En avant*. Il a été expulsé de Paris sur la demande
de l'ambassade russe pour avoir organisé un comité de souscription en faveur des révolutionnaires russes.
2. Stepniak, *la Russie souterraine.*

Dolgouscine (1874), celui des cinquante (juin 1877), dit
« Procès de Moscou », amène sur les bancs de la justice
deux des figures les plus intéressantes de la Russie contemporaine.

Un homme du peuple, Alexïeff, expose à ses juges la
triste condition du travailleur russe réduit, dès l'âge
de neuf ans, à se vendre pour un morceau de pain, soumis, à l'âge adulte, à un labeur de dix-sept heures par
jour.

Sophie Bardine, ancienne étudiante de Zurich, entrée
pour mieux gagner la confiance de ses camarades, dans
une filature des environs de Moscou où le travail est
de quinze heures, étonne ses juges par la précision de
ses réponses, par son désintéressement, par sa netteté
dans l'exposition de ses idées. Elle avoue que son but a
été d'appeler l'attention du peuple sur les vices de
l'organisation actuelle et d'éveiller en lui l' « idéal encore vague qui sommeille ». Puis, s'élevant à une véritable éloquence, elle s'écrie, dans un mouvement oratoire digne d'une meilleure cause: « Quelle que soit ma
» destinée, je ne demande ni ne désire votre pitié.
» Frappez-nous avec autant de rigueur qu'il vous
» plaira, je n'en demeure pas moins convaincue que
» toutes les mesures de répression seront impuissantes
» à étouffer un mouvement provoqué par l'esprit même
» du temps. Certes, on peut momentanément en enrayer
» la marche, mais ce ne sera que pour en précipiter
» l'élan plus tard. Tel est le résultat de toute réaction
» et il en sera ainsi jusqu'au triomphe définitif de
» nos idées. Le jour viendra où, secouant sa torpeur,
» notre société apathique rougira de s'être laissé si
» longtemps fouler aux pieds, de s'être laissé arracher
» ses frères, ses sœurs et ses filles, afin d'avoir permis
» l'immolation de ces victimes dont le seul crime est
» d'avoir hautement confessé leurs idées. Alors seront
» vengés nos tortures, notre supplice. Frappez-nous!
» vous avez pour vous la force brutale; nous avons,
» nous, le droit moral, la loi du progrès historique, la
» force irrésistible de l'idée, et cette force-là, on n'en
» vient pas à bout avec des baïonnettes. »

Au lendemain du procés des 193 où figurent Mychkine, Kibaltchitch et Sophie Perowskaïa, un coup de pistolet tiré à bout portant sur le préfet de St-Pétersbourg, par une femme, met le comble à l'émotion publique (24 janvier 1878). Pourquoi une femme attente-t-elle ainsi aux jours d'un homme qu'elle ne connaît pas, qui ne lui a fait personnellement aucun mal et dont la réputation n'a subi aucune flétrissure? Parce qu'elle veut faire un exemple; parce qu'elle a eu à endurer, dès l'âge de 17 ans, les persécutions arbitraires de la police impériale qui veut la punir de transmettre à son propre frère des lettres du conspirateur Netschaïeff; parce qu'elle veut venger le détenu Bogoliouboff, battu de verges dans une prison de St-Pétersbourg, contrairement à l'ukase du 17 avril 1873, pour n'avoir pas levé son chapeau devant le général Trépof.— La cause de Vera Zassoulitch est celle de la dignité humaine ; le jury l'acquitte, et ses amis la cachent pour la sauver des mains d'une police impitoyable sans respect des décisions judiciaires.

Cependant Kotlarevski, substitut du procureur de Kiev, est assailli à coups de pistolet ; croyant à la culpabilité d'un étudiant, le gouvernement le fait arrêter malgré les protestations de ses camarades. Plusieurs d'entre eux sont déportés (17 avril 1878), mais ils sont bientôt vengés. Le recteur Matvezef, l'officier de gendarmerie Heyking sont «justiciés» sur l'ordre du comité exécutif. Le 16 août 1878 le général Mesentzef, chef de la 3e section (police secrète), subit le même sort. Les recherches de la police n'aboutissent plus ; les coupables ne laissent aucune trace révélatrice ; la terreur nihiliste s'étend sur tout l'empire. A Kharkov, le gouverneur, Kropotkine, dont le frère aîné (prince Michel) dirige, à Genève, le journal le Toesin (Nabat), succombe le 21-22 février 1879 sous les coups de Goldenberg. A Odessa le colonel de gendarmerie Knoop est assassiné chez lui. Le 7 mars, à Moscou, le traître Reinstein, juif polonais, est trouvé poignardé dans une chambre d'hôtel (23 mars). Le général Dretelu (25 mars), successeur de Mesentzef, et le comte Gartkof (5 avril), gouverneur de Kiev, échappent miraculeusement à la mort. Le maître de police d'Arkangel, Pietrovski, est victime de son devoir le 10 avril. Et le 14 avril, un professeur des environs de Moscou, élevé aux frais de la grande-duchesse Mikhaïlovna, Solovieff, tire cinq coups sur le czar sans l'atteindre : condamné à la peine capitale, il est pendu comme Karokosoff, à Smolensk, le 25 mai-6 juin.

A partir de ce jour, le parti, dont le principal organe est *Terre et liberté (Zemlia i wolia)*, se fractionne au congrès de Lipetzk (juin 1879) : les fédéralistes, dont la révolution politique est le but, fondent le journal le *Partage noir (Tchernyi peredel)* ; les terroristes, qui aspirent au bouleversement social se rangent sous la bannière de la *Volonté du peuple (Narodnaia wolia)*. Mikaïlof, réorganisateur du comité exécutif avec Tikhomirof et Geliabof, champion convaincu de la centralisation, croit que le moment est venu de frapper un grand coup et de répondre aux exécutions répétées par la mort du chef de l'Etat. Le 26 août 1879 sa condamnation est prononcée par les conspirateurs, parce que l'assassinat, « que des corps d'armée ne peuvent empêcher », est « le moyen suprême des amis de la liberté ». Le czar doit revenir de Livadia à Saint-Pétersbourg au printemps de 1879 : trois mines sont creusées pour faire sauter le train impérial ; le parcours ayant été modifié, celle d'Odessa ne peut servir ; la tentative de la station d'Alexandrovsk échoue par suite de la défectuosité de batteries électriques ; l'explosion de Moscou préparée par Hartmann, Cheraïef et Sophie Perowskaïa, ne détruit que le train des bagages.

Kholtourine et Boulitsch, après deux mois d'un travail inouï, détruisent, au moyen de la dynamite, la salle à manger du Palais-d'Hiver, et cela malgré l'éveil donné à la police par la saisie de papiers révélateurs chez Kviatkowsky. Geliaboff est arrêté, mais Kibaltchitch et Sophie Perowskaïa sont encore debout ; cinq rues sont gardées, l'une d'elles est minée. Alexandre II ne peut sortir de son palais sans risquer sa vie, et les bombes de Ryssakof et de Grimiewitzki le frappent à mort le 1-13 mars 1881.

Dix jours après, le comité exécutif adresse à Alexandre III une lettre de menaces dans laquelle il déclare qu'il renoncera à la violence et qu'il se contentera d'une propagande pacifique aux conditions suivantes : amnistie générale pour tous les délits politiques, convocation de tout le peuple pour l'examen des meilleures formes de vie sociale et politique, en conformité avec les besoins et les désirs des peuples ; liberté de la presse, de la parole, de réunion et de programmes électoraux [1]. La condamnation et l'exécution des meurtriers de son père, celle de six officiers et de deux femmes Mlles Figner et Wolkenstein, impliqués dans le procès de St-Pétersbourg, en octobre 1884, celle des affiliés à l'association du « Prolétariat » de Varsovie (janvier 1886), sont la réponse du nouveau souverain.

Cette rigoureuse répression a-t-elle étouffé le nihilisme ? On a pu le croire pendant 3 ou 4 ans, parce que traqués en Russie, proscrits en Allemagne [2], les

1. Programme nihiliste (*Temps*, 9 janvier 1887, à propos du livre de Stepniak, le *Tsarisme et la Révolution*):
« Voici le programme politique et socialiste des nihilistes: As-
» semblée représentative permanente, ayant le contrôle et la
» direction suprême dans toutes les questions d'État générales ;
» une large autonomie provinciale assurée par l'élection de
» tous les fonctionnaires publics ; indépendance du village-com-
» mune, en tant qu'unité économique et administrative ; —
» nationalisation du territoire ; — une série de mesures
» tendant à transférer aux ouvriers la possession des fabriques ;
» — la liberté absolue de conscience, de parole, de presse, de
» réunion, d'association et d'élection ; — le suffrage universel ; —
» la substitution d'une milice territoriale à l'armée permanente. »
Le parti constitutionnel russe, qui a pris le titre de « Confédération libre », et dont les tendances républicaines sont avouées
(*Standard*, 20 mars 1887) a, de son côté, après une protestation
contre l'attentat du 1-13 mars 1887 commis sur la personne
d'Alexandre III, indiqué dans un manifeste les articles essentiels de son *Credo*:
1° Convocation d'une chambre consultative destinée à assurer un contrôle public dans les affaires de la nation, le czar
conservant le droit de se prononcer pour la majorité ou la minorité ;
2° Liberté de la presse ;
3° Amnistie pour tous les détenus politiques.
2. Une convention (avril 1885) entre la Russie et la Prusse
porte (article 3) que les deux gouvernements s'engagent mutuel-

sectaires, transférant à Paris[1] et à Londres[2] leur centre d'action, ont été obligés de se tenir pendant quelque temps sur la défensive; mais on n'a pas tardé à s'apercevoir qu'ils n'avaient ni désarmé ni renoncé à l'attaque; malgré les affirmations d'une note de l'*Intransigeant*[3], le système de propagande par le fait, c'est-à-dire par le crime, est encore le seul admis par les comités dirigeants.

lement à opérer l'extradition des individus de nationalité russe ou prussienne poursuivis pour les crimes ou délits suivants:

1° Crimes, délits et préparatifs de crime ou de délits contre la personne de l'empereur d'Allemagne, de l'empereur de Russie et des membres de leurs familles, à savoir: meurtres, voies de fait, blessures, atteinte préméditée à la liberté individuelle, outrages;

2° Meurtre et tentative de meurtre;

3° Fabrication et détention de matières explosibles, dans les cas où les lois prussiennes ou russes s'y opposent.

Lorsque les crimes ou délits à la suite desquels l'extradition sera demandée auront été commis dans un but politique, cette circonstance ne constituera pas un motif permanent de refuser l'extradition.

1. *National Zeitung* (Avril 1887).

2. Les nihilistes, nombreux à Londres, ont fondé un club qui compte 100 à 150 membres. L'*Arbeiterfreund Krantz* (Stephanowich), écrit en hébreu, imprimé en caractères hébraïques, est leur principal organe.

Quelques dissidents anarchistes, tels que Kropotkine et Tschaykovski, collaborent au *Freedom* de Gibson, auquel une dame Wilson fournit des subsides.

(Mars 1887. Berlin. — *Der anarchismus und seine Träger. Enthüllungen aus dem Lager des anarchisten*:.... probablement par un correspondant de la *Gazette de Cologne*, à Londres).

3. L'*Intransigeant* dit avoir reçu de Genève, d'une *source nihiliste*, la communication suivante:

« Les nouvelles que les journaux anglais et allemands colportent depuis quelque temps sur le compte des nihilistes « sont de pure fantaisie et inventées dans un but politique « qu'il est inutile de désigner.

« Il est inexact que les nihilistes de Genève aient envoyé un « arrêt de mort au tsar, mais les agents d'un certain gouvernement sont allés jusqu'à forger des documents et des proclamations qu'ils attribuent aux nihilistes.

« Le parti nihiliste est étranger à toutes ces menées, qui ne « peuvent servir qu'aux projets ambitieux d'un homme d'État « bien connu.

Le dimanche 1er-13 mars 1887, Alexandre III, son fils aîné et toute sa famille se rendant à une cérémonie commémorative de l'assassinat de 1881, ont failli subir le sort du czar Alexandre II, et les auteurs de l'attentat ont été convaincus d'affiliation à la fraction terroriste du parti nihiliste qui a compté parmi ses membres Ryssakof, Géliabof et le docteur Weimar.

Enfin, dans le procès commencé le 27 avril 1887, les accusés, à l'exemple des 50 de 1877, ont affirmé leurs convictions révolutionnaires et leur mépris de la mort. Oulianof a déclaré que des centaines de jeunes gens étaient prêts à faire comme lui le sacrifice de leur vie pour la délivrance du malheureux peuple russe, et Ossipanof, quand le président lui a demandé comment, lui un étudiant, avait pu prendre part à un crime si horrible, a répondu : « J'y ai participé justement parce que je suis » étudiant. J'ai appris que chacun doit être prêt à sacri- » fier sa vie pour la cause commune, et je tenais à contri- » buer pour ma part à la délivrance de notre malheu- » reux pays. J'avais même décidé d'abord de tuer le » czar d'un coup de revolver ; mais plus tard j'ai réfléchi

* Le nihilisme, en Russie, a changé sa tactique : il veut agir par la persuasion et la concentration, et non plus par cette tactique qu'on appelle la propagande des faits.

* Un comité de réfugiés s'est formé pour démasquer les manœuvres de certains agents qui se servent de l'étiquette du nihilisme. Ce comité vient de publier la déclaration suivante :

» Depuis quelques mois, certains mystificateurs ont fait paraître, dans différents journaux, des documents apocryphes qu'ils laissent attribuer à tel ou tel groupe appartenant à la proscription russe.

» Désirant mettre fin à un tel système, dont le but est facile à comprendre, les proscrits russes résidant à Genève se sont réunis en assemblée générale pour prendre des mesures contre la reproduction de faits semblables.

» Un comité a été nommé ; il a pour mission de se mettre en relation avec les rédactions des journaux.

» A ce titre nous vous prions de bien vouloir prendre en considération que tout document, toute communication ayant trait à la proscription russe et non contresignée par le comité, devra être vu comme apocryphe.

» Portant ce fait à votre connaissance, nous nous tenons tou-

« qu'il valait mieux employer des bombes dont l'action
» est plus certaine ».

De cet exposé il résulte que nous assistons au développement d'une forme entièrement nouvelle de révolution sociale qui n'a rien de commun avec les mouvements dont l'Europe a été jusqu'à présent le théâtre.
Le nihilisme est un mal russe. A juger la doctrine par
la persévérance fataliste de ses adhérents, par le sublime
désintéressement de leur dévouement, par leur sereine
impassibilité devant la mort, par la tragique folie de
leurs conceptions, il semble que l'heure de la désorganisation universelle n'est pas éloignée, mais un examen
plus attentif ramène à de moins effrayantes conclusions :
l'armée de la révolte est peu nombreuse et si elle a recours au crime pour soulever l'opinion, c'est parce
qu'elle a le sentiment de son impuissance en présence
des deux forces qui compriment ses mouvements, l'une
détenant toutes les prérogatives, tous les priviléges,
active, impitoyable, opposant à la violence des attentats
les rigueurs de la répression; l'autre soumise sans
murmure au joug, impassible comme les divinités
d'Orient, fidèle à son maître, et inaccessible aux impatients appels de l'anarchie.

Ni le pouvoir, ni les masses populaires n'entendent
faire l'expérience de ces révolutions à l'européenne où
le sang le plus pur coule sans profit pour l'idée, de ces
catastrophes où l'énergie vitale s'épuise sans réparer
ses forces amoindries. Le slavisme se contient encore :

« jours à votre disposition pour la vérification des documents
« qui, dorénavant, pourraient vous être communiqués.

                           « Pour le comité :
                    « Bokhanowski (Jean) président;
                    « Jasinsky (Gustave) secrétaire. »

    « Le comité s'offre de vérifier toute nouvelle répandue sur
« le compte des nihilistes, ainsi que des documents attribués
« à ce parti (mars 1887) ».

A cette affirmation du comité de Genève, le gouvernement
russe a répondu (juin-juillet 1887) en livrant aux tribunaux
2t affiliés convaincus d'actes de banditisme qui n'avaient rien
de politique, tels que les attaques à main armée de courriers de
la poste dans le but avoué d'alimenter la caisse révolutionnaire.

réprimant ses ardeurs juvéniles, il attend le moment psychologique favorable à son expansion prédite par les disciples d'Hégel. Il sait que le germanisme a, par la Réforme, affranchi l'esprit humain, que les Latins ont, par la Révolution française, sublime expression de leur génie, fondé la liberté civile. Il veut, lui aussi, apporter sa pierre à l'édifice.

Quel sera le progrès que l'avenir nous réserve? sera-ce l'ère de la félicité matérielle assurée par le communisme agraire de la steppe, le régime du mir, et l'organisation de l'autonomie provinciale des zemtvos? une évolution rétrograde de l'individualisme au collectivisme? On est tenté de le croire quand on voit le lent travail de transformation intérieure qui s'opère en Russie: le rejet hors de ses frontières de tout ce qui tient à l'Europe, peuples et idées, le retour à l'assimilation moscovite sous le système cosaque, application de la tendance moderne à la prépondérance du sentiment des nationalités. Espérons encore que l'humanité n'aura pas à subir, même passagèrement, ce régime déprimant; ayons confiance dans l'avenir des peuples germaniques, anglo-saxons et scandinaves, — *magnæ virum matres*, comme on disait au dix-septième siècle, — de cette race qui tient haut sur les deux hémisphères le drapeau de la liberté de la personne: ne désespérons pas des succès des peuples latins qui, à défaut de l'influence du nombre, ont encore l'intuition géniale de la pondération des organismes, et félicitons-nous que notre plus cruel ennemi ait élevé contre ce flot grossissant, menace du vingtième siècle, une muraille de fer. Laissons cette grande masse déborder sur l'Asie; laissons-la lui porter l'ordre comme à la Pologne et la liberté comme aux Bulgares: le champ est assez vaste pour assouvir son ambition; mais ne la laissons pas venir faire sur nous le désastreux essai de ses théories; gardons notre civilisation, toute imparfaite qu'elle soit, et ne permettons pas qu'on lui inflige ces liens qui arrêtent le développement et tarissent les sources de la vie. L'humanité étouffe sous l'uniformité, sous l'homogénéité; elle s'exalte par la liberté, par l'hétérogénéité; la lutte de ces deux

principes, pôles opposés vers lesquels gravitent les races marquées au front par les desseins de la Providence,
constitue le grand fait social que le présent prévoit et
dont l'avenir dira les résultats.

LE SOCIALISME

LE SOCIALISME

Les prodromes du socialisme. — Condorcet et l'école libérale.
— Le socialisme naissant.

Tel est le communisme. Simple dans son exposé,
violent dans ses manifestations, peu variable aux différentes époques de l'histoire, il demeure toujours me-
naçant, toujours prêt à ruiner les sociétés déjà troublées par une crise politique ou économique.

On comprend que la raison refuse d'admettre un système qui voit dans l'organisation sociale une création
humaine ou factice [1], et prétend établir par la force un
régime d'égalité contraire aux lois de la nature. Elle
se révolte parce que les faits lui démontrent que tout
phénomène de croissance organique ou sociale correspond à un progrès dans la dissemblance, disons mieux,
dans la cohérence des parties hétérogènes.

Mais il ne faut pas oublier que, ainsi que l'a dit un
grand philosophe, « le cœur humain a des raisons que
la raison ne connaît pas [2] » et que, à côté de ses plus
nobles aspirations, telles que celles de l'amour et du
dévouement, il enveloppe, dans ses replis insondables,
des appétits insatiables. La haine, l'ardeur des convoitises, l'envie, tiennent dans l'histoire une place que
même le calcul de l'intérêt bien entendu n'occupe, ni
dans le passé ni dans le présent. L'état moderne, avec
ses progrès matériels incontestables, loin de diminuer
le désir des jouissances, n'a fait que l'accroître. Il est
dans la nature de l'homme de demander d'autant plus

1. Platon et Hobbes.
2. Pascal.

qu'il a déjà plus obtenu, — phénomène psychologique aussi vrai dans l'ordre économique que dans l'ordre politique. Il suit de là que la bête humaine tient toujours en réserve des colères inassouvies dont personne n'a encore pu sonder la profondeur, et que ce n'est pas sans cette rude expérience que donne la pratique des masses que le prince de Bismarck s'écriait, aux sinistres lueurs de la Commune : « Sous l'enveloppe du Français il y a le Peau-Rouge. » Souhaitant au grand chancelier de n'avoir pas à éprouver l'effet des sombres prédictions d'Henri Heine sur la révolution sociale allemande, « auprès de laquelle les crimes de la Terreur ne » seront que jeux d'enfants, » nous généralisons sans crainte la formule à toutes les sociétés civilisées, parce que nous ne croyons pas que les « cantonalistes » de Carthagène soient moins sauvages que les nihilistes de Russie, ni que les insurrections du nouveau-monde soient moins terribles que celles d'Angleterre ou de Belgique. En faudrait-il conclure, — à l'imitation d'esprits absolus, tels que le sceptique Hume, ou l'ultramontain Joseph de Maistre, — que le gendarme, pour ne pas parler du bourreau, est le seul gardien de l'ordre social? Assurément non. La force succombe quand le droit ne la soutient pas, et nous croyons, comme Joubert, « que si les hommes naissent inégaux, le grand bien- » fait de l'humanité est de diminuer cette inégalité » autant qu'il est possible, en procurant à tous la sû- » reté, la propriété nécessaire, l'éducation et le se- » cours ». Mais il nous semble difficile d'admettre que l'accomplissement du « progrès continu » de Leibnitz, ou du « perpétuel devenir », d'Hégel, implique pour les générations futures une loi nouvelle, au nom d'un nouveau dogme du bonheur matériel susceptible de dépasser, en vexations, l'oppression des consciences par les religions positives.

Le système de « l'omnipotence de l'État chargé du bonheur public [1] », faisant des choses et des hommes ce

---

1. Joubert, *du Gouvernement et des Constitutions*, pensée 11.
2. M. Dupont White.

qu'il veut [1] « allant à l'unité par le sacrifice de l'indi-
» vidu [1]» (suivant la conception de l'antiquité païenne et
du jacobinisme révolutionnaire), n'a pas donné à l'humanité une satisfaction suffisante pour nous engager
à nous enrôler sous la bannière socialiste. Le principe
de la liberté, si battu en brèche qu'il soit de nos jours,
a donné à l'activité de l'homme une telle puissance, et
au développement de ses facultés un tel essor, pendant
les deux premiers tiers de ce siècle, qu'il nous semble
tout au moins téméraire de l'abandonner pour nous
jeter dans les bras d'un autoritarisme plus oppressif
que tutélaire, et qu'il nous paraît probable que les enfants « drus et forts » de l'individualisme se repentiront
un jour — quand il sera trop tard, — d'avoir livré aux
déprimantes étreintes du collectivisme une société qui,
un siècle auparavant, n'avait pas reculé devant les terribles conséquences d'une longue et sanglante révolution pour briser les chaînes du despotisme politique.

Or, par une singulière inconséquence, ce sont précisément ses bienfaits qui soulèvent les réclamations des
modernes réformateurs. La Révolution française, disent-ils, a établi la liberté civile, c'est-à-dire l'égalité
de droit ; mais elle n'a rien fait pour assurer l'égalité
de fait. « Elle a laissé subsister un grand intervalle
» entre les droits que la loi reconnaît dans les citoyens,
» et les droits dont ils ont une jouissance réelle ; entre
» l'égalité qui est établie par les institutions politiques
» et celle qui existe entre les individus [3]. » Obligés de
s'incliner devant l'inégalité naturelle des facultés, ils
protestent « contre cette cause nécessaire d'inégalité,
» de dépendance et de misère qui menace sans cesse la
» classe la plus nombreuse et la plus active de nos socié-
» tés, » — celle que Condorcet a cru trouver « dans l'i-
» négalité de richesse, dans l'inégalité d'état entre celui
» dont les moyens de subsistance assurés pour lui-

1. L'abbé Bodeau.
M. de Tocqueville, l'Ancien régime, p. 250.
2. M. Laboulaye.
3. Condorcet, p. 66, t. I.

« même se transmettent à sa famille, et celui pour qui
« ces moyens sont dépendants de la durée de sa vie ou
« plutôt de la partie de sa vie où il est capable de tra-
« vail ; enfin dans l'inégalité d'instruction. »

De là ces aspirations légitimes vers le perfectionnement de l'homme, vers l'amélioration « du bien-être
« particulier et de la prospérité commune », enfin vers
un état où la stupidité ou la misère ne seront plus que
des accidents et où, suivant le vœu de M. Ernest Renan [1],
« à part un très petit nombre d'êtres dont il sera pos-
« sible de diminuer indéfiniment le nombre, il n'y aura
« pas de déshérités du bonheur ».

Pour y parvenir, Condorcet, et c'est en cela qu'il est
un précurseur des hommes du dix-neuvième siècle,
« compte sur la liberté, sous le contrôle de la raison,
« parce qu'il puise dans l'expérience du passé, dans
« l'observation des progrès que les sciences, que la
« civilisation ont faits jusqu'ici, dans l'analyse de la
« marche de l'esprit humain et du développement de
« ses facultés, les motifs les plus forts de croire que
« la nature n'a mis aucun terme à nos espérances ».
Comme moyens d'exécution, il propose — une éducation supérieure, l'égalité de l'école, avant-goût de l'instruction intégrale, — l'établissement d'une langue universelle, — la création de caisses de secours pour la
vieillesse, les veuves et les enfants, — la fondation de
compagnies d'assurances, une amélioration des conditions de l'existence matérielle qui permette de prolonger la durée de la vie moyenne, — une législation qui
admette une moindre inégalité des sexes, — l'abolition
des guerres causées par des rivalités de droits héréditaires, la confédération des peuples.

A ce programme du libéralisme, les socialistes de la
chaire répondent. Nous ne nions pas la loi du progrès,
mais nous croyons que si le monde physique doit subir
les évolutions que lui impose la nature, le monde moral, composé de vie et de force, n'est pas tenu d'attendre patiemment les pacifiques promesses du transfor-

1. M. E. Renan, Discours aux Bretons de Tréguier.

misme. Les changements de forme politique se sont rarement accomplis sans secousse. L'avènement de la révolution économique n'aura pas lieu dans ce siècle, sans quelqu'une de ces convulsions d'où naît une vie nouvelle. Hommes du passé qui voulez éviter ces bouleversements qui couvrent le sol de ruines, ménagez les transitions nécessaires, et modifiez « toutes les institutions sociales, dans le but de préparer une amélioration physique, intellectuelle et morale de la classe la plus nombreuse et la plus pauvre [1] ».

Le grand mouvement qui avait ébranlé la société française à la fin du dernier siècle et dans les premières années du nôtre, avait dégoûté les générations nouvelles des agitations violentes de la politique. On était las de la guerre qui avait coûté à la France 1.700.000 soldats et à l'Europe 6.000.000 d'hommes [2]; las des violences révolutionnaires. Les masses, épouvantées par le souvenir des crimes de la Terreur, avaient soif d'apaisement, et, dans les classes supérieures, tandis que les uns cherchaient dans les perfectionnements de l'industrie un aliment à leur activité, les autres, avocats, publicistes, orateurs politiques, adonnés aux travaux de l'esprit, dépensaient toutes les ressources de l'intelligence dans la lutte littéraire des classiques et des romantiques.

Seuls, quelques esprits distingués, qui n'avaient pas encore trouvé leur voie dans l'industrie, les sciences, les beaux-arts et le journalisme politique, étaient préoccupés de l'avenir des *questions sociales*. Sentant que le moment n'était pas venu de saisir l'opinion publique de problèmes qui l'ont si violemment émue depuis, ces hommes préférèrent se livrer entièrement aux études spéculatives, abordant, dans des cercles intimes, la discussion des principes qui constituent la base de toute société. Ils touchèrent à tout, à la philosophie, à la religion, à l'organisation de la fa-

1. Saint-Simon.
2. M. Taine, *Napoléon Bonaparte* (*Revue des Deux-Mondes*, mai 1887).

mille, de la propriété et du travail. Malheureusement,
faute d'expérience de la vie, faute de contradiction
— conditions nécessaires de succès auxquelles le génie
ne supplée pas, — l'air extérieur ne circula pas dans ces
« églises » ouvertes aux seuls néophytes obéissants. De
là, malgré de louables intentions, ces théories utopiques
fondées tout d'une pièce sur des hypothèses non con-
firmées par les faits, ce mépris pour les institutions
existantes et cet exclusivisme systématique d'école
infaillible ; de là cette irritabilité délirante de l'orgueil
offensé qui, chez Fourier, Saint-Simon, Auguste Comte,
prend le caractère d'une maladie morale ; de là cet
étonnement qui saisit tous ceux qui, imbus des idées
contemporaines, ne comprennent pas que l'intelligence
s'attarde à d'irréalisables projets ; de là enfin cette admiration que Michelet [1] exprime « pour tant de vues
» de détail si ingénieuses et si profondes, pour des gé-
» nies méconnus, pour des vies occupées tout entières
» au bonheur du genre humain ».

[1]. Michelet, Préface du *Livre du peuple*.

Fourier. — Sa vie. — Sa doctrine. — La théorie phalanstérienne.

Vers 1808, Fourier (1772-1837) publiait à Lyon et à
Leipsick la *Théorie des quatre mouvements et des destinées sociales*[1], aperçu complet d'un système entièrement
nouveau auquel quelques disciples plus dévoués que
nombreux devaient, sans en altérer sensiblement l'u-
nité, apporter leur contingent de commentaires par
leur propagande, par la plume et par la parole[2].

La méthode fouriériste repose sur deux procédés de
recherche: le *doute absolu*, *l'écart absolu*. Le doute
vient de ce qu'ainsi que l'a dit Montesquieu, les sociétés humaines sont atteintes « d'une incurable mala-
» die de langueur, d'un vice intérieur, d'un venin secret
» et caché » que ni la philosophie de Descartes, ni les

1. On lui doit aussi les ouvrages suivants: *Traité de l'association domestique et agricole* (1822); *Théorie de l'unité universelle*;
le *Nouveau-Monde industriel et sociétaire* (1829-1845); *Pièges et
charlatanisme des deux sectes de Saint-Simon et de Robert Owen*
(1831); *La fausse industrie morcelée* (1835-36).
2. Au nombre de ceux-ci il faut compter: Just Muiron (1824,
Aperçu sur les procédés industriels; Bergeron, Coignet et Godin-
Lemaire, industriels; Ottin, sculpteur; Jules Duval, économiste
et rédacteur du *Journal des Débats*; Danrio, M⁽ᵐᵉ⁾ Gatti de Gamond; Transon, ingénieur; (1837-41 : Baudet-Dulary, député; et
surtout Victor Considérant, ancien officier du génie, député à
l'Assemblée nationale de 1848, auteur de la *Destinée sociale*, et
directeur, avec la collaboration de Lechevalier, Pecqueur, Mo-
rize, Hennequin, Abtype Bureau, François Vidal, Laverdant, Can-
tagrel, Toussenel, Victor Meunier et Clarisse Vigoureux, de la
revue mensuelle la *Phalange* et des journaux la *Réforme*, le *Phalanstère* (1832-34) et la *Démocratie pacifique* (1848).

audacieuses négations des encyclopédistes sur les religions, n'ont suffisamment défini.

La civilisation « qui traîne tous les fléaux à sa « suite » et dont « la permanence future » n'est pas prouvée, doit faire place à un ordre nouveau. Le plus sûr moyen d'y arriver est de s'écarter absolument des innovations religieuses et administratives dont la recherche appartient au passé, et de s'en tenir aux mesures industrielles ou domestiques, seules compatibles avec tous les gouvernements, et cela sans avoir besoin de leur intervention.

Dieu existe comme moteur suprême, organisateur de la matière. L'athéisme et le matérialisme qui le nient parce qu'ils ne peuvent l'expliquer, les religions dont les publiques prières ne sont qu'un « reproche d'improvidence et une malédiction déguisée », n'ont pas eu conscience de la voie à suivre. Les positivistes eux-mêmes, pleins d'un juste mépris pour les stériles recherches de la métaphysique et de la théologie, n'ont pas compris la position de la question. Nier le problème ce n'est pas le résoudre. Or, le problème à résoudre est celui-ci: La civilisation actuelle étant l'œuvre définitive de Dieu, la Providence serait condamnée ; et, comme les faits impliquent son existence, il en résulte qu'il la faut envisager sous un aspect nouveau qui devra être l'examen critique de ses actes en tant que relation avec la matière et avec les forces, c'est-à-dire *l'étude de ses devoirs envers nous*, que l'humanité, depuis Socrate jusqu'à Hégel, n'a pas osé aborder.

Le monde qui a quatre mille ans d'ascendance, — et qui, après une apogée de huit mille ans, aura une descendance de quatre mille ans, — est le règne des fluides impondérables dont l'homme seul a bouleversé les atomes terrestres. En attendant que l'auteur des choses crée de nouvelles espèces humaines et donne à la mer « un goût mitoyen entre l'aigre du cidre et l'eau de seltz » à l'époque attendue d'un recul cosmogonique, l'âme, sans l'aide du christianisme, ira au ciel et au bonheur, par une transmigration qui a quelque rapport avec celle imaginée par Pythagore.

La morale humaine (ainsi que l'indique l'étymologie du mot, en latin *morari*) n'est qu'un retard, une entrave apportée par l'homme lui-même au culte des forces de la nature, au développement de la machine passionnelle qui comprend à elle seule toute la vie (animisme universel). De son opposition aux véritables aspirations de l'homme, de cette répression, compression, suppression, sans profit, de nos instincts, vient notre éloignement du règne animal, des fins du bonheur, parce qu'en préconisant l'abstinence et l'incontinence, en déclarant la guerre au plaisir, elle n'a réussi qu'à introduire l'hypocrisie et le mensonge.

Dans l'ordre matériel, l'économie politique, avec la théorie du « laissez passer » et du « laissez faire », n'a pas mieux réussi ; elle a donné libre carrière aux excès de la concurrence et du monopole, consacré la légitimité de la spoliation, c'est-à-dire l'esclavage des faibles, par l'abaissement du salaire du pauvre et l'irresponsabilité du producteur qui falsifie les marchandises ; enfin, elle a permis aux parasites sociaux (armée, légions de la régie, 1/2 des manufacturiers, 9/10 des agents commerciaux) d'assouvir leurs appétits, en les laissant organiser la guerre par les engorgements factices, les accaparements, l'usure, la banqueroute, l'anarchie et la licence, ce qui justifie ce vers de Byron :

Le monde est une caverne de voleurs.

La civilisation dont on vante les bienfaits est jugée depuis qu'elle a avoué son impuissance devant l'indigence et les révolutions. Pour y obvier on a pensé à répandre l'instruction, à combattre l'ignorance, ce qui est une bonne et louable chose ; mais a-t-on bien remarqué que le développement de l'intellect ne porte pas ses fruits quand il ne repose pas sur celui du bien-être...
« Savoir lire, c'est un instrument, voilà tout ; et un
« instrument qui, par le temps qui court, introduit
« souvent dans la tête plus de mauvais que de bon. Il
« ne peut y avoir d'instruction réelle, solide, utile pour
« les classes privées du nécessaire... Il faut être aveu-

» gle pour ne pas voir que la classe la plus malheu-
» reuse, c'est celle des hommes sans fortune, mais dé-
» grossis et raffinés par une éducation qui a élargi
» leur esprit et leur cœur, qui les a initiés aux jouis-
» sances de l'opulence, qui a évoqué en eux des be-
» soins ardents, une ambition dévorante... pour ceux-
» là la vie n'est qu'une amère déception; elle s'égare
» souvent dans l'abjection et se termine par le sui-
» cide [1]... »

Quelques-uns ont pensé que les réformes politiques,
l'extension du droit de suffrage, par exemple, pouvaient aider au soulagement des misères prolétariennes.
Leurs espérances ont-elles été réalisées? Non, puisque,
à part quelques bancs de « mollusques politiques », tout le
monde est d'accord pour reconnaître qu'elles n'ont
qu'une valeur relative [2].

Dans son avènement à la civilisation l'humanité s'est
pervertie par un orgueilleux optimisme. Rousseau a vu
juste quand il a dit que tout est bien sortant des mains
de l'auteur des choses. Son erreur a été de vouloir une
rétrogradation quand il fallait, au contraire, invoquer
un progrès. La dernière phase de transformation de la
propriété immobilière et morcelée à l'état de propriété
actionnaire et unitaire, qui a pour objet de la rendre
composée et sociale, au lieu d'individuelle, simple et
exclusive qu'elle est aujourd'hui, est la trace providentielle d'un mouvement général vers un état nouveau.
Comme la « communauté » ou le « sociantisme », le « ga-
rantisme » est un pas en avant, c'est un progrès
civilisé, une étape, mais non un point d'arrivée. L'association ainsi conçue n'est qu'une juxtaposition parce
qu'elle n'est que du simplisme. L'humaine morale du
devoir n'étant qu'une science incertaine et impuissante,
variable suivant les époques, les climats et les peuples, il importe de découvrir le principe divin qui interprète les phénomènes sociaux. Newton a trouvé la
loi dynamique qui assure l'harmonie des mouvements

---

1. Considérant, *Destinée sociale*, p. 211.
2. Considérant, *Destinée sociale*, t. I, p. 216.

dans l'attraction. Fourier voit dans les « *attractions passionnelles* » et les répulsions le moteur des actions humaines, en un mot l'unité du système du mouvement pour le monde matériel et pour le monde spirituel, ce qui n'implique pas la subordination de la vie à la matière [1].

Le bonheur est la vocation de tous les êtres; l'instinct, étant proportionnel aux destinées, sanctifie le plaisir : et s'il n'est pas encore le guide infaillible, cela tient à ce que l'homme n'a pas encore fait une place suffisante au principe régulateur de la justice ou de la mathématique qui gouverne déjà la matière passive et auquel l'action arbitraire de Dieu n'a jamais donné de démenti. Le nombre, qui est l'essence des choses, groupe les êtres, développe les séries, distribue les harmonies suivant la symétrie d'un rhytme symbolique [2]. Grâce à la connaissance analytique des passions radicales, l'homme utilisera ses facultés sans déperdition de forces. Il saura qu'il n'y a que douze passions : sept de l'âme, cinq de la chair; cinq « sensitives » tendant au luxe, quatre « affectives » tendant au groupe, trois « distributives » ou « mécanisantes » tendant à la série ; cinq sens, quatre mobiles primitifs correspondant aux divers âges de la vie humaine :

amitié	enfance
amour	adolescence
ambition	virilité
familisme	maturité et vieillesse,

tempérés par le besoin d'émulation, de « diversité d'union » (cabaliste, papillonne, composite)et se résolvant en une « dominante d'accord universel, *l'unitéisme* ».

Jusqu'à présent la civilisation n'a engendré que l'anarchie, parce qu'elle n'a pas su donner aux passions

1. Idée de Saint-Simon.
2. Fourier attribue une vertu intrinsèque spéciale à certains chiffres : 3, 4, 7, 12, 72; leurs multiples et leurs diviseurs reviennent sans cesse dans ses ouvrages, et quelquefois il applique au monde moral des nombres tirés du monde physique; c'est ainsi qu'il trouve 810 caractères correspondant aux 810 muscles du corps humain et veut 32 chœurs parce qu'il y a 32 dents.

6.

leur plein essor. Les habitudes vicieuses, telles que l'ivrognerie, la colère, la paresse, l'avarice, ne sont que des effets subversifs d'une déviation ; supprimez la contrariété et il n'y aura plus de colère ; l'avarice, qui n'est qu'une crainte exagérée de la privation, devient une tendance utile dans une société qui a aboli la misère et a absorbé la cupidité dans les intérêts collectifs.

Procurez à l'ouvrier une tâche moins assujettissante et plus variée, des distractions appropriées à sa condition, et il ne cherchera plus dans l'ivresse l'oubli du malheur ; il ne sera pas non plus paresseux si le travail devient attrayant, parce que c'est la peine qui le rebute et non l'action.

Suivant les indications de la nature qui n'a rien laissé au hasard, la théorie sociétaire réalise ces perfectionnements en substituant à l'état industriel morcelé, un système de concentration des forces du travail également éloigné de l'individualisme et du communisme. Au lieu de ces vastes centres où les peuples s'étiolent, de ces villages isolés jetés çà et là, membres atrophiés d'un corps où le sang ne circule plus, se forment des subdivisions cantonales à demi indépendantes, phalanges de 1800 à 2000 personnes (au début 900 âmes [1], sortes d'associations auxquelles tous les habitants apportent leurs immeubles, leurs capitaux et leurs instruments de travail, et en échange desquels ils reçoivent des parts ou actions garanties par hypothèques sur le fonds social.

Dans le phalanstère, il n'y a place ni pour le crime ni pour la misère. Chacun est propriétaire et travaille librement suivant ses aptitudes et ses facultés, dans le groupe de son choix.

---

1. Comprenant, outre 100 salariés, cohorte subsidiaire   100 h.

1°	Noyau ou régence (germe)		300 h.
2°	Classe préparatoire	1/4 d'exercice)	400 h.
3°	— mixte	(1/2)	600 h.
4°	— aisée	(3/4 ..)	400 h.
5°	— riche	(plein exercice)	200 h.

2000 h.

Sans doute, le résultat immédiat de l'effort individuel demeure aussi faible que par le passé, « mais, la
» réunion médiate de toutes les forces engendrant une
» force totale plus grande que la somme, il en résulte
» que, par le fait seul de leur réunion, elles peuvent
» diminuer le temps et accroître l'espace de leur ac-
» tion [1]. »

Grâce à l'application du principe de division la production quadruple en effectif et trentuple en relatif:
plus de clôtures, plus de parcelles inexploitables, de
temps perdu en discussions processives, de bras occupés à un ingrat ou inutile labeur; par le seul fait de la
concentration de l'habitation et des bâtiments construits suivant les règles d'une architecture harmoni-
que, les 7.8 des femmes sont affranchies des soins
de l'intérieur et utilisées dans les ateliers. A l'économie sur le chauffage, l'éclairage, le blanchissage,
les aliments préparés en grand, vient se joindre une
amélioration sérieuse de la salubrité et de l'agrément.

Les besoins de l'administration diminuant à mesure
que la production s'élève, l'impôt devient moins lourd
et plus équitable puisqu'il peut sûrement être perçu
proportionnellement sur le revenu net.

Au sommet, un gouvernement unitaire, régulateur
industriel, domine la hiérarchie des pouvoirs régionaux, provinciaux et communaux. A sa tête est placé
un « omniarque » qui a pour lieutenants les « unarques »
des phalanges.

Contrairement aux communistes, les phalanstériens
ne visent pas à la confiscation violente de la propriété
et à la tyrannie de l'individu, mais souhaitent une organisation moins routinière de la production. Ils ne
poursuivent pas une réintégration morale, — la morale
civilisée n'existe pas pour eux, — mais une amélioration
de la condition matérielle. Aussi, admettent-ils une
répartition des récompenses proportionnelle au concours apporté par les trois puissances industrielles:

1. Carli, économiste italien du dix-huitième siècle.

capital, travail, talent, auxquels ils attribuent respectivement 4/12, 5/12, 3/12, dans le présent, et 2/6,
3/6, 1/6 pour l'avenir, des bénéfices, déduction faite
des frais généraux et du prélèvement d'un minimum en
faveur du travail manuel.

Comme transition à l'application du système, la condition de la femme et l'éducation des enfants appellent
une réforme. La femme, soumise à une vie exclusivement domestique et retirée, doit être associée aux travaux de l'homme. « L'harmonie ne commettra pas la
» sottise d'exclure les femmes de la médecine, de l'en-
» seignement, de la réduire à la couture et au pot-au-
» feu. Elle saura que la nature distribue aux deux
» sexes, par égales portions, l'aptitude aux sciences et
» aux beaux-arts, sauf la répartition des genres, le goût
» des sciences étant plus spécialement affecté aux hom-
» mes et celui des arts plus spécialement aux femmes [1]. »

L'affranchissement par le divorce la met, il est vrai,
hors de tutelle ; mais ce progrès, dû à l'évolution ga-
rantiste, est insuffisant. Par ce fait qu'elle pourvoit
elle-même à sa subsistance, la femme a rang social, et
le mariage, au lieu d'être un contrat d'inféodation,
devient un contrat d'union volontaire qui n'implique
plus communauté de fortunes et n'investit plus le mari
de la gestion des biens communs [2].

Le principe même du mariage est respectable, mais
comme il n'y a, en soi, « rien de criminel dans l'amour,
» ni dans la variété et le changement des affections [3] »,
il convient d'obéir aux lois de l'attraction, et d'associer
les bénéfices de la communauté à ceux du mariage en
laissant un libre essor à l'amour. — la béatitude sen-
suelle exigeant le concours des « favoris géniteurs »,
en même temps que celui des maris [4].

1. Fourier.
2. Considérant, Destinée sociale, t. I, p. 185.
3. Proudhon, Pornocratie, p. 229 (sur les fouriéristes).
4. Fourier établit son système sur l'essor des passions, sur
leur liberté et l'équilibre qu'elles se doivent faire, selon lui,
naturellement. Il n'y a pas de sacrifices ; le dévouement est
superflu.
5. Protestation de Mme Gatti de Gamond et de M. Daurio.

L'enfant, malléable comme la cire, recueille au début de la vie des impressions qui réagissent sur toute son existence. L'éducation, qui utilise les aptitudes et façonne les caractères, est l'instrument le plus puissant entre les mains des novateurs. Fourier le sait et voue à l'enfance un culte paternel. Dans la première phase, deux « sériestères », divisés en trois salles au moins, recueillent les nourrissons et les poupons, classés en :

> pacifiques ou bénins,
> rétifs ou malins,
> désolants ou diablotins,

et confiés aux soins de bonnes et de sous-bonnes auxquelles de grands honneurs sont rendus dans les « festivités ». — Avant de passer dans la deuxième phase, « chérubins », « séraphins » (4 1/2 à 9 ans), et dans la troisième, « lycéens » et « gymnasiens » (9 à 15 ans 1/2), l'étude des goûts dominants constitue le point de départ de l'éducation. Le « furetage » (curiosité), le « fracas » (goût du bruit), la « singerie » (instinct d'imitation), la « miniature industrielle » (petits ateliers), l'« entraînement ascendant » (imitation de l'âge supérieur), sont autant d'instincts primaires utilisables.

Le premier travail de répartition accompli, deux destinées attendent l'adolescent.

Dans les *petites hordes*, milices de Dieu (2/3 garçons et 1/3 filles), il est occupé aux ouvrages répugnants qui exigent le mépris des richesses et l'abnégation de soi-même et doit professer la fraternité, la fusion des classes et pratiquer la charité.

Dans les petites *bandes*, il s'adonne aux travaux (2/3 filles et 1/3 garçons) de luxe, conservateurs du charme social; la police du règne végétal, le « raffinage » des séries, le maintien d'un certain atticisme emploient ses loisirs.

En termes généraux, plus de contre-sens de marche de théorie précédant la pratique, de simplisme d'actions excluant la variété dans l'étude, de vice de forme ne tenant aucun compte de la diversité des aptitudes et des caractères, de vice de fond imposant l'instruction comme punition alors qu'elle doit être une faveur et une récompense, de suppression des « ressorts en attraction matérielle » qui s'opposent au développement du corps comme accessoire et coadjuteur de l'âme ; mais, sollicitude pour les plaisirs des sens : l'oreille perfectionnée par la musique, le goût et l'odorat par la cuisine.

La conception de Fourier a pour point de départ une négation morale : l'antipathie. Son enfance a été difficile, son adolescence malheureuse ; homme, la Révolution l'a ruiné. Doué d'intelligence et de réflexion, il n'a pas oublié que le drapier de Besançon l'a battu quand il n'avait encore que sept ans, parce que l'enfant terrible avait trahi le secret mercantile de la rouerie paternelle. Il se souviendra toujours qu'à 27 ans, commis à Marseille, il a dû, sur l'ordre d'un patron, non moins stupide que cupide, jeter à la mer une cargaison de riz que l'on avait laissé se détériorer dans l'espoir d'une hausse nouvelle. De là, cette haine de la civilisation se traduisant par la thèse du *doute absolu* et de l'*écart absolu*. De là cette condamnation sans appel de l'œuvre sociale à la destruction ; de là cette méconnaissance des indications de la raison qui dit que, si le concept humain n'est pas adéquat à la perfection, la perfectibilité, loi des organismes, veut et permet des améliorations graduées et successives.

Dieu, par cela même qu'il existe, implique la supériorité dans son essence ; il appartient à l'homme de rechercher ses desseins providentiels, de prévenir ses ordres par son obéissance attentive ; mais, effet créé d'une cause irresponsable, il fait œuvre impie en demandant compte au Créateur de l'accomplissement de ses devoirs envers lui. L'animisme antique universalisé constate plutôt qu'il n'explique la relation entre la force et la matière, dont le renouvellement de la vie est la synthèse, et il n'y a là rien qui justifie la déduction qu'en tire le fouriérisme en faveur d'une soumission aveugle à l'*attraction passionnelle*. La morale civilisée, si opposée qu'elle puisse paraître à l'expansion des facultés,

ne succombera pas pour la glorification d'un système,
parce qu'elle a son fondement dans la conscience.
Qu'elle soit variable dans la forme de ses manifestations, c'est ce qu'exprime cette pensée de Pascal :
« vérité en deçà des Pyrénées, erreur au delà » et ce
que personne n'a jamais contesté, mais la notion première du bien et du mal ne disparaîtra pas du cœur
humain. D'ailleurs l'attraction passionnelle a-t-elle la
supériorité de l'incommutabilité relative des lois qui
régissent la matière ? et les différences de la morale ne
correspondent-elles pas à des différences de passions ?
L'européen monogame estime et récompense le travail ;
l'oriental polygame le méprise et l'impose aux vaincus.
La quiétude qui charme et sanctifie le Thibétain fait
horreur à l'Anglo-Saxon dont l'activité entreprenante
ne faiblit pas sous les climats si divers des Indes, de
l'Australie et de l'Amérique. L'anarchie n'est pas moins
redoutable sous le régime du libre essor des penchants
que sous celui de la contrainte. On aura beau faire ;
les plus ingénieuses combinaisons seront toujours impuissantes à enchaîner d'insatiables appétits : l'animal
connaît la satiété ; l'homme, — et c'est là une redoutable supériorité, — va au delà parce que sa volonté
domine ou précède ses désirs. Le but suprême, le bonheur, n'est pas atteint. Le plaisir, « sentiment d'un surcroît d'activité vitale [1] », exige une réparation nécessaire, une recomposition intense que l'absence de
mesure entrave. Il faut un frein, et l'organisation
sociétaire n'y a pas pourvu. La sécurité de l'avenir, la
satisfaction facile des fantaisies, qui rendent le crime
ou le vice moins excusable, ne le suppriment pas. Sans
parler des forfaits qui amènent tous les jours sur les
bancs de la cour d'assises ou de la police correctionnelle des hommes de tout âge et de toute position,
comment ne pas être frappé de ce fait que l'aisance ne
diminue pas toujours la cupidité ; que le proverbe
« qui a bu boira » reçoit peu de démentis ; enfin, et
surtout, que la paresse est inhérente à tous les êtres

1. M. A. Fouillée, *Revue des Deux-Mondes*, 1er avril 1886.

vivants. — La réunion libre des « trois sexes » (homme,
femme, enfant ou sexe neutre), la variété et la brièveté
des séances dans les ateliers, le développement des
trois passions mécanisantes et les concessions faites aux
sympathies des sens (charme, résultat de la perfection
spéciale et collective) ou de l'âme (accord d'identité et
de contraste) n'y changeront rien. — Tout le fatras des
gammes, pivots, amitiés en « quinte superflue », amours
en « tierce diminuée » et autres phrases d'Apocalypse [1]
prouvent plus d'ingéniosité d'esprit que d'intelligence
de la nature humaine.

Le labeur a parfois du charme ; les recherches d'Ar-
chimède, de Newton, de Linné, de Lavoisier, de Cuvier,
de Claude Bernard, de Pasteur, ont pour mobile l'a-
mour de la science. Charles-Quint s'occupant d'horlogerie, Louis XVI de serrurerie, le roi de Portugal, Ferdinand de Saxe-Cobourg-Gotha, d'histoire naturelle, le
prince de Monaco, des courants sous-marins, n'obéissent pas aux incitations de l'esprit de lucre. Les soldats
du maréchal de Richelieu escaladent les rochers de la
forteresse de Mahon sous l'impulsion de l'enthousiasme.
Mais ce ne sont là que de nobles exceptions dont il ne
faudrait pas renouveler trop souvent l'expérience ;
l'homme, dans son état normal, n'a pas, il est vrai, de
répugnance pour l'action, mais pour la peine qui est
la loi du travail. Les mineurs qui vont encore chercher dans les entrailles de la terre l'aliment des moteurs
industriels, les verriers qui usent leurs poumons à souf-
fler le verre, les doreurs qui respirent les fatales
vapeurs mercurielles, tous ceux qui subissent la loi
d'un travail presque exclusivement musculaire, ne
comprendront jamais qu'on exige d'eux une tâche
sans leur offrir une large récompense. Assurez-leur le
minimum nécessaire à la subsistance, « les trente sous »
des ateliers nationaux ou de la garde nationale de la
Commune, et ils préféreront les privations d'une sujé-
tion oisive au salaire qu'assure le bien-être et l'indépendance.

1. Bastiat (à propos de Fourier).

« La communauté, a dit Aristote, est impossible sans
» une loi de répartition et c'est par la répartition qu'elle
» périt » : le fouriérisme qui repose sur un idéal ntoins
élevé de justice que le communisme, puisqu'il comprend des inégalités dans la distribution du produit et
n'interdit pas la propriété individuelle [1], quoiqu'il n'en
permette pas la disposition arbitraire, n'a pas su écarter ce danger. Prélevant une part fixe sur les bénéfices,
au profit des hommes de peine, il semble en faire l'a-
veu, et il n'échappe que difficilement à ce dilemme : ou il
ne leur donne pas assez, et alors il encourt le reproche
de ne leur offrir qu'une indemnité insuffisante contre
la misère ; ou il leur accorde trop et il décourage le
talent et le capital. Dans les deux cas il désintéresse du
résultat de l'entreprise la classe la plus nombreuse, et
contrarie la tendance contemporaine vers l'association
aux bénéfices.

L'organisation phalanstérienne, application d'une
conception mathématique, méconnaît la loi naturelle
et sociale qui veut qu'à chaque échelon du progrès les
dissemblances s'accentuent, entre les diverses parties
de l'agrégat. La division du territoire en fractions cantonales sensiblement égales, l'édification de constructions partout semblables, habitées par un nombre à
peu près fixe de personnes (1600-2000), adonnées à des
professions manuelles, sont des perfectionnements
réprouvés par la science de l'utile (économie politique)
et le sentiment du beau (art). L'uniformité, ce n'est pas
seulement l'ennui, c'est la mort ; les nations ont un
autre idéal que celui de ce monde « propre et net
comme une écuelle » dont « l'humanitairerie fera sa
gamelle » et qui

    Comme un grand potiron roulera dans les cieux [2].

La répartition des habitants sur la terre n'est pas le

1. Stuart Mill : « Le fouriérisme implique le régime de l'indivision sous, le nom d'association. »
2. *Dupont et Durand.* A. de Musset, p. 155. *Poésies nouvelles.*

7

fait de l'anarchie ou du hasard. Les bords de la Tamise, les basses terres des Pays-Bas ou des Flandres, les vallées de la Lombardie ou de l'Andalousie sont plus peuplés que les steppes de l'Asie sibérienne, et personne, que je sache, ne s'en étonne. Ces grandes cités, foyers de lumière dont le rayonnement s'étend aux limites du monde civilisé, ne sont pas des créations d'une fantaisie despotique. Rome, Venise, Paris, Londres, Lisbonne, Alexandrie, New-York, Saint-Louis, San-Francisco, Mexico, Rio-Janeiro, Buenos-Ayres, sont des situations dont l'homme a su prévoir l'avenir providentiel.

Qu'importe que Madrid et Berlin soient des capitales assises sur des ruisseaux ; que Saint-Pétersbourg, « œil » ouvert de l'Asie sur l'Europe, » soit placé « comme le » cœur au bout du doigt ou l'estomac au bout du gros » orteil[1], » si les nécessités nationales les imposaient ! » Quand Constantin désigna Byzance, la destinée de » cette ville fut accomplie, et Constantin eut la gloire » d'avoir fondé, sur les ruines du vieil empire romain, » un empire qui a duré onze cents ans de plus, et cela » seulement parce que sa capitale avait été bien choi- » sie... parce qu'elle ne peut cesser d'être un grand » entrepôt de commerce, parce que le Bosphore est un » lieu unique en Europe et que Constantinople, à son » tour, est un lieu unique sur le Bosphore[2]. »

L'incohérence des œuvres humaines n'existe que dans l'imagination des esprits à courte vue. Considérant, mathématicien, n'est pas seul monté aux tours de Notre-Dame de Paris ; le poète qui a interrogé ces pierres, témoins de nos origines nationales et fait revivre pour les générations à venir l'histoire de la Cité, a vu dans le dédale de ces ruelles et le morcellement de ces constructions autre chose que « des palais de boue et de crachat », et, ce qu'on ne découvrira pas de sitôt du haut des monuments plus élevés de Washington ou de Philadelphie, il y a senti vibrer l'âme d'un grand

---

1. Mot de Naraehkin, cité par Diderot.
2. Saint-Marc Girardin.

peuple qui préfère le chaos de la liberté individuelle à l'harmonie de la tyrannie collectiviste.

Dans l'application pratique la théorie fouriériste n'a donné que de médiocres résultats. Les tentatives de MM. Baudet-Dulary et Devay à Condé-sur-Vesgres (1832) ont abouti, faute de capitaux, à un avortement. En Algérie, la colonie de l'Union du Sig, établie sur 1300 hectares de sol fertile, et où un économiste distingué, M. Jules Duval, a englouti 450,000 francs à l'édification d'un phalanstère, a justifié, par son dépérissement, le refus de l'Assemblée nationale de 1848 d'accéder à la demande de subvention formulée à la tribune par Considérant[1]. Il en a été de même de l'essai, fait du consentement de Napoléon III, vers 1865, par le capitaine de vaisseau Guillain, gouverneur de la Nouvelle-Calédonie[2] : le phalanstère de Yaté, habité par vingt colons auxquels il avait été alloué gratuitement 15 hectares par tête, des instruments aratoires, des engrais et des avances en espèces, à charge de distribuer les bénéfices, moitié par portions égales, au prorata du travail individuel, a été bientôt abandonné par les bénéficiaires de ces largesses, qui ont demandé à être établis chacun à leur compte[3].

Seul, M. Godin-Lemaire, créateur du phalanstère de Guise (Aisne), est parvenu à fonder l'industrie nouvelle de la fabrication des appareils de chauffage en fonte

1. Vidal (*Vivre en travaillant*, 1848, p. 36) propose d'établir des colonies agricoles et de recourir au crédit de l'État pour 100 millions de francs, afin de créer des propriétés nationales en 3 années, une par département.
                    Directeur : agronome de l'État.
                    Personnel : 13 cultivateurs.
                                13 professions rattachées,
                                13 ouvriers industriels des villes.
                    Cuisine et habitation communes et économiques.
2. Une récente tentative de M. Owen, à Topolobampo, près de Sinaloa (Mexique) n'a pas encore donné de résultats appréciables. (*Journal des Débats*, 9 mai 1888, d'après une relation de M. Max Lortzing, rédacteur de la *Gazette de Vass*.)
3. Il convient de citer également un insuccès au Texas.

d'après les données de Fourier. Cet homme de bien,
qui ne concevait pas que les richesses ne fussent pas à
tous parce qu'elles sont l'œuvre de Dieu et n'admettait
la propriété[1] que comme le résultat de l'appropriation par le travail, a réussi, grâce à l'ardeur de son
activité et à sa générosité inépuisable[2].

Il avait senti quel parti le patronat pouvait tirer de
la division du travail, de la concentration des services,
et entrevu l'avenir de richesses que prépare aux
classes ouvrières la participation aux bénéfices ; mais,
aussi, il avait rompu, en même temps que Mme Gatti
de Gamond et M. Daurio de Toulouse, avec la thèse
orthodoxe du maître sur la liberté de l'animalité, et
compris que les passions humaines ont besoin d'être
comprimées par des instincts intellectuels. Là a été le
secret du succès de son entreprise et du couronnement
de ses efforts.

1. Idée développée par Alvaro Florès Estrada (*Traité d'économie
politique*, 1828) et par Huet (*de Christianisme social*) ; ce dernier
va jusqu'à demander l'abolition de la propriété immobilière.
2. *Solidaires sociales*, 1871, in 8°.
· L'honorable M. Godin (1817-1887), ancien député de l'Aisne,
· fondateur de la célèbre institution philanthropique connue
· sous le nom de Familistère de Guise, vient de faire part de
· son mariage à ses amis dans les termes suivants :
· « M. Godin, fondateur du Familistère, et Mme Godin, née
· Marie Moret, son secrétaire et sa collaboratrice, dans la propa-
· gande sociale et dans l'œuvre du Familistère, ont l'honneur de
· vous faire part du mariage purement civil qu'ils ont contracté
· ensemble, à Guise, le 14 juillet 1886, afin d'affirmer aux yeux
· de tous leur union et le but commun des efforts de leur exis-
· tence. »

(Le *Temps*, 28 juillet 1886.)

Saint-Simon (1760-1825), descendant des ducs de ce nom et petit-neveu de l'auteur des *Mémoires*, se donnant Charlemagne pour ancêtre, débuta dans la vie comme soldat, à dix-sept ans. Après la campagne d'Amérique, à laquelle il avait pris part, sous les ordres de Lafayette, il abandonna brusquement une carrière que ses relations de famille promettaient de rendre brillante, mais qui était en désaccord absolu avec les aspirations spéculatives d'un esprit aussi inquiet que le sien. Prisonnier à la Jamaïque, il avait pensé qu'il serait possible d'unir le Pacifique à l'Atlantique, et développé les avantages d'un canal dont un de ses disciples, M. Ferdinand de Lesseps, poursuit aujourd'hui l'exécution.

Revenu en France, se tenant à l'écart du mouvement de la Révolution qu'il regardait avec plus d'étonnement que d'admiration « parce que, s'il en estimait la gran- » deur, il en blâmait les effets *purement destructifs* [1] », il se mit à la recherche d'un système propre à régénérer la société française, et d'opérations financières pour refaire sa fortune personnelle. Malheureusement, cet homme éminent n'avait pas les qualités solides qui font les hommes d'affaires; il avait l'intuition des choses, sans la connaissance des individualités, sans la persévérance indispensable à l'achèvement des grands desseins : il péchait par le caractère.

Associé d'un ancien ambassadeur de Prusse à Londres, M. de Redern, avec lequel il avait entrepris le

---

1. Prisonnier au Luxembourg, en 1793.

rachat d'importants biens nationaux, il fit des pertes d'argent importantes en même temps qu'il échouait dans ses projets d'union avec Mme de Staël, en vue desquels il avait divorcé avec Mlle de Champgrand, après un an de mariage (1802).

Dès lors, le reformateur se livra tout entier aux études théoriques auxquelles il se trouvait préparé par des études scientifiques et médicales. Sa vie déséquilibrée fut, comme il l'a dit lui-même, « un cours d'expériences ». Pendant ses voyages en Suisse, en Allemagne, en Angleterre, les *Lettres d'un habitant de Genève à ses contemporains* [1] (1802), l'*Introduction aux travaux scientifiques du XIXe siècle* (1808), une *Lettre au bureau des longitudes*, une tentative d'Encyclopédie (1810) ainsi que des *Essais sur les lois de la Physique* (1810-1814), le firent connaître, en même temps qu'il attirait sur lui l'attention des pouvoirs publics, par un *Mémoire en faveur de la paix* (1813), dans lequel il invitait l'Empereur à continuer les réformes de la Révolution, et par un plan de réorganisation de la société européenne (1814), où l'alliance anglaise et l'établissement du gouvernement parlementaire étaient proposés comme remèdes aux périls de la politique extérieure et intérieure.

Ce fut vers cette époque (1814), qu'abattu par le chagrin de la perte des restes de sa fortune, réduit au plus complet dénûment par la mort de son bienfaiteur, M. Diard, survenue vers 1810, épuisé par la contention cérébrale exagérée qu'il s'était imposée, par l'importance et la diversité de ses travaux, il dut faire une cure dans la maison de santé du docteur Belhomme, rue de Charonne. Il en sortit plus ardent, plus pénétré de la grandeur de sa mission. Au moment où, dans tout l'éclat d'une renommée justement acquise, MM. de Bonald et J. de Maistre représentaient l'école catholique et aristocratique, Benjamin Constant, rédacteur

----

1. Blanqui aîné, l'économiste, appelle cet ouvrage d'un homme alors méconnu : « un *pamphlet régénérateur* ».

de « *la Minerve* », l'école libérale, Saint-Simon osa pro-
clamer la nécessité d'une réforme économique.

Dans l'industrie (discussions politiques, morales et
philosophiques), — dans la politique, — dans des articles de *l'Organisateur* (réunis sous le titre de *Système industriel*, 1821); — dans le catéchisme politique des Industriels (1823-1824). — l'émancipation du travail, le
progrès industriel, le développement pacifique, trouvèrent en lui un passionné défenseur qu'encourageaient
des littérateurs comme Paul-Louis Courier, Béranger,
Rouget de l'Isle, Benjamin Constant; des financiers
comme Laffitte, Ardoin, Ternaux, Basterreche, et que
secondaient des collaborateurs tels que Augustin
Thierry, Auguste Comte, Olinde Rodrigues, le docteur
Bailly, Léon Halévy et J.-B. Duvergier, enfin des amis
tels que Monge et Poisson.

Les dernières années furent moins heureuses: brouillé
avec des amis sincères[1], Augustin Thierry et A. Comte,
que son insupportable orgueil avait lassés, le chef d'é-
cole, après une tentative de suicide (1823 rêva de devenir pape d'une nouvelle religion. Hanté des prédications de Lessing sur l'avénement d'une troisième phase
religieuse (*Éducation du genre humain*), des tentatives
de culte de la Raison, de Robespierre, et de théophilanthropie de la Reveillère-Lépaux, voyant dans la

---

1. Le caractère impérieux de Saint-Simon ne supportait ni
critique, ni contradiction. Il avait pris de telles habitudes de
domination, que le moindre dissentiment amenait une rupture.
On peut en juger par les faits suivants : Augustin Thierry, son
secrétaire, ayant émis des doutes sur une thèse historique du
maître, s'attira cette boutade : « Je ne conçois pas d'association
« sans le gouvernement de quelqu'un » à laquelle il se contenta
de répondre : « Et moi je ne conçois pas d'association sans li-
« berté. » (Briquant. « *Notice historique sur Augustin Thierry*,
p. 54, Paris, 1865; de ce jour toutes relations cessèrent. — Il
en fut de même avec A. Comte, qu'il ne revit plus, lorsqu'à
propos de la rédaction du 3e cahier du Catéchisme des industriels, ce dernier, qui avait conscience de la portée de son
récent ouvrage, refusa d'obtempérer à ses injonctions de modifications. « Puisque vous ne voulez pas, dit-il, vous sou-
« mettre à ma direction, il n'y a plus d'association entre
« nous. »

Révolution française les prodromes d'un mouvement théocratique appelé par les vœux de Saint-Martin et de l'abbé Barruel, il crut découvrir, dans la conception d'un nouveau christianisme, le « principe d'une palingénésie. » Ses disciples n'y trouvèrent que des déceptions lorsque, fidèles au vœu du maître (1828-1833), ils entreprirent de propager sa doctrine par la presse, par les réunions publiques. Malgré tout le talent d'hommes qui, pour la plupart, ont marqué leur place dans les diverses branches des connaissances, et honoré leur époque par leurs travaux, la tentative échoua.

Sans doute, il y eut une période brillante quand le *Producteur* était rédigé par Armand Carrel, Auguste Blanqui l'économiste, Pierre Leroux, Jean Reynaud, Buchez, Decaen, Ad. Garnier, O. Rodrigues; quand le *Globe* et l'*Organisateur* comptaient au nombre de leurs collaborateurs (1830) Michel Chevalier (*politique industrielle et européenne*), Cazeaux, Transon (*discours aux élèves de l'École polytechnique*), Emile Pereire [1] (*leçons sur l'industrie et la banque*); Enfantin (*politique et économie politique*); Jules Lechevallier, ancien fouriériste; Duveyrier [2], jurisconsulte; Gustave d'Eichthal, auteur de remarquables travaux sur l'exégèse biblique et notamment le Deutéronome [3]; E. Barrault,

---

1. Les frères Pereire étaient les cousins d'Olinde Rodrigues. Emile ne fit que passer parmi les Saints-Simoniens qu'il quitta vers 1830 : son frère Isaac accompagna Enfantin à Ménilmontant.

« Isaac Pereire était un homme de haute valeur. Avec sa « belle tête de patriarche, ses manières souples et dignes à la « fois, il avait l'air vraiment d'un descendant de David ». (Drummond, *France juive*, t. I, p. 369.)

2. C'est chez Ch. Duveyrier qu'avaient lieu les conférences du samedi, où se réunissaient les collaborateurs de la grande encyclopédie Pereire, qui, malheureusement, n'a pu mener à terme cette grande œuvre saint-simonienne. Sainte-Beuve, l'un d'eux, a cru devoir restituer les 20.000 francs qu'il avait reçus d'avance pour ses articles (1865).

3. Gustave d'Eichthal est également connu pour un ardent philhellène. Créateur d'un bureau d'économie politique à Athènes (1833-35), il est considéré avec MM. Renié, Egger et Brunet de Presles, comme un des principaux fondateurs de

Lerminier et Guéroult, publicistes; Henri Martin et
Edouard Charton, historiens; Arlès-Dufour et Dubo-
chet, industriels; Thoré, critique d'art; Félicien David,
compositeur de musique, auteur du *Désert*; Ch. Lemon-
nier, fondateur et président de la Ligue internationale
de la paix de Genève; Carnot [1], rédacteur de l'*Exposé
de la doctrine saint-simonienne* [2] (1830-1831) : mais le
germe morbide de domination théocratique que le
maître avait semé s'était développé : il en résulta une
scission qui fut le prélude d'une dissolution : le déisme
du spiritualiste Jean Reynaud [3] ne suffisait plus aux
sectaires : la croyance à la personnalité de l'âme, après
le trépas, dans un ciel plus vaste que celui imaginé par
le moyen-âge, ne répondait plus aux visées des adeptes
des conférences de la salle Taitbout [4] : les scientifiques,

l'Association pour l'encouragement des études grecques, en
France. — Enthousiaste des découvertes de la science moderne, il se passionnait encore, à la veille de sa mort, à 82 ans,
pour la résurrection des tombeaux d'Egypte, entreprise par
M. Maspéro. — Sainte-Beuve a dit de lui : « C'était une intelligence élevée, consciencieuse, tenace ».

1. « M. Hippolyte Carnot, doyen d'âge du Sénat, vient de lire
« à l'Académie des sciences morales et politiques un mémoire
« sur l'origine des nouvelles doctrines sociales et religieuses
« que vit naître le commencement du siècle. Il raconte que son
« père, le grand Carnot, lui avait dit un jour : « J'ai connu M. de
« Saint-Simon. Ce n'est pas un homme sans mérite, mais il a le
« tort de se croire un savant. » (*Journal des Débats*, mars 1887.)

2. On compte au nombre des écrivains ayant puisé leurs
inspirations dans les idées saint-simoniennes Mme Flora Tristan,
auteur de divers ouvrages d'économie sociale sur l'émancipation de la femme, sur la situation des classes ouvrières anglaises, sur le développement des corporations et des unions
de métiers.

3. Armand Barbès était disciple de J. Reynaud. (Discours de
Marcou, député, à l'inauguration de la statue de Barbès, à Car-
cassonne (26 septembre 1886).

4. Jean Reynaud (séance de la salle Taitbout) dénonçait en
ces termes les théories subversives d'Enfantin : « Vous démo-
« ralisez les ouvriers en ne leur parlant jamais que d'argent...
« vous démoralisez les femmes en affranchissant leurs passions
« au lieu de leur âme!... Mais rappelez-vous ce mot que la
« Bible applique à Satan : La femme se relèvera contre toi et
« t'écrasera la tête ! » (Legouvé, *Soixante ans de souvenirs*,
tome II, Hetzel, 1887.)

7.

les politiques, se retirèrent, avec Bazard de la Charbonnerie ; les métaphysiciens, les mystiques suivirent,
à Ménilmontant, le Père Enfantin,[1] pontife fondateur
d'une communauté de quarante disciples, dont un arrêt de la Cour d'assises de la Seine (1833) devait faire
cesser la propagande comme contraire aux lois existantes.

L'école saint-simonienne avait vécu : ses membres
se dispersèrent après avoir jeté les jalons d'une réforme à la fois philosophique, religieuse et sociale.
Mais sincèrement dévoués à leurs convictions, détachés
de toute arrière-pensée de lucre ou d'avantages personnels, ils avaient répandu autour d'eux un ensemble
d'idées dont les générations nouvelles ont subi l'empreinte à leur insu et dont l'impression, tracée par une
conception géniale, a survécu aux utopies dogmatiques.

Coordonner ces indications éparses, en faire saisir le
lien intellectuel, tel est l'objet de cette étude.

La méthode de Saint-Simon repose sur une conception historique que les travaux des écrivains contemporains tels que Augustin Thierry et Henry Martin, ses
disciples, ont vulgarisée, et qui révèle, chez un homme
élevé dans la société de l'ancien régime, une singulière

Proudhon (Pornocratie, p. 229; les Détrit : « Enfantin, écrit-il,
« entreprend de réhabiliter la chair : il ne comprend pas au-
« trement l'abolition du christianisme et l'esprit de la Révolution qui l'abroge. Il déifie la richesse, le luxe, l'amour, la
« volupté. »
D'autre part, envisageant au point de vue du développement
purement intellectuel la tentative religieuse saint-simonienne,
M. de Vogüé a écrit avec une véritable perspicacité : « L'église
« de Ménilmontant fut pour nos pères un thème de plaisante-
« ries faciles ; pour nous, qui avons pu mesurer son influence
« prépondérante dans toutes les transformations sociales et
« économiques du monde contemporain, elle demeure l'un des
« phénomènes moraux les plus dignes de retenir la médita-
« tion. » Journal des Débats, 16 décembre 1887. — Gustave
d'Eichthal, La langue grecque.)

1. Enfantin expose sa doctrine dans le « Nouveau Livre »
qu'il oppose au « Nouveau Christianisme » de Saint-Simon.

pénétration. La lecture des auteurs du XVIIe siècle et
de la plupart de ceux du XVIIIe, sauf celle de Voltaire
(dans quelques parties de son *Essai sur les mœurs*) et
de Montesquieu (*Esprit des lois* [1]), ne laisse dans l'esprit aucune idée philosophique : les faits succèdent aux
faits sans lien, sans qu'on y puisse percevoir l'indication des lois providentielles qui régissent le monde moral, à l'exemple du monde physique; et si, contrairement à cette fâcheuse habitude, l'auteur s'élève à de
plus hautes considérations, c'est pour torturer les faits,
pour les mettre d'accord avec ses convictions personnelles et attribuer de petites causes aux grands effets.
L'admirable langue que parle Bossuet, dans son *Discours sur l'histoire universelle* n'empêche pas la thèse
qu'il y soutient d'être radicalement fausse; c'est faire
trop bon marché de la civilisation que de n'y voir
qu'une préparation de l'humanité à l'avènement du
christianisme [2]; c'est n'avoir pas conscience des grands
mouvements qui agitent les peuples que de donner pour
cause de la conversion du peuple anglais au protes-
tantisme les lubriques fantaisies d'un Barbe-Bleue, ou
bien, comme Pascal, d'attribuer à un grain de sable la
chute du régime inauguré en Angleterre par le «Protecteur» Cromwell [3].

1. Montesquieu conçoit la philosophie de l'histoire en faisant
la part aussi large qu'il le faut à l'individu et à la contingence,
mais en se refusant à voir dans les choses humaines une mêlée sans ordre, des accidents sans loi. « Il y a, selon lui, des
« causes générales soit morales, soit physiques : tous les acci-
« dents sont soumis à ces causes, et si le hasard d'une bataille,
« c'est-à-dire une cause particulière, a ruiné un État, il y avait
« une cause générale qui faisait que cet État devait périr par
« une seule bataille.

2. Bossuet fait de la religion le fondement mystique de l'institution sociale.

3. Michelet, dans la 2e partie de son *Histoire de France*, a
abusé de ce procédé : quand il présente deux François Ier, l'un
avant, l'autre après l'abcès; deux Louis XIV, l'un avant, l'autre
après la fistule; ou quand il explique que l'Angleterre est la
première puissance coloniale parce que ses habitants sont devenus tout à coup robustes, hardis, positifs, grâce à l'usage du
bœuf et du porter.

Il y a loin de ces misérables explications des phénomènes à ce spectacle vraiment grand, vraiment imposant, de l'humanité accomplissant lentement la loi à
laquelle elle est soumise, et à cette suite de l'histoire,
présentant une longue série de corollaires enchaînés
les uns aux autres, et permettant, par la juste appréciation des événements accomplis, de déterminer ceux
qui vont suivre... « L'histoire est un tableau successif
des états physiologiques de l'espèce humaine considérée dans son existence collective. » — Est-ce à dire
qu'il faille ne plus voir dans la suite des faits que
l'expression brutale du rapport qui existe entre eux et
qui les lie? Certainement non. Ce positivisme terre à
terre exposerait à concevoir des lois partout, c'est-
à-dire à méconnaître l'essence même de l'idée de loi
qui implique la généralité dans les effets. Cette méthode, digne des polémistes politiques, peut être une
arme de guerre « contre une loi religieuse, contre un
ordre social dont le poids fatigue l'Europe, depuis deux
siècles... », elle est insuffisante pour ceux qui, sentant
dans la société contemporaine l'opposition croissante
du droit et de l'utile, du devoir et de l'intérêt, de l'abnégation et de l'égoïsme, de la théorie et de la pratique, des systèmes et des faits, du bien général et particulier, sont convaincus qu'il est temps de lever
« le suaire de mort qui couvre l'univers et l'homme
lui-même ».

Dans l'histoire des vingt-trois siècles que nous connaissons de l'humanité, deux phases de nature différente se
succèdent à de longs intervalles, formant, dans leur
alternance, un cercle parfait. Dans l'une toutes les
forces semblent subir une impulsion aveugle; au début,
il y a concert de toutes pour briser les vestiges du
passé; puis, cette œuvre impie accomplie, résolution
des efforts généraux en efforts individuels, lutte d'é-
goïsme contre égoïsme, aboutissant à une destruction
universelle; — dans l'autre, tous les mouvements
obéissent à une loi supérieure, se fondent dans une
merveilleuse harmonie; tous les rouages sociaux, reli-
ion, législation, éducation, se combinent pour le pro-

grès collectif, sans résistances individuelles. Ces deux périodes peuvent être nommées les premières, *critiques*, les secondes, *organiques*.

A l'une appartient :

1° L'époque qui sépare le Polythéisme de l'avènement du Christianisme, c'est-à-dire les siècles qui s'étendent de Socrate à Jésus-Christ ;

2° Celle qui commence à la Réforme et s'étend jusqu'à nos jours, comprenant trois siècles.

A l'autre :

1° Celles où le polythéisme grec et romain est à son apogée et qui se termine aux siècles de Périclès et d'Auguste respectivement ;

2° Celles où le Catholicisme et la Féodalité sont tout-puissants, comprenant les siècles de Léon X et de Louis XIV.

Le caractère de ces solutions qui, faute d'avoir été complètes, n'ont été que provisoires, est essentiellement dogmatique et religieux. Or, c'est précisément par où pèche l'état présent. La proclamation des droits de l'homme et du citoyen, comme point de départ d'une marche progressive qui a brisé les résistances rétrogrades, laisse subsister un malaise général. Le sentiment des beaux-arts n'est pas seul affaibli ; aucun souffle philosophique n'anime encore la science moderne ; l'industrie souffre de l'application étroite du principe du « laissez-faire », ou du « laissez-passer », qui aggrave les maux de la concurrence ; les relations de possesseur à travailleur sont mauvaises parce que l'égoïsme a établi son règne partout ; la liberté a engendré l'anarchie, et le constitutionnalisme n'est qu'un régime de transition politique après lequel nous ne pouvons entrer dans la troisième période organique que par l'avènement d'une religion qui prêche l'abolition de la patrie nationale et l'amour de la famille humaine universelle.

Dans les sciences la méthode consiste à rechercher un principe unique destiné à servir de base à une conception complète de l'ordre physique, chimique, vivant, social. Comme Fourier, Saint-Simon croit le trouver dans le système de l'attraction et de la gravitation universelles.

« L'existence de Dieu et l'immortalité de l'âme, sans
» cesse adoptées ou rejetées, ne peuvent être consi
» dérées comme des questions oiseuses, indifférentes
» au bonheur de l'humanité... » Sans doute, les esprits
faibles, les hommes médiocres, ceux surtout que d'étroites spécialités absorbaient, ont pu passer, sans s'y
arrêter, devant ces immenses problèmes, « mais les
grands hommes, au contraire, sous les noms religieux
de croyants ou d'athées, n'en ont-ils pas fait, pour
ainsi dire, l'occupation et le but de toute leur vie ? ont-
ils pu échapper à la nécessité de se prononcer par l'affirmative ou la négative ? »

Dans les sciences, personne n'a fourni aucune preuve,
aucun argument de quelque valeur contre ces deux grandes bases de l'édifice du monde : Dieu et un plan providentiel. — Newton et Képler s'inclinent devant elles et
Leibnitz déclare que « s'il attache du prix aux travaux
scientifiques, c'est pour avoir le droit de parler de Dieu. »

Tout ce que nous savons prend sa source et trouve
sa puissance dans cette idée essentielle, à savoir: qu'il
y a constance, ordre, régularité dans l'enchaînement
des faits constatés, et rattachement à une destination
commune. Malheureusement, le progrès ne va pas sans
rétrogradation, et quelques-uns, ne comprenant pas
qu'ils n'embrassaient encore qu'une partie très limitée
de l'ordre phénoménal universel, — en omettant
sciemment de s'occuper de l'existence sociale et morale de l'homme, — se sont élevés, armés d'une faible
portion des connaissances, pour braver le principe de
cause unique, infinie et universelle. Ils ont dit: qu'à
mesure que le champ de chaque science s'étend au-delà
de l'expérience immédiate, la conception qui lui sert de
lien devient moins vérifiable et que l'on prenait pour
des preuves ce qui n'était qu'hypothèse, c'est-à-dire
qu'on se fiait à une idée qui précède le raisonnement,
au lieu de le suivre. Il sera facile de leur répondre : la
science ne procède que par hypothèses, que par théo-

rêmes, quitte à les démontrer après. Le caractère de
l'hypothèse est précisément ce qui distingue une époque. Or, dans les époques *organiques*, toutes les
sciences se rattachent à la science générale, au dogme
qui, lui-même, admet progression et perfectibilité.
L'athéisme, qui substitue la fatalité ou hasard à la
Providence, le désordre à l'ordre, le mal au bien, le
néant à l'immortalité, l'égoïsme au dévouement, n'a
pas d'autre fondement qu'une hypothèse développée
par les philosophes des trois derniers siècles. L'avortement de la Révolution française a été leur œuvre. On
ne saurait donc s'étonner que Mirabeau n'ait semé derrière lui que haine et vengeance, soif du sang, en soutenant que la révolte est le plus saint des devoirs; que
les orateurs athées aient eu cette même destinée « de
» passer du Capitole à la Roche Tarpéienne, de la
» Montagne à l'échafaud, et de l'apothéose à l'oubli ».
L'erreur de ce temps a été de méconnaître le développement nécessaire du sentiment religieux comme le
besoin le plus irrésistible de l'humanité. L'histoire accuse un progrès continu de l'idée de culte. Dans le passage du fétichisme (déification de la nature) au polythéisme (déification des abstractions) et dans l'avénement du monothéisme (unité de cause), le judaïsme,
proclamant l'unité de Dieu et de la race humaine,
laisse subsister le principe étroit de l'élection d'une
seule nation, celui de l'esclavage et de l'infériorité
de la femme. Le christianisme, en brisant les liens
matériels qui attachent la créature à la terre, en appelant les hommes de toutes les classes et de tous les
peuples de l'Europe occidentale à une communion spirituelle, sous l'autorité d'une loi purement morale, affirme sa supériorité sur toutes les formes antérieures.
On peut, toutefois, lui reprocher d'avoir exagéré l'antagonisme des deux principes antiques du bien et du
mal et d'y avoir puisé l'idée de la chute des anges et
du péché originel, d'où découlent la réprobation de la
matière, la déchéance de la chair [1] et l'anéantissement

1. Dans le même ordre d'idées, Proudhon (*Pornocratie*,
p. 42-43) a écrit :

des appétits. En obligeant les prêtres à éviter le mariage, comme un état que le lien charnel fait inférieur, pour les forcer à sortir des affections individuelles et à rentrer dans le cercle des affections générales, Grégoire VII a rendu momentanément à l'humanité un immense service; il a soustrait la société pacifique et progressive à la domination militaire et rétrograde, affranchi l'individu de l'oppression de l'État [1]; mais il a finalement échoué, parce que s'il a mis l'Église en

« Chez les peuples anciens, la mère était honorée au-dessus
« de la vierge et paraissait même plus belle : *Gratia super gra-*
« *tiam mulier sancta et pudorata*, dit la Bible. »
« Le christianisme a renversé cet ordre : il a déclaré la
« femme mariée impure; il ne fait cas que de la pucelle; ce qui
« est le renversement de la nature, une atteinte à l'honneur
« de la famille et à la dignité de l'homme même. »
Saint-Simon n'a vu dans le christianisme que les excès de
l'ascétisme dont Pascal a été le vivant exemple, — quand il s'enfonçait des pointes de fer dans la chair à coups de coude,
— quand il ne permettait pas qu'on louât la beauté d'une femme
parce que cela n'est bon « qu'à donner de mauvaises pensées
aux bigots », — quand il ne pouvait souffrir les caresses que
sa sœur, madame Périer, recevait de ses enfants, — quand il
considérait le mariage « comme la plus basse et la plus périlleuse des conditions du christianisme. »
1. Saint-Simon est plus juste envers le moyen-âge que nombre de nos contemporains, que M. Leconte de Lisle, par
exemple, qui, dans son discours de réception à l'Académie
française, le 31 mars 1887, a dit : « .... le Moyen-Age, noires
« années, années d'abominable barbarie, avilissant les esprits
« par la recrudescence des plus ineptes superstitions, par l'atrocité des mœurs et la tyrannie sanglante du fanatisme religieux ».
Voici du reste son appréciation :
« Les circonstances générales dans lesquelles Condorcet s'est
« trouvé, les circonstances particulières dans lesquelles il s'est
« placé, lui ont échauffé la tête; elles ne lui ont pas laissé le loisir de peser tranquillement les faits, d'observer leur enchaînement et de déduire méthodiquement les conséquences des
« principes qu'il a posés. Il n'a pas examiné, pendant le cours de
« son travail, la meilleure opinion à adopter. Il a employé toutes ses forces à soutenir celle qu'il avait émise; et sa belle
« conception à récapituler la marche de l'esprit humain et à terminer cette récapitulation par l'exposé de conjectures formées sur la marche qu'il suivra, s'est réduite, dans l'exécution,
« à une diatribe contre les rois et contre les prêtres. » (Saint-Simon, *Introduction aux travaux scientifiques du XIXe siècle*.)

possession d'une loi morale, il n'a pu lui donner la direction sociale incompatible avec son dogme incomplet. Le christianisme n'a pas compris la manière d'être matérielle de l'existence de l'homme ; il a restreint l'essor de sa généreuse doctrine en n'admettant la fraternité universelle réalisable que dans le ciel, en sanctifiant la douleur, en abaissant le travail au rang d'un châtiment. L'homme s'est révolté : il a fini par trouver « que tout problème théologique ou métaphysique qui ne prend pas son point de départ dans une vue sociale ou qui ne s'y rattache pas, manque d'une base réelle, et que toute solution d'un pareil problème qui n'est pas susceptible d'une application sociale, d'une transformation politique, est nécessairement vaine... ; que la religion ne doit pas être conçue comme étant pour chaque homme seulement le résultat d'une contemplation intérieure et purement individuelle, comme un sentiment, comme une idée, isolés dans l'ensemble des idées et des sentiments de chacun, mais l'expression de la pensée collective de l'humanité, la synthèse de toutes ses conceptions, la règle de tous ses actes ».

Il estime qu'il n'est pas possible que Dieu l'ait jeté sur la terre, chargé du poids d'une iniquité héréditaire à expier par la douleur, et, créature perfectible, il repousse une irréductible déchéance. Pourquoi n'y aurait-il pas unité du progrès matériel et du progrès spirituel ? Pourquoi la matière ne serait-elle pas comme l'esprit, un des aspects, une des manifestations de l'Être infini, de la substance universelle ? Pourquoi le mal serait-il autre chose que ce qui excède les sympathies, que ce qui échappe aux prévisions de l'intelligence ou dépasse ses forces ? A ces aspirations, un dogme nouveau peut et doit, conformément à la loi historique d'une transformation organique, donner satisfaction, à la condition, toutefois, de remonter à la source pure où la philosophie et la politique chrétiennes ont puisé leur supériorité sur celles de la Grèce et de Rome, c'est-à-dire en proclamant : l'obéissance à la volonté d'un Dieu d'amour, ennemi de l'anarchie et du despotisme, de l'égoïsme ignorant ou scientifique, des prétentions orgueilleuses de la force.

Ce Dieu ne sera pas le même que celui des panthéistes. Le nouveau système, qui comprend le principe de la pluralité dans l'unité, ne le rapporte pas, à l'exemple de Zénon de Cittie, à l'entité matière; de Xénophanes et Parménide, à celle de l'idéal; ou de Spinosa, à une combinaison de l'une et de l'autre présentée comme substance, comme propriété; mais à l'unité vivante. — Spinosa parle de la pensée, de l'étendue, comme d'une entité indivisible, absolue; il n'y voit qu'un tout sans activité, sans volonté, ce qui fait de sa conception, inférieure à celle des religions positives, une abstraction morte.

La doctrine saint-simonienne se résume dans cette synthèse de la vie, dans une réhabilitation de la matière, sans confusion en Dieu, et laisse place à la liberté des actes de l'homme, sans recourir à la prescience divine.

Le culte ancien, n'étant plus en rapport avec les exigences nouvelles, sera supprimé et remplacé par des « *fêtes d'espérance et de souvenir* », à l'exemple de celles de la Révolution.

Le mal n'étant, en raison de la faiblesse de notre existence finie, qu'une conception relative, il y a vertu lorsque la révélation de la conscience individuelle est confirmée par les besoins généraux de l'humanité.

L'homme doit comprendre qu'il n'est qu'une fonction d'un phénomène dont il fait partie, et qu'autrement il ne serait qu'un cadavre, un fait sans moralité. Son devoir est donc de ne pas rompre « la chaîne sympathique qui l'attache à ce qui n'est pas lui », de subordonner son intérêt particulier à l'intérêt général et de fuir les conseils de l'égoïsme matérialiste d'Épicure ou spiritualiste des stoïciens, où l'engageaient les philosophes du XVIIIᵉ siècle. Les légistes, tels que Beccaria et Bentham, pénétrés de la nécessité d'une sanction morale, ne s'occupent que des peines; les individualistes aux vues étroites ne voient de récompense que dans le témoignage de la conscience, que dans les hommages rendus par l'opinion publique, c'est-à-dire dans deux êtres de raison. Sur cette voie de retour vers le passé, J. de Maistre seul, exaltant le bourreau, perçoit les conséquences nécessaires. Le philosophe de l'avenir voit ailleurs le but: pour lui les cas vicieux, que les époques *critiques* seules sont appelées à subir, sont les actes dont la tendance est rétrograde, d'où trois sortes de délits, ceux que l'on commet : — 1° contre les sentiments, dans les relations humaines, — 2° contre la science, — 3° contre l'industrie. — Mettant provisoirement de côté la première catégorie, il s'appliquera a écarter de l'esprit de l'appréciateur choisi, les notions d'un code civil qui ne répond plus aux besoins réels des contemporains. Un tribunal, dont les membres seront recrutés parmi les pairs des inculpés, à l'exemple de ceux des juridictions consulaires, et non par le sort aveugle qui désigne les jurés criminels, statuera. Les peines édictées contre les propagateurs de doctrines anti-sociales ne devront pas avoir le caractère de répression brutale qui distingue les temps sans croyances morales. Destinées a convaincre le coupable autant qu'à le corriger, elles devront, par leur atténuation graduée, avoir pour but de le soustraire, avant tout, a l'animadversion publique. Mieux encore ! l'harmonie entre la pensée et les actes constituant l'état sain de l'esprit humain, le progrès rendra superflus de semblables moyens, parce qu'il ira toujours croissant vers l'unité d'affection, de doctrine et d'activité avec l'union, la sagesse et la beauté pour corollaires. Cette noble croyance se manifestera dans le développement moral, intellectuel, physique, dans les beaux-arts, la science et l'industrie: vérification de cette loi sublime de perfectibilité indéfinie entrevue par Leibnitz, Vico, Lessing, Kant, Herder et Condorcet.

« Arriere l'âge de fer, l'âge d'or est devant nous [1]. »

1. « L'imagination des poètes a placé l'âge d'or au berceau de l'espèce humaine, parmi l'ignorance et la grossièreté des premiers temps : c'était bien plutôt l'âge de fer qu'il fallait y

« On a vu parfois la civilisation émigrer comme ces
» oiseaux voyageurs qui vont chercher dans des con-
» trées lointaines un climat et une atmosphère favora-
» bles que ne doit plus leur offrir la contrée qu'ils habi-
» tent.... Aucune rétrogradation n'aura lieu désormais.
» Il y aura continuité et rapidité dans le progrès pour
» l'espèce humaine tout entière, parce que les peuples
» s'enseigneront et se soutiendront les uns les au-
» tres. »

Une nouvelle doctrine a surgi pour montrer aux
masses souffrantes « les collines saintes que commence
à blanchir la lumière ». Ne désespérons plus comme ces
peuples anciens qui s'endormaient durant une éclipse
de soleil. Aux lueurs de l'aube naissante, chantons
l'hymne de l'association pacifique universelle.

L'école saint-simonienne proclame l'égalité morale
religieuse et politique des sexes. L'infériorité de la
femme a disparu depuis que l'humanité s'est affranchie
du dogme chrétien par la réhabilitation de la chair, du
règne de la force par la prépondérance reconnue de
l'activité pacifique industrielle. Il n'y a pas similitude
dans les attributs psychologiques masculins et fémi-
nins, mais équivalence : la monade sociale est dans la
dualité ; la plénitude de la vie, de l'intelligence et de la
puissance dans le couple, dont les facteurs ont respectivement des droits et des devoirs.

Suivant Enfantin il y a deux catégories d'êtres humains ; les *immobiles* qui sont susceptibles d'éprouver
des affections profondes et durables ; les *mobiles*, qui
sentent vivement, mais passagèrement : c'est pour ces
derniers que le divorce, qui consacre les unions temporaires et successives, a été institué ; le prêtre, qui a la
connaissance des divers aspects de la vie intellectuelle
et matérielle, a la mission supérieure de l'éducation

reléguer. L'âge d'or du genre humain n'est point derrière
nous, il est au devant ; il est dans la perfection de l'ordre social ; nos pères ne l'ont point vu, nos enfants le verront un
jour ; c'est à nous de leur frayer la route. »
(Saint-Simon, *La reorganisation de la société européenne,* 1814).

spirituelle et charnelle; la polygamie est odieuse parce
qu'elle implique la domination brutale du sexe fort; le
principe de la mobilité n'a pas ce caractère; il répond
aux fins de l'homme qui n'admettent ni l'éternité des
sentiments, ni l'aliénation perpétuelle de la liberté, et il
substitue au désordre l'ordre, à l'hypocrisie la franchise et au mensonge la vérité.

Bazard répudie « cette conception de la promiscuité »; il réprouve l'initiation sacerdotale comme une
exploitation de la crédulité et revendique une loi unique
morale.

La confusion dans les rapports sexuels est primitive;
l'idée de choix, d'élection durable, est progressive; le
changement aboutit à l'avilissement de la créature et à
la subalternité de la femme; le célibat étant contraire à
l'ordre naturel, le divorce peut être légitime, dans les cas
exceptionnels, c'est-à-dire comme remède à la désharmo-
nie fatale, mais l'indissolubilité n'en demeure pas moins
l'état organique vers lequel doivent tendre les sociétés.

L'importance de l'éducation et de l'instruction grandit chez les peuples civilisés: sans elles les liens moraux se relâchent et se rompent, et au retour à la vie
de famille succède « celui vers la vie sauvage et vers
l'égoisme le plus abrutissant ». Leur objet est de mettre « les sentiments, les calculs, les actes en harmonie
avec les exigences sociales ». La jeunesse seule se prête
à cette discipline nécessaire parce qu'une fois « lancé
» dans les travaux de la vie active, l'homme ne possède
» plus la flexibilité nécessaire pour recevoir la culture
» qui lui manque. Celui dont les débuts ont été
» négligés a non seulement à apprendre, mais encore
» à désapprendre. Il n'existe qu'un très petit nombre
» d'êtres privilégiés qui, soutenus et excités par la pen-
» sée qu'ils ont une mission à accomplir, puissent
» triompher d'une première éducation défectueuse. »
Celle-ci est actuellement négligée par ce fait que tout
système d'idées morales suppose un but et que, précisément, on ne croit plus à la destination sociale de
l'homme. On admet bien qu'il y ait un enchaînement

dans les manifestations de l'ordre physique; on le nie dès qu'il s'agit de celles qui ont pour objet l'action humaine que l'on abandonne au hasard, aux accidents, toutes causes étrangères à la sphère de la prévoyance. La raison individuelle, les impulsions de la conscience sont un guide, dont les indications sincères sont nécessairement trop superficielles pour embrasser dans leur ensemble toutes les obligations. — Il est des faits compliqués, pour l'intelligence desquels l'expérience acquise par les générations antérieures est indispensable. La base d'une morale ne peut se trouver que dans le développement des trois grands sentiments : la sympathie, source des beaux-arts; la faculté rationnelle, instrument de la science; l'activité humaine, mobile de l'industrie. Au premier le moyen-âge avait donné satisfaction par la prédication et la confession, deux moyens perfectibles, sans doute, mais auxquels l'on n'a substitué aucun procédé supérieur de conviction ou de discipline. L'instruction spéciale ou professionnelle, qui tend à devenir un instrument de travail, ne doit plus être le privilège de la fortune; la distribution en doit être faite conformément à l'utilité générale, c'est-à-dire à la capacité des sujets. Cela étant, il convient de l'ordonner suivant une idée générale, supérieure, qui, à l'inverse de celle du moyen-âge, tienne compte des aspirations modernes. L'étude du latin, qui était, dans les temps passés, la langue de la communauté chrétienne, dépositaire de toutes les lumières, mais qui n'est plus, de nos jours, soutenue que par l'obligation qu'imposent à cet égard les règlements universitaires, doit disparaître en tant que fondement des connaissances arriérées : théologie, philosophie, législation (dans leur partie métaphysique).

Le corps enseignant a le devoir de rompre avec les errements de la routine et de propager les doctrines nouvelles à mesure qu'elles acquièrent un caractère véritablement scientifique. Les beaux-arts, qui forment le lien nécessaire des spéculations arides et des applications pratiques, sont trop négligés, en dehors des écoles spéciales.

L'enseignement des collèges est encore modelé sur les préceptes qui régissent les séminaires et ne prépare pas suffisamment aux carrières que la majorité des élèves est destinée à embrasser. Les générations de l'avenir attendent de lui une conception plus large, une satisfaction plus entière de ses besoins essentiels.

Les lois physiques, qui sont l'expression du rapport naturel des choses, peuvent prétendre à une incommutabilité relative. Les lois humaines, au contraire, qui ne régissent que l'accomplissement des fonctions sociales, sont variables. La constitution de la propriété, comme celle de la religion, est soumise au progrès et peut être entendue, définie, réglée de diverses manières, suivant le degré de l'avancement moral des peuples. L'antiquité, le moyen-âge, les temps modernes, jusqu'à une époque assez récente, l'admettaient dans les rapports de l'homme avec son semblable. De nos jours l'esclavage et le servage reculent à chaque pas en avant de la civilisation. Loin d'être absolue, la faculté de disposition sur les choses, le domaine « quiritaire », a subi de sérieuses atteintes. Après l'abolition du droit d'aînesse, la refonte du régime dotal, et la limitation des substitutions, le Code civil a créé le système de la réserve successorale; la législation a introduit la subordination de l'intérêt privé à l'utilité générale, par la procédure d'expropriation, d'alignement, de réquisition; certains pays, tels la Russie (abolition du servage), l'Angleterre (bills sur la question agraire, en Irlande), la France (confiscation des terres des indigènes algériens), les Américains (main-mise sur les biens des tribus indiennes), en ont fait un abus que la raison d'État seule ose défendre[1].

Or, si de pareilles dérogations sont possibles, ne serait-ce pas parce que la conscience humaine n'est plus en harmonie avec les rigueurs d'une ancienne pratique, parce qu'une évolution s'est produite, demandant un nouveau principe plus conforme aux nécessités

1. Ces derniers faits contemporains ne pouvaient être prévus par Saint-Simon; mais ils sont, dans une certaine mesure, favorables à son système.

modernes? La répartition actuelle des biens est anarchique, faite par des mains égoïstes, impuissantes à
empêcher l'encombrement ou la disette, ignorantes
des besoins locaux. Le passé a appartenu au régime
militaire de la force, de l'exploitation de l'homme par
l'homme, à l'oisiveté soutenue par la transmission héréditaire; l'avenir sera au travail pacifique, à l'application des forces naturelles comme but de l'activité
matérielle, à l'abolition de toute mutation, à titre purement gratuit. La raison se refuse à comprendre qu'il
y ait véritablement liberté et égalité « quand l'un a le
droit de vivre sans travailler et quand l'autre, s'il ne
travaille pas, n'a plus que le droit de mourir », et la
morale s'oppose à ce que « le propriétaire oisif conserve
encore la considération de ses concitoyens ». Pour
réaliser le vœu de bonheur qui est dans tous les cœurs
il faut que l'association humaine constitue une hiérarchie, imbue d'une idée générale et supérieure d'ordre
et d'harmonie. Il faut, à la place des capitalistes, une
institution sociale dépositaire des instruments de production, les distribuant en vue d'obtenir des effets plus
complets d'efforts plus puissants.

La centralisation de la cité antique, la concentration
de forces résultant de la transformation de la propriété
libre *allodiale* en biens *cassaue*, à titre de fiefs ou de
bénéfices au moyen-âge, la pratique constante de la
guerre ancienne ou moderne, peuvent servir d'indication, dans cette voie. Seul, l'État est capable de satisfaire à ces besoins; seul il doit être mis en possession
des richesses accumulées par deux moyens: l'impôt
progressif sur les successions, la dévolution des biens
des collatéraux à l'État. Mais ce ne sera pas pour assurer à chacun une jouissance égale: l'expérience du
communisme n'est plus à faire. Le partage sera inégal,
parce que, dans une organisation industrielle, la récompense doit être proportionnelle au produit et que
celui-ci est nécessairement variable, en raison des différences de capacité, de persévérance, de labeur qu'impose la nature [1].

1. « A chacun suivant sa capacité, à chacun suivant ses œuvres. »

L'état provisoire d'antagonisme, résultat de l'empire de la force physique, doit faire place à l'état définitif d'association, comme organisation pacifique [1]. La relation d'esclave à maître, de plébéien à patricien, de serf à seigneur, de travailleur à oisif, n'a pas reçu le développement qu'elle est en droit d'attendre: l'exploitation de la classe la plus nombreuse par une infime minorité n'a plus de raison d'être [2]; toute société organisée implique une hiérarchie, un lien d'autorité et d'obéissance à la place de ce système d'abstention gouvernementale qu'imposent les périodes critiques; la base n'en saurait être la force, comme par le passé; la direction et la combinaison des efforts, dans l'avenir, auront pour but unique l'amour, sous son double aspect concentrique et excentrique: l'amour de soi, l'amour des autres, expression complète de l'unité, de la vie, dont l'intelligence et la force sont les manifestations. De là suit la classification essentielle et morale, science ou théologie, industrie ou culte, dont le prêtre, le savant et l'industriel sont les représentants. Au prêtre, représentant de la « loi vivante », est dévolue la fonction supérieure de coordonner les efforts, de créer l'harmonie entre des travailleurs livrés à des occupations homogènes, de concevoir l'avenir et de rattacher l'ordre du passé aux destinées futures de l'humanité. — Par lui chaque homme, dès sa naissance, est con-

----

« Le droit nouveau n'admet plus de privilège de la force sous
« la forme de la conquête ou de la naissance. Comme l'esclavage
« et le servage sont tombés, l'oisiveté paraîtra disparaîtra. Et ce
« jour nécessaire « sera béni des peuples », parce qu'il ne peut y
« avoir de révolutions durables, légitimes, qui méritent d'être
« conservées dans la mémoire de l'humanité, que celles qui
« améliorent le sort de la classe la plus nombreuse et la plus
« pauvre. »

1. Idées développées par Enfantin devant le tribunal de police correctionnelle, le 27 août 1832.

2. Saint-Simon estime que l'individu et l'humanité sont soumis à une loi de transformation dont les termes sont :

Enfance..........	Métiers
Puberté	Arts
Adolescence.......	Militarisme
Virilité..........	Industrie

sacré à Dieu, à l'humanité; par lui sont développés les
germes dont la nature l'a pourvu, au moyen d'une législation et d'une éducation favorables. Cette mission
de sentiment, que des esprits perspicaces regardent
comme superflue, dans une société vieillie, que le raisonnement, — attribut de la virilité, — peut seul
émouvoir, a sa valeur, à titre de frein contre la dissolution morale que présage le progrès de l'égoïsme.
Même dans la sphère des connaissances, l'affaiblissement des grandes sympathies correspond à l'amoindrissement des conceptions éthiques ou artistiques,
scientifiques et industrielles. Le prêtre n'est donc pas
moins utile dans l'État que le savant. A ce dernier incombe la direction des travaux individuels prématurément abandonnés aux dangers de la concurrence,
c'est-à-dire au libre débat du producteur et du consommateur, du vendeur et de l'acheteur. Bon tout au plus
pour mettre en déroute une corporation scientifique
rétrograde, un tel système est insuffisant pour édifier.
Pour perfectionner il faut une méthode, une combinaison, des efforts, une suite continue de relations régu-
lières entre les hommes d'étude, sous l'égide d'une autorité tutélaire. Le clergé du moyen âge a eu ce rôle
éminemment civilisateur. Les universités, auxquelles
semblait échoir cet honneur, n'ont pas compris qu'il
leur appartenait d'en être les continuatrices; elles n'ont
pas vu qu'elles devaient, par un enseignement doctri-
nal, sans cesse amendé, mettre les hommes de pratique
à même de renouveler leurs idées dans un sens progressif. Mieux instruites des besoins modernes, peut-
être donneront-elles, un jour, satisfaction à ce désir
supérieur de l'activité humaine: l'exploitation de la nature extérieure, — par des procédés rationnels. L'industrie a deux buts: modifier les formes de la matière,
la changer de lieu, créer des produits, les distribuer.

La classe des travailleurs comprend trois catégories:
les cultivateurs, les fabricants, les négociants. Dans
l'antiquité, où le guerrier seul est citoyen; au moyen-
âge, où le serf est soumis à des redevances et l'ouvrier

entravé par l'oppression légiste des corporations, l'industrie est « subalternisée ». La libérer, respecter la production et les producteurs, tel doit être le principe moderne, autrement fécond que celui de l'incommutabilité de la propriété. La classe par laquelle les autres subsistent, dont aucune autre ne peut se passer, qui, seule, se soutient par ses propres forces, par ses travaux personnels, a été sacrifiée. Comme le Tiers-État par la bouche de Sieyès, elle peut dire : « Que suis-je? rien; que dois-je être? tout. » Pour y arriver il faut une nouvelle nuit du 4 août qui abolisse ce qui reste des institutions dérivées de l'état d'esclavage, attribuant à la classe des travailleurs industriels la place occupée par les nobles, les militaires, les légistes et les rentiers [1], une organisation fondée sur la distinction correspondante aux deux écoles après Socrate, celle de Platon ou des moralistes, celle d'Aristote ou des savants. D'où : deux académies : l'une, des *sentiments*, comprenant les poètes, les légistes, les moralistes, les théologiens, les artistes sculpteurs, peintres, musiciens; l'autre, des *raisonnements*, dont font partie les mathématiciens, les mécaniciens, les physiciens, les chimistes, les physiologistes, les économistes. Un collège scientifique (sorte de conseil d'État) formé des délégués de ces deux sociétés, leur soumettant ses projets pour approbation et les renvoyant ensuite au *conseil d'administration suprême*, composé des industriels les plus éminents, sera chargé de l'exécution des lois, du vote annuel du budget et de la vérification de la comptabilité générale.

Pour faciliter les innovations indispensables à l'avènement d'une société fondée sur les principes économiques, il importe d'établir sur des bases solides la distribution des instruments de travail et des capitaux

1. Cette théorie est exposée dans *la Parabole* (1819), où Saint-Simon démontre que les 3000 personnes les plus lettrées de l'Europe sont plus utiles au progrès que la réunion superflue de tous les souverains, de tous les nobles, de tous les grands dignitaires et des dix mille principaux propriétaires.

qui les mettent en œuvre, c'est-à-dire d'organiser un nouveau régime des banques. La propriété territoriale est délaissée parce que le législateur ne veut pas lui accorder les facilités de mobilisation [1] qui lui permettraient de faire appel au crédit; l'industrie, le commerce souffrent des désastreux effets de la concurrence [2] abritée sous le manteau trompeur de la liberté; comme la mer au gré du vent, le taux de l'intérêt se gonfle et s'abaisse au souffle déréglé des passions humaines; l'esprit d'entreprise, qui ne vit que des opérations de longue haleine, est paralysé, et les risques sont tels que, seuls, quelques spéculateurs téméraires osent s'aventurer dans les grandes affaires. Pour ramener la confiance, il faut un régulateur du crédit: seule une institution, ayant le monopole de toutes les opérations de banque, est capable d'apporter un remède efficace à ce mal incontestable, par la création d'un comptoir général, au siège du pouvoir exécutif, de succursales dans les principaux centres de province, d'agences d'arrondissement et de canton et de bureaux correspondants à l'étranger. L'*Omnium*, ainsi constitué, n'a qu'à émettre des billets à intérêt faible et remboursables à échéances échelonnées [3], pour rendre la monnaie inutile, le change illusoire, donner l'essor à la circulation et abaisser sensiblement le taux de l'intérêt. Comme contre-partie il encaissera, sous déduction d'une prime de solvabilité, non seulement du métal et du papier de commerce, mais encore toutes les valeurs échangeables existantes, telles que dépôts, hypothèques, engagements de services, promesses de travail, bons de commande, contrats d'assurance sur la

1. Saint-Simon, *Vues sur la propriété*, 1818.
2. « L'expérience amènera la démonstration des inconvénients de la concurrence dans un genre d'affaires où les moindres fautes peuvent devenir une cause de ruines fâcheuses pour un grand nombre de familles. » (Rapport de MM. Pereire à l'assemblée générale du Crédit mobilier. Séance du 23 août 1856.)
3. Idées d'Enfantin: Idées de Lamennais (*L'Association du crédit général, Revue des Deux Mondes*, 1er septembre 1858); Idées des frères Pereire, (le *Producteur*, 1825-26, le *Globe* (1830), qui ont inspiré la création du *Crédit mobilier*, de 1852.

vie; au lieu de se combattre et de s'entredétruire, toutes les forces économiques se trouveront ainsi réunies en faisceau, tout au moins associées, et, la représentation du travail devenant la base essentielle de toutes les transactions, l'unité future de l'humanité s'accomplira par la déchéance définitive des classes oisives et inutiles.

Auguste Comte. Sa vie et sa doctrine.

Auguste Comte (1798-1857) est le fondateur de l'école positiviste. Né à Montpellier, fils du caissier de la recette de l'Hérault, il fut, dès le collège, distingué par ses maîtres qui avaient reconnu en lui des aptitudes mathématiques remarquables. Admis à l'École polytechnique, le premier de la promotion de 1814, puis licencié, en 1816, à la suite d'une révolte contre un répétiteur, dont il avait été un des instigateurs, il pensa à s'établir aux États-Unis, où un ancien général du génie, dans l'armée impériale, M. Bernard, songeait à créer une école sur le modèle de celle de la place du Panthéon. Cette espérance déçue, il entra en qualité de secrétaire chez Casimir-Périer, alors banquier et membre puissant de l'opposition parlementaire ; mais entre l'homme d'affaires et l'homme d'études, les divergences de caractère étaient telles qu'une rupture devait bientôt s'ensuivre : elle eut lieu au bout de trois semaines et le jeune homme, obéissant à son penchant naturel vers les idées générales qui, l'éloignant de la révolution politique, lui faisaient entrevoir la réforme sociale, se lia avec le seul philosophe qui, à cette époque fut capable de le comprendre et de le diriger, avec Henri de Saint-Simon.

L'intimité dura près de sept années (1818-1824), pendant lesquelles l'influence que ces deux penseurs exercèrent l'un sur l'autre fut des plus fécondes, en dépit de leurs mutuelles allégations [1]. Tant que le maître fut

1. Aug. Comte a eu tort de méconnaître la féconde influence de Saint-Simon sur son développement intellectuel. S'il a eu

servilement obéi, tout alla bien ; mais lorsque l'élève
voulut s'émanciper et se faire personnellement connaître comme l'auteur de nouvelles lois sociologiques
dont il s'attribuait à lui seul le mérite de la découverte,
la brouille devint inévitable. Elle éclata, à propos de la
publication du *Catéchisme des industriels* (1823-1824),
dont la rédaction du troisième cahier, relatif au système scientifique d'éducation avait été confiée à Auguste Comte. Ce dernier, ne comprenant pas la réorganisation de la société par la subordination de toutes
les classes au développement industriel, et estimant,
au contraire, que la refonte de l'ensemble des conceptions théoriques doit précéder toute application, n'exé-
cuta pas le travail demandé. Cependant l'époque con-
venue pour l'impression approchait. Manquant à une
parole donnée, Saint-Simon n'hésita pas à rééditer,
sous le titre de troisième cahier — en le faisant toutefois précéder d'un avertissement désobligeant — une
étude, déjà publiée en mai 1822, dans son *Contrat social*, sous la rubrique de « *Plan des travaux scientifi-*

un instant la noble ambition d'organiser la science moderne,
d'être le continuateur de Bacon (*De augmentis et dignitate
scientiarum*) et des encyclopédistes du dix-huitième siècle, c'est
à ses relations avec l'auteur du *Catéchisme des industriels*
qu'il le doit.

D'Alembert avait été l'ami, sinon le maître de Saint-Simon
dont, à leur tour, les élèves P. Leroux, Jean Reynaud, en 1833,
Ch. Duveyrier et les frères Péreire, en 1860, ont tenté de continuer l'œuvre. L'école saint-simonienne, à l'éclosion de laquelle
Monge et Poisson ont assisté, n'a pas seulement compté A.
Comte parmi ses membres, comme homme de science, mais
encore nombre de polytechniciens tels que Enfantin, Transon,
Michel Chevalier. — M. Pasteur discours de réception à l'A-
cadémie française, *Éloge de Littré* a dit avec raison que le
positivisme, en tant que philosophie, ne contient rien de bien
nouveau ; qu'il n'est simplement, sous une forme nouvelle, que
le scepticisme scientifique de Broussais et de Gall, que Saint-
Simon, dès 1807, avait étudié, et M. Littré ne se trompe pas
quand il indique que le docteur Burdin, ami de Saint-Simon,
est le véritable inventeur de la théorie des « trois états ». Comte
est donc aveugle par l'orgueil quand il déclare que sa rencontre avec Saint-Simon a été pour lui « un malheur sans compensation ». (Opinion de MM. Littré et Paul Janet.)

ques nécessaires pour réorganiser la société. » Auguste
Comte protesta en imposant le sous-titre « *Système de
politique positive* » et une note dans laquelle il revendiquait la paternité de ses idées. — Ce fut fini. Les
relations cessèrent. Le disciple était devenu chef d'é-
cole : après deux années d'un labeur acharné (1824-
1826) pendant lesquelles il venait de publier six articles
(dernier trimestres de 1825, premier de 1826), il se
préparait à exposer, dans un cours fait chez lui, devant
un auditoire choisi [1] les principes d'une nouvelle philosophie, quand, après trois leçons, il fut arrêté par une
cruelle maladie. Des chagrins de famille, sa querelle
avec Saint-Simon et Saint-Amand Bazard, une maladie
d'estomac, avaient ébranlé son organisme d'une excessive irritabilité : une cure dans la maison de santé du
célèbre aliéniste Esquirol fut jugée nécessaire (1826).
Elle eut peu d'effet. A la terrible excitation cérébrale [2]
du début succéda un collapsus profond : des soins domestiques assidus préparèrent une guérison que le
repos physique et moral acheva. Le 4 janvier 1829, le
cours interrompu, en 1826, put être recommencé et l'élaboration du système philosophique devint complète,

---

1. Auguste Comte avait pour élèves : le général Lamoricière,
M. d'Eichthal, banquier.
Comme auditeurs :
MM. de Humboldt,
    Blainville, } naturalistes ;
    Fourier,
    Poinsot, } mathématiciens ;
    Navier,
    Broussais, Esquirol, médecins et physiologistes ;
    Ch. Dunoyer, économiste,
    Gondinet, auteur dramatique,
    Allier (Antoine), statuaire
    Carnot, } hommes politiques ;
    De Montebello,
    Cerclet,
    Monzery,
    Mellet,
    Binet.

2. Au printemps de 1827, A. Comte tenta de se suicider, en
se précipitant dans la Seine, à Paris, du haut du pont des
Arts.

lors de l'exposé fait, en 1830, à l'Athénée. Comte était
alors au comble de ses vœux : ses places de répétiteur
à l'École polytechnique, pour la chaire d'analyse trans-
cendante et de mécanique rationnelle (1832), d'examinateur à l'admission (1837), de professeur à l'institution
préparatoire de M. Laville, lui assuraient un bien-être
matériel suffisant, tout en lui laissant les loisirs nécessaires pour l'étude et des entretiens éminemment philosophiques.

Convaincu de l'importance de la parole pour la propagation des idées par le succès du cours public d'astronomie qu'il faisait chaque dimanche gratuitement, à
la mairie du 3ᵉ arrondissement (1831-48), sur la demande du comité de l'Association polytechnique à
laquelle il appartenait, il eut la pensée de solliciter des
pouvoirs publics la création à son profit d'une chaire
de l'histoire des sciences (1832). M. Guizot, alors grand-
maître de l'Université, accueillit la demande du savant
comme devait l'être celle d'un homme « simple, honnête, profondément convaincu, modeste en apparence,
quoiqu'au fond profondément orgueilleux », l'écouta
avec une dédaigneuse bienveillance, et, sans même tenter de le contredire, l'évinça : la doctrine nouvelle était
en désaccord trop flagrant avec celles alors en faveur,
pour obtenir l'appui du gouvernement [1]. Cependant
elle prenait peu à peu possession de l'opinion par une
active propagande (*Cours de philosophie positive*, 1830-
1842). Le mathématicien se signalait à l'attention du
monde scientifique par un *Traité élémentaire de géométrie analytique* (1843), un *Traité d'astronomie populaire* (1844), quand deux événements malheureux vin-
rent briser une vie qui paraissait devoir être heureuse
parce qu'elle était bien réglée.

---

1. Deux autres pétitions envoyées, en 1846 à M. de Salvandy,
et en 1848 à M. de Vaulabelle, eurent le même sort.

La demande formulée par Aug. Comte aurait pu s'appuyer
sur un précédent historique. Lors de la création des écoles cen-
trales, Joseph Jacotot, ancien substitut du directeur de l'École
polytechnique, occupa pendant quelques années, à Dijon, une
chaire instituée sous le titre de *Méthode des sciences*.

En 1842 sa femme [1], que son caractère difficile avait lassée, se sépara de lui avec une dignité à laquelle M. Littré s'est plu à rendre hommage.

La même année il eut le grave tort de mettre en tête du sixième volume de son *Cours de philosophie positive* une préface aussi agressive qu'inutile, dans laquelle, sans aucune provocation, se plaignant de l'hostilité systématique du parti théologique et du parti métaphysique, représenté par M. Arago [2], il revendiquait une récompense digne de ses services. Il en résulta un procès que le libraire Bachelier perdit, mais dont ses adversaires gardèrent rancune, en lui faisant perdre successivement ses deux places d'examinateur (1844) et de répétiteur (1845).

De ce jour, la vie matérielle n'était plus assurée : il fallut recourir aux demandes de secours. La générosité de trois Anglais, MM. Grote, l'historien, Molesworth, Raikes Currie, se lassa bientôt. Stuart Mill lui-même, qui s'était employé avec un rare dévouement à procurer des ressources à son ami, en proposant une collaboration aussi facile que lucrative dans des revues anglaises, fut dégoûté des réponses hautaines du maître [3], qui, à l'exemple de Saint-Simon, en était arrivé à considérer les subventions comme le paiement d'une dette de la société envers lui.

1. Marié civilement seulement à Mme Caroline Massin, libraire, le 19 février 1826, Aug. Comte avait accepté l'union religieuse, en décembre 1826, lors de sa maladie mentale, sur les instances de sa mère et grâce à l'intervention tracassière de l'abbé de Lamennais. (Littré, p. 125, 126.)

C'est le même Lamennais qui disait d'Aug. Comte : « C'est une belle âme qui ne sait où se prendre. »

2. Il était en désaccord absolu avec F. Arago. En mathématiques, passionné pour les séries divergentes, il considérait l'étude du calcul des probabilités comme l'invention d'esprits médiocres ; en astronomie il avait imaginé de circonscrire à notre système planétaire les recherches accessibles à l'homme, contestant les découvertes relatives au système stellaire.

3. « Une digne assistance temporelle m'a toujours semblé » due par la société tout entière à chacun de ceux qui consacrent » sérieusement leur vie aux divers progrès généraux ou spé- » ciaux de l'esprit humain, quand leur aptitude a été consta- » tée. »

Ce fut bien pis encore quand M. Laville, ayant cédé son institution, dut se séparer de son ancien collaborateur (1848); il fallut une souscription, alimentée par des disciples dévoués, pour assurer, pendant les dix dernières années, l'existence de celui qui, par une déviation de sa propre méthode, était revenu, grâce à l'influence mystique de Mme Clotilde de Vaux, aux idées théologiques. La fondation d'une *Association libre pour l'instruction positive du peuple dans tout l'occident européen* (1848), un *Cours d'histoire générale de l'humanité* (1849-1850) fait au Palais-Royal, avec l'autorisation du pouvoir, qu'une prompte adhésion au coup d'État avait favorablement impressionné [1], furent les derniers efforts du fondateur du *positivisme* pour répandre publiquement sa doctrine. Ses dernières années, consacrées à la fondation d'un culte nouveau, s'écoulèrent, rue Monsieur-le-Prince, n° 10, dans la compagnie de quelques fidèles qui, scrupuleux exécuteurs de ses dernières volontés, viennent encore, chaque année, le 5 septembre, honorer par un pieux pèlerinage la mémoire du « philosophe » leur maître, comme celle du plus grand serviteur de l'humanité [2].

1. Sur la recommandation de M. Vieillard.

2. Parmi les disciples d'Aug. Comte, il convient de citer :

En France :

MM. Littré, auteur d'un *Essai sur A. Comte et la philosophie positive*;

Le Dr Robinet, auteur d'une *biographie d'A. Comte* et d'un ouvrage intitulé *Danton et les dantonistes*;

Le Dr Semerie, auteur d'une remarquable thèse sur les symptômes intellectuels de la folie;

Wyrouboff, auteur de « *La Religion devant la science* » (1865), résumé d'une polémique avec l'abbé Moigno;

Tous les quatre collaborateurs de la Revue la *Politique positive* (avril 1872-juillet 1874).

Pommier, professeur de littérature au collège Alexandre, de Saint-Pétersbourg;

Charles Robin, auteur de nombreux ouvrages d'anatomie, de psychologie, de pathologie, de zoologie et de botanique. (Voir sa biographie, par Georges Pouchet.)

Pierre Laffitte, mathématicien, fondateur de la *Société positiviste d'enseignement populaire supérieur*, créée, en 1857, et reconnue d'utilité publique, en 1880, auteur d'un cours de vulga-

La méthode d'Auguste Comte est essentiellement scientifique.

L'esprit humain, dans la conception des connaissances, subit une loi nécessaire de progrès qui a trois phases d'ascendance.

Dans l'état théologique, les phénomènes sont considérés *a priori* comme l'œuvre d'une volonté puissante et agissante.

Dans l'état métaphysique, une pure création de l'intelligence est érigée en règle ou normale de la vérité externe.

Dans l'état positif, l'imagination ne joue plus qu'un

risation suivi par nombre d'étrangers, au nombre desquels on mentionne MM. Olozaga et Pi y Margall, agitateurs espagnols, organisateurs avec MM. Jeanmolle et Corra de démonstrations annuelles, rue Monsieur-le-Prince et au cimetière du Père Lachaise.

En Angleterre :

MM. Stuart Mill, philosophe et économiste ;

Grote, historien ;

Molesworth ;

Raikes Currie ;

Organisateurs d'une souscription en faveur d'A. Comte.

Herbert Spencer, philosophe, inventeur de la théorie de l'évolution ;

Alexandre Bain, philosophe associationniste ;

Buckle, philosophe et historien ;

Georges Elliot, qui a dit d'Aug. Comte : « il a illuminé ma vie » ;

Lewes ;

Vernon Lushington, magistrat ;

Sir David Brewster, physicien ;

John Morley, journaliste et ancien ministre ;

Chamberlain, député, chef du parti radical ;

Frey, auteur d'une critique de l'évolution religieuse de Tolstoï, (La *Cause générale*, revue mensuelle de Genève) ;

Richard Congreve, médecin ;

Le docteur Bridges, directeur du service d'hygiène à Londres ;

Frédéric Harrison, rédacteur du *Times*, membre de la commission royale des associations ouvrières, depuis 1867 ;

Hutton, avocat à Dublin ;

Ces quatre derniers adeptes du système religieux.

Aux États-Unis :

Les membres d'un groupe nouveau, formé à New-York, sous le nom de « Modern Times ».

rôle subalterne par rapport à l'observation. Il n'y a que des faits et des lois, c'est-à-dire que des événements et leurs rapports immanents. Hors de là il n'y a que recherche vaine et impuissante [1].

A ce dernier règne appartient le système *objectif* de la « Philosophie positive » (1830-42), aux deux autres celui inversement *subjectif* de la « Politique positive » (1852).

Les sciences sont le seul fondement du savoir : elles ont pour but l'étude des forces inhérentes à la matière, des conditions, des lois qui régissent ces forces.

Leur classement naturel et hiérarchique en trois groupes : —

Mathématico-physique ;

Chimique ;

Organique ; —

comprenant les forces physiques sous les conditions :

1° numériques, géométriques, mécaniques ;

2° d'action moléculaire ;

3° de propriétés vitales ;

et satisfaisant aux trois conditions d'ordre « naturel, didactique et historique », embrasse l'ensemble des connaissances, en y englobant la sociologie elle-même sans secours ni intervention de causes premières ou finales. Quand on veut aller plus loin, on ne trouve plus devant soi qu'une seule proposition absolue : « tout est relatif ». Au delà on n'entrevoit plus que l'inaccessible parce que, chaque fois qu'on a résolu un problème, un autre se dresse, lequel ne « disparaît, à son tour, que » pour faire place à de nouveaux mystères, sans que

1. MM. Herbert Spencer, Summer Maine, et Buckle se sont appropié cette méthode dans leurs études sur le développement de la civilisation. Un Anglo-Américain, M. J.-W. Draper, professeur aux États-Unis, va même plus loin encore : dans son histoire du développement intellectuel de l'Europe, il divise son sujet en 5 périodes ou âges de crédulité, d'examen, de foi, de raison, de décrépitude qui rappellent la théorie des *trois états* de Comte.

» l'esprit puisse concevoir une limite à cette série de
» questions enchaînées les unes aux autres »[1]. « Nous
» ne savons pas s'il y a un Être ou s'il n'y en a pas. S'il y
» en a un, nous sommes hors d'état de le connaître et si
» nous le connaissons, les paroles nous manquent pour
» le définir[2] ». Sans doute la notion de l'inaccessible
n'est pas adéquate à celle de « nul et de non existant »,
mais qu'importe la distinction si « l'homme, après
» avoir été longtemps un indiscret qui veut voir par
» dessus le mur, ne se demande plus même s'il y a quel-
» que chose de l'autre côté du mur[3] », s'il a conscience
de cette vérité « que les [4] questions qui ne sont pas
» susceptibles de solution n'ont pas le droit de se poser »,
s'il se rend compte « que l'agnostique entre en con-
» tradiction avec lui-même lorsqu'il se met à disserter
» sur l'inconnaissable »?

Le positivisme n'est ni le matérialisme, ni l'athéisme,
il est lui-même; il vit de l'expérience et de la connaissance des lois[5]; il admet volontiers la supériorité de
l'homme, la transmission et l'éternité des idées, l'accroissement continu des attributs de notre espèce com-
paré à celui de l'organisme animal comme l'indice d'un
progrès dont il se rapproche de plus en plus, sans être

1. Littré. — *Conservation, Révolution, Positivisme.*
2. Platon. — *Gorgias.*
3. Schérer. — *Temps,* 3 avril 1886. *Préface aux Études sur la
littérature contemporaine.*
4. J'avoue (a écrit Benjamin Constant: *lettre à Mme la comtesse de Nassau, née de Chaudieu*) que les mots âme, esprit,
• substance, matière, Dieu, me paraissent des négations d'i-
• dées et que tous les efforts que j'ai faits ou vu faire, pour
• tirer de ces abstractions des moyens d'argument, m'ont mené
• au sentiment toujours croissant de la profonde ignorance où
• nous sommes, pauvres condamnés ».
M. Charles Robin, comme Aug. Comte, ne comprend que
les faits : il ne recherche jamais les causes dernières qui lui
sont absolument indifférentes. *(Biographie, par Georges Pouchet.)*
5. Agassiz a dit :
« Tout fait naturel est aussi sacré qu'un principe moral.
» Notre propre nature exige que nous nous inclinions devant
» l'un comme devant l'autre. »

jamais capable de le réaliser complètement [1]. A l'exemple de Kant, il croit que les facultés qui n'ont pas leur développement dans l'individu, qui est éphémère, doivent l'obtenir dans l'espèce, qui est durable; mais là il s'arrête, et, sans souci des théories du passé, il aspire à une conception nouvelle.

Képler a soumis à des lois précises les orbites excentriques des planètes. Newton a expliqué ces lois par une cause générale. Auguste Comte, qui ne les admire pas moins comme philosophe que comme savant, prétend rattacher tous les phénomènes naturels au principe de la *gravitation*, parce qu'il lie déjà tous ceux de l'astronomie à une partie de la physique terrestre, et, affamé d'unité et de systématisation, il dirige ses ardents efforts vers la découverte du vrai rapport des choses dans l'ordre sociologique.

Nos devanciers ont commis une singulière erreur en plaçant dans la philosophie l'étude des facultés intellectuelles et morales; la psychologie n'a pas fait un pas en avant depuis deux mille ans que le monde la connaît en tant que mode d'interrogation interne. Pourquoi? Parce que la méthode est vicieuse; parce que l'individu pensant ne saurait se partager en deux dont l'un raisonnerait tandis que l'autre regarderait

---

1. Littré, p. 69. *La Philosophie positive.*
Citation d'Aug. Comte (*Système de Politique positive*, p. 132).
« La conception générale du travail propre à élever la politique au rang des sciences d'observation a été découverte par Condorcet. Il a vu nettement le premier que la civilisation est assujettie à une marche progressive dont tous les pas sont rigoureusement enchaînés les uns aux autres suivant des lois naturelles que peut dévoiler l'observation philosophique du passé, et qui déterminent pour chaque époque, d'une manière positive, le perfectionnement que l'état social est appelé à éprouver soit dans ses parties, soit dans son ensemble. Non seulement Condorcet a conçu par là le moyen de donner à la politique une vraie théorie positive, mais il a tenté d'établir cette théorie en exécutant l'ouvrage intitulé : *Esquisse d'un tableau historique des progrès de l'esprit humain*, dont le titre seul et l'introduction suffiraient pour assurer à son auteur l'honneur éternel d'avoir créé cette grande idée philosophique ».

raisonner; parce qu'il y a contradiction dans l'identité
de l'organe observé et observateur. Combien plus fécondes en résultats tangibles ne sont donc pas les recherches de la biologie et de ses branches essentielles, de
la phrénologie par exemple [1]? Là du moins on se garde
d'exagérer, comme dans le passé, l'influence générale des
forces spirituelles « sur l'ensemble de la vie ; là, on ne
» méconnait pas l'importance réelle des stimulants tem-
» porels [2] » et, quand on raisonne sur des existences, on
bâtit non sur des idées mais sur des faits. L'ordre moral ne s'accommode pas plus mal que l'ordre matériel
de ce nouveau processus. Les peuples qui commencent
sont comme les enfants ; ils se plaisent à prendre leurs
illusions et leurs rêves pour une réalité; l'âge mûr n'y
veut plus voir qu'une charmante et primitive poésie ;
le désir de connaitre les enveloppe tout entiers; son
objet est de donner satisfaction à cet impérieux et perpétuel besoin d'affirmer le dernier mot des choses;
son mode est de s'élever sur la base des opinions individuelles et libres. Les religions, sous prétexte d'arracher
l'homme à la terre, s'efforcent de le mettre en contact
avec « l'incognoscible » : son front heurte le ciel, sa
pensée n'y pénètre pas. La science l'arrête sur les bords
d'un océan où il ne trouve plus ni barque ni voile.

« Sans doute la situation est nouvelle pour l'homme
» de se voir dans l'immensité de l'espace du temps et
» des causes, sans autres maitres, sans autres garan-
» ties, sans autres forces que les lois mêmes qui régis-
» sent l'univers ; car elles sont pour lui ces trois

1. Hume (1711-1776), chef de l'école sceptique anglaise, fait
également rentrer la métaphysique et la psychologie dans la
physiologie et la physique.
Littré, *Revue de Philosophie positive*, p. 13, 1880. — « En
fait d'études psychiques je suis du côté des physiologistes et
non du côté des psychologistes. Je ferai toutes les concessions
« qu'on voudra sur les ténèbres qui enveloppent encore certains
« phénomènes psychiques; mais il n'en est pas moins certain
« que tous les faits de conscience se passent dans le cerveau et
« que le cerveau appartient à la physiologie. Séparer l'organe
« et la fonction est, aujourd'hui, une impossibilité doctrinale ».
2. A propos de Vico. Littré, p. 447.

» choses : ses forces, ses garanties, ses maîtres. Mais
» aussi rien n'élève plus l'âme que cette contempla-
» tion ; par un concours qui ne s'était pas encore pro-
» duit, elle excite dans l'esprit le besoin de compren-
» dre et de se soumettre, de se résigner et d'agir. Tout
» ce qui s'est fait et se fait de grand et de bon dans
» l'ère moderne a sa racine dans l'amour croissant de
» l'humanité et dans la croissante notion que l'homme
» prend de sa situation dans l'univers. C'est la preuve
» que l'application morale de la conception positive du
» monde n'est point une illusion ; car cette application
» est déjà commencée en vertu des tendances spon-
» tanées de la société [1] ».

Dans la « Politique positive », la tendance subjective
se révèle grâce « à une angélique influence et à une in-
comparable passion privée [2] ». La régénération morale
n'est possible que par la subordination de l'intelligence
au sentiment, de l'esprit au cœur. La philosophie, qui
plane au-dessus des phénomènes, ne rend pas compte
du principe gouvernemental universel qui les régit. Le
développement des sociétés implique un sacerdoce
quelconque, un pouvoir spirituel, une religion. Dans le
monde il n'y a pas que le domaine abstrait des lois qui

1. Littré, p. 529.
2. Aug. Comte fit la connaissance de Mme Clotilde de Vaux
après avoir achevé son ouvrage de la *Philosophie positive*. C'est
vers 1842-1845, à une époque où il était déjà atteint de maladie nerveuse, qu'il conçut le plan de la *Politique positive*.
Le 5 septembre 1886, (29me année de Commémoration, 21 Gutenberg 98.) M. Jeannolle, vice-président de la Société positiviste,
a dit, à propos de l'influence de Mme Clotilde de Vaux :

« Jusqu'à l'heure où il la connut, il ne semblait pas s'être
» préoccupé assez du rôle que le sentiment doit jouer dans
» l'œuvre de rénovation de l'Humanité. Ce fut pour lui une
» rénovation dont la conséquence fut l'institution du Culte.
» Aug. Comte dut à Clotilde de Vaux, pendant cette année
» de chaste liaison après laquelle il la perdit, les seuls instants
» heureux de sa vie et sa première récompense. C'est pour
» cela que nous venons chaque année unir leurs deux noms
» dans la même *Commémoration*, jusqu'au jour où leurs
» cendres seront unies et où s'achèvera l'identification par-
» faite ».

mesurent les rapports de la force et de la matière ; il y a aussi un ordre concret des variations de l'esprit humain. Dans la nature il n'y a guère de changements brusques ou imprévus; il n'y a pas d'à-coups; dans les manifestations de la spontanéité vitale, mobile des événements composés du règne animal, il y a un élément inexpliqué : le destin. C'est lui qui « choie l'homme et lui arrange sa demeure terrestre », lui qui dirige nos conceptions et nos adorations en vertu de la pensée supérieure d'une trinité comprenant :

Le Grand Être ou Intelligence assistant le sentiment pour diriger l'activité ; —

Le Grand Fétiche, siège actif et bienveillant dont le concours volontaire quoique aveugle est toujours indispensable à la suprême existence, et par lequel le soleil, les planètes et leurs satellites « intelligents » modifient spontanément quoique momentanément leur mode d'être en vue d'un genre humain futur destiné à reprendre finalement son type initial ; —

Le Grand Milieu, théâtre où se meuvent tous les attributs matériels, capables de faciliter au cœur et à l'esprit, par leur souplesse sympathique, l'appréciation abstraite des choses[1].

L'idée de culte est indépendante de toute croyance surnaturelle ou théologique. Sous la forme de fétichisme, de polythéisme ou de monothéisme, la religion est un centre de ralliement pour toutes les individualités : le but suprême de tous les efforts, l'établissement de l'harmonie. Dieu « seul principe éternel et souveraine fin[2] » n'est pas absolument indispensable pour celui qui, enivré de morale, croit à la nature infinie du devoir et rapporte toutes les obligations à un être à la fois idéal et réel: la race humaine.

---

1. *Synthèse subjective*, p. 21.
2. Corneille. (*Polyeucte*, acte III, scène II).

   « Le Dieu de Polyeucte et celui de Néarque
   De la terre et du ciel est l'absolu monarque :
   Seul être indépendant, seul maître du destin,
   Seul principe éternel et souveraine fin.

Le dévouement, point culminant de la vie, n'aura plus son expression dans le mode chrétien de la charité, mais dans celui bien autrement fécond et facile de la solidarité, dans le développement des penchants *altruistes*, dans cet intérêt si vif et si puissant, bien qu'impersonnel, qui s'attache au progrès.

Six liens fondamentaux rattachent l'homme à la terre :

Humanité,

Mariage,

Paternité,

Filiation,

Fraternité,

Domesticité.

Quatre fonctions normales comprennent les situations diverses qu'il est appelé à occuper :

Femme, ou providence morale,

Sacerdoce, — intellectuelle,

Patriciat, — matérielle,

Prolétariat, — générale.

Neuf sacrements l'y préparent :

La présentation, ou baptême,

L'initiation (14 ans), prélude de l'entrée dans la vie au sortir de l'enfance,

L'admission (21 ans),

La destination (28 ans) ou choix d'une carrière,

Le mariage (28 ans),

La maturité (42 ans),

La retraite (63 ans).

La transformation (ou extrême onction),

L'incorporation (ou canonisation), 7 ans après la mort.

Et trois espèces de fêtes célèbrent ses trois états spirituels :

celles du Feu, du Soleil, et du Fer rappelant le fétichisme ;

celles d'Homère et de Phidias rappelant le polythéisme ;

celles de Saint-Paul, de Saint-Bernard et de Mahomet, rappelant le monothéisme.

La morale altruiste ne serait pas complète si elle se contentait de prêcher l'amour des vivants; elle impose à ses adhérents le respect et la vénération des héros bienfaiteurs de leurs semblables, parce qu'à mesure que le monde vieillit, la somme de nos richesses physiques et intellectuelles est due dans une proportion « décroissante à nous mêmes et croissante à nos aïeux ». Le calendrier de treize mois admet trois types de noms suivant le mérite reconnu : les mensuels, les hebdomadaires, les quotidiens. Ni le temps, ni l'opinion, ni la fonction n'influent sur le rang à occuper : Thalès de Milet y figure à côté de Gutenberg, de Fourier le mathématicien et de Blainville, le naturaliste; Homère et Eschyle y précèdent Dante et Manzoni; Bossuet et Fénélon y accompagnent le charitable Saint-Vincent de Paul et l'impitoyable J. de Maistre.

La femme, cette « éternelle blessée », comme disait Michelet [1], anatomiquement et physiologiquement inférieure à l'homme, n'est pas son égale par l'intelligence; elle n'a pas l'aptitude pour l'abstraction, pour la généralisation des rapports et pour l'édification organique. Plus douée de cœur que de raison, il lui est difficile d'écarter les inspirations passionnées dans les opérations rationnelles. Il en résulte qu'aucune haute direction immédiate sur les affaires humaines ne saurait lui être accordée et qu'il convient de lui refuser non seulement la gérance des entreprises commerciales et manufacturières, mais encore le gouvernement domestique. Ses devoirs sont restreints à l'exemple de ses droits; elle ne doit à son mari ni apport en dot ni espérance d'héritage; à l'homme seul incombe l'obligation de

---

1. Michelet (l'Amour, 1858) considère la femme comme une malade digne de pitié qu'il faut « aimer et soigner ». Aussi n'en fait-il pas une égale de l'homme, mais le plus charmant des objets de luxe à la disposition égoïste du mari, un être livré aux caprices, aux contradictions, aux mouvements désordonnés qui tiennent au cours des humeurs et du sang, et par conséquent irresponsable, relevant « uniquement d'un jury médical ».

travailler, de gagner la subsistance nécessaire au présent, d'assurer au ménage des ressources pour l'avenir. Le mariage, qui assure à l'épouse protection et sécurité, est, sauf dans des cas rares, tels qu'une condamnation à une peine infamante, [1] indissoluble ; il n'est pas, ainsi que l'affirment les partisans du divorce, un contrat résiliable comme une vente, une location ou un échange ; encore moins est-il possible de le déclarer non existant selon les prescriptions du droit canonique. De l'union des sexes naît un *état* qu'aucun tribunal ne peut briser ou tenir pour nul sans outrage aux lois naturelles ; le juge peut suspendre la vie commune quand il y a urgence, dans l'intérêt de l'ordre public ou privé ; sa volonté ne peut aller jusqu'à supprimer les droits acquis des enfants, jusqu'à remettre la femme dans la position antérieure à la déclaration de l'officier de l'état civil [2]. Le progrès ne réclame donc certainement pas la rupture du lien conjugal, mais peut-être son abolition ; l'indépendance féminine n'est réalisable, à une époque encore indéterminée, que par le remplacement de l'appareil masculin de la génération par un ou plusieurs autres « stimulants » dont la femme disposerait seule et librement pour se féconder. Grâce à eux, « la produc- » tion la plus essentielle serait affranchie des caprices » d'un instinct perturbateur dont la répression normale » constitue jusqu'ici le principal écueil de la discipline » humaine ». Toute la vie individuelle et sociale se transformerait et le type de la *vierge-mère* deviendrait le résumé synthétique de la religion positive [3].

Le père doit à l'enfant une bonne éducation, la société une instruction complète, intégrale, semblable

1. Le mari de Mᵐᵉ Clotilde de Vaux avait été condamné en cour d'assises.
2. Idée développée par M. Brisson, ancien président de la Chambre des députés, lors de la discussion de la proposition Naquet (février 1880).
3. *Politique positive*. T. IV, pages 68 et 276. Écrit vers 1854.
Dans un autre passage, A. Comte prétend par une réglementation équilibrer l'instinct nutritif et l'instinct sexuel.

9.

pour toutes les classes [1]. Un conseil supérieur, composé
de philosophes, de prêtres de l'humanité, a pour mission de procéder à la refonte générale du système
actuellement en vigueur, en vue de la perpétuation
d'un *type humain unique*. Un plan nouveau de classification scientifique réalisera ces vœux : 1° en plaçant
la gravitation avant les autres forces de la matière ; —
2° en déterminant la loi de série historique qui préside
au groupement des connaissances ; — 3° en établissant
le principe de la *généralité décroissante* qui maintient
la largeur des vues et prévient les dangers de la spécialité dispersive, où l'esprit, se rétrécissant par une
trop grande division du travail, se perd dans la préoccupation des détails. — La méthode rationnelle exigera
que les mathématiques soient considérées comme la
clef des sciences. La physique et la chimie révéleront
les lois de la matière et ses propriétés avant qu'il soit
permis d'aborder l'étude des principes qui régissent les
organismes (physiologie, biologie), l'examen des phénomènes sociaux demeurant le dernier et suprême
degré de nos investigations.

Ainsi comprise, l'éducation générale du peuple de-
meurera large et libérale ; les hommes d'étude y trouveront une satisfaction sérieuse donnée à leurs aspirations,
et les praticiens une préparation utile aux carrières
spéciales.

L'économie politique n'est pas encore parvenue au
rang de science positive ; au lieu de devenir un instru-

---

1. Aug. Comte estime que l'État a charge de l'éducation et
de l'avenir des enfants. Aussi reconnaît-il à la société le droit
d'apporter à leur procréation des restrictions préventives.

Nul ne pourra se marier s'il n'apporte un certificat de bonne
constitution, et, l'œuvre une fois accomplie, dans une mesure
déterminée, la séparation devra être prononcée.

Conformément à cette théorie, en Suisse (cantons allemands
de l'Est et du Centre), au Mecklembourg, à Lubeck, dans quelques districts de l'Allemagne du Sud, l'absence de moyens
d'existence est un obstacle à la célébration du mariage.

(Stuart Mill, p. 109-110. *Principes d'économie politique*.
(Citation de M. Kay.)

ment de progrès, elle est demeurée une branche de
la métaphysique, faute d'une juste méthode. Adam
Smith, son véritable fondateur, n'a guère laissé que de
précieuses études préparatoires auxquelles ses disciples, tels que Malthus, Ricardo, Sismondi, J.-B. Say,
n'ont rien su ajouter. Ils se sont contentés de classer
les faits de l'industrie humaine sans les discuter, sans
chercher à les perfectionner. Ils ont observé les phénomènes avec étroitesse d'esprit, sans large vue d'ensemble ; en spécialisant les questions comme ils l'ont
fait dans leur appréciation des conditions propres à
développer la richesse des nations, ils ont abordé un
de leurs sujets préférés sans idée philosophique, sans
une connaissance suffisamment précise du mobile d'action et de réaction qui régit les sociétés dans leurs
divers degrés d'avancement. La conséquence de cet
état intellectuel s'est fait sentir quand, en prenant une
phase temporaire ou locale du caractère humain pour
la nature humaine elle-même, on a voulu édifier une
doctrine d'une validité universelle ; quand on n'a pas
compris, en dépit de l'évidence, que la terre pouvait
produire des êtres d'un type différent de celui qui nous
est familier dans notre propre siècle ou notre propre pays.

Il n'est pas de principe si absolu, si nécessaire qu'il
soit en apparence, qui ne doive fléchir quand l'intérêt
général de l'humanité l'exige : le développement de la
science sociologique est à ce prix.

L'altruisme, qui implique un devoir[1] de solidarité
entre des êtres naturellement inégaux, est la base
première de l'ordre public. Dans l'état de civilisation
et grâce à lui, chaque homme produisant plus que la
consommation, c'est-à-dire que ce qui est indispensable à l'entretien de sa personne et de sa famille (sept
personnes : mari, femme, 3 enfants, 2 ascendants),
il en résulte un excédent dont la génération suivante
est appelée à profiter. Celui qui a gagné lui-même a le

1. Comte n'admet que des devoirs. Les droits supposent une
source surnaturelle qui les soustrait à la discussion des
hommes.

droit d'user et d'abuser du capital. Mais il n'en saurait
être de même de l'acquéreur à titre gratuit. La loi du
travail s'impose à lui, moralement d'abord, puis ensuite par voie de contrainte. Le père doit à l'enfant
l'éducation, l'établissement au début de la carrière ; il
ne lui doit pas son héritage ; la faculté de disposition
est absolue ; le plus digne de recevoir est celui qui,
sans souci de ses jouissances personnelles, se considère
non pas comme un propriétaire absolu, mais comme
un gérant de la collectivité, comme un dépositaire des
biens des générations présentes et à venir. La classe
moyenne et intermédiaire des petits propriétaires fonciers, des petits capitalistes, qui ne veut ou ne peut
perfectionner les instruments du travail, est destinée
à disparaître, comme une « pousse parasite ».

D'un autre côté, « les nouveaux grands de la vie
industrielle » qu'on nomme les riches sont, en échange
de l'appropriation individuelle qui leur est consentie,
tenus d'employer leurs revenus au développement des
agents qui les produisent. Formant une caste, un
ordre particulier de « chevalerie », chargé de redresser
les torts et de défendre les opprimés, ils ont pour
mission de protéger le prolétaire dont l'activité est
avilie par le salariat. Par l'aménité de leurs rapports
avec leurs serviteurs, ils tendront à les incorporer
à leur famille en qualité de membres véritables ;
humains avec l'ouvrier, ils s'appliqueront à lui procurer à un prix raisonnable un logement salubre, des
soins médicaux à bon marché, ainsi que l'instruction
gratuite à ses enfants. Pénétrés de la nécessité de
l'épargne, de l'importance du mobile de l'intérêt dans
le résultat du travail, ils feront du salaire deux parts,
l'une mensuelle et fixe, l'autre hebdomadaire et proportionnelle au produit envisagé quantitativement et
non qualitativement, la récompense devant être en
rapport avec les besoins sinon avec les services rendus.
Ainsi employée pour le culte de l'humanité, la richesse
cessera d'être maudite ; elle sera aimée par tous,
parce qu'elle aura permis au plus grand nombre de
s'assimiler les matériaux d'un progrès infini dans son

essence et, finalement, d'améliorer les conditions premières de la vie.

La crise morale et politique, qui ébranle depuis plus d'un demi-siècle la société contemporaine, a son origine dans l'absence d'une pensée générale et fixe ayant l'assentiment de tous. L'érection en dogme absolu de la liberté illimitée des opinions, de l'égalité de capacité et de puissance, a pu avoir sa valeur en tant qu'instrument de protestation contre les pratiques oppressives du Moyen-Age, mais de nos jours elle ne répond plus à « aucune fin légitime » de nos aspirations. Le droit absolu de libre examen est pleinement justifié s'il signifie que la manifestation de toutes les conceptions doit être exempte de restriction légale sous forme de prévention ou de pénalité. Il est, par contre, dénué de raison, s'il implique, en faveur de tout être humain, quelque dépourvu qu'il soit de l'instruction et de la discipline nécessaires, celui de se déclarer juge des questions les plus compliquées. « Il n'y a pas de liberté de conscience en physique, en chimie, en physiologie, dans ce sens que chacun trouverait absurde de ne pas croire de confiance aux principes établis dans ces sciences par les personnes compétentes ». Pourquoi y en a-t-il quand il s'agit de donner à l'humanité une direction religieuse et politique ? Est-ce parce que la matière est sans importance qu'elle ne demande pas de réflexion préalable et que l'aptitude gouvernementale n'exige aucune éducation préparatoire ? Si non, pourquoi ériger en principe positif l'axiome métaphysique de la souveraineté du peuple dont le suffrage universel est la plus parfaite expression, alors qu'il condamne indéfiniment tous les supérieurs à une arbitraire dépendance envers la multitude de leurs inférieurs « par une sorte de transport au peuple du droit divin tant reproché aux rois ».

La nature même des abstractions sociologiques rend nécessaire l'élaboration des doctrines par un nombre restreint d'esprits de la classe la plus élevée dressés à cette tâche. La philosophie révolutionnaire, loin d'ai-

der à une réorganisation, y apporte un sérieux obstacle par son obstination à poser la négation pure et
simple de toute autorité comme la solution de tous les
problèmes. Rousseau, en prônant l'état sauvage comme
un idéal dont la civilisation n'est qu'une dégénération ;
Robespierre, en établissant un déisme arriéré, ennemi
de tous les éléments premiers, science, art, industrie,
ont provoqué une insurmontable aversion contre le
rétablissement indispensable de l'ordre après la dissolution de l'ancien régime. Danton, malgré son manque
d'ambition et de persévérance, était mieux préparé
que tous les autres hommes de la Révolution pour réagir contre les tendances anarchiques de son époque
par l'inauguration d'un pouvoir réparateur [1]. Ce que
les circonstances ne lui ont pas permis d'accomplir,
d'autres, plus heureux, le réaliseront. Il n'y a pas
plus de droits en politique que de causes dans le domaine philosophique. Un philosophe grec, Protagoras,
a justement dit que l'homme était la mesure de toutes
choses. Hégel a nettement établi que rien de grand,
de vraiment progressif, n'était possible sans une volonté géniale, dédaigneuse des coutumes et des constitutions ; le régime des élections des assemblées omnipotentes n'est pas compatible avec l'établissement d'un
gouvernement régulier [2].

Les États formant des unités de grandeur moyenne,

1. M. Robinet. — *Monographie de Danton*. 1865.
2. MM. Sémérie et le docteur Robinet (*la Politique positive*,
avril 1872-juillet 1873), ont exposé la doctrine d'Auguste Comte :
« La souveraineté du peuple, issue du *Contrat social* de J.-J.
« Rousseau, n'est, comme le droit divin des rois, qu'une idée
« métaphysique. Il n'y a pas de principe héréditaire libéral ou
« démocratique ; en politique, la souveraineté du but est la me-
« sure de nos entreprises, et la fin justifie les moyens ».
Aristote semble avoir inspiré cette conception : pour lui l'indifférence politique, l'acceptation des faits accomplis, même
en dépit de toute équité apparente, constituent l'expression de
la sagesse humaine, et la vertu, dans laquelle réside le seul
principe de bonheur, finit toujours par triompher, parce que
le magistrat est plus fort que la loi, et parce que les mœurs
l'emportent définitivement sur les constitutions.

tels que la Belgique, la Hollande, le Portugal, la Suisse, et tels que pourraient en constituer l'Écosse, l'Irlande, l'Algérie, la Corse, déclarées autonomes, la France divisée en dix-sept républiques indépendantes, seront les champs d'expérience du nouveau régime. Soumis aux inspirations d'un Grand-Prêtre de l'humanité, un triumvirat de banquiers y exercera la dictature régionale. Pour en atténuer les excès, la nomination des fonctionnaires ne sera faite que sur la proposition des titulaires en charge, ratifiée par leurs supérieurs hiérarchiques du même service; la liberté de parler, d'écrire, de s'associer, sera absolue, et aucune décision sérieuse ne sera exécutée après la promulgation avant un délai assez long au cours duquel le comité directeur pourra procéder à des modifications par voie d'amendement.

Paris, où siège l'élite effective, permanente du monde civilisé, et dont les habitants sont « presque une sorte » de magistrats généraux [1] » méritant réellement leur

1. *Lettre à Mme A. Comte* (Toulouse, 6 octobre 1837). Littré, p. 160-161.

« Paris, la ville de l'égalité, de l'enthousiasme et du martyre, « la ville rédemptrice qui a déjà tant souffert pour la délivrance « temporelle de l'humanité ». (Henri Heine, *la France*).

« Paris, ce laboratoire immense, où viennent aboutir et « séjourner toutes les idées françaises, pour se répandre de là « sur tout le territoire, par ceux-là mêmes qui étaient venus « les apporter à Paris et les y mettre en harmonie avec le « génie de la France ».

(G. Clémenceau. Discours au conseil municipal de Paris, en prenant possession du fauteuil présidentiel, 29 nov. 1875.)

« Paris, avec quelques grandes villes, est le point de départ « de tout progrès politique en France. Loin d'avoir trop d'influence, il n'a pas toute celle à laquelle il a droit en raison de « son immense supériorité politique et intellectuelle. Sa prépondérance est manifeste seulement quand l'élément insurrectionnel est en jeu, et elle a reçu, en Juin dernier, une « atteinte dont elle ne pourra se relever de longtemps ».

(Stuart Mill, *la Révolution de 1848*. — Traduction de M. Sadi Carnot.)

M. Baudrillart, dans ses *Études sur les populations rurales*, constate que l'instruction primaire, depuis le seizième siècle, a toujours été plus avancée dans l'Île de France que dans les autres provinces.

domination, sera l'initiateur et le régulateur des innovations [1]. Maître au bout de sept années de l'éducation, le Grand-Prêtre préparera l'avènement de trois prolétaires élus pour 21 ans par la ville des lumières seule, et ceux-ci, sous le contrôle purement financier d'une chambre élue au suffrage universel par les diverses régions, auront, au bout de 33 années, la suprême mission d'annoncer aux générations futures la bonne nouvelle : le Positivisme, règne conciliateur de la liberté et du socialisme, sera fondé.

1. Plan rédigé par Littré, comme membre de la Société positive, fondée le 8 mars 1848.

DISCUSSION DU SAINT-SIMONISME ET DU POSITIVISME.

PHILOSOPHIE

Conception religieuse. — Méthode historique et scientifique. — La philosophie positive. — Protestation de l'école anglaise contre la neutralité métaphysique : la logique associationniste et l'évolution transformiste. — Insuffisance de leur téléologie et de leur morale.

La vie agitée de Saint-Simon et d'Auguste Comte, la maladie mentale qui les frappa l'un et l'autre, au milieu de leur carrière, en pleine activité cérébrale, leur orgueil de chef d'école encouragé outre mesure par l'adulation de leurs disciples, expliquent suffisamment les exagérations de leurs doctrines pour qu'il ne soit pas équitable de les juger sur ces seules données et de les condamner sans examen. Aussi n'insisterons-nous guère sur le caractère dogmatique du *nouveau Christianisme* et du *culte de l'Humanité* ; ces tentatives de restauration religieuse, œuvre de cœurs « déséquilibrés », ont éprouvé l'échec qu'elles méritaient.

Saint-Simon n'a pas compris que ce n'est pas au lendemain des solennelles promenades de la déesse Raison, des ridicules cérémonies de la Théophilanthropie qu'il convient de proposer une nouvelle réforme : ceux qui ont foi encore aux enseignements de l'Église où ils sont nés, « cette pauvre vieille mère du monde moderne, reniée par tant de ses enfants », n'en sont pas ébranlés; et quant aux autres, fils de Voltaire, sur lesquels le surnaturel a perdu son empire, ils sont prêts à répondre comme Talleyrand à La Reveillère-Lepaux : « Je n'ai qu'une observation à vous faire : Jésus-Christ, « pour fonder une religion, a été crucifié et est ressuscité. Vous auriez dû tâcher d'en faire autant [1] ».

Auguste Comte qui, du moins, a évité l'écueil du panthéisme, a eu le tort de créer un culte sans Providence, dont est bannie « l'hypothèse énervante » de la vie future[2], en substituant au fondement commun de

[1]. Notre temps, tout sceptique qu'il puisse paraître, a donné naissance à des religions qui semblent des défis à la raison humaine.

Sans compter le Saint-Simonisme qui marque, avec le Père Enfantin, Vidal, de Barrault, Monfray, l'époque héroïque de « l'émancipation de nos sœurs » (voir Alexandre Erdan : la France mystique, tableau des excentricités religieuses de ce temps; Louis Reybaud : Études sur les réformateurs contemporains, il convient de mentionner:

Le culte révolutionnaire de la Théophilanthropie, de la Reveillère-Lepaux et du citoyen Hauy, « instituteur des aveugles-nés » (rétabli il y a cinq ans, rue de Vaugirard, et ayant pour organe le journal la Fraternité universelle); — le rétablissement de l'Église chrétienne catholique primitive, de Fabre Palaprat, souverain pontife et patriarche « grand-prêtre de l'Ordre du Temple » sous les prénoms de Bernard-Raymond, auteur de Levitikon, sorte de catéchisme; — l'Église catholique française et ses démembrements, de l'abbé Châtel; — l'Église chrétienne française, de l'abbé Baudelier; — l'Église constitutionnelle, de l'abbé Roch, et l'Œuvre de la Miséricorde, d'Eugène Vintras (essai d'importation du mormonisme); — l'entreprise gallicane du père Hyacinthe Loyson, et néo-catholique de l'évêque bavarois Dollinger; — l'invasion britannique de la maréchale Booth; — la tentative des Swedenborgiens (de l'église de la rue Thouin, derrière le Panthéon, à Paris, 1885), et de leurs dissidents (Cahagnet, ancien tourneur de chaises, et sa « bonne lucide » Adèle Maginot, son épouse, magnétiseurs à Argenteuil, révélateurs des Arcanes de la vie future, 1853).

[2]. Stuart Mill, L'Utilitarisme, p. 66 : — « Je crois qu'il est possible de donner au culte du genre humain, même sans le secours de la croyance à la Providence, et le pouvoir psychologique et l'efficacité sociale d'une religion, et cela en le faisant s'emparer de la vie humaine et colorer toute pensée, toute action, tout sentiment, de telle manière que le plus grand ascendant exercé jamais par aucune religion n'en soit que le type et l'avant-goût ».

toutes les religions révélées¹ le principe métaphysique

1. Un philosophe anglais, M. Ed. Clay, a, dans le même ordre d'idées, tenté de constituer une psychologie scientifique, comme base d'une religion sans Dieu, d'un christianisme positiviste : ni théologie, ni espérance d'immortalité ; ce qui ne l'empêche pas de conserver la discipline morale de l'Évangile.

(*Le Temps*, 13 avril 1887).

En sens inverse, M. Guyau (*Irréligion de l'avenir*) convient que toute religion positive a trois éléments qui lui sont essentiels :

1° Un essai d'explication mythique des phénomènes naturels ou des faits historiques ;

2° Un système de dogmes, de croyances imaginatives, imposées à la foi comme des vérités absolues ;

3° Un culte et un système de rites ayant une efficacité sur la marche des choses, une vertu propitiatrice.

« Une religion sans mythes, sans dogmes, sans culte spirite, dit-il, n'est plus qu'une religion naturelle, c'est-à-dire qu'une hypothèse métaphysique ».

Chateaubriand écrit : « Une religion sans culte est le rêve d'un enthousiasme sans imagination ».

M. E. Renan ajoute que « Dieu sans culte, c'est le parfum d'un vase vide ». —

M. A. Franck explique que « l'humanité sans foi, sans Dieu, sans loi morale, ne se conçoit pas mieux qu'un homme sans cœur et sans cerveau ».

Et M. Caro, convaincu que l'idée religieuse est inséparable de nos sentiments intimes et des principaux actes de la vie, croit que si l'on peut déposséder l'humanité de ses dogmes actuels, il n'est guère raisonnable de chercher à détruire les effets qui ont produit ces dogmes dans le cours des siècles.

Toutes les religions proclament la croyance à l'immortalité de l'âme et à l'existence de Dieu.

Quelques écrivains contemporains ont pensé que le grand inspirateur de la philosophie et de la législation chinoises, Confucius (Koung-Fou-Tsé), pouvait être revendiqué par l'école positiviste comme un de ses précurseurs d'il y a 3.000 ans. Sa religion purement civile, sa dévotion pour les morts, sa tendance à substituer le culte de l'Humanité matérielle à celui du surnaturel, semblaient donner quelque raison à cette opinion ; mais un académicien, versé dans la connaissance des langues orientales, M. Hervey de Saint-Denis, vient de la soumettre à une critique raisonnée qui la ruine complètement. Il a prouvé, par des documents authentiques, que Confucius s'était attaché à faire revivre dans ses écrits la doctrine spiritualiste, et qu'on en trouvait des traces incontestables dans deux livres appelés *Chi-King* et *Chou-King*, qui sont devenus, en quelque sorte, la Bible des Chinois.

Une lettre du général Tcheng-Ki-Tong à M. A. Franck, fonda-

de l'humanité[1]. Élevé dès l'adolescence dans cette culture forcée et exclusive des mathématiques qui enseigne à
raisonner, mais non à penser juste, le fondateur de la *Politique positive*, qui n'entendait « laisser aucune question
ouverte », s'est mis, dans la deuxième partie de sa vie,
volontairement en contradiction avec lui-même. Il a eu
conscience du danger du vide moral qu'implique la
négation de causalité et de finalité ; il a senti que, dans
son existence terrestre remplie de souffrances, l'homme
avait besoin de consolations et d'espérances ; il n'a pas
voulu que la vie, comme une fleur sans parfum, s'épa-
nouit privée d'un idéal, et il a cru le trouver dans le
culte désintéressé des grands morts, initiateurs du progrès définitif que les générations futures ont mission
d'accomplir[2].

Par quelle aberration deux esprits d'une aussi haute
portée philosophique ont-ils pu se laisser entraîner à
de semblables égarements ? La récente évolution d'un
écrivain issu d'une race jeune et pleine d'avenir, le
comte Tolstoï, va nous l'apprendre : « La science scien-
» tifique, dit-il, a perdu le sens commun — elle se re-
» tranche derrière l'observation objective des faits
» pour justifier le mal existant ; .... elle est *impu-
» dente* dans son affirmation que la société ne saurait
» exister sans elle, — personne n'en veut plus, à l'ex-
» ception d'une poignée de parasites qu'elle fait vivre.

---

teur de la Ligue contre l'athéisme, confirme cette opinion (janvier 1888). L'attaché militaire chinois fait, en effet, remarquer
que Confucius, son maître, reconnaît une cause intelligente de
la nature, et que le mot même d'athéisme n'existe pas dans la
langue des Célestes.

1. Peut-être le culte de l'humanité découle-t-il du système
panthéiste des hégéliens et de Feuerbach, qui ont proclamé le
principe : *Homo homini deus.*

2. Hartley a bien caractérisé la tentative de Comte tendant
à créer un grand « Comité positif occidental », sorte de con-
cile permanent de l'Église positive quand il l'a appelée un
« essai de catholicisme sans christianisme ».

Se rapprochant de la doctrine comtiste, M. E. Lowenthal
(1886) a proposé de remplacer les religions positives par le
Cogitantisme ou religion scientifique basée sur le positivisme
spiritualiste.

» Il n'y a qu'une seule science qui ait droit à tous les
» égards : la religion ».

La méthode historique qui consiste à soumettre les
événements à une logique supérieure à la volonté humaine, et dont la théorie de l'alternance continue des
périodes *critiques* et *organiques*, ou celle des trois états
théologique, *métaphysique* et *positif*, sont l'expression,
n'a pas un caractère rigoureusement scientifique. Les
lois de l'histoire sont plus complexes et, par conséquent, plus difficiles à découvrir que celles du monde
physique ; appliquer à leur recherche le mode d'infor-
mation en usage en mathématiques, en physique, en
chimie, en physiologie, est une erreur. La liberté humaine, en modifiant le cours des fatalités naturelles, a
introduit dans la marche des événements une part d'imprévu vis-à-vis de laquelle le penseur n'a plus que le
choix des conjectures[1].

« Les grands faits de l'histoire, dit L. Ranke, ne
» s'expliquent pas par les principes politiques auxquels
» ils correspondent. Ils reposent bien plutôt sur des
» *forces vives* qui se déploient et prévalent dans cer-
» taines circonstances déterminées. Ces faits sont ce
» qu'ils peuvent être ; ils se modifient par l'esprit des
» nations et des époques, par l'énergie et le caractère
» des acteurs principaux, par la résistance des choses
» ou les complaisances de la fortune. — Dans le cours
» de son développement toute puissance terrestre est
» dominée par son étoile ».

L'histoire exclut les généralisations absolues ; il lui
répugne d'entendre dire par Saint-Simon que la civilisation, à son apogée sous Grégoire VII, Léon X et
Louis XIV, s'est éclipsée depuis ces temps privilégiés,
et quand Auguste Comte reprend, « pour en faire l'é-
pine dorsale du positivisme », la thèse du philosophe
italien Vico[2], diminuant systématiquement la part des

1. M. Berthelot. — *Science et philosophie.*
2. M. G. Hubbard (*Saint-Simon, sa vie, ses travaux*, 1859)
fait honneur à Saint-Simon de l'idée de l'élimination successive

hommes d'élite dans la conduite des foules et les réduisant au rôle de comparses dans une des cases de la succession des *états* de l'esprit humain, elle se révolte ; comme elle ne méconnaît pas « les lois psychologiques » et ethnologiques qui gouvernent l'action des circon- » stances sur l'homme et de l'homme sur les circon- » stances[1] », elle n'admet pas que trois « aspects » différents de la pensée ne puissent coexister sans rétrogradation ; — et il lui semble qu'une théorie scientifique spécieuse revendique à tort les prérogatives d'une loi d'évolution sociale quand, en s'occupant avant tout des phénomènes de la physique et de la chimie et en atteignant à peine ceux de la biologie[2], elle laisse complètement de côté ceux de la sociologie, c'est-à-dire ceux qui comprennent le développement industriel, moral et esthétique.

Ces conceptions ont un défaut commun : celui de « faire perdre aux hommes et aux faits leur qualité » concrète, de ne faire des premiers que des mythes, et » des seconds que des symboles[3] ; » — elles laissent derrière elles des lacunes et des vides que la souplesse d'esprit de leurs auteurs ne parvient pas à combler, et c'est pour cela qu'elles sont destinées à ne laisser d'autres traces que celles de tentatives d'un idéalisme généreux.

de la théologie par la métaphysique et de la métaphysique par les notions positives.

Littré la trouve également dans Turgot et le docteur Burdin auxquels il laisse le privilège de la priorité, mais revendique pour A. Comte le mérite d'en avoir fait l'élément fondamental d'une philosophie.

1. Stuart-Mill.

2. Herbert Spencer (*Introduction à la science sociale*, p. 353) constate sur ce point une grave erreur scientifique d'Aug. Comte : « Les différentes formes de la société observées sur » toute la surface du globe parmi les races sauvages et les » races civilisées ne sont pas des stages différents d'une » évolution identique (succession des *trois états*) ; la vérité » est que les types sociaux, de même que les types des orga- » nismes individuels, ne forment pas de série et ne peuvent » se classer qu'en groupes et en sous-groupes divergents ».

3. Jules Simon, *Étude sur Michelet*.

Cependant un résultat général semble se dégager : c'est celui de la permanence du progrès incessant de l'humanité envisagée dans son ensemble. Sur ce point, l'accord semble près de se faire sur les bases indiquées par Condorcet. Non pas que nous touchions à l'avènement de l'âge d'or, — les évolutions sociales sont lentes, — mais parce que l'inégalité des conditions devient chaque jour moindre, parce que le nombre des déshérités de ce monde est en décroissance, et qu'en dépit des plaintes du pessimisme, la vie individuelle « aboutit plus rarement à l'illusion, au néant et au complet désenchantement[1] ».

C'est encore par la préoccupation de la recherche d'un principe unique que Saint-Simon et A. Comte ont adopté une méthode scientifique critiquable. Obéissant à ce mobile si français de l'esprit humain qui consiste à expliquer par une formule simple les phénomènes les plus complexes, ils ont cru trouver dans la *gravitation* la force qui doit prendre le pas sur toutes les autres. Pourquoi ? Est-ce parce que, depuis Newton, l'astronomie mécanique n'est plus qu'une étude de l'attraction et qu'en astronomie les recherches impliquent une complète synthèse de la matière cosmique[2] ? Est-ce parce que Fourier a cru y trouver le principe régulateur du monde moral ? Nul ne le sait d'une façon précise. H. Spencer s'étonne qu'une pareille préséance n'ait pas été plutôt accordée aux forces thermales qui sont partout en action sous les formes diverses de lumière, magnétisme, électricité, chaleur, et affectent la matière dans ses plus intimes molécules. Nous trouvons son objection fondée, et, élevant le débat, nous estimons qu'en apportant, sans l'appui de l'expérience, beaucoup trop d'affirmations universelles dans des controverses spéculatives, nos philosophes ont probablement pris, suivant l'expression de Leibnitz, « la paille des mots pour le grain des choses ».

1. Contrairement à la théorie d'Hartmann.
2. Explication de Littré.

En philosophie, la scission entre Saint-Simon et
A. Comte est complète. Homme d'imagination plutôt que
de raison, le fondateur du « *nouveau Christianisme* »,
convaincu qu'aucun progrès organique ne peut s'accomplir sans une large satisfaction au sentiment religieux,
aboutit au dogmatisme, expression nécessaire de la pensée collective.

Esprit rigoureux, mathématicien précis[1], l'auteur de
la « *Philosophie positive* » ne laisse aucune place à la
métaphysique. — Il lui semble que l'homme, dans la
construction des systèmes de palingénésie, n'a pas assez
tenu compte des faits matériels, et qu'au lieu de considérer « ses idées comme les reflets intellectuels des objets
» et des mouvements du monde réel, il s'est trop obstiné
» à n'en regarder les objets et les changements qu'ils
» subissent que comme autant de reflets de ses idées[2] ».

La science positive réclame le privilège de fournir à
la science idéale ses matériaux : le raisonnement tout
seul ne crée que des chimères et des fantômes; toute déduction *a priori* est condamnée d'avance. « Rien ne sert
» de se tromper soi-même. Les choses sont, d'une manière déterminée, indépendantes de notre désir et de
» notre volonté ». Il en résulte que, si, comme cela n'est
que trop évident[3], le monde a vécu sur les errements erronés de la tradition, il y a lieu de souhaiter qu'une
science de l'esprit soit fondée sur une histoire naturelle
des phénomènes mentaux, au moyen d'une analyse et
d'une classification nouvelles. Or, ce vœu formulé par
les représentants de l'école expérimentale, tels que
MM. Stuart Mill, Morell, Bain, Herbert Spencer, Lewes,
Cairnes[4], reçoit-il une entière satisfaction dans le déve-

---

1. Comte n'admettait pas le calcul des « probabilités » en mathématiques.
2. Hegel considère la pensée et l'être comme identiques
(*Logique*. Dans la préface de l'*Esprit objectif* il a écrit : « Ce qui
est rationnel est réel et ce qui est réel est rationnel ». (Engels
sur Hegel).
3. M. Berthelot, *Science et philosophie*.
4. M. Cairnes, économiste, explique les faits sociaux en les
examinant comme une sorte de géologie.

loppement positif? Il est permis d'en douter en présence
des prétentions du comtisme, à ne voir dans l'enchaînement des faits que le *comment* et jamais le *pourquoi*
des choses. C'est, en effet, rétrécir singulièrement le
champ ouvert aux recherches de l'esprit humain que de
lui interdire l'étude des causes premières et finales et de
lui dire : « la loi de causalité ne doit être acceptée que
« comme une loi non de l'univers, mais seulement de
« cette partie de l'univers ouverte par nous à des inves-
« tigations sûres, avec extension à un degré raisonnable
« aux cas adjacents[1] ». — « La cause et l'effet sont des
« idées qui n'ont de valeur que dans leur application
« aux cas isolés; mais, aussitôt que le cas isolé est envi-
« sagé dans ses relations générales avec le reste de l'uni-
« vers, ils se confondent et s'évanouissent dans l'enchaî-
« nement d'une réciprocation universelle où cause et
« effet changent constamment de place, où ce qui était
« cause à un endroit et à un moment devient effet dans
« un autre endroit et dans un autre moment, et vice
« versâ[2] ». Séparer le domaine du relatif, du vérifiable,
de celui de l'absolu et de l'invérifiable, constitue un
service appréciable, mais ne suffit pas[3] à satisfaire entièrement la curiosité humaine, « cette noble ambi-
« tieuse[4] qui refuse de s'arrêter à la surface et au décor
« des choses ». « Le monde, a dit Ampère, a été créé
« pour nous être une occasion de penser »; l'oublier
serait forfaire aux destinées supérieures que la nature
nous a assignées dans l'échelle des êtres. Levons la
tête, et, de ce regard sublime[5] dont parle le poète,
efforçons-nous d'éclairer, sinon de pénétrer quelques-
uns de ces mystères que notre intelligence à elle seule
nous a révélés. La science, que d'autres veulent ravaler
au niveau de leurs aspirations, sera notre appui, mais

1. Stuart Mill.
2. Engels, p 18.
3. M. Würtz, qui s'est déclaré partisan décidé de la doctrine
expérimentale, a ajouté qu'il la considérait comme indépendante
du système positiviste.
4. M. Caro.
5. *Os homini sublime dedit cœlum que tueri.*
    Jussit...   (Virgile.)

à condition toutefois que, dans son tissu, nous suivrons les « fils d'or[1] » que la philosophie y a introduits.

Bien que rallié à l'idée positiviste, Stuart Mill a compris qu'il y avait une lacune dans la doctrine. Esprit probe et impartial, il n'a pas voulu, en se trompant lui-même, induire les autres en erreur en cachant la fissure[2], il s'est nettement séparé et a cherché ailleurs la théorie expérimentale. Aussi n'a-t-il pas hésité à combattre l'idée si bizarre de son maître de placer l'étude des fonctions intellectuelles et morales dans la biologie, au chapitre de la phrénologie : en édifiant sur la conception de Gall une négation de la psychologie, A. Comte ajoute à une hypothèse première une hypothèse seconde. En suivant la méthode subjective *a priori* qui n'a pour fondement qu'une conception de l'esprit, — au lieu de la méthode déductive qui a pour point de départ un résultat d'expérience, — il est arrivé à faire de l'esprit une fonction de la matière (alors que la matière est plutôt une fonction de l'esprit)[3] et à remplacer l'étude des sensations elles-mêmes par celle infiniment plus étroite de leurs conditions[4].

1. M. Fernand Papillon.

2. Stuart Mill (dans *On liberty*), indique sa méthode quand il dit : « que Cicéron étudiait toujours la cause de son adversaire... : « l'homme qui ne connaît que son propre avis ne connaît pas « grand chose... les raisons peuvent être bonnes, et il se peut que « personne ne soit capable de les réfuter; mais s'il est également « incapable de réfuter les raisons du côté adverse, s'il ne les con- « naît pas, il n'a pas de motif pour préférer une opinion à l'autre ».

3. P. Flourens, le physiologiste, a combattu le système des localisations cérébrales de Gall. Éloge de Flourens, par M. Vulpian. Séance annuelle publique de l'Académie des sciences. — Déc. 1886.

4. « La conscience est le sentiment de ce qui est juste et in- « juste, du devoir, de l'obligation morale. La conscience est con- « sidérée comme immatérielle par les philosophes modernes et « comme placée dans l'âme humaine par le Créateur. Tout cela « est fort beau; mais je dis que la conscience tient à un organe et « qu'elle est en proportion de l'organe. Cela paraîtra impie, blas- « phématoire à certains croyants. Peu importe, c'est la vérité ». — Broussais, 17 juin 1836.

George Elliot (dans un article sur Young, daté de 1857), dé- clare que notre progrès moral « est aussi indépendant de la

Les rapports constants de la biologie et de la sociologie [1] n'impliquent pas la suppression de la psychologie, et le parti pris de s'interdire les ressources qu'elle peut fournir est une faute tout aussi grave en principe que sérieuse dans la pratique. Car, « si imparfaite que « soit la science de l'esprit, il est difficile de contester « qu'elle ne soit beaucoup plus avancée que la partie « correspondante de la physiologie, et abandonner la « première pour la seconde semble une infraction aux « véritables règles de la philosophie inductive, infrac-« tion qui est de nature à conduire à des conclusions « erronées dans plusieurs branches importantes de la « science de la nature humaine [2] ».

L'école anglaise considère la neutralité métaphysique comme un inacceptable aveu d'impuissance et revendique le droit de discuter sur l'existence des causes et des substances [3] que Kant a désignées sous le nom de noumènes, ou, tout au moins, sur l'utilité de ce que M. Renouvier, chef du criticisme, a appelé les croyances rationnelles (personnalité perpétuelle, libre arbitre, Dieu, loi morale). Mais, rejetant le système d'innéité de Descartes, et d'intuitionnisme de William Hamilton [4], elle n'admet aucun principe qu'à posteriori et se plaît

___

« croyance à une vie future que la transformation des gaz dans « les poumons est indépendante de la pluralité des mondes ». (Arvède Barine, *Portraits de femmes*, p. 120).

1. Herbert Spencer rend hommage à A. Comte, qui a mis en lumière la connexion et la dépendance de ces deux sciences, la vie du corps et la vie mentale étant des espèces dont la vie proprement dite est le genre. Mais il ne s'ensuit pas qu'il prenne parti contre les recherches psychologiques.

2. S. Mill, *Logique*, vol. 2, p. 437.

3. A. Comte et Littré ne veulent même pas prendre la peine de discuter sur « l'inconnaissable », qui n'est pour eux qu'une limite de fait résultant de l'état présent de la science. H. Spencer, au contraire, entend rechercher, par l'analyse des résultats acquis, le point où commence le domaine nécessaire de l'incompréhensibilité, de l'énigme absolue, de la nescience, de l' « agnosticisme » raisonné, opposé à l'empirisme expérimental.

4. William Hamilton, philosophe écossais (1788-1856), professeur de « logique » à l'Université d'Édimbourg, continuateur de la doctrine de Dugald Stewart.

à soumettre les phénomènes mentaux à la méthode chimique de décomposition et de recomposition [1].

La logique est la science des sciences, celle de la preuve : elle n'invente pas ; elle calcule, raisonne et juge de la validité des inférences. D'où il suit que s'il n'y a rien au monde que des faits et des lois, c'est-à-dire des événements et leurs rapports, le premier acte de celui qui veut connaître consiste à additionner des faits. Mais, cela fait, une nouvelle opération commence : celle qui a pour but de décomposer les données complexes en données simples, et alors apparaît « une » faculté magnifique, source du langage, interprète de « la nature, mère des religions et des philosophies, » seule distinction véritable qui sépare l'homme de la « brute et les grands hommes des petits : l'abstraction, » qui est le pouvoir d'isoler les éléments des faits et de » les considérer à part [2] ».

En concluant, soit par déduction du général au particulier, soit par induction du particulier au général, le second de ces procédés, qui s'appuie sur le principe de causalité, c'est-à-dire sur la plus solide liaison d'idées que puisse produire l'expérience [3], est le mieux approprié aux études psychologiques.

L'homme est en relation avec le monde extérieur par ses sensations : ses pensées ne sont que les effets de ses impressions persistantes, suivant les trois lois de Hume, de ressemblance, de contiguïté et de succession nécessaire. Or, les impressions étant de leur nature mobiles, il est difficile de concevoir dans l'idée quelque chose de constant ou d'invariable : l'habitude est le premier facteur de la vie mentale, l'association qui unit les éléments simples pour les faire complexes, son point culminant. Les notions d'absolu et d'infini que nous concevons impliquent de telles contradictions que la recherche des

1. Hartley (1705-1757), médecin et philosophe, auteur des *Observations sur l'homme, son organisation, ses devoirs, ses espérances*, en est le véritable fondateur. James Mill et son fils, Stuart Mill, n'ont été sur ce point que ses disciples.
2. M. Taine : le *Positivisme et Stuart Mill*.
3. S. Mill.

causes premières ne reste possible qu'à une grande hauteur [1] et à condition de ne pas descendre dans le détail. Aussi convient-il de se confiner dans un cercle fort restreint, si nous ne voulons nous en faire chasser impitoyablement par cette expérience terre-à-terre qui ne voit dans le monde qu'un monceau de faits et au cœur des choses que le hasard.

Stuart Mill en est tellement frappé, qu'il va dans cette voie jusqu'à l'exagération: selon lui, le *temps* est la seule donnée irréductible, et l'*espace*, la substance matérielle ou spirituelle ne sont que des constructions de l'esprit ou des liaisons mentales faites avec les matériaux de la sensation et d'après des lois dont on peut rendre compte.

L'*étendue* n'est pas un principe vide, ainsi que l'a dit Kant, une idée sans relation avec la sensation, comme le supposent Reid et Royer-Collard, mais une notion qui rentre dans celle du *temps*. Le monde et le moi n'étant qu'un agrégat de faits conscients [2], la distinction du moi et du non moi perd tout intérêt, et le moi lui-même ne subsiste que comme un faisceau d'impressions ou une indication d'unité de collection. Moins timide, M. Bain voit dans la perception de l'étendue un élément primitif, « la sensation musculaire de la locomotion [3] », et, convaincu de l'activité du moi, il introduit dans l'*associationisme* la spontanéité, d'où surgit l'idée maitresse du système expérimental. Ému de cette grande parole de Laplace, « le mouvement est le phénomène le plus inexplicable, » Herbert Spencer s'incline devant le principe de l'inconscience et de la persistance de la force.

L'habitude ne donne pas la vérité tout entière sur nos facultés ; sans rien demander aux révélations de la raison, comme Victor Cousin, l'homme qui réfléchit est bien obligé de reconnaître que la sûreté des actes de l'enfant, de l'animal même, est un fait ; l'évolution

1. M. Taine sur Mill.
2. St. Mill.
3. Idée empruntée à Brown.

l'explique: les idées dites innées existent a priori chez l'individu, a posteriori dans la race, parce que les formes de la pensée ne sont, comme celles de la vie, que le dernier terme de transformations antérieures [1].

Tel est le système. Jusqu'à quel point résout-il le problème de l'inconnaissable et des origines premières? A quelles conclusions aboutit-il en téléologie et en morale? C'est ce que nous allons examiner.

Le Théisme est-il un antécédent nécessaire de la totalité des phénomènes? Telle est l'hypothèse dont Stuart Mill recherche les preuves, dans ses *essais sur la Religion*. L'argument ontologique de Descartes qui conclut d'une idée à une réalité est illogique ; celui de Kant, tiré de la loi morale — l'ordre exigeant un maître qui commande, — n'est pas autre chose qu'un désir qui n'entraîne pas fatalement satisfaction. On dit encore que tout ce que nous connaissons ayant une cause, il serait étrange que l'agrégat des choses n'en eût pas. Mais on oublie une distinction qui, dans l'espèce, est capitale. Si l'on entend que l'esprit est une force et que toutes les forces en dérivent parce que l'esprit seul produit des changements, on outrepasse les leçons de l'expérience. La volonté ne crée pas ; la portion de force qu'elle met en mouvement a toujours une existence antérieure qui lui est propre ; mieux encore, l'action chimique, thermale, celles de la pesanteur ou de la gravitation, sont autant de causes dont les manifestations sont assez nombreuses pour qu'il soit impossible d'assigner à la volition un privilège de plus qu'aux autres agents naturels. Les propriétés de la matière sont, elles aussi, des causes dont la pérennité touche à l'éternité, et leur supposer une origine dans l'esprit, implique une succession

---

1. Le problème se trouve ainsi reculé, non résolu : dans l'ordre matériel, le mouvement peut devenir chaleur par transformation d'une forme de mouvement à une autre, mais il n'en est pas de même dans le domaine intellectuel : la distance qui sépare le mouvement de l'idée, est infranchissable. Il en résulte que la pensée est et demeure notre œuvre propre, une création de notre activité spontanée.

progressive de créations d'esprits, — ce qui recule la difficulté, mais ne la résout pas.

Si, au contraire, s'en tenant à l'observation du monde extérieur, on réclame, en faveur du plan cosmique, un ordonnateur, on établit un processus qui s'appuie sur une concordance plausible, — à moins, toutefois, que, suivant la théorie darwinienne, cet admirable ensemble ne soit qu'une adaptation au milieu par perfectionnement héréditaire.

Quoi qu'il en soit, la science accepte l'existence d'un être omniscient (sage dans l'arrangement des choses), mais s'oppose à reconnaître en lui la capacité de faire avec rien de la matière et de la force. D'ailleurs, la théorie optimiste de la Providence n'est-elle pas la plus étrange des illusions spéculatives ? La nature est cruelle et aveugle. « Tout ce qu'on déteste[1] habituellement » quand on parle du désordre et de ses résultats est « précisément une sorte de pendant des voies qu'elle se » plaît à suivre, » et les efforts les plus admirés sont précisément ceux qui ont pour but de la combattre. Dans les attributs de l'homme, tout ce qu'il y a de respectable est le résultat, non de l'instinct, mais d'une victoire sur l'instinct. Et, dans le règne animal, nous assistons à un spectacle désolant de deux grandes classes luttant sans trêve ni merci, celle des forts et celle des faibles, celle de ceux qui dévorent et celle de ceux qui sont dévorés.

Voilà le dernier mot de la téléologie : un Dieu, doué d'une intelligence large, infinie, mais limité dans ses pouvoirs, « un être qui a construit le monde à peu près contre toute règle de justice et de bonté, » sans qu'il soit possible d'en concevoir un plus parfait « autrement que dans nos désirs ou dans les enseignements » d'une révélation vraie ou imaginaire ». — Après de telles prémisses, l'immortalité de l'âme ne saurait s'appuyer non plus sur un fondement bien solide. Si Dieu n'est pas omnipotent, il est douteux qu'il ait, dans le seul but d'atténuer notre ennui de la perspective de

1. St. Mill.

la mort, pris la peine de nous prodiguer l'espérance
d'une prolongation de l'existence. Rien, jusqu'à ce
jour, n'est venu prouver que le sentiment et la pensée
appartenaient ou non à une substance distincte du
corps [1]. La science est restée muette et chacun est libre
de suivre les aspirations de son cœur ou les conseils de
sa raison.

Ce dernier développement de la conception positive
a un grave défaut : celui de constituer une philosophie
étroite. En se prétendant issu des sciences, il en méconnaît la tendance et reste dans la métaphysique. On
ne vérifie pas par l'expérience ce qui est invérifiable ;
les lois, celles de la nature surtout, ne peuvent rendre
compte de leur propre origine. Les savants sincères
avouent leur incompétence, en présence de l'improu-
vable. Liebig et Claude Bernard [2] sont d'accord pour
séparer le domaine des faits des possibilités spéculatives ; et, pénétrés de l'infériorité de l'entendement humain, ils sont prêts à dire, comme Pascal : « Je ne sais
» qui m'a mis au monde, ni ce que c'est que le monde,
» ni moi-même. Je suis dans une ignorance terrible de
» toutes choses. Je ne sais ce que c'est que mon corps,
» que mes sens, que mon âme, et cette partie de moi
» qui pense ce que je dis et qui ne se connait non plus
» que le reste. »

En dépit des affirmations de Haeckel [3], le transformisme ne prouve pas que la nature soit capable de
produire à elle seule la vie et l'esprit, en les tirant du
sein des éléments chimiques ; même sur le terrain
scientifique la thèse de l'évolution est battue en brèche.
MM. de Quatrefages, Virchow [4] et Charles Robin [5] ont

---

1. Idée développée dans le *Phédon*.
2. Liebig a dit : « La science est modeste et doit rester modeste. » — Et Claude Bernard, mettant « le spiritualisme et la
métaphysique à la porte de son laboratoire », déclare que l'essence des choses doit rester ignorée à la science positive.
3. M. Haeckel demande, au Gouvernement allemand, de le
faire enseigner dans les écoles.
4. Discours prononcé au Jubilé universitaire d'Edimbourg,
1884.
5. M. Ch. Robin, disciple d'Auguste Comte (phase première du

nettement démontré que la descendance simienne de l'homme et l'amélioration progressive des espèces et des genres n'étaient, en biologie et en histologie, qu'une hypothèse sans fondement ; il est donc prématuré d'en faire le point de départ d'une cosmogonie et d'édifier sur une base aussi fragile une explication des origines[1].

cours de *Philosophie positive*) est incrédule au transformisme de Darwin. Il rejette l'idée de la métamorphose des éléments histologiques, leur attribue une véritable invariabilité, et, n'acceptant pas « les théories qui ne sont pas appuyées sur des faits positifs », il refuse de discuter les conceptions chimériques d'Owen (archétype des vertébrés), de Haeckel (la substance mère). Dans les générations, les espèces sont inconvertibles.

« Nul homme de science, dit-il, ne méconnaît ce qu'a de séduisant cette manière de substituer l'idée du métamorphisme indéfini à celle des variations individuelles, de représenter toutes les collections d'individus analogues comme des descendants du plus simple des organismes observés, c'est-à-dire de les considérer comme unis d'un lien généalogique direct, infléchi, mais continu partout, remontant jusqu'à cette monade. Seulement, nul ne peut nier que, sans méconnaître l'intensité ou l'ingéniosité des efforts tentés, on est en droit de demander pour ces hypothèses une vérification, ne fût-ce que pour une seule de toutes les espèces vivantes, de manière à pouvoir déterminer à l'aide de documents paléontologiques de quels êtres elle descend ; car il est certain qu'il n'y a, jusqu'à présent, de donné comme preuve que des possibilités sur lesquelles peu de naturalistes s'accordent, et non des réalités. *Mais, en science, des probabilités ne suffisent pas pour valider une hypothèse ni pour constituer le point de départ de nouvelles démonstrations* ».

1. Georges Elliot dit de l'évolution : « Cette théorie, non plus que les autres explications, de la manière dont les choses sont venues à l'existence, ne me touche guère, en comparaison du mystère qui fait le fond de l'existence elle-même ». Un psychologue de l'école expérimentale, M. Bernard Perez (*L'enfant de 3 à 7 ans*. — Alcan. 1886), nous paraît avoir envisagé la question de l'évolution héréditaire à son véritable point de vue : « Le rôle de l'imagination, dit-il, en ce qui concerne la naissance ou le développement des aptitudes et des vocations, est aussi intéressant que difficile à étudier. Il faut sans doute faire une part très large à l'hérédité bien plutôt générale que spéciale. — D'un côté, l'intelligence humaine est toujours un fonds propre à féconder quelque semence ; d'autre part, il serait bien téméraire d'affirmer que, chez les gens bien doués, les aptitudes naturelles ne sont pas très nombreuses. Quand on voit une circonstance fortuite, et en elle-même insignifiante, faire éclore un goût et une aptitude

La Providence n'est calomniée que parce que le concept humain n'a pas l'intelligence de ses desseins supérieurs. Qui sait si ce que nous envisageons aujourd'hui comme l'indice d'une désaffection pour une œuvre imparfaite ne sera pas considéré demain comme une preuve de sagesse? L'idée d'un Dieu implacable convient aux sociétés primitives que le sentiment de la terreur tient sous le joug des phénomènes naturels. Celle d'un ordonnateur satisfait mieux la raison civilisée. Le progrès que l'association prévoit, que l'évolution affirme, proteste contre la croyance à une force aveugle. Dieu est nécessaire parce qu'il est l'explication la plus acceptable du mystère de l'existence, parce qu'il est Celui auquel l'humanité revient toujours comme à son plus fidèle soutien, depuis plus de dix mille ans, Celui auquel les plus incrédules finissent par rendre hommage. « Les uns t'affirment, les autres te » nient, a dit Diderot, mais ton idée n'en doit pas » moins demeurer ma règle de conduite : ô Dieu, j'agi- » rai comme si tu voyais dans mon âme, je vivrai » comme si j'étais devant toi ».

A la différence des autres sciences dont le but est la

- sérieuse chez des esprits jusque-là fermés, et en provoquer
- une nouvelle chez ceux qui avaient déjà fait leurs preuves.
- dans une direction toute opposée, on est tenté d'accorder
- beaucoup à la persévérance du travail, soutenu par une pas-
- sion inspiratrice et absorbante ».

Aux exemples classiques de transmission des facultés, tels que ceux qui ont été constatés dans les familles des Bernouilli, des Necker-Staël-de Broglie, des Rostopchine-de Ségur, des Carnot, des Darwin, on peut opposer les vocations, pour ainsi dire fortuites, de Newton, de Cuvier, de François Arago, de Proudhon et de L. Gambetta.

Ch. Robin voit dans l'influence de l'hérédité quelque chose d'analogue à la *virulence moléculaire* qui se communique de proche en proche à toutes les parties d'un organisme.

- Si l'on admet, dit-il, cette propriété qu'ont les substances
- organiques de transmettre d'une manière lente mais continue
- leur état moléculaire aux substances avec lesquelles elles sont
- en contact, il est évident que toutes les parties qui naîtront
- directement ou indirectement, à l'aide ou aux dépens des pre-
- mières cellules dérivant du vitellus, seront modifiées en bien
- ou en mal, selon l'état que celui-ci offrait lui-même ».

recherche de ce qui est, du réel, la morale a pour objet celle de ce qui doit être, de l'idéal. Tandis que les théologiens croient trouver le bien dans la révélation, l'école spiritualiste [1] dans la permanence de la conscience, l'utilitarisme, issu du sensualisme [2] en met le principe dans ce suprême désir humain, le bonheur. Pour Bentham [3] jurisconsulte et économiste, tout se réduit à une question de calcul et de statistique : le plaisir est quantité positive, la peine une quantité négative ; il suffit de faire la somme ou de prendre la moyenne des plaisirs d'une part, des peines, d'autre part, et d'établir une sorte de balance. On est heureux si la somme ou la moyenne des plaisirs l'emporte sur celle des peines; on est malheureux dans le cas contraire [4]. Au delà il n'y a que chimère et mysticisme ; la vertu est une abstraction et la conscience une fiction.

Stuart Mill, psychologiste scrupuleux, part aussi de l'égoïsme, mais il ne conçoit pas l'amour du soi solitaire et séparé de ses semblables. Sans doute l'affection ou l'antipathie forment le *substratum*, la matière de la moralité; mais, pour lui donner une forme, l'association intervient avec la sympathie et place le bonheur de chacun dans le bonheur de tous [5] : le bien et le mal sont calculés qualitativement et non quantitativement. H. Spencer estime que la fin supérieure de l'homme est dans l'équilibre définitif de ses désirs internes et de ses besoins externes. L'antagonisme des forces permanentes et nécessaires aboutit à un mouvement qui em-

1. L'école spiritualiste ou du sens commun est représentée par Reid, Dugald-Stewart, Brown, Maine de Biran, Royer-Collard et Victor Cousin.

2. Représenté par Locke, l'abbé de Condillac et Helvétius.

3. Bentham considère que la science de la morale n'est pas autre chose que celle de la législation.

4. Certains philosophes contemporains appliquent cette méthode de calcul à la question du pessimisme. C'est ainsi qu'ils ont trouvé que la souffrance ne remplit que les six centièmes de la vie humaine, et qu'il reste pour la santé et les plaisirs 19 jours sur 20.

5. Marc Aurèle a dit : « Ce qui est utile à la ruche est utile à l'abeille ».

brasse à la fois le monde physique et moral. Le système implique deux mouvements auxquels tous les
autres sont subordonnés : l'évolution et la dissolution,
le progrès et la décadence; les forces physiques se
transforment en forces vitales et celles-ci en forces
sociales (instincts et sentiments) avec tendance à passer
du simple au composé, de l'homogène à l'hétérogène.

L'individuation est donc le but à poursuivre, si l'on
veut réduire progressivement le mal, et l'équilibre
entre la constitution organique de chacun et les conditions de l'existence sociale, c'est-à-dire entre l'individu
et la société, doit s'établir par le développement des
sentiments altruistes.

La morale ainsi comprise n'a aucun caractère mystique ou métaphysique, elle est un effet de la sélection
et de l'hérédité et ne peut avoir d'autre sanction que
celle qu'entraîne la violation des lois naturelles.

Selon M. A. Fouillée[1] la relativité de nos connaissances est le seul principe du bien. Le mal c'est le
dogmatisme qui pousse le fanatique à nous imposer
ses façons de penser et d'agir, l'égoïste à se satisfaire
aux dépens de tous. « Or, si nous ne savons pas le fond
» de tout, ni, par conséquent, le fond du bien même,
» il devient irrationnel d'agir comme si nous étions
» certains que le plaisir, l'intérêt, la puissance sont
» quelque chose d'absolu, la réalité fondamentale et
» essentielle, le dernier mot et le secret de l'exis-
» tence ». Et alors, la faiblesse de notre entendement
ne nous impose pas seulement l'obligation de l'abstention vis-à-vis des objets dont la nature et la destination nous échappent, — ce qui ne serait que la justice —
mais encore un devoir d'amour et de fraternité, parce
que, tant qu'il restera devant la raison un être privé de
bonheur, elle ne sera pas satisfaite dans sa tendance à
l'universalité: pour que l'être raisonnable soit vraiment heureux, il faudra que tous les autres le soient
également.

« Le naturalisme n'a guère insisté que sur la force

1. M. Alfred Fouillée. *Critique des systèmes de morale contemporaine.*

» de l'instinct. L'idéalisme doit s'appuyer de préfé-
» rence sur la force des idées, et montrer dans la
» science même une puissance qui tend à dominer le
» monde. Ces deux points de vue, loin de s'exclure,
» s'appellent et se complètent ; ils sont également né-
» cessaires à une morale vraiment positive qui tient
» compte de tous les faits, y compris les faits impor-
» tants qu'on nomme les idées humaines. »

La justice, a dit Hobbes, n'est qu'un effet des lois
positives. Tel est l'état primitif, coutumier, pour ainsi
dire. Partant de ce principe, l'association établit entre
la justice et l'utilité supérieure un lien d'autant plus
puissant qu'il s'agit de notre sécurité. Aussi proteste-
t-elle lorsque le législateur promulgue une décision
qui foule aux pieds quelque grave intérêt, et, en présence de la violation de nos droits moraux intimes,
fait-elle déborder la justice sur la légalité. Au début,
l'homme lésé ne songe qu'aux représailles (*self vengeance*), mais, quand le sentiment du bonheur des autres l'a touché, l'horizon de sa pensée s'élargit, et il se
produit une identification entre la défense de la société et la sienne propre. Il était égoïste et brutal, il
devient altruiste et moral.

L'intervention de l'esprit et du cœur a créé la solidarité, synthèse de l'association des idées et de la sympathie [1].

Les arguments qu'on peut opposer à ces systèmes
de morale sont nombreux et peuvent être ramenés aux
points suivants :

« Aucun ne nous dit en quoi consiste le bonheur as-
signé à l'homme comme unique fin. Aucun n'indique
le criterium qui doit le faire reconnaître.

Bentham [2], en adoptant la méthode arithmétique ou
statistique, Stuart Mill en ajoutant à l'appréciation de
la quantité des sensations celle de leur qualité, com-

1. M. Laurel, *Philosophie de St. Mill.*
2. Bentham croit que la valeur des peines et des plaisirs peut
et doit être estimée suivant leur *intensité,* leur *durée,* leur *proxi-*
mité, leur *certitude* et leur *étendue.*

mettent un paralogisme: le calcul n'est applicable qu'à des objets de même espèce. Le corps humain est une réunion de cellules participant à la vie commune, mais ayant chacune leur propre individualité. Notre moi envisagé au point de vue physique est légion. Il faudrait donc, pour faire une estimation sérieuse de nos impressions, connaître ce qui, dans chaque nerf, en est le rudiment. Or, c'est précisément ce que nous ignorons. Tout ce que nous savons, c'est qu'un surcroît d'activité de l'organisme produit une rupture d'équilibre. Y a-t-il décomposition ou recomposition intenses, il y a plaisir. Y a-t-il, au contraire, réparation insuffisante, conscience de l'effort, il y a douleur[1]. La sensation est un phénomène complexe, mobile, d'autant plus insaisissable que le degré d'agrément ou de désagrément qu'elle procure dépend de causes adventices tantôt subjectives, tantôt extérieures. On ne comprend guère mieux que l'homme puisse jamais pénétrer complètement la relation de cause à effet et se flatter de contribuer au bonheur de toute la nature. Il serait à désirer que cette parole de Kant: « Agissez seulement » d'après une maxime dont vous puissiez souhaiter » qu'elle devienne une loi universelle[2] » fût mise en pratique; mais serait-il raisonnable de l'exiger, alors que la vieille morale du devoir a si peu d'adhérents convaincus? Assurément non: l'humanité n'est pas mûre pour l'application d'une doctrine aussi mal définie, et il est peu probable qu'elle consente avant longtemps à prendre comme critérium de ses actions le symbole de l'utilitarisme.

5. Aucun n'offre à l'homme un principe d'obligation morale auquel il soit tenu d'obéir[3]. L'association ne nous présente pas de sécurité dans ses décisions: elle

---

1. M. A. Fouillée, *Plaisir et douleur*, *Revue des Deux-Mondes*, 1er avril 1885.
Schopenhauer dit que le plaisir n'a qu'un caractère négatif: l'absence de douleur.
2. M. Secrétan a dit aussi : « Agis comme partie libre d'un tout » solidaire ».
3. En ce sens : H. Spencer, M. Ludovic Carrau.

nous donne des conseils, rien de plus. Le bonheur est
le but suprême et les moyens de l'atteindre sont aussi
variables que les circonstances: d'où il résulte que si
la pratique de ce que l'opinion générale appelle le
bien est, le plus souvent, la voie naturelle du succès,
il peut se présenter tel cas où il y ait lieu de faire exception à la règle. Stuart Mill répond, il est vrai, que
nulle doctrine n'est capable de remédier complètement aux infirmités de la nature, et que la sienne
n'est, sous ce rapport, inférieure à aucune autre : les
démonstrations mathématiques seules sont à l'abri de
la critique; toutes nos idées, aussi bien celles sur la
justice et le droit de punir que celles relatives à la répartition de l'impôt et au partage des bénéfices dans les
sociétés coopératives, sont l'objet de controverses jour-
nalières, et il n'est pas surprenant qu'un système de
morale soit soumis aux attaques qu'impose la relativité de nos connaissances. Mais, quand on le presse
d'indiquer la source de l'obligation de l'*impératif ca-*
tégorique que nous révèle la conscience, c'est en vain
qu'il tente d'en donner une explication expérimentale
fondée sur une liaison ou un groupement de désirs et
d'aversions; la sympathie, l'amour-propre, le souci de
l'opinion ne font pas comprendre « ce qu'il y a d'infini
» ou d'insurmontable dans le remords[1] », et si, tout
se résolvant dans des éléments finis, le sentiment de
l'*altruisme* n'est plus que facultatif, il devient inintelli-
gible qu'on vienne nous proposer comme idéal le
bonheur de l'humanité.

Le renoncement que le bouddhisme impose au fataliste de l'Orient, succombant sous le poids du climat et
de la misère; que le christianisme exalte comme l'application d'un idéal de charité et de dévouement, et que
Kant conseille parce qu'il y voit un hommage rendu à
la justice souveraine, ne se comprend plus, sous le régime de la loi scientifique destituée de causes premières et finales et abandonnée à l'empire exclusif des
lois physiques. Et il est permis de se demander si le

1. M. Guyau. *Morale anglaise contemporaine.*

positivisme, en réclamant de l'homme le sacrifice d'un
bien personnel, certain et présent, à un avantage d'intérêt général indéfinissable et lointain, n'exige pas
trop. La vie est si courte et la jouissance si précaire,
la souffrance s'embusque si souvent au détour des sen-
tiers du bonheur, l'imprévu est si fréquent, la fortune
si changeante, qu'il est bien imprudent d'ajouter aux
préoccupations des réalités substantielles de l'individu
celles plus abstraites du développement de la collectivité. Ce rêve généreux n'est que l'illusion « d'une caté-
» gorie à part de personnalités d'élite qui trouvent dans
« la hauteur de leur nature, dans la culture intellec-
» tuelle la plus élevée et dans la conception des gran-
» des idées politiques et sociales l'emploi de l'activité
» qu'ils sentent en eux [1] »; la masse humaine ne s'attarde pas dans la décevante contemplation de la
« tromperie pathétique » où se sont complu les Littré
et les Tyndall; à l'abri de toute contrainte, même morale, en présence d'un simple conseil qui lui laisse sa
liberté d'appréciation et de conduite, elle se replie sur
elle-même et, préférant sa tranquillité et la sûreté des
abris éphémères de la terre aux cyclones de la haute
mer, elle se dispense d'aller chercher au loin une fortune soumise aux caprices de l'orage. La sagesse des
nations lui dit: « Un *tiens* vaut mieux que deux *tu l'au-
ras* » et, quoi qu'on pense de ses soucis égoïstes, que
l'expression anglaise de « selfishness » résume si bien,
elle estime que dans l'état présent de la civilisation
l'existence de celui qui ne pense qu'à soi et aux siens
est assez supportable pour n'avoir pas besoin de se
confier aux mirages trompeurs de la coopération sociale.

D'autre part, l'évolutionnisme laisse peu de place à
l'idée de fixité morale. Si nous ne sommes que les manifestations de mouvements successifs d'une force inconsciente, si nous sommes soumis comme des fantômes à un *perpétuel devenir*, l'unité de notre être
disparaît et, par suite, notre stabilité morale suc-

1. M. E. Caro, *Revue des Deux-Mondes*, 1er août 1882.

combe. Notre caractère n'est plus qu'un produit complexe d'hérédité et d'éducation ballotté sans cesse par l'action des circonstances et par celle de l'influence des milieux ; et M. Fouillée a beau nous affirmer « que s'il » ne peut y avoir dans l'effet plus que dans la cause » sous le rapport de la qualité et de la relation, c'est- » à-dire de l'effet même, il ne peut y avoir, par contre, » plus sous le rapport de quantité de force », nous nous refusons à admettre que l'inférieur puisse produire le supérieur, et que, d'un organisme soumis à une force incohérente, il puisse sortir un principe stable de respect et d'obéissance.

7. Aucun, enfin, en supposant qu'il existe une règle, ne peut lui offrir une sanction. Stuart Mill et H. Spencer nous disent que le châtiment de nos infractions aux indications de l'utilité et aux lois de la nature est nécessaire, parce que la résistance de notre être limité doit fatalement se briser contre la force immanente des choses. A cette affirmation on peut répondre : personne ne conteste la permanence des fonctions de la matière ; la gravitation, la pesanteur vont droit leur chemin, sans s'inquiéter des objets qu'elles écrasent sur leur route ; mais l'ordre moral ne s'accommode pas de cette pratique. L'homme n'ignore pas que chaque jour de l'histoire écrite est marqué par une iniquité ou par un crime. Il sait que l'innocent pâtit de l'impunité des coupables et que c'est par une lutte incessante contre des fatalités malveillantes qu'il attire sur lui la considération de ses semblables. C'est pourquoi on ne saurait admettre que les plus nobles attributs de notre espèce fussent précisément une cause de déchéance, et que le désintéressement et le sacrifice, « ce point culminant de la vie humaine » ainsi que l'a dit Michelet, fussent punis d'un impitoyable châtiment.

La morale du devoir, fondée sur la personnalité du moi et sur la liberté, subsiste seule parce qu'elle a son criterium dans la conscience, parce que ses commandements sont irrésistibles, parce qu'elle a sa sanction dans le remords ; aussi résiste-t-elle aux reproches de vide formalisme des sectateurs de l'empirisme. La li-

berté qu'elle défend n'a pas le caractère autonome,
absolu et illimité que lui suppose M. Fouillée[1]. Celle
qu'elle revendique, c'est celle qui n'est pas seulement à
l'usage des philosophes, mais encore à la portée de
tous les hommes de bon sens, celle qui disparaît dans
la folie, dans le délire, dans le sommeil, mais qui,
« quand elle est sollicitée par la raison, par l'intérêt,
« se prouve à elle-même son existence — comme le
« mouvement se démontre en marchant — dans le seul
« but de faire acte de puissance et d'indépendance ou
« de constater expérimentalement qu'elle-même est
« une vérité, et que le *déterminisme* est une er-
« reur[2] ».

L'obligation n'est pas non plus en contradiction avec
la liberté : elle suppose, il est vrai, un principe universel, mais c'est celui des lois de la raison. « Le de-
« voir n'est donc autre chose que la vérité, évidente
« par elle-même, que l'homme ne reste digne de son
« propre respect et de celui des autres qu'en se con-
« duisant comme un être raisonnable et libre ».

En résumé, la loi du Devoir est dans l'essence de
l'homme. Elle n'est pas le résultat des enseignements
de l'histoire ; l'âme la moralise mais n'est pas mora-
lisée par elle, parce que, ainsi que l'a dit M. Amiel, « elle
« ne retrouve, comme les faiseurs d'or du Moyen-âge,
« dans le creuset de l'expérience que l'or qu'elle y a
« versé » ; elle est elle-même, et sa force incontestable

---

1. M. Fouillée ne croit pas à la liberté.
« S'il y a, dit-il, en moi une nature toute faite que j'ai reçue,
« une existence dont je ne sais pas la cause, il y a par cela même
« en moi un fond déterminé, nécessité impénétrable à ma cons-
« cience, parce qu'il n'est pas le résultat de mon action cons-
« ciente. Dès lors, je pourrai toujours me demander si l'action qui
« paraît venir de ma conscience, ne vient pas de ce fond incons-
« cient, si je ne suis pas, en réalité, comme dit Plotin, esclave de
« mon essence, c'est-à-dire de la nature de mon créateur. Par
« conséquent, pour être certain d'être libre, il faudrait que je
« fusse entièrement l'auteur de moi-même, de mon être comme
« de ma manière d'être, et que j'en eusse l'entière conscience.
« En d'autres termes, il faudrait que j'eusse l'existence abso-
« lue comme la conscience absolue ; il faudrait que je fusse Dieu. »
2. M. Franck, sur M. Fouillée, *Journal des Débats*, 10 sept. 1881.

vient de ce « qu'avec la meilleure volonté du monde on ne s'en dégage pas [1] ».

1. M. Paul Janet (la Morale, — Histoire de la science politique dans ses rapports avec la morale) a établi historiquement la thèse de l'universalité des principes de la loi morale.

LA FEMME

Son infériorité naturelle : — physique ; — intellectuelle ; dans la littérature ; dans les beaux-arts : peinture, musique ; dans les sciences. — Développement excessif de l'instruction publique des jeunes filles. Utopie de leur accès à la vie politique. Réformes civiles raisonnables.

La question de l'égalité de l'homme et de la femme a son importance en raison des conséquences qui en dérivent dans la constitution de la famille. Un mouvement d'opinion, parti du Nouveau-Monde, s'est, dans ces dernières années, manifesté avec une telle intensité dans les vieux pays de l'Europe occidentale, en faveur de l'affranchissement de la femme, que la discussion doctrinale des thèses saint-simonienne et comtiste, sur lesquelles elle s'appuie, a cessé de présenter un intérêt purement spéculatif.

Y a-t-il équivalence entre les facultés des deux sexes ou infériorité de la femme, au point de vue physique et intellectuel ? Le parallèle est d'autant moins facile que les attributs sont essentiellement différents, et que, suivant la loi à la fois physiologique et psychologique de l'évolution des espèces, entrevue par Agassiz et généralisée par Herbert Spencer, tout progrès de structure correspond à une accentuation d'hétérogénéité de l'individu ; — ainsi, il y a une plus grande similitude de formes physiques entre l'homme et la femme chez les Hottentots, chez les nègres de l'Abyssinie, chez les Indiens de l'Amérique du Sud, que dans une famille de la race latine ou anglo-germanique, — et ce processus de l'ordre matériel s'applique aussi, rigoureusement, aux phénomènes de l'ordre moral. Quoi qu'il en soit,

malgré l'exemple classique des Amazones, en dépit
de ceux plus modernes de certaines tribus indiennes
(*Chippewayens, Chinouks, Clatsops*) de l'Amérique du
Nord et de Cuba, et de quelques peuplades africaines,
comme celles du Dahomey (où les femmes enrégi-
mentées se battent comme les hommes et se livrent
journellement au périlleux exercice de la chasse des
fauves), la supériorité de force de l'homme n'est guère
contestée. La science moderne, sans admettre avec
MM. Louis Hamm, Dumas, Lallemant, l'ancienne proposition d'Aristote que le mâle seul donne le principe
de la vie, ne se range pas non plus à l'avis de M. Graff,
lorsqu'il revendique, en faveur de la femme, la prédominance dans la génération ; et M. Coste semble rallier
les suffrages des savants quand il établit « qu'ovule et
« spermatozoïde se pénètrent et se combinent de ma-
« nière à former une substance unique [1] ». Le docteur
Broca, il est vrai, soutient que « la diminution moyenne
de capacité cranienne chez la femme est due en partie
à sa taille », mais il ne conteste pas l'infériorité de
poids de son cerveau. Le docteur Thulié, ancien président de la Société d'anthropologie de France, le docteur Benjamin Ward Richardson, un des hygiénistes
les plus éminents de l'Angleterre, sont d'accord pour
signaler les dangers de la culture forcée chez les jeunes
filles en vue des concours. Sans doute, elles peuvent
parfois soutenir, dans une certaine mesure, la comparaison avec les hommes dans les examens de littéra-

---

1. Deux physiologistes américains, MM. Nichols et Barbey, ont
prouvé par de nombreuses expériences que si le sens du
toucher est plus développé chez la femme, elle est, par contre,
moins favorisée au point de vue du goût (cuisine et dégusta-
tion des vins) et surtout de l'odorat (essais faits avec les solutions d'essence de girofle, d'extrait d'ail, d'acide prussique et
de cyanure de potassium).

MM. E. Fischer et Bentzold d'Erlangen ont constaté que
l'odorat de la femme est cinq fois environ plus faible que
celui de l'homme. Ainsi, tandis que l'homme perçoit l'odeur de
l'acide prussique dans cent mille fois son poids d'eau, la femme
ne la sent plus dans vingt mille fois ce poids. (*Journal des
Débats*, 31 mars 1897.)

11.

ture ou de science, mais elles s'exposent à payer cher
ces tours de force, et le prix de cette contention, c'est
la disparition de leurs charmes caractéristiques : la
grâce, la finesse, la douceur de la voix et des atti-
tudes ; enfin c'est un arrêt de développement ; c'est
l'abdication de la maternité [1]. La production intellectuelle s'opère aux dépens des fonctions naturelles [2], au détriment d'un facteur social essentiel : cette

1. De hautes autorités estiment, en effet, que plus l'éducation
de la femme est raffinée, plus ses enfants sont faibles. Herbert
Spencer entre autres, dit dans ses *Principes de biologie*, que le
travail physique rend les femmes moins prolifiques ; puis il
ajoute : « La même stérilité relative est généralement aussi le
« résultat des travaux intellectuels. Quoique l'éducation des filles
« riches ne soit pas encore ce qu'elle devrait être, si l'on consi-
« dère qu'elles sont beaucoup mieux nourries que celles des
« classes pauvres, et, qu'à tous égards, leur hygiène est ordinai-
« rement meilleure, on ne peut attribuer leur infériorité, au point
« de vue de la reproduction, qu'à la dépense intellectuelle à
« laquelle elles sont astreintes et qui réagit très sensiblement sur
« le physique. Cette infériorité n'éclate pas seulement dans la
« fréquence plus grande de la stérilité proprement dite, et dans
« l'abaissement de la limite d'activité reproductive ; elle résulte
« aussi de l'incapacité très générale de ces femmes à la fonction
« secondaire de la mère, celle qui consiste à allaiter son enfant.
« La définition complète de la maternité est le pouvoir de porter
« à terme un enfant bien développé et de fournir à cet enfant
« son aliment naturel pendant la période normale. C'est une
« double fonction à laquelle sont généralement peu propres *les
« filles au sein plat*, qui survivent à une éducation à haute pres-
« sion. En admettant même qu'elles eussent la moyenne ordi-
« naire d'enfants, elles devraient encore être considérées comme
« relativement infécondes. »

2. Hygiénistes et sociologues sont d'accord sur ce point
(Congrès annuel de la *British medical Association*, tenu à
Brighton, en août 1886). Le docteur Hertel constate que dans les
écoles supérieures danoises, 41 pour cent des filles deviennent
anémiques par excès de travail, tandis que la proportion n'est
que de 29 pour cent pour les garçons.

Sir James Brodie remarque que « presque toujours, dans les
« classes riches, l'intelligence des filles est cultivée aux dépens
« de la vigueur physique, parce qu'il leur faut plus de temps
« et d'efforts qu'à leurs frères pour arriver aux mêmes résultats ».

Le docteur Clarke, des États-Unis, est si effrayé des effets
de la haute culture, produits en son pays sur le physique des
femmes, qu'il se demande si, avant 50 ans, les Américains ne
seront pas réduits à venir prendre femmes en Europe, et le

perte certaine est-elle compensée par un progrès supérieur?

La réponse est dans les faits.

L'infériorité générale de la femme n'est pas seulement un effet de son inaction cérébrale héréditaire, de
ses habitudes d'éducation; elle est, avant tout, dans
une incapacité relative et originelle de sa nature. La
femme n'a pas le don de l'invention; elle ne conçoit
que difficilement l'abstraction; s'attachant plus au fait
qu'à l'idée, au personnel qu'à l'impersonnel, elle est
supérieure dans la recherche des détails, mais elle s'y
perd souvent, faute de parvenir à généraliser ses impressions; elle analyse avec finesse, elle ne s'élève pas
jusqu'à la synthèse [1]. Aussi n'en cite-t-on aucune qui
ait brillé dans l'étude de la philosophie, des mathématiques transcendantes, de la physiologie ou de la législation : Kant, Newton, Claude Bernard, Portalis n'ont
pas et n'auront pas de sitôt d'émules femmes.

Dans les arts et en littérature surtout, le succès a été
plus appréciable parce qu'on s'adressait aux facultés
émotionnelles : mais là encore la spontanéité et la
vivacité des sentiments ont été un écueil : la femme ne
« sait pas assez objectiver ses sensations [2] » parce que,
ainsi que l'a dit Milton, elle aime tandis que l'homme
contemple [3].

professeur Bystroff, de Saint-Pétersbourg, fait des observations
semblables.

Mme Loizillon (rapport au ministère de l'instruction publique
sur sa mission aux États-Unis, 1883), a constaté les mêmes
effets dans les écoles de filles, au Massachusetts, notamment à
l'école Roxbury et au collège Oberlin (Ohio).

1. M. Escott (l'Angleterre) constate que dans les écoles de filles,
par exemple à Cambridge, on est obligé de s'adresser plus souvent à la mémoire qu'à l'intelligence.

2. J. Lemaître, Revue bleue, n° 2, 1887. — A propos du livre
de M. Jacquinet, Les femmes poètes et prosateurs.

3. « Je n'ai jamais rencontré de femme qui fût en état de
suivre un raisonnement pendant un demi quart d'heure. Elles
ont des qualités qui nous manquent, des qualités d'un charme
particulier, inexprimable, mais en fait de raison, de logique,
de puissance de lier les idées, d'enchaîner les principes et

Dans la longue énumération des écrivains ayant marqué, combien en compte-t-on que l'on puisse qualifier à juste titre de penseuses? Les aimables correspondantes du *XVIIIᵉ siècle*, telles que Mᵐᵉˢ de Lambert [1], d'Epinay [2], Mˡˡᵉ de Lespinasse, Mᵐᵉˢ de Graffigny [3], du Deffant [4], les spirituelles conteuses, telles que Mᵐᵉˢ Roland de Genlis, Necker de Saussure, Campan, Eugénie de Guérin, de Girardin [5], manquent d'envergure dans la conception, de précision et de netteté dans le style [6].

« les conséquences, et d'en apercevoir les rapports, la femme,
« même la plus supérieure, atteint rarement à la hauteur d'un
« homme de médiocre capacité. L'éducation peut être en cela
« pour quelque chose, mais le fond de la différence est dans
« celle des natures.... *La femme est un papillon léger, gracieux,*
« *brillant, à qui des escargots philosophes ont proposé de se faire*
« *chenille.* »

(Lamennais, cité par Proudhon, *La Pornocratie*, p. 26-27.)

1. Mᵐᵉ de Lambert tenait un des salons où se réunissait la société lettrée : Fontenelle, d'Argenson, le président Hénault. — On lui doit: *Manuel d'éducation*; *Avis à ma fille*; *Avis d'une mère à son fils*; livres pleins de jugement, de goût, de raison et de sensibilité, mais malheureusement gâtés par « l'ambition littéraire », a écrit M. Gréard. *L'éducation des femmes par les femmes.*)

2. Le style de Mᵐᵉ d'Epinay est plein de verve et d'esprit, mais ses récits sont gâtés par une surcharge de détails insignifiants : on cite néanmoins: ses esquisses des grands hommes de l'époque, Diderot, Grimm, d'Alembert, ses tableaux des salons de Mᵐᵉ Geoffrin, de Mˡˡᵉ de Lespinasse, du baron d'Holbach.

M. Gréard a dit d'elle : « Il ne lui manqua qu'un mariage assorti et une première impulsion pour laisser un nom aussi pur que son talent. »

3. Mᵐᵉ de Graffigny est l'auteur des *Lettres d'une Péruvienne* (1747), œuvre imitée des *Lettres persanes*, de Montesquieu.

4. Mᵐᵉ du Deffand est connue par sa correspondance avec Horace Walpole.

5. Mᵐᵉ Émile de Girardin, née Delphine Gay, fille de Sophie Gay, auteur de poésies, de romans, nouvelles (*Le Lorgnon*, 1831), d'articles-variétés, sous le nom de vicomte de Launay (*Lettres parisiennes* au Journal *la Presse*), de pièces de théâtres (*la Joie fait peur*), est un des écrivains les plus charmants qu'ait produits l'esprit français contemporain. Néanmoins ses œuvres pèchent par faiblesse de conception et manquent d'originalité. Sainte-Beuve a dit à propos d'elle : « Il est remarquable que les « femmes, si habiles et si maîtresses qu'elles soient, trouvent « rarement leur forme elles-mêmes ; elles en usent bien, mais « elles l'ont empruntée à un autre. »

6. On a beaucoup trop vanté le talent de Mᵐᵉ des Houlières,

Seules, peut-être, Mᵐᵉ de Sévigné et Mᵐᵉ de Maintenon [1], dans quelques *Lettres* demeurées célèbres, Mᵐᵉ de Motteville [2] et Mᵐᵉ de Rémusat dans la peinture des événements auxquels elles ont assisté, Mᵐᵉ de Staël (*l'Allemagne, Corinne*) Mᵐᵉ George Sand [3],

bien qu'elle manquât de goût; c'est elle qui a commis un ridicule sonnet sur la tragédie de *Phèdre* et déclaré préférer l'obscur Pradon à Racine.

On a fait également une réputation imméritée à Mᵐᵉ Desbordes-Valmore, à Sophie Gay, à Mᵐᵉ Amable Tastu, à Mˡˡᵉ Pauline de Meulan (Mᵐᵉ Guizot), à Mᵐᵉ Louise Collet-Revoil.

1. Les *Lettres* de Mᵐᵉ de Maintenon, celles sur *l'Éducation des filles* notamment, sont pleines de solide raison et de charme; Saint-Simon définit leur style : « Un *langage doux, juste, en bons termes, naturellement éloquent et court.* »

2. Les *Mémoires* de Mme de Motteville sont pleins de récits attachants et d'aperçus philosophiques. Sainte-Beuve leur trouve une parenté historique avec ceux de Philippe de Commines. Son tableau des troubles de la Fronde ne pâlit pas à côté de celui du cardinal de Retz; on y trouve notamment des réflexions dignes d'un homme politique, celles-ci par exemple :

« Quand les sujets se révoltent, ils y sont poussés par des causes qu'ils ignorent, et, pour l'ordinaire, ce qu'ils demandent n'est pas ce qu'il faut pour les apaiser. »

« La corruption politique est telle, parmi les hommes, que, pour les faire vivre selon la raison, il ne faut pas les traiter raisonnablement, et que, pour les rendre justes, il faut les traiter injustement... »

(Cité par Sainte-Beuve. — Mᵐᵉ de Motteville, *Nouveaux lundis.*)

3. « Je n'ai presque rien à ajouter à ces lignes; je peux seulement répondre de leur exactitude absolue. Lorsque, il y a huit ans, je me rencontrai avec George Sand, l'étonnement enthousiaste qu'elle m'avait inspiré jadis était depuis longtemps disparu; je ne l'adorais plus; mais il était impossible d'entrer dans le cercle de sa vie intime sans devenir son adorateur dans un autre sens, et peut-être chacun se sentait-il aussitôt en présence d'une nature infiniment généreuse et bienveillante, chez qui tout égoïsme avait été complètement et depuis longtemps brûlé à la flamme inextinguible de l'enthousiasme poétique, de la foi à l'idéal; une nature à qui tout ce qui est humain était accessible et cher, et qui respirait, pour ainsi dire, le secours et l'assistance... Et, au-dessus de tout cela, une sorte d'auréole inconsciente, quelque chose de grand, de libre, d'héroïque... Croyez-moi, George Sand est née de nos siècles; tous ceux-ci rec... bien ce que je veux dire par ce mot.

« Pardonnez-moi l'incohérence et le décousu de cette lettre, et agréez, etc. »

(Correspondance d'Ivan Tourgueneff. *Temps*, 24 août 1886.)

M⁰ᵉ Daniel Stern ¹, Mᵐᵉ Harriet Beacher-Stowe ²
et Mᵐᵉ George Elliot ³ sont hors de pair et méritent

Lettre du 9 juin 1876 à M. Souvorine, à propos de la mort de
G. Sand.)

« Peu n'importe si je suis ou non d'accord avec elle sur le
« mariage, si le plan de son intrigue est correctement tracé...
« Il suffit, pour que je m'incline devant elle avec une reconnais-
« sance éternelle pour cette grande puissance de Dieu qui s'est
« manifestée en elle, que je ne puisse lire six pages d'elle, sans
« reconnaître qu'il lui a été donné de peindre les passions hu-
« maines et leurs conséquences, et aussi quelques-unes de nos
« aspirations morales avec tant de vérité, de finesse, de délica-
« tesse, de pathétique, et en même temps avec une humeur si
« tendre et si aimable, que nous pourrions vivre tout un siècle
« réduits à nos pauvres facultés et en apprendre moins que ces
« six pages n'en suggèrent.

(George Elliot. Lettre du 9 fév. 1849, à propos de George Sand.)

D'autre part, M. Bérard-Varagnac a signalé, dans l'œuvre de
George Sand, l'absence de grâce féminine qui se trahit par la
trivialité et l'absence de tact de sa Correspondance, et cette
ardeur de fille de Rousseau, qui l'empêche d'être un critique
impartial et un véritable écrivain politique.

1. Daniel Stern (Mme la comtesse d'Agoult, née Marie
de Flavigny) a fait preuve, dans sa longue carrière, d'une maturité intellectuelle presque égale à celle de George Sand. Con-
naissant toutes les langues de l'Europe, elle a abordé avec
succès dans ses ouvrages les genres les plus variés : le roman
(Nélida, Hervé, Valentia); la critique littéraire et artistique
(Salons 1842-1843); la polémique politique (Revue des Deux-
Mondes, Revue politique, la Presse); l'étude des questions sociales
et économiques, à l'examen desquelles elle apportait, bien que
grande dame, une passion démocratique.

2. Auteur du roman philosophique, anti-esclavagiste: la
Case de l'oncle Tom.

3. Mary-Ann Ewans (Mme Cross), dite George Elliot (1819-1880),
est un des esprits les plus vigoureux de la littérature anglaise
contemporaine. Son œuvre est « digne d'un génie d'homme » et
d'une admiratrice passionnée de Molière, de Rousseau, de Gœthe,
de George Sand, d'Auguste Comte et d'Herbert Spencer.

On lui doit plusieurs romans célèbres: Adam Bede, Daniel
Deronda, Amos Barton, Le moulin sur la Floss, Romola; des
articles de critique dans la presse (Westminster Review), un
Journal de sa vie et des Lettres où se révèlent la puissance et la
profondeur de sa pensée.

On peut également citer comme ayant aussi le sentiment de
l'« objectivité » Mme Elisabeth Barrett Browning (1805-1861),
qui a dit, dans la préface d'Aurora Leigh, son chef-d'œuvre:
« J'ai mis là mes plus hautes convictions sur la vie et sur l'art ».

d'être rangées parmi les auteurs à considérations philosophiques [1].

1. Parmi les femmes auteurs on cite :

EN FRANCE. —

Au XVIe siècle :

La reine Louise ;
La reine Marguerite de Valois ;
Mme de Retz ;
Mme de Lignerolles ;
La duchesse de Rohan ;
La princesse de Léon ;
Mme de Simiers, née de Vitry ;

Les trois demoiselles de Morel	Camille, Lucrèce, Diane ;

Les trois demoiselles de Clèves	la duchesse d'Uzès, Mme de Villeroy, Mme de Senneterre.

Au XVIIe, en outre de Mmes de Sévigné, de Maintenon et de Motteville :

Mlle de Scudéry (1607-1701), auteur de poésies et de romans (Clélie, le Grand Cyrus) ;

Mme de la Fayette (1634-1693), auteur de Mémoires et de romans (la Princesse de Clèves) ;

Au XVIIIe, en outre de Mmes de Lespinasse, de Lambert, d'Epinay, de Graffigny, du Deffant, Roland, de Genlis, Necker de Saussure, et Campan :

Mme de Charrière, auteur de romans (Caliste, le Mari sentimental) ;

Mme Cottin (née Sophie Ristaud) (1773-1807), auteur de romans (Malvina, Mathilde, Amélie de Mansfeld, Claire d'Albe (1792) ;

Et au XIXe, en outre de Mmes de Staël, Des Houlières, Desbordes-Valmore, Sophie Gay, Amable Tastu, Pauline de Meulan, Louise Collet-Revoil, Eugénie de Guérin, George Sand, Daniel Stern, de Girardin :

Mme de Duras (née Claire Lechat de Kersaint), auteur de nouvelles (Ourika) d'un style maniéré et sans naturel ;

Mme Ancelot, auteur de comédies, de vaudevilles et de romans (Marie ou les trois époques) ; célèbre par son salon de la rue Saint-Guillaume où se réunissaient Alfred de Vigny, Viennet, MM. Patin, G. Nadaud, Octave Lacroix, Alphonse Daudet, Mme Segalas et M. Lachaud, son gendre ;

Mme la marquise de Souza (comtesse de Flahaut, née Emilie Filleul), auteur de romans (Adèle de Senange, Charles et Marie, Eugène de Rothelin), écrivain plein de finesse et de naturel, mais sans émotion ;

Il en est de même dans les beaux-arts. En peinture, quelques femmes ont du talent.

Mme de Bawr, auteur des *Suites d'un bal masqué*, correspondante de Saint-Simon;

Mlle Bertin, auteur des *Glanes* (*Revue des Deux-Mondes*);

Mme Victor Hugo, née Adèle Foucher, auteur d'articles dans le journal l'*Événement* (1851), sous le pseudonyme de « Marie »;

Mme Hermance Lesguillon, poète, citée par Émile Deschamps (*Causeries littéraires et morales sur quelques femmes célèbres*, 1836);

Mme Mélanie Waldor, auteur de romans et de pièces de vers, dont la plus connue est intitulée *la Fireline de Jeannette*;

Amélie Bosquet (connue sous le nom d'Émile Bosquet), née à Rouen en 1816, auteur d'articles au journal le *Droit des femmes*, de romans (*Le roman des ouvrières*, *Rosemonde*, *Une femme bien élevée*, *Louise Meunier*, *Les trois prétendants*, *Une villégiature*, *Séraphine et Léonie*) et de brochures (*la Normandie romanesque et merveilleuse*, *Blainville-Bonsecours*);

Olympe Audouard, née à Aix, vers 1830, auteur de nouvelles (*Les nuits russes*, *Le secret de ma belle-mère*), de voyages (*A travers l'Amérique*, *le Far West*, *North America*) — de brochures et d'articles sur les droits de la femme;

Mme Henry Gréville (Mme Durand, née Henry), née à Paris, en 1842, auteur d'articles dans le *Figaro*, le *Temps*, le *Journal des Débats*, la *Revue des Deux-Mondes*, de romans (*Dosia*, *les Koumiassine*, *la Maison de Maurèze*, *l'Amie*, *Rose Rozier*, *Clairefontaine*, *Nikanor*), de traductions de livres russes et d'un *Manuel d'instruction civique*;

Mme la comtesse de Martel, née de Riquetti de Mirabeau, connue sous le nom de « Gyp », auteur d'articles de journaux (*La Vie parisienne*), de romans et de tableaux humoristiques: le *Petit Bob*, les *Séducteurs*, *Autour du mariage*, — cette dernière œuvre mise en pièce de théâtre et représentée en 1883, avec le concours de M. Hector Crémieux. — On lui doit aussi le *Tout à l'égout*, pièce-revue sur les hommes du jour (janvier 1889);

Ouida (Mlle de la Ramée) auteur de romans;

Claire de Chandeneux (Mme Bailly née Emma Béranger);

Mme de Blocqueville, auteur de *Mémoires sur le maréchal Davoust et son temps* et d'un recueil de pensées intitulé *Chrysanthèmes*;

Mme Ackermann, auteur de poésies pessimistes, critiquées par M. Caro;

Mme Berte (née Boissonnade), auteur de romans et d'opuscules philosophiques;

Mme Paul Bert (née Elisa Clayton), auteur de traductions anglaises;

Mme Blanc (née Thérèse de Solms), connue sous le pseudonyme de « Bentzon », auteur de romans couronnés par l'Académie française (*Un Remords*, *Tony*), d'articles de critique sur les romanciers américains et d'adaptations d'écrivains anglais dans la *Revue des Deux-Mondes*;

Rosalba Carriera (1670-1757), bien que manquant de précision dans le dessin, a le coloris plein de chaleur;

Mme Genevraye (Mme Janvier de la Motte), auteur de romans;

Mme Ségalas (née Anaïs Ménard), auteur de contes, de comédies, de divers ouvrages humoristiques et d'articles dans la *Patrie* et le *Constitutionnel*;

Mme la comtesse de Ségur (née Sophie Rostopchine), auteur de romans et de poésies, et surtout d'ouvrages pour les enfants (*les Mémoires d'un âne, le Général Dourakine, Contes de fées pour les petits enfants*);

Mlle Zénaïde Fleuriot, auteur de « Nouvelles » à l'usage de la jeunesse;

Mme Geudre-Nikitine, auteur de *Lettres sur la Russie*;

Mme Alfred Fouillée, auteur, sous le pseudonyme de « Bruno », d'un livre de lecture et d'instruction pour les enfants;

Mme Espiros, auteur de romans (*Un vieux bas bleu*);

Mme Edmond Adam, née Juliette Lamber, née en 1836, auteur de romans (*Blanche de Coucy, le Mandarin, Récits d'une paysanne, l'Éducation de Laure, Saine et sauve, Grecque, Païenne*), d'articles sur les droits des femmes (*idées antiproudhoniennes sur le mariage*), fondatrice de la *Nouvelle Revue* (1879). On lui doit aussi, sous le nom de « comte Vasili », une série d'études sur les sociétés anglaise, italienne, russe, allemande et française;

Mme Claude Vignon (Mme Rouvier, veuve Constant, née Noémie Cadiot), auteur de comptes rendus des séances du Corps législatif dans le *Moniteur*, de correspondances quotidiennes dans l'*Indépendance belge*, et de nombreux romans: *Jeanne de Mauquet, Victoire Normand, les Complices, Château-Gaillard, Revolte*;

Mme Calmon, connue sous les pseudonymes de l'« Inconnue ». *Revue bleue* et de « Gérald », auteur de nouvelles;

Mme Gagneur (née Marie-Louise Miznerot), auteur de romans socialistes;

Mme Guillard, auteur d'opuscules de sociologie;

Mme Guebhardt (connue sous le nom de Séverine), rédacteur au journal *le Cri du Peuple*;

Mme Mathilde Froment (Mme Rourdon); } auteurs d'articles

Mme de Colomb; } variétés.

Mme P. de Nanteuil;

Parmi les étrangères ayant écrit en français, on cite :

EN SUISSE :

Alice de Chambrier, poète;

Cinq SLAVES :

Mme de Krüdner, inspiratrice de la Sainte-Alliance, confidente du czar Alexandre Ier, auteur de romans (*Valérie*, 1803);

Mme Swetchine, auteur de livres de piété, de *Pensées*, d'une *Correspondance* avec le père Lacordaire;

Mme Tola Dorian (princesse Mestchersky), poète;

Angelica Kauffmann (1741-1807) (3 pastels au Louvre, œuvres principales à Munich) à défaut de vigueur, a de la noblesse et de l'élégance dans le groupement de ses personnages.

Mme Arvède Barine, critique littéraire (articles dans la Revue des Deux-Mondes);

Mme Carmen Sylva, reine de Roumanie, poète, couronnée par l'Académie française.

EN ALLEMAGNE :

Au Moyen-âge, on compte au nombre des femmes de lettres : La princesse Mathilde, fille du comte palatin Léon III;

Marguerite Welser, femme de l'humaniste Conrad Peutinger;

Véronique Welser, patricienne d'Augsbourg, dont les deux Holbein ont fait le portrait;

Clarisse Apollonia Tucher, religieuse, nièce de Sixte Tucher, juriste de Nuremberg;

Clara et Charité Pirkheimer, religieuses au couvent de Sainte-Claire. (Janssen, l'Allemagne et la Réforme).

Dans les temps modernes :

Jeanne Schopenhauer, mère du philosophe, romancière (1770-1838), qui a tenu un salon où se réunissait, à Weimar l'élite intellectuelle de son temps : Goethe, Wieland, Falk, Bertuch et Meyer;

Ludoska von Blum, connue sous le nom de Ernst von Waldow, auteur de drames et de comédies (Marie de Bourgrie, Néron et de nouvelles (Madeleine, le Sang bleu, la Cathaud noire, le Secret de la Tour rouge);

Et parmi les écrivains contemporains, Mme de Roskowska dans les Blætter für litterarische Unterhaltung, analysant l'Almanach des Dames, de Lina Morgenstern, en compte six cents, écrivant en langue allemande : Dresde en possède 30 contre plus de 300, il y a 25 dans Leipzig, 20, Vienne, 50, et Berlin (en y comprenant Posdam et Charlottembourg, 80; Cassel, Hanovre, Francfort sur le Mein, chacune 14, Darmstadt, 9, Wiesbaden, 8, Hambourg, Brême, Kœnigsberg et Stuttgardt, 7.

« La Russie a aussi ses femmes auteurs. Une des plus remarquables a été la comtesse Rostopchine, morte en 1858, qui a laissé des poésies d'un sentiment profond. Parmi les contemporaines actuellement vivantes, on cite particulièrement : Mme Krestowski, poète et romancier de grand talent; Mme Marco Vovtschov, qui a écrit en petit russien de très jolis récits de la vie des paysans; Mme Juliette Jadovskaya, qui a attiré l'attention du public par son roman En dehors du grand monde, et par des poésies d'une touchante simplicité, et Mmes Kokinovskaia, Gorbanova et Tschrikova.

« Les femmes russes apportent donc leur part à ce développement d'une littérature qui paraît appelée à de sérieuses destinées, et qui tient déjà une grande place dans le monde ».

(Le Temps, 20 janvier 1887.)

Mme Vigée-Lebrun (1755-1842) joint à la pureté de la ligne la délicatesse et l'émotion (*Mme Lebrun et sa fille, portrait de Stanislas roi de Pologne*, au Louvre).

Parmi nos contemporaines :

Mme de Mirbel (née Lizinska Rue) est la première miniaturiste de notre temps (*portraits de Charles X, du duc de Fitz-James, de Fanny Essler, d'Émile de Girardin*) ; Mlle Nélie Jacquemart (Mme André) a le don de la vie, de la justesse et de la largeur dans la touche (*portraits de MM. Duruy, Thiers, Dufaure*) ; Mlle Rosa

En ANGLETERRE on remarque, en outre de George Elliot, de Mmes Beecher-Stowe et Browning, citées plus haut :

Sophie Lee (1750-1824), auteur de comédies et de romans (*La Retraite*, (1785), *Le Souterrain ou Mathilde* 1787 ;

Mme Inchbald (1753-1821) actrice et auteur dramatique ;

Charlotte Turner (Mme Smith), (1710-1809), auteur de romans *Emmeline*, 1788, d'un recueil de poésies et d'une traduction de « Manon Lescaut » ;

Mary Wollstonecraft (Mme William Godwin), (1759-1797), auteur de la *Revendication des droits de l'homme*, réponse aux « Réflexions sur la Révolution française » de Burke (1790 ;

Anna Ward (Mme Radcliffe, 1764-1823, auteur de romans *Forêt de l'Abbaye de Sainte-Claire*, 1791, douée d'une imagination vive et poétique ;

Mlle Edgeworth (1767-1849, auteur de romans et de mémoires ;

Mlle Austen (1775-1817), auteur de romans ;

Francesca Burney (Mme Arbley), auteur de romans ;

Mme Anna Elisa Kempe (Mme Bray), auteur de romans historiques dans le genre de Walter Scott ;

Mme Carlyle (née Jane Baillie Welsh), femme du célèbre historien, auteur de lettres (articles d'Arvède Barine) ;

Miss Harriet Martineau, française d'origine, auteur de romans, d'ouvrages d'histoire : *Histoire de 30 ans de paix* et d'économie politique ;

Mme Mary Somerville, auteur d'un résumé de la mécanique céleste de Laplace et d'ouvrages de géographie ;

Mme Charlotte Bronte (en littérature Mme Currer Bell (1824-1855), auteur de romans célèbres *Jane Eyre, Shirley, Vilette et le Professeur* ;

Mlle Eugénie John de Arnstadt (connue sous le pseudonyme de Marlitt), auteur de romans : *Les douze Apôtres, Goldelse, Barbe bleue, Le secret de la vieille demoiselle, La comtesse Gisèle* ;

Bonheur[1] a le rare mérite de savoir animer ses paysages et de les pénétrer de cette poésie dont Mme Sand a révélé le secret (Paysages du centre de la France).

Mais aucune n'a encore montré qu'elle eût le sentiment du grand art, le génie de la composition[2].

Sans parler des maîtres anciens, tels que Raphaël, Michel-Ange, Corrège, Tintoret, Léonard, Paul Véronèse, Tiépolo, Rubens, Rembrandt, Van Dyck, Claude dit le Lorrain, Poussin, Murillo, et nous en tenant aux modernes, nous nous demandons quelles œuvres de femme on peut mettre à côté de celles de Cornelius et de Kaulbach (école de Munich), de Delacroix (*Entrée des croisés à Byzance*), de M. Ingres (le *Sphinx*, l'*Apo-*

---

[1]. *Le Marché aux chevaux*, par Rosa Bonheur, a été adjugé à la galerie nationale de Londres, pour 268,500 francs (Vente Stewart, New-York, mars 1887.)

[2]. Parmi les peintres ou sculpteurs-femmes contemporains, on mentionne en outre.

EN FRANCE :

Mlle Félicie de Fauveau, sculpteur;

Mme Sturel-Peigné (Fleurs, peinture et pastels au Louvre);

Mme Claude Vignon (Mme Rouvier), élève du sculpteur Pradier, auteur de l'*Enfance de Bacchus* (salon 1852), et de bustes de Gavarni, M. Lefèvre-Duruflé, Canova, M. Thiers, M. Rouvier;

Mme Henriette Browne (Mme Jules de Saux, née Sophie de Bouteiller), élève de Chaplin, peintre de portraits et graveur (salons de 1854 à 1866);

Mme Vallayer-Coster (natures mortes, fleurs, au Louvre);

Mme Madeleine Lemaire (fleurs, peinture et pastels);

Mlle Louise Abbema (portraits);

Mlle Beaury-Saurel (portrait de M. Barthélemy-St-Hilaire, salon 1887;

Mme Demont-Breton, fille de M. Jules Breton, peintre de genre;

Mme Cazin, peintre et sculpteur;

Mme Besnard (née Charlotte Dubray), sculpteur;

Mme Sarah Bernhardt, sculpteur;

Mlle Morin (miniatures).

EN RUSSIE :

Mlle Marie Baskhirtseff, auteur de plusieurs toiles (*l'Allée*) et pastels qui témoignent d'un sentiment sincère de la nature et d'un ardent amour de l'art;

Mlle Bilinska (portraits, salon de 1887.

théose d'Homère, la Stratonice), de Paul Delaroche (L'assassinat du duc de Guise, Cromwell soulevant le couvercle du cercueil de Charles Ier), de Henri Regnault (la Salomé, portrait du général Prim), de Meissonier (Friedland 1807 [1], Retraite de Russie, la Rixe), de Fortuny (la Noce espagnole, le Charmeur de serpents, les Académiciens de Salamanque choisissant un modèle) [2].

En musique, les brillantes exécutantes ne sont pas rares, les grandes cantatrices sont nombreuses, et cependant peu de femmes ont composé des opéras, des opéras-comiques ou même des morceaux détachés, d'une véritable inspiration : Mmes Lucile Grétry, Simone Candeille, Louise Bertin, la vicomtesse de Grandval, Sébault (Pauline Thys), ont fait preuve de talent, mais n'ont pas laissé et ne laisseront pas des noms dignes de figurer à côté de ceux de leurs contemporains [3].

En Angleterre :
Mme Butler (née Elisabeth Southerden), peintre militaire (l'Appel, Waterloo, Balaklava.)

1. Meissonier, dans une lettre adressée à M. Stewart, explique le sujet qu'il a voulu rendre : « Je n'ai pas eu, dit-il, l'intention de faire une bataille ; j'ai voulu peindre Napoléon à l'apogée de sa gloire. J'ai voulu rendre l'amour, l'adoration dont les soldats entouraient ce grand capitaine, dans lequel ils avaient foi et pour lequel ils étaient prêts à mourir ».

2. Eh bien ! — pourquoi ne pas en convenir ? — elles nous causent tous les ans une petite déconvenue. Les Françaises, et en particulier les Parisiennes, ont tant de goût dans leurs ajustements, elles sont si coloristes dans l'agencement de leurs toilettes, si vraiment artistes dans leur habileté à meubler les maisons, que l'on s'attendrait à trouver plus de fantaisie, de grâce et de brio dans leurs productions artistiques. — Tout cela se glace dès qu'elles ont la palette à la main. Elles peignent terne, presque toutes échouent dans la composition. « Du tour de main, mais pas de cerveau », me disait l'autre jour M. Casimir, à propos des cordons bleus qui aspirent à détrôner les cuisiniers. Est-ce que M. Casimir aurait raison sur toute la ligne ?

(Hugues Le Roux, Temps, 5 mars 1887. A propos de l'Exposition de l'Union des femmes peintres et sculpteurs.)

3. Parmi les œuvres de femmes compositeurs représentées, on cite :

Il y a donc une notable exagération à nier toute

À l'Opéra de Paris :

Céphale et Procris, op. 5. Mme Jacquet de la Guerre, 15 mars 1694.

Le Génie, op. 4. Mlle Duval, 18 octobre 1736.

Tibulle et Délie, op. 4. Mlle Villard de Beaumesnil, 21 mars 1784.

Praxitèle, op. 4. Mme Devismes, 26 juillet 1800.

La Esmeralda, op. 4. Mlle Louise Bertin, 14 novembre 1836.

À l'Opéra-Comique :

Fleur-d'épine, op. c. 2. Mme Louis, 19 août 1776.

Nanette et Lucas, op. c. 3. Mlle Bezide, 8 novembre 1781.

Le Mariage d'Antonio, op. c. 4. Mlle Lucile Grétry, 29 juillet 1786.

Toinette et Louis, op. c. 2. Mlle Lucile Grétry, 22 mars 1787.

La méprise involontaire, op. c. 4. Mlle Le Sénéchal de Gércado, 5 juin 1805.

Sola ou *l'Orpheline de Berlin*, op. c. 2. Mme Simone Candeille, 19 mars 1807.

Les deux jaloux, op. c. 4. Mme Gail, 27 mars 1813.

Angela ou *l'atelier de Jean Cousin*, op. c. 4. Mme Gail et Boïeldieu, 11 juin 1814.

Le Loup-Garou, op. c. 4. Mlle Louise Bertin, 10 mars 1827.

Le mauvais œil, op. c. 4. Mlle Loïsa Puget, 10 octobre 1836.

À Montmartre :

La jeunesse de Lulli, op. c. 4. Mlle Péan de Laroche, 23 décembre 1846.

Sur diverses scènes :

Le Fauteuil de mon oncle (Bouffes-Parisiens, 7 septembre 1859), par Mlle Collinet.

Maître Palma (Théâtre Lyrique, 17 juin 1860), par Mlle Rivet. *Opéra à Bade* (1867-68-69), par Mme Pauline Viardot.

Les fiancés de Rosa, op. c. 4. (Théâtre Lyrique, 1er mars 1853 ; *le Sou de Lise* (Bouffes-Parisiens, 7 mars 1860), *la Comtesse Eva*, op. c. 4, Bade, 7 août 1864 ; *la Pénitente*, op. c. 4, Opéra-Comique, 13 mars 1868 ; *Piccolino*, op. 4 Italiens, 5 mars 1869), par Mme la vicomtesse Reiset-Grandval.

La Pomme de Turquie (Bouffes-Parisiens, 9 mai 1857) ; *le Pays de Cocagne* (Théâtre Lyrique, 24 mai 1862) ; *le Mariage de Tabarin* (op. c., 23 avril 1877) ; *le Cabaret du Pont cassé* (Bruxelles, 19 octobre 1878) ; *la Conjuration de Chevreuse* (Florence, novembre 1881), par Mme Sébault (Mme Marque du Coin, née Pauline Thys).

Le Sorcier, op. c. 4. (Théâtre Lyrique, 18 juin 1866) ; *les Vacances de l'amour*, op. c. 4, 6 août 1867), par Mme la comtesse Perrière-Pilté (Anaïs Marcelli).

différence normale d'intelligence entre les sexes [1].

Le progrès n'exige pas l'introduction, sur le champ de bataille de la vie, d'un nouvel élément, et il n'est pas sans péril de laisser libre cours aux tendances contemporaines qui encouragent les femmes à envahir les carrières libérales.

Il peut être bon d'admettre les femmes dans les services hospitaliers [2], dans les écoles primaires [3], dans les bureaux de poste : il serait même équitable de leur accorder des places de comptables dans les administrations publiques, telles que les contributions directes ou indirectes, les bureaux de conservation des hypothèques, les ministères, les mairies, les bibliothèques [4],

---

J. Balari, op. 3. (Florence) par Mme Tarbé des Sablons.

Les Roussalkas, op. c. 2. (Bruxelles, 11 mars 1870), par Mme la baronne de Maistre.

Sniders, op. c. 1. (Weimar mai 1879), par Mme Beritte Viardot.

Le Saïs, op. c. la Renaissance 18 décembre 1881), par Mlle Marguerite Tagnier (Mme Jolly).

Les Argonautes, 30 avril 1881; *la Pologne*, Angers, 11 novembre 1883, par Mlle Augusta Holmès.

1. Ainsi que le prétend M. Hippeau compte rendu d'une mission aux États-Unis, 1870, d'après les indications de M. Fairchild, directeur du Collège Oberlin (Ohio).

2. Les services hospitaliers occupent, en Angleterre, 11,528 femmes. (*Économiste français*, 21 novembre 1885, p. 641).

3. « Les femmes donnent cette éducation de peu de mots, « mais de beaucoup d'action qui est la plus profonde et la plus « durable de toutes, parce que c'est alors l'âme même qui parle « à l'âme, qui y gouverne et y règne du droit divin de la bonté. »
(Damiron, *Souvenirs de 20 ans d'enseignement*.)

Aux États-Unis, le personnel enseignant se compose de 273.000 instituteurs, dont 154.000 femmes.
(Carnegie, *L'Amérique depuis 50 ans*.)

Elles sont admises comme institutrices dans les écoles primaires des deux sexes. Au Massachusetts notamment, elles y sont sept fois plus nombreuses que les hommes.

En Angleterre, l'instruction publique occupe 122.846 femmes (94.221 directrices d'écoles, 28.625 sous-maîtresses).

4. En Angleterre, où les femmes sont plus nombreuses que les hommes (un million d'âmes de plus), les administrations publiques de l'État en occupent 3216, celles des villes, 3617. A

les caisses d'épargne, les compagnies de chemin de
fer, les sociétés financières et autres, c'est-à-dire partout où le dévouement, l'obéissance à des règlements,
un ordre méticuleux et une ponctualité scrupuleuse
sont de rigueur, à l'exclusion de l'initiative personnelle[1]. Mais il ne s'ensuit pas que nous devions
souhaiter de voir des femmes mathématiciens[2].

Leicester, elles tiennent les registres de l'état civil; à Sheffield,
ceux des pompes funèbres.

A New-York (États-Unis), elles administrent les bibliothèques
publiques. (*Écon. m. français*, 24 nov. 1885, p. 640.)

1. Le résultat des examens de 1886, pour l'obtention du certificat d'études commerciales (*Bulletin de l'instruction primaire
du département de la Seine*), prouve la supériorité des femmes
pour ce genre d'occupation. Au premier degré, sur 141 garçons
et 130 filles candidats, 61 filles et 17 garçons seulement ont été
admis.

Les maisons de commerce et de banque n'ont donc qu'à
gagner en introduisant les femmes dans leurs bureaux, à l'exemple de la Banque de France, du Crédit foncier, de la Société générale, du Crédit lyonnais, de la Société des Téléphones et des
grandes Compagnies de chemin de fer. (La Compagnie de Lyon
en occupait 3.341 au 1er décembre 1887.)

D'autre part, rien qu'à Paris :

100 femmes sont employées à l'administration du Timbre ;
900 femmes, dans les Postes et télégraphes;
130, dans les bureaux spéciaux de la rue de Grenelle et de
la Bourse;

Et 278, dans l'administration de la Caisse d'épargne.

L'aptitude des femmes pour le commerce de détail est reconnue : la puissance législative et exécutive de la boutique, a
écrit Stern (*Voyage sentimental en France*), n'appartient pas au
mari; c'est l'empire de la femme, et le mari, qui n'y paraît
qu'en étranger, y paraît rarement. Il se tient dans l'arrière-
boutique ou dans quelque chambre obscure, tout seul, dans
son bonnet de nuit : fils rustique de la nature, il reste au milieu des hommes tel que la nature l'a formé. Les femmes, par
un babillage et un commerce continuels, avec tous ceux qui
vont et viennent, sont, comme ces cailloux de toutes sortes de
formes, qui, frottés les uns contre les autres, perdent leur
rudesse et prennent quelquefois le poli d'un diamant...

2. A titre de curiosité, il convient de citer Mme Kowalewsky,
professeur à l'Université de Stockholm, qui vient de remporter
à l'Académie des sciences de Paris, au concours de 1888, le
prix Bordin (*géométrie*).

théologiens, avocats, médecins[1] ou politiciens[2].

Aussi n'est-ce pas sans appréhension pour l'avenir physique et moral de notre race française, que des hommes éclairés et compétents ont protesté contre le développement exagéré donné à l'instruction des jeunes filles.

On a abusé de citations de l'*École des femmes* et des *Femmes savantes*, pour montrer l'ignorance des femmes[3]

1. Aux États-Unis, les femmes ont des écoles spéciales de médecine : à Boston, depuis 1848, à Philadelphie, depuis 1850, à New-York, depuis 1868, à Chicago, depuis 1870.

En Angleterre, un Institut du même genre a été fondé le 22 août 1874 à Londres (Henrietta Street), sur l'initiative du docteur Anstrie et de miss Jeck Blake.

En Russie et en Suisse, à Saint-Pétersbourg et à Zurich, les étudiantes slaves (1842-73) se sont signalées par leurs aptitudes aux études médicales.

En France, une femme a été admise aux épreuves du doctorat pour la première fois en 1870, et une douzaine environ ont passé les examens depuis 1882 : l'une d'entre elles, Mlle Clara Schultze, Polonaise d'origine, grâce à sa thèse : « *La femme médecin au XIXe siècle* », a été l'objet d'une ovation à l'École de médecine de Paris (déc. 1885).

2. « A Dieu ne plaise que nous invitions les femmes à parcourir les mêmes carrières que les hommes ! Elles auraient tout à y perdre par la comparaison, et nous ne perdrions pas moins qu'elles en les trouvant ailleurs qu'à la place où elles nous sont supérieures et nécessaires. Les femmes, quoi qu'elles aient dit et écrit elles-mêmes sur ce sujet, ne sont destinées ni à commander des armées, ni à rendre la justice, ni à délibérer sur les affaires publiques, ni à haranguer la multitude, ni à prêcher dans les temples et à servir d'interprètes à la religion. *La nature leur a refusé tout ce qui est nécessaire à l'accomplissement de ces rudes et austères fonctions : la force, le courage, le geste, la voix, la volonté inflexible, l'intelligence toujours tendue vers l'abstraction, les fougueux entraînements de l'éloquence publique et les passions ardentes de la lutte des partis* ».

(A. Franck, p. 45 *Philosophie du droit civil.*)

« L'influence féminine a été, en 1848, une des pertes de la République. G. Sand, femme et artiste, composant avec J. Favre, autre artiste, les bulletins fameux, c'était la République tombée en quenouille ».

(Proudhon, *Pornocratie*, p. 166.)

3. « Molière joue deux rôles dans les *Femmes savantes*. Il parle par la bouche de deux de ses personnages, Chrysale et Clitan

12

et la nécessité d'une réforme radicale. Molière n'a pas fait de « pièces à thèses »; de son temps on n'y pensait pas, et le public restreint auquel il s'adressait eût bien vite renvoyé à ses tréteaux le comédien qui se serait permis d'en faire une. Arnolphe et Georges Dandin sont tous deux battus, « l'un par une sauvage, l'autre par une civilisée [1] », et le bonhomme Chrysale lui-même n'éclate que parce que le pédantisme scientifique et le bel esprit de trois folles trouble son ménage, que parce qu'on vient de renvoyer la seule bonne qui lui servit « son rôt à point »; que parce qu'enfin, avec cette longue lunette à faire peur aux gens, on transforme son grenier en observatoire et sa salle à manger en cabinet de physique. Quand il dit que

> Nos pères sur ce point étaient gens bien sensés
> Qui disaient qu'une femme en sait toujours assez,
> Quand la capacité de son esprit se hausse
> A connaître un pourpoint d'avec un haut de chausse[2].

le mari de Philaminte est en colère et soulage sa bile : revenu à la froide raison il dirait, comme Mme de Maintenon, qu'il est désirable que les filles « en sachent

dre. Chrysale vante les femmes d'autrefois dans ces vers célèbres :

> Leurs ménages étaient tout leur docte entretien,
> Et leurs livres, un dé, du fil et des aiguilles,
> Dont elles travaillaient aux trousseaux de leurs filles.

Mais il faut mettre en regard le vers admirable de Clitandre :

> Je consens qu'une femme ait des clartés de tout.

Ajoutons encore que, dans l'École des femmes, Molière proteste contre l'ignorance des femmes. Quand Arnolphe demande à Agnès ce qu'elle a fait en son absence, elle répond :

> Six chemises, je crois, et six coiffes aussi.

Mais à la fin de la pièce, quand elle se révolte contre l'odieux système de son tuteur, que lui dit-elle?
— Je sais bien que vous n'avez fait de moi qu'une bête ».
(E. Legouvé *Temps*, 11 janvier 1888, *Une élève de seize ans*.)
1. Conférence de M. Becque, à la salle des Capucines (Mars 1886).
2. *Femmes savantes*, acte 2, scène VII.

autant que le commun des honnêtes gens», et il se garderait bien d'écrire, avec la prosaïque brutalité d'un économiste jurassien, « qu'une femme en sait assez quand elle raccommode nos chemises et nous fait des beefsteaks [1] ».

La femme civilisée, monogame et chrétienne, n'est pas une bête de somme, comme chez les musulmans ou les bouddhistes; elle n'est plus la domestique qu'on ne paie pas : elle est la compagne de l'homme, la mère de ses enfants, et comme telle elle doit recevoir de l'éducation et de l'instruction. Seulement, et c'est là qu'apparaît la différence des théories, tandis que les hommes du XVII° siècle veulent qu'on instruise les femmes dans l'intérêt de leur bonheur et de leur dignité « parce que l'ignorance des filles est cause qu'elles » s'ennuient et que l'ennui des filles est dangereux [2] », ceux du XIX° siècle, qu'ils s'appellent M. Victor Duruy ou M. Jules Ferry, demandent qu'on leur prodigue l'enseignement a tous les degrés dans l'intérêt supérieur de la société. « Quand vous donnez l'éducation à un » garçon, a écrit M. Jules Simon [3], vous faites un » homme éclairé; quand vous donnez l'éducation à » une fille, vous faites une famille éclairée. »

De là, la création des cours d'enseignement secondaire pour les jeunes filles par M. Duruy, la loi Camille Sée (loi du 21 oct. 1880), l'organisation de lycées de filles à Paris (lycée Fénelon) et dans la plupart des grandes villes [4], la fondation d'écoles norma-

1. Proudhon, *Pornocratie*, p. 223. Mêmes idées développées dans son livre : *de la Justice dans la Révolution et dans l'Église*.
2. Fénelon, *Éducation des filles*.
3. M. Jules Simon, *l'École*.
4. Depuis deux ans et demi (mars 1884) seulement qu'elle est promulguée, la loi sur l'enseignement secondaire des jeunes filles a déjà donné d'importants résultats.
A la date d'aujourd'hui, il existe 10 lycées de jeunes filles, comprenant 1322 élèves;
13 collèges de jeunes filles comprenant 1649 élèves.
Soit au total 23 établissements renfermant 2971 élèves. Il y a donc une moyenne de 130 élèves par établissement.
3 nouveaux lycées et 8 nouveaux collèges vont être ouverts.

les primaires départementales, à l'exemple de celle de Fontenay-aux-Roses, d'une école normale supérieure d'enseignement secondaire des filles à Sèvres [1], l'institution d'une Faculté libre pour l'enseignement des femmes pour la préparation au certificat d'aptitude et à l'agrégation [2]; de là, ces examens dont les programmes sont encore plus chargés que ceux des garçons; de là, ce surmenage intellectuel qui ferait penser que le dernier but du législateur est de faire entrer toutes les filles à l'École polytechnique [3].

1. Sous la direction de Mme Jules Favre.

2. Cette Faculté reçoit l'hospitalité au collège Sévigné, 10, rue de Condé.

3. « Je crois que, sans rien comprimer, il est bon de garder « dans l'éducation des femmes une certaine modération, et de « ne pas se laisser aller à l'ambition d'élever en elles une puis- « sance prédominante......... il y aurait danger de les écarter « des routes du bonheur.... »

(Mme Guizot, Lettres de famille sur l'éducation.)

M. Francisque Sarcey, qui n'est pas suspect de parti-pris dans la matière, et qui a lu la Revue de l'enseignement secondaire des jeunes filles, dirigée par M. Camille Sée, apprécie assez sévèrement le mode d'instruction donné dans ces établissements :

« Prenez connaissance, par curiosité, des sujets de compo-« sition française que doivent traiter ces pauvres enfants à tous « les degrés des épreuves, depuis le simple diplôme de fin « d'études secondaires jusqu'à l'agrégation des lettres, vous « serez effrayé. Vous vous croirez revenu à l'époque où nous « autres hommes, imprégnés durant treize ou quatorze ans « d'études classiques, nous subissions les épreuves de la licence « et de l'agrégation.

« Tenez! Voici des sujets de composition proposés à des « jeunes filles qui concouraient pour obtenir le diplôme de fin « d'études secondaires.

« Celui-ci vient du lycée de Rouen : « Montrer par les ana-« lyses de caractères empruntés soit à la Comédie, soit à la Tra-« gédie, le fruit que la psychologie peut tirer du Théâtre français « au XVIIe siècle ».

« Cet autre a été donné à Nantes : « Développer et apprécier « cette pensée de Pascal : Toute notre dignité nous vient de la pen-« sée; c'est de là qu'il faut nous relever, non de l'espace ni de la « durée. Travaillons donc bien à penser. Voilà le principe de la « morale. »

« Pour être admise à l'école normale de Sèvres, voilà qu'il « faut savoir du latin. On l'ôte de l'éducation des jeunes gens, « on le remet dans celle des jeunes filles.

Les inconvénients de cette culture hâtive se font déjà sentir : encouragées par le rapide développement des écoles laïques, un grand nombre de familles peu fortunées, auxquelles il répugnait de faire apprendre à leurs filles un métier manuel, leur ont fait passer l'examen pour l'obtention du brevet d'institutrice. Malheureusement, le nombre des aspirantes a bientôt dépassé celui des places[1] à donner, et une douloureuse statistique[2] est venue apprendre que, pour le seul département de la Seine, 4174 jeunes filles admises à l'examen avaient dû être évincées faute de vacances dans le personnel enseignant[3].

De semblables faits sont déplorables et il est permis de se demander si les initiateurs du mouvement scolaire, bien qu'animés des plus louables intentions, n'ont pas manqué de clairvoyance. Leur erreur a été

[1] Questions posées aux candidates de l'année dernière :
« Quel est le comparatif de *fœtus*? Son superlatif? Quel est le comparatif de *magnus*? Comment dit-on : petit, plus petit, très petit? Déclinez *corpus*? Comment dites-vous en latin : les corps très saints des martyrs? Comment dites-vous au vocatif : O Dieu très bon? Comment traduirez-vous en latin : J'ai apporté à ce pauvre des vêtements très utiles?
« Dame! tout ça, je sais bien que ce n'est pas encore la mer à boire. Mais patience! Le principe est posé! Dans dix ans, il faudra que nos filles sachent le latin, comme on leur apprend déjà l'algèbre, la géométrie, la chimie, l'histoire naturelle, etc. *On en fait des encyclopédies vivantes, qui ne vivront pas*. Leur cerveau éclatera un jour; déjà l'anémie, la fâcheuse anémie, fille du surmenage, fait des progrès redoutables... »
1. E. Lepelletier (*Écho de Paris*, 11 août 188) estime à 56,000 le nombre des postulantes, chaque année.
M. le docteur Dujardin-Beaumetz, de l'Académie de médecine (séance de juin 1887), croit que ce chiffre est devenu inférieur à la réalité. Selon lui, il y a 60,000 évincées l'an, dont 20,000 pour les départements. A Paris, on a compté 7,000 candidates pour 115 places.
2. *Journal officiel*, décembre 1886.
3. Chambre des députés, séance du 27 janvier 1887.
M. Thellier de Poncheville, député du Nord, a dit à propos du développement excessif de l'instruction des jeunes filles :
« Ces malheureuses sont victimes d'un surmenage intellectuel, qui aboutit à la surproduction des diplômées, lesquelles s'étonnent, après cela, que l'État ne leur fournisse pas des moyens d'existence. »

de ne pas comprendre qu'ils détournaient des professions utiles et lucratives une foule de jeunes filles pour les pousser dans une voie au bout de laquelle il y a déception et misère, et quelquefois pis encore... de ne pas se rendre compte que le plus grand nombre, faute d'intelligence et d'assiduité suffisantes, sortiraient de l'école supérieure aussi ignorantes qu'elles y étaient entrées pour aller grossir la cohue des déclassées à l'exemple des étudiantes russes de Zurich et de St-Pétersbourg[1].

« Ce n'est pas à l'atelier ou au magasin, dit un ancien
« soldat de la Commune, M. Edmond Lepelletier, que
« nous retrouvons ces réfractaires de l'enseignement :
« ces femmes ne sauraient déroger à ce point ; mais en
« cherchant parmi leurs congénères, les poètes lyriques
« sans courage, les journalistes sans journaux, les avo-
« cats qui ne plaident pas, les officiers déserteurs et
« les curés défroqués. — C'est dans la fumée des bras-
« series que nous apercevrons leur silhouette ironique
« et moqueuse : dans le tapage des bocks qu'on choque
« et des absinthes qu'on bat, que nous les entendons
« déblatérer contre la société et que nous les verrons
« pérorer ayant une salle de café pour chaire et des
« filles pour clients... Paris en est déjà empoisonné[2]. »

Profondément pénétrés de la connaissance du cœur humain et des nécessités de la vie familiale, les philosophes du XVIIe siècle semblent avoir prévu les causes de ce mal profond quand ils ont dit :

« On doit considérer, pour l'éducation d'une jeune

---

1. M. Johannes Scherr, professeur d'histoire et de littérature à l'École polytechnique suisse, à Zurich, en fait l'édifiant tableau qui suit :
« Nous les avons vues, dit-il, ces étudiantes russes, se pro-
« mener en troupes dans nos rues, dans leur costume mal-
« propre, avec leurs robes noires, leurs ceintures de cuir, leurs
« lunettes bleues, leurs chapeaux crasseux, leurs cheveux coupés
« courts, et leur linge qui montrait que depuis longtemps ces
« dames avaient classé le savon et l'eau fraîche dans la caté-
« gorie des préjugés. Nous nous sommes demandé tristement
« comment, avec ces jeunes femmes, on pourrait faire plus tard
« des *épouses* et des *mères*. Horreur ! »
2. Drumont, *la France juive*. t. 2, p. 444 et 445.

» fille, sa condition, les lieux où elle doit passer sa vie
» et la profession qu'elle embrassera, selon les ap-
» parences. Prenez garde qu'elle ne conçoive des espé-
» rances au dessus de son bien et de sa condition. Il
» n'y a guère de personnes à qui il n'en coûte cher
» pour avoir trop espéré; ce qui aurait rendu heureux
» n'a plus rien que de dégoûtant dès qu'on a envisagé
» un état plus haut[1]. »

« Fuyez comme une passion toutes les curiosités de
» l'esprit : car les femmes n'ont pas moins de penchants
» à être vaines par l'esprit que par le corps. Souvent
» les lectures qu'elles font avec tant d'empressement
» se tournent en parures vaines et en ajustements im-
» modestes de leur esprit : souvent elles lisent par va-
» nité comme elles se coiffent[2]. »

La pédagogie contemporaine avec ses prétentions
encyclopédiques, avec sa tendance au matérialisme
prétendu scientifique, a créé un péril. On y sent trop
l'inhabileté de l'homme à manier le caractère féminin
et l'on se prend à regretter qu'aussitôt les premiers
éléments bien appris, l'on ne laisse davantage les mères
« élever leurs filles comme il leur plaît[3], » sans manuel
civique et sans cours de philosophie. « L'influence de la
» famille, a écrit M. Compayré, est plus grande que
» celle de l'école sur la formation du jugement. Dans
» la liberté relative de la vie domestique, l'enfant, un
» peu plus livré à lui-même, trouve plus d'occasions
» d'observer et d'exercer son esprit ». On ne saurait
mieux dire, et c'est pourquoi nous craignons que le
zèle progressiste du législateur n'ait dépassé la mesure.
Avec ou sans intention il a déchaîné ce souffle brûlant
qui, sous le nom de science positive, amène le dessè-
chement des cœurs, et intercepté les rayons de cette
pure mais tremblante lumière de l'idéal qui guide et
soutient les âmes défaillantes.

Souhaitons aux pères, aux maris, aux fils, aux fa-

1. Fénelon, de l'Éducation des filles, chap. XII.
2. Bossuet, cité par P. Janet, Revue des Deux-Mondes, 15 août
1886, p. 847.
3. J.-J. Rousseau, Émile, p. 24, t. v.

milles de la génération qui s'élève, de ne pas avoir à
en subir les funestes conséquences.

L'admission des femmes au conseil supérieur de
vingt et un membres de l'Humanité (*conseil de Newton*),
imaginé par Saint-Simon, semble avoir inspiré quelques législateurs contemporains. Aux États-Unis, on
leur reconnait le droit d'élection et d'éligibilité dans
douze États pour les «comités scolaires[1]» et dans huit
pour ceux de « tempérance[2] ». On leur accorde le droit
d'être greffiers des tribunaux, notaires, avocats[3], et un
seizième amendement à la Constitution[4] est soumis
aux chambres fédérales dans le but de les appeler à la
vie politique (1882) à l'exemple des États de l'Utah, du
Wyoming et du Nebraska[5].

[1]. Au Massachusetts, la loi du 9 août 1881 donne droit d'élection aux mères chefs de famille.

[2]. Au Kansas, dans l'Orégon, au Colorado, au Minnesota, au
Michigan, au New-Hampshire, au Massachusetts, dans l'État de
New-York, aucune licence pour le commerce ou pour la consommation des boissons alcooliques n'est accordée (sauf pour
les villes de 1re classe comme population) à moins d'une pétition spéciale de la majorité des habitants, hommes et femmes.

[3]. 13 États ont des « lawyers » femmes, notamment : la Californie, le Massachusetts, la Pensylvanie. On cite Mme Carrie Kil-
gore (1874-86) comme s'étant fait une notoriété au barreau de
Philadelphie.

En Belgique le tribunal de Bruxelles a refusé à une Mlle Po-
pelin le droit de plaider (déc. 1888).

[4]. Parmi les plus ardents apôtres du suffrage des femmes, on
cite :

Angelina Grimki, de la Caroline du Sud ;

Lucretia Mott, de Philadelphie ;

Abby Kelly, de Lynn (Massachusetts) ;

Ernestine Rose (conférences publiques à New-York), fondatrice de la *National Woman's Suffrage Association*, en 1850, à la
suite de la Convention de Seneca Fall.

(*Histoire du suffrage des femmes*, par E. C. Stanton, S. B. An-
tony et M. J. Gage.)

[5]. Au Nebraska, les femmes ont acquis le droit de suffrage
politique, depuis 1869, à la grande satisfaction des gouverneurs
élus en 1869, 1871, 1875, 1877 et 1882. Dans l'Illinois, un bill ayant
pour but l'admission des femmes au vote vient d'être rejeté
par la législature de l'État, après une longue discussion, par
33 voix contre 27. Il en a été de même, dans les États de
New-York, de New-Jersey, de Rhode-Island et au Massachusetts.

En Angleterre, leur salutaire influence comme membres des bureaux d'assistance publique (*board of guardians*)[1], comme électeurs municipaux représentants de la propriété territoriale[2], le peu d'importance de leurs votes, en tant que membres des Universités[3], ont donné lieu de penser qu'il pouvait y avoir avantage à leur concéder le suffrage politique[4].

Depuis mai 1867, époque à laquelle des hommes tels que Stuart Mill, Disraëli et Gladstone déclaraient se rallier à cette opinion, le Parlement anglais est périodiquement saisi d'une motion en ce sens, et il est possible que, dans un avenir prochain, les efforts de la Société nationale, présidée par MMᵐᵉˢ Fawcett et Cobden et représentée par M. Woodall, parviennent à vaincre les manœuvres obstructionnistes de ses adversaires à la chambre des Communes[5].

1. Notamment, à Birmingham, à Bristol, à Nottingham.
2. Le vote municipal est accordé aux femmes anglaises payant l'impôt, majeures et non en puissance. (Lois de 1835, 1869, 1878, codifiées par celle du 18 août 1882.)
Il en est de même en Suède, en Irlande (loi du 12 mai 1882), et dans quelques cantons de la Suisse.
En Russie, l'ukase du 16 juin 1870, sur l'organisation urbaine, et celui du 13 juin 1864, sur le droit d'élection aux assemblées de district, admettent au vote les femmes ayant 25 ans d'âge et payant l'impôt depuis 2 années.
En Autriche, le droit de suffrage de la femme est exercé par le mari (lois des 17 mars 1849 et 5 mars 1862). Néanmoins, par dérogation à cette loi, en Croatie, les femmes sont électeurs depuis 1881, éligibles depuis 1882.
En Lombardie et en Vénétie, elles ont pris part aux élections municipales jusqu'en 1859.
Un projet de loi, rejeté en 1864, mais repris en 1882, à la Chambre italienne, demandait pour elles le vote municipal et provincial par bulletin cacheté : sur la motion de M. Crispi, il a été définitivement rejeté déc. 1888.
3. Comme membres des Universités, elles nomment des représentants au Parlement comme les autres professeurs.
4. A l'île de Man (Irlande), les femmes participent à l'élection de la législature insulaire depuis 1881.
En Autriche, une loi du 2 août 1873 autorise les femmes de 24 ans, non en puissance, à voter comme représentants de la grande propriété.
5. Après avoir rejeté le droit des femmes au vote politique, en 1872 par 187 voix contre 132, en 1875 par 240 contre 132, la

En France, où le suffrage universel est le principe du pouvoir démocratique, et où la représentation des intérêts conservateurs tend à disparaître, l'école socialiste est la plus ardente à défendre les revendications politiques de la femme. Depuis quelques années reprenant une idée déjà émise par Mme Eugénie Niboyet en 1848 [1], une Ligue fondée par Mlles Hubertine Auclert,

Chambre des communes l'a admis, en 1886, par 161 voix contre 104. Mais la Chambre des lords, sur les instances de lord Salisbury, a repoussé ce bill (janvier 1887) sans discussion ni scrutin.

Un journal anglais exprime ainsi son opinion à ce sujet: « Il « n'est pas aisé de se tirer d'une controverse, dans laquelle les « raisons dernières et déterminantes ne peuvent guère se pro- « duire tout à fait. Un homme de sens comprend et respecte « la femme, et s'abstient, autant que possible, de formuler, « même, les conclusions auxquelles il ne peut se refuser. Il lui « suffit de savoir que les opinions des femmes les plus distin- « guées ne reposent habituellement ni sur des vues élevées « de justice, ni sur des considérations pratiques d'utilité. Les « meilleures d'entre elles, en politique, suivraient l'avis de « leurs guides naturels, et, quant aux autres, elles se décide- « raient le plus souvent par des raisons insuffisantes. »

Sir Charles Dilke s'est fait le défenseur des droits politiques des femmes pour lesquelles, en qualité de député à la Chambre des communes, il a réclamé la franchise municipale.

On peut rapprocher de l'extrait ci-dessus le passage suivant de M. A. Fouillée :

« Malgré nos idées égalitaires, nous n'en sommes pas en- « core venus à vouloir que les femmes aient le droit de voter « et participer ainsi au pouvoir politique. Nous comprenons que « leur liberté de conscience et de jugement n'est pas entière ; « qu'elles sont toujours plus ou moins sous la tutelle de leur « mari ou sous celle de leur confesseur ; que, n'ayant pas vrai- « ment encore la propriété de soi, elles ne peuvent avoir auto- « rité sur autrui. En un mot, nous cessons d'être naïvement « égalitaires quand il s'agit d'égalité entre des personnes de « sexe différent. »

Un penseur éminent de Lausanne, M. Ch. Secrétan, corres- pondant de l'Institut de France, auteur d'une brochure intitulée le *Droit de la femme* (1886), réclame pour la femme le droit d'élection et d'éligibilité aux corps législatifs, la faculté de siéger dans les tribunaux et dans toutes les administrations. Par contre, il demande son enrôlement dans les ambulances, en cas de guerre, ou le paiement par elle d'un impôt de com- pensation.

1. Mme Eugénie Niboyet a publié en, 1848, un journal socia- liste, « *la Voix des Femmes* », organe des « intérêts de toutes »

Louise Barberousse, Léonie Rouzade[1], Maria Deraismes, et Paule Minck[2], se propose d'établir dans une nouvelle Athènes le règne d'un parti féminin, à l'imitation de la Proxagora d'Aristophane. Mais, en dépit de l'appui de MM. Laguerre, Pieyre et Joffrin et de quelques utopistes sans mandat[3], il ne s'est produit, en ce sens, aucun de ces mouvements d'opinion qui imposent à l'attention législative l'étude des réformes sérieuses[4].

c'est à cette feuille que sont dus : un plan d' « éducation des femmes », une pétition du Gouvernement provisoire ayant pour objet de protester contre « l'ilotisme » dans lequel est maintenu le sexe faible, ainsi que l'idée de la candidature politique, d'ailleurs repoussée, de M. Legouvé et de Mme George Sand.

En ce sens, on peut citer aussi « le Droit des Femmes », revue mensuelle éphémère de M. Léon Richer (1869).

1. Mlle Léonie Rouzade a été, aux élections législatives de 1881, portée par les « possibilistes ». Mlle Paule Minck (depuis Mme Negro) s'est signalée à l'attention publique par ses démêlés avec l'état-civil au moment de la déclaration de naissance de son fils : « Blanqui-Vercingétorix ».

C'est à propos de ces dames que M. Henri Fouquier, du XIXe Siècle, a fait un article sur le parti des « femmes d'attaque ».

2. « Au nombre des plus ardentes revendications, il convient « de mentionner celle de Mme Astier de Valsayres, qui a eu l'idée « de fonder une société d'escrime pour les femmes, et a adressé « à la Chambre des députés une pétition demandant qu'il soit « réservé 500 décorations de la Légion d'honneur, ou d'un autre « ordre, aux mères ayant nourri elles-mêmes six enfants leur « appartenant. »   (Le Voltaire, mai 1886.)

3. M. Adolphe Bertron, dit « le candidat humain », a, dans un manifeste affiché place de la Bourse, proclamé la femme « l'être suprême ».

4. Ligue de la protection des femmes. Siège social : rue Saint-Honoré, 67.

« Nous sommes dans la société, de par la vie et la nature, la moitié du genre humain, donc, ainsi, les égales de l'homme » (Manifeste de la Ligue, 23 décembre 1884.)

En août 1887, la Ligue a donné des conférences à Saint-Maur-les-Fossés) sous le patronage d'une loge maçonnique. M. Jules Allix a traité de « l'amour libre », et Mlle Barberousse, de la « femme asservie par les religions et libre par la science ».

L'une d'elles s'est terminée par la lecture de l'appel suivant : (déc. 1887.)

« Hommes,

« Comme vous, nous sommes Françaises,

« Comme vous, nous aimons la patrie et la République.

On pourra longtemps encore discourir, dans le petit cénacle de la rue St-Honoré, sur l'injustice des lois,

« Comme vous, nous sommes membres de l'association humaine.

« Ayant les mêmes charges que vous, nous devons posséder les mêmes prérogatives que vous et pouvoir exercer nos droits civils et politiques.

« Pendant que vous vous opposerez à ce que les femmes, sur lesquelles vous vous reposez de tout dans la maison, deviennent, dans l'État, les ménagères nationales, vous ne pourrez équilibrer le budget.

« Pendant que vous priverez la France de la moitié de son intelligence et de ses forces, en empêchant les femmes de travailler au bonheur commun, vous ne pourrez faire les réformes nécessaires pour mettre en harmonie l'organisation de la société et les besoins actuels de l'humanité.

« Ne mettez pas la même obstination que le président Grévy, à conserver un pouvoir que vous détenez contre la volonté de la moitié de la nation.

« Ayez le patriotisme d'abdiquer votre royauté masculine et d'appeler immédiatement le pays à nommer 800 représentants,

« — 400 hommes et 400 femmes, — pour élaborer une constitution démocratique qui confère à tous, hommes et femmes, avec les mêmes devoirs, les mêmes droits.

« Les hommes, seuls, ont prouvé qu'ils ne pouvaient rien faire.

« Les hommes et les femmes au gouvernail fonderont la véritable République.

« Pour les femmes de France :

« Hubertine AUCLERC.

« Directrice de la *Citoyenne*.

« Maria MARTIN,

« Trésorière de la Société du suffrage

« des femmes. »

Lettre à la Chambre des députés, déposée par M. Georges Laguerre sur le bureau de la Chambre, dans la séance du jeudi 5 février 1885 :

« Paris le 15 janvier 1885.

« A Messieurs les membres de la Chambre des députés.

« Messieurs les députés,

« La Ligue de la protection des femmes, dans sa séance du jeudi 15 janvier, ayant voté le vœu qui suit, avec mission de vous le transmettre, nous avons l'honneur de satisfaire à cette obligation, ainsi qu'il suit :

« La discussion sur les droits et sur les devoirs, pour les femmes ayant occupé trois séances, la Ligue a voté sur ce texte les conclusions suivantes :

« Conclusions sur le texte : droits et devoirs pour les femmes.

« Principes :

protester devant les conseils de préfecture, contre l'iniquité de l'impôt réglé par les seuls représentants de

« Les droits et les devoirs étant corrélatifs, il n'y a pas de distinction à faire, au point de vue légal, entre les hommes et les femmes, — ce qui est reconnu par l'axiome de droit : Tous les Français sont égaux devant la loi.

« L'enfant naît avec des droits sans devoirs. Ce sont ses parents et la société qui ont envers lui le devoir de la protection, — sans aucune distinction de sexe.

« La loi qui refuse à la femme l'exercice de ses droits naturels et imprescriptibles, est une loi usurpatrice et immorale, contre laquelle la revendication n'est pas seulement un acte de justice, mais bien un acte de moralité humaine.

« La distinction de la loi entre les droits civils et les droits politiques, quelque fondée qu'elle puisse être dans la légalité, est sans fondement, eu égard à la distinction des sexes.

« Quant à la moralité humaine, — pour la société actuelle, — le devoir de l'homme, usurpateur des droits de la femme, ce n'est pas seulement de reconnaître l'égalité des droits des hommes et des femmes, devant la loi et la justice. C'est surtout d'employer toute son énergie et son intelligence à faire faire au plus tôt la restitution aux femmes de tous leurs droits méconnus et usurpés.

« Et, puisse cette justice tardive lui faire pardonner les iniquités sociales dont il est ainsi la cause, de même que toutes les douleurs et les tortures que l'humanité a eu, par suite, à souffrir par sa faute et par l'injustice de ses lois !

« En conséquence,

« La Ligue de la Protection des femmes, après discussion et délibération, émet et vote le vœu qui suit, à inscrire dans la Constitution et le Code civil, article 2 :

« Tous les Français, sans distinction de sexe, sont égaux devant la loi, tant pour les droits civils que pour les droits politiques.

« Ce vœu sera transmis, par les soins de l'administration de la Ligue, à la presse et à la Chambre des députés.

« (Ainsi voté à l'unanimité, dans la séance du jeudi 15 janvier 1885.)

« Messieurs les Députés, l'administration de la Ligue a l'honneur de vous transmettre, selon son devoir le vœu dont s'agit, afin qu'il arrive directement à ceux dont il invoque le devoir.

« (Ainsi voté à l'unanimité dans la séance du jeudi 15 janvier 1885.)

« La Ligue de la Protection des femmes.

« Pour l'administration de la Ligue :

« Le secrétaire directeur-adjoint,   « La directrice de la Ligue,
        « Jules ALLIX,   « Louise BARBEROUSSE,
« 13, rue de l'Arc de Triomphe,   « 67, rue Saint-Honoré.

« NOTA. — Le manifeste et les statuts de la Ligue sont joints à l'original. »

13

l'espèce masculine, on aura le droit, comme la «grande citoyenne», de soulever l'indignation avec des paroles de colère et des petits écrits de sous-maîtresse à prétentions; on ne parviendra pas à démentir le vieux proverbe britannique : « le Parlement peut tout, excepté chan- » ger un homme en femme ». — « Il existe [1] entre les » sexes des différences physiques et psychiques qui » n'autorisent aucune assimilation de leurs capacités » respectives de production ». Être de sentiment plutôt que de raison, la femme ne doit pas se déformer par des excès d'activité; l'effort continu est pour elle une cause d'amoindrissement.

D'ailleurs, dans l'organisation actuelle, la vie est déjà une lutte incessante : jeune fille elle a à se défendre elle-même comme un trésor contre un danger d'autant plus sérieux qu'il est pour elle moins défini; femme, elle a à garder la maison [2], l'enfant, le mari, en un mot, toujours à retenir, à refermer les bras sur

---

A un banquet donné au Grand-Hôtel, sous la présidence de Mlle Maria Deraismes, les sénateurs et les députés, qui s'étaient toujours préoccupés d'arracher la femme à son état d'infériorité, ont pris de nouveau l'engagement de déposer une proposition de loi sur cette question (1886).

Ils se sont depuis réunis, à plusieurs reprises, sous la présidence de M. Schœlcher. A la première séance étaient présents : MM. A. Naquet, Georges Martin, sénateurs; Ernest Lefèvre, Laisant, de Lacretelle, Yves Guyot et quelques autres députés. M. Léon Richer, directeur du *Droit des femmes*, a assisté à ces diverses réunions.

Dans une délibération approfondie, ce nouveau groupe (déc. 1887) a décidé que dans la proposition de loi à proposer à la Chambre, il ne devait viser *que les inégalités en dehors du mariage*. Il doit se prononcer pour le principe de l'égalité civile de la femme et de l'homme, en effaçant du code les inégalités basées uniquement sur la différence du sexe.

Une commission, composée de MM. A. Naquet, Ernest Lefèvre, Yves Guyot, a été désignée pour préparer une rédaction en ce sens. M. Vergoin a été nommé secrétaire et M. Léon Richer membre adjoint.

1. M. Herbert Spencer.

2. « L'humanité est la vertu de la femme. Le beau sexe, qui a communément plus de tendresse que le nôtre, a rarement plus de générosité». (Smith. *Theory of moral sentiments.*)

quelqu'un ou sur quelque chose. Et cette mission, aussi noble que conservatrice, ne lui suffirait pas[1]! Qu'on y prenne garde : dans le combat pour l'existence[2], il n'y a plus ni chevalerie ni courtoisie; on y est traité en combattant. Malheur aux vaincus sans protecteurs que la fatalité des choses a livrés désarmés à la rudesse du vainqueur. Instruite par une expérience séculaire, la société moderne ne rétrogradera pas; elle maintiendra à la femme l'appui de l'homme[3] et ne laissera pas

1. On se plaint avec raison du peu de goût que les femmes de toutes les classes de la société apportent aux soins intérieurs du ménage. M. de Cherville (*Temps*, sept. 1886), a dit avec justesse : « Il faut bien vous le dire, mesdames : la détestable cuisine qui court les salles à manger, les imperfections des serviteurs, les divers corollaires d'une maison maussade parce qu'elle est mal tenue sont votre œuvre, ou plutôt celle des parents qui vous ont élevées et du monde qui vous entraîne dans son tourbillon. On vous a dressées à briller jusqu'à l'éblouissement de la galerie ; les luxueuses vanités, plus que jamais à l'ordre du jour, ont confirmé pour vous ces leçons de l'éducation première ; vous en avez conclu que votre unique tâche, en ce monde, devait consister à charmer. C'est quelque chose, nous n'en disconvenons pas ; mais il faut encore que vous le sachiez : la femme idole n'est à sa place que dans un milieu d'esclaves ; dans la société que la Révolution nous a faite, tout en subissant le prestige de ses séductions, on désire avant tout qu'elle s'affirme comme mère de famille dans la vieille acception du mot, qu'elle soit la « *maîtresse* » comme les paysans appellent leur ménagère. »

« Courtisane ou ménagère, a dit Proudhon, pour la femme il n'y a pas de milieu. »

M. Sérizier, du *Voltaire*, a donné une jolie définition des filles de Mme Benoiton : « des girouettes de dentelles et de plumes ».

2. Struggle for life.

3. « Je suis un lierre » a dit George Elliot. Dans le même ordre d'idées, on peut citer la lettre suivante de Jane Baillie Welsh (Mme Carlyle) à celui dont elle devait être bientôt la femme : « *Je ne sais comment votre esprit a pris un tel empire sur le mien, en dépit de mon orgueil et de mon obstination, mais c'est ainsi : bien qu'entêtée comme une mule avec les autres, avec vous je suis souple et soumise. J'écoute votre voix comme la voix d'une seconde conscience presque aussi redoutable que celle que la nature a mise au-dessus de moi. D'où vous vient ce pouvoir sur moi? Car ce n'est pas là seulement l'effet de votre génie et de votre vertu.* »

périr la dernière « molécule sociale[1] » : la famille. La
situation naturelle de la femme est d'être mariée, parce
que, comme l'a dit Proudhon, elle a besoin d'un maître « qui lui donne l'alimentation, qui la rende capable
» des vertus viriles, des facultés sociales et intellec-
» tuelles[2] ».

La monogamie est le terme le plus élevé de la société conjugale. Le foyer ne se comprend pas dans la
promiscuité[3], état primitif des peuplades sylvicoles,

---

1. M. le président Brisson (Chambre des députés, fév. 1881).
Discussion de la proposition de M. A. Naquet, ayant pour but le
rétablissement du divorce.

2. Proudhon croit à une infériorité de la femme venant de sa
non-masculinité : elle n'est, suivant lui, qu'un *éphèbe* dont la
puissance intellectuelle normale n'atteint pas les deux tiers de
celle de l'homme (*Contradictions économiques*), qu'un moyen
terme entre l'homme et le reste du règne animal (*De la Justice
dans la Révolution et dans l'Église*).

- Entre l'homme et la femme, écrit-il dans son premier
» *Mémoire sur la propriété* (page 192), il peut exister amour,
» passion, lien d'habitude, de tout ce qu'on voudra, il n'y a pas
» véritablement société. L'homme et la femme ne vont pas
» de compagnie. La différence du sexe élève entre eux une
» séparation de même nature que celle que la différence des
» races met entre les animaux. Aussi bien, loin d'applaudir à
» ce qu'on appelle aujourd'hui l'émancipation de la femme,
» inclinerai-je bien plutôt, s'il fallait en venir à cette extré-
» mité, à mettre la femme en réclusion. »

Il ne comprend pas la femme ailleurs que dans le ménage.
Son idéal est le même que celui d'Olivier Goldsmith, dont *le
ministre de Wakefield* choisit sa compagne - non pour l'éclat
» et le brillant, mais pour la solidité et le bon user..., lui
» demandant, pour toute éducation, de savoir lire dans quel-
» que livre que ce soit sans être obligée de trop épeler, et de
» bien connaître la manière de préparer les fruits confits tant
» au sucre qu'au vinaigre ».

Mme Adam (Juliette Lamber) a tenté une réfutation de cette
doctrine, dans une étude sur Proudhon.

- Quant à la femme, à de très rares exceptions près, a dit
» Bebel, elle ne peut servir à la reconstitution de la société.
» Esclave de tous les préjugés, atteinte de toutes sortes de ma-
» ladies morales et physiques, elle sera la pierre d'achoppe-
» ment du progrès. Avec elle, il faudra employer, au moral
» certainement, au physique, peut-être, la raison péremptoire
» envers les esclaves de vieille race : le bâton. »

3. Suivant Bachofen, Mac-Lennan, John Lubbock, H. Spencer,
Bancroft, Giraud-Teulon, Livingstone, la promiscuité existe

dans la gynécocratie ou l'andréocratie, dans la poly-
gymnie ou la polyandrie ; toutes les grandes races humaines, Aryens, Grecs et Romains, toutes les nations
chrétiennes, tous les groupes qui ont renoncé aux
mœurs nomades et belliqueuses, pour embrasser la vie
paisible et industrielle (tels que les Kabyles de l'Algérie, les Botos et Dhimales de l'Inde anglaise, les Dory
de la Nouvelle-Guinée) se sont ralliés au principe de
l'union d'un seul homme et d'une seule femme, et
l'idée « d'accorder l'amour libre avec la pudeur, la
» délicatesse et la plus pure spiritualité, suivant la con-
» ception d'Enfantin, ne leur apparaîtra jamais que
» comme la triste illusion d'un socialisme abject.....,
» dernier rêve de la crapule en délire[1] ».

Le mariage est une association légale entre personnes libres ; chacun des époux reste donc maître de lui-
même, mais il n'en faut pas conclure, suivant la doctrine
de M. Accolas[2] que chacune des parties puisse, à sa fantaisie, et sans l'intervention de l'ordre juridique, rompre
l'union. L'acte de l'état-civil[3] n'est pas seulement la

chez les peuplades primitives indiennes de la basse Californie,
du Brésil, de Bornéo, d'Otaïti, de la Nouvelle Zélande, chez les
nègres du Zambèze, les Cafres et les Arabes Assanyélis. La polygamie est répandue chez les nations guerrières, telles que : les
Hébreux, les Gaulois (suivant le témoignage de César), les Ger-
mains, les Turcs, les Achantis (Afrique occidentale), les Fidjiens
(Océanie).

1. Proudhon

On comprend le sentiment de dégoût de Proudhon et de
Mazzini, quand on pense aux folles théories de George Sand et
de George Elliot : le mariage n'est que l'égoïsme à deux ; et
aux édifiantes applications qu'Elisée Reclus, le célèbre géogra-
phe anarchiste, a faites à sa propre famille, du paradoxe de
Mary Wollstonecraft : « l'affection mutuelle constitue le ma-
» riage et le lien du mariage ne doit pas lier après la mort de
» l'amour, si l'amour meurt ».

Mazzini a dit : « Le matérialisme efface du monde social la
dame pour y substituer la femelle ».

2. M. Accolas, Le Mariage.

3. Le mariage civil, conséquence de la liberté de conscience
et de la séparation de l'Église et de l'État (en tant que puissances temporelles) existe : en France, depuis la Révolution ;
en Belgique ; en Italie ; en Suisse (loi fédérale du 23 mai 1876) ;
en Espagne (loi de 1870, décret royal de 1875) ; en Allemagne

constatation solennelle d'un contrat privé; Aug. Comte
y a vu, à juste titre, une déclaration créant un *état* irréductible que le législateur ne peut briser que dans
des cas de nécessité absolue[1], et sa doctrine serait l'expression supérieure de la raison, s'il ne l'avait déparée
par l'hypothèse même de la « vierge-mère ».

L'affranchissement de la femme ne saurait être physique puisque, malgré les spirituelles épigrammes de
M. A. Dumas fils[2], la fille est une épouse virtuellement
ou en puissance, mais rien ne s'oppose à ce qu'elle
obtienne une indépendance légale plus étendue. M. Henry
Sumner Maine a établi qu'à l'époque *antonine* du droit
romain sa liberté civile était supérieure à celle de nos
codes. Pourquoi, tout en maintenant le principe tutélaire de l'autorité dans la famille[3], ne reviendrait-on

loi de 1875, empruntée aux provinces rhénanes); en Angleterre,
où faculté est laissée aux époux de choisir entre le mariage
civil devant le « registrer » et le mariage religieux devant le
ministre des cultes ; en Autriche, pour ceux qui ne professent
aucune des religions reconnues par l'État (*confessions-tose*),
depuis la mise en vigueur des lois confessionnelles votées sur
l'initiative de M. le comte Taaffe et sous le ministère de M. le
comte de Benst ; en Hongrie, où le ministère Transteithan, battu
en 1884, a repris l'initiative de l'établissement du mariage
civil, et où le cardinal Simon, chef des catholiques, a combattu,
sur ce point. M. Tisza (déc. 87).

Cette institution civile consacre l'égalité du sexe autant que
cette dernière est compatible avec l'autorité maritale. Un de
ses avantages essentiels est d'avoir la sanction de l'autorité
judiciaire.

1. « Je ne vois que la famille qui puisse nous intéresser à la
fois d'esprit et de cœur; nous pénétrer d'amour, de respect, de recueillement; nous donner la dignité, le calme pieux, le profond
sentiment moral que éprouvait jadis le chrétien au sortir de la
communion ». Proudhon, *Pornocratie*, p. 255.

2. M. A. Dumas fils, *Le divorce*, p. 129.

3. Stuart Mill a dit avec raison: « On ne peut, à la fois, maintenir le pouvoir du mari et protéger la femme contre ses abus. »

Les Saint-Simoniens ont donc tort de protester contre l'article 213 du Code civil ainsi conçu : « *Le mari doit protection
à sa femme, la femme obéissance et fidélité à son mari* »,
puisque le principe qu'il énonce est une condition nécessaire
du mariage. Dans toute société, il faut que quelqu'un ait l'autorité. Or, la prédominance de la femme ne s'est encore établie
que chez les peuples inférieurs (polyandrie) et l'exemple d'Her-

pas à une pratique plus digne de ce sentiment moderne si progressif du respect de la personnalité humaine[1]?

La loi de 1884 rétablissant le divorce[2] avec les tempéraments nécessaires contre les abus scandaleux de la première Révolution ou de la Suisse[3] contempo-

cule filant aux pieds d'Omphale est encore l'objet d'un universel dégoût.

1. — « Les obligations qui existent entre les époux ne permettent pas l'emploi de la contrainte pour les faire exécuter. » Henri Ahrens, jurisconsulte allemand (1808-1874).

2. Proudhon est l'adversaire du divorce, parce qu'il considère que le mariage, « cette charte primitive de la conscience » doit être indissoluble, comme la conscience elle-même est immuable.

« Sur la question du divorce, dit-il Confession d'un révolutionnaire, p. 63, la meilleure « solution est encore celle de l'Eglise. En principe, l'Eglise n'admet pas que le mariage régulièrement contracté puisse être dissous, mais, par une fiction de casuistique, elle déclare, en certains cas, qu'il n'existe pas, ou qu'il a cessé d'exister... . . . . . . »

« Peut-être serait-il possible de satisfaire également aux besoins de la société, aux exigences de la morale et au respect des familles, en perfectionnant cette théorie, sans aller jusqu'au divorce, au moyen duquel le contrat de mariage n'est plus, en réalité, qu'un contrat de concubinage. »

Qu'est-ce que Proudhon entend par le perfectionnement de la théorie de l'Eglise catholique? Il nous semble que cela devrait être précisément le divorce. L'extension des cas de nullité est contraire à toute conception juridique. Le juge a la faculté de dissoudre la société conjugale; il ne saurait déclarer sa nullité que quand le mariage n'a pas été matériellement consommé. Il n'y a pas de fiction qui puisse prévaloir contre le fait.

On peut rapprocher de l'opinion de Proudhon celle de J. de Maistre : « la haine de l'homme est mortelle à son semblable ».

3. M. Marc-Monnier a fait spirituellement la critique de la législation fédérale suisse sur le mariage, dans un roman intitulé : Après le divorce; il y a là des gens qui se marient, se démarient et se remarient avec une déplorable facilité; le tableau, pour être follement gai, n'est point une charge. D'autre part le docteur Dunant, de Genève, a publié des chiffres tristement éloquents : on se marie moins en Suisse qu'en France, en Prusse, en Italie, en Pologne, et ce malheur est sans compensation. En huit ans les tribunaux suisses ont prononcé près de 8.000 divorces, et sur environ 16.000 époux divorcés près de 6.000 ont convolé en secondes noces, la plupart dans le courant de l'année même où avait été dissoute leur première

aine'; la récente proposition adoptée par le conseil d'E-

nion. Aucun État de l'Europe n'en est là, si l'on en croit la statistique.

I. Le divorce a existé en France de 1792 à 1816, et a été rétabli en 1884.

La loi du 20 septembre 1792, considérant le mariage comme un acte de volonté individuelle, autorise le juge à prononcer le divorce :

1º En cas d'absence ou d'émigration de l'un des conjoints pendant cinq ans ;

2º Sur la demande des deux époux (consentement mutuel) ou d'un seul « sur la simple allégation d'incompatibilité d'humeur ou de caractère ».

C'est à propos de cette législation que La Reveillère-Lepaux a dit : « *La même loi qui est sage lorsqu'elle prononce le principe,* » *est insensée et destructive de toute certitude et de tout ordre social* » *lorsqu'elle en rend l'exécution trop facile et qu'elle ne prescrit* » *pas des formalités sévères et des tentatives de conciliation* » *avant que le divorce soit admis.* »

La loi du 21-31 mars 1803 admet le divorce en cas :

1º d'adultère avéré de la femme ;

2º d'adultère scandaleux du mari ;

3º d'excès, sévices, injures graves de l'un ou de l'autre époux ;

4º de condamnation à une peine infamante ;

5º de consentement mutuel (avec formalités rigoureuses).

La loi du 28 juillet 1884 rétablit le titre VI du Code civil, mais corrige les erreurs des législations antérieures en supprimant le divorce par consentement mutuel et en assimilant l'adultère du mari à celui de la femme.

On lit dans le journal le *Temps* (janvier-février 87).

« Le Sénat français a commencé, en deuxième lecture, l'exa- » men d'une proposition de loi relative aux nullités de mariage » et aux modifications à introduire dans le régime de la sépa- » ration de corps. Cette loi a été renvoyée au Sénat par le Con- » seil d'État, avec d'importantes retouches, en ce qui concerne » les cas de nullité. L'article 1er ayant été réservé, le Sénat a » voté l'article 2 portant qu'en cas de divorce, chacun des deux » époux a le droit de reprendre son nom ; la discussion de l'ar- » ticle 3 stipulant la séparation de biens en cas de séparation » de corps a été renvoyée .. »

« Après avoir entendu MM. Allou et Denormandie, défenseurs » éloquents de la puissance maritale perpétuelle et indéfectible, » MM. Paris et Léon Renault, partisans de la plénitude de la capa- » cité civile de la femme judiciairement séparée de corps, la » haute Assemblée a adopté un amendement de M. Bardoux, » limitant la faculté de s'obliger sans contrôle, au cas où la sépa- » ration a été prononcée contre le mari » ....
....

tat (février 1886) concédant le recouvrement plein et en-

« Le Sénat a voté la proposition de loi de MM. Allou, Bathie,
« Denormandie et Jules Simon, introduisant des modifications
« importantes dans le régime de la séparation de corps. Voici
« des dispositions essentielles de la nouvelle loi :

« Art. 1er. — L'article 108 du Code civil est complété ainsi
« qu'il suit :

« La femme séparée de corps cesse d'avoir pour domicile
« légal le domicile de son mari. Néanmoins, toute signification
« faite à la femme devra être également adressée au mari à
« peine de nullité.

« Cette double notification ne sera pas nécessaire au cas où
« la femme séparée aura recouvré l'exercice de sa capacité ci-
« vile, excepté en matière de question d'état.

« Art. 2. — L'article 299 du Code civil est complété ainsi
« qu'il suit :

« Par l'effet du divorce, chacun des époux reprend l'usage de
« son nom.

« Art. 3. — L'article 311 du Code civil est remplacé par les
« dispositions suivantes :

« Le jugement qui prononce la séparation de corps ou un ju-
« gement postérieur, peut interdire à la femme de porter le
« nom de son mari ou l'autoriser à ne pas le porter. Dans le
« cas où le mari aurait joint à son nom le nom de sa femme,
« celle-ci pourra également demander qu'il lui soit interdit de
« le porter.

« La séparation de corps emportera toujours la séparation
« de biens.

« Si elle est prononcée contre le mari elle aura pour effet de
« rendre à la femme l'exercice de sa capacité civile, sans
« qu'elle ait besoin de recourir à l'autorisation de son mari ou
« de justice.

« S'il y a cessation de la séparation de corps par la réconci-
« liation des époux, la capacité de la femme est modifiée pour
« l'avenir et régie par les dispositions de l'article 1449. Cette
« modification n'est opposable aux tiers que si la reprise de la
« vie commune a été constatée par acte passé devant notaire,
« avec minute, dont une expédition devra être affichée dans la
« forme indiquée par l'article 1443.

« Art. 4. — L'article 1449 du Code civil est modifié ainsi qu'il
« suit :

« La femme séparée de corps qui n'a pas recouvré l'exercice
« de sa capacité civile, et la femme séparée de biens seulement,
« reprennent la libre administration de leurs biens, meubles
« et immeubles.

« Elles peuvent disposer de leur mobilier et l'aliéner.

« Elles ne peuvent aliéner leurs immeubles sans autorisation
« du mari ou de justice.

13.

tier de la capacité civile de la femme, en cas de séparation de corps (articles 222, 224, 311 et 1337 du Code civil modifiés)[1]; les motions de M. Alfred Naquet en faveur d'une extension de l'article 230 du Code civil sur l'adultère du mari[2], et de MM. Bérenger et Rivet pour l'abolition de l'article 340, sur la recherche de la paternité à l'exemple des pays protestants (Angleterre, États-Unis, Suisse, Allemagne), constituent les premiers pas dans cette voie. Le législateur a compris que s'il faut fermer aux femmes l'accès des carrières publiques, il y aurait injustice à suivre à la lettre l'article 16 de la Coutume d'Arras : « *Femme mariée n'a ni vouloir ni no-* « *loir* ». En Angleterre, les bills de 1873, 1874, 1882[3],

____

[1] Elles peuvent, à leur gré, demander à leur mari ou demander directement au tribunal, par requête, les autorisations dont elles auraient besoin pour toutes les mesures que leurs intérêts peuvent exiger.

Art. 5. — L'article 861 du Code de procédure civile est complété ainsi qu'il suit :

La femme qui voudra se faire autoriser à la poursuite de ses droits, après avoir fait sommation à son mari et sur le refus par lui fait, présentera requête au président qui rendra ordonnance portant permission de citer le mari à jour indiqué, à la chambre du Conseil, pour déduire les causes de son refus.

Aux cas prévus par le dernier alinéa de l'article 149 du Code civil, la femme devra faire notifier copie de sa requête au mari, avec indication des jour et heure indiqués par le tribunal et mise en demeure d'intervenir si bon lui semble ».

[1] En Italie, depuis la nouvelle législation due à M. Pisanelli, la femme séparée de biens peut disposer de ses biens propres, sans autorisation de son mari ou de justice; si elle est mariée sous un autre régime, elle peut valablement obtenir de son mari, contrairement à la loi française, une autorisation *générale* d'aliéner et de tester en justice pour ses intérêts propres.

[2] Le décret organique du 18 mars 1849, voté sur l'initiative de Pierre Leroux, rayait des listes électorales l'homme convaincu légalement d'adultère. Cette disposition a été supprimée dans le décret du 2 février 1872.

Beaumarchais semble donc un précurseur quand il écrit à propos des femmes : « *Leurrées de respects apparents dans une* « *servitude réelle, traitées en mineures pour nos biens et en ma-* « *jeures pour nos fautes...* » (Rôle de Marceline, dans le *Mariage de Figaro*.)

[3] M. Boutmy (*De l'État et de l'individu en Angleterre*), écrit : « *Jusqu'à la réforme législative de 1882, l'autorité* d

assimilent l'épouse, pour ses biens acquis avant le mariage, aux filles non mariées, et la loi de 1870 lui accorde un pouvoir absolu sur ses salaires[1]. En Danemark (loi du 17 mai 1850) et au Canada (loi de 1859)
elle a la libre disposition du produit de son industrie;
et en Russie, en Pologne, en Portugal, en Hollande, la
veuve exerce de plein droit la tutelle sur ses enfants,
sans le concours requis par l'article 381 du Code civil
français. Chez nous, la loi de mars 1881 sur les caisses
d'épargne ne défend pas à la femme d'opérer des dépôts et des retraits, sans permission maritale; les articles 30 et 31 du projet de loi sur les prud'hommes
(présenté le 20 juillet 1884 par MM. Martin-Feuillée,
garde des sceaux, et Hérisson, ministre du commerce)
n'exigent pas non plus d'autorisation pour déposer
une demande, défendre et concilier devant cette juridiction, mais aucune autre réforme n'a encore été
discutée sérieusement par le Parlement.

Il reste donc encore beaucoup à faire : sans empêcher
les femmes d'élire les membres des tribunaux de commerce[2], il y aurait avantage à supprimer les entraves que le

· père dans la famille était presque aussi absolue qu'aux temps
· antiques dans la société romaine. Jusqu'alors, la femme n'é-
· tait pas émancipée : elle entrait dans la maison, conformé-
· ment à l'usage, sans apporter de dot : elle n'avait le droit ni
· de tester, ni d'acquérir; elle n'était pas consultée lors du ma-
· riage des enfants. La chevalerie, qui, au moyen-âge, avait
· tant fait pour adoucir les mœurs et améliorer la condition
· de la femme, en Europe et dans le reste du monde chrétien,
· était restée, sous ce rapport, sans influence sur la Grande-
· Bretagne. La réforme de 1882 a changé les choses : la femme
· anglaise peut désormais posséder, et de ce droit découlent de
· nombreuses conséquences qui lui assurent une place qui lui
· avait été jusqu'à ce jour refusée dans la société légale. ·

1. Au congrès de la fédération britannique de Lausanne
(sept. 1887) M. E. de Pressensé a annoncé l'intention de déposer,
avec MM. Bérenger et Bardoux, sur la tribune du Sénat, un
projet de loi ayant pour objet de permettre à la femme mariée
de toucher directement ses salaires, sans autorisation maritale.

2. En mars 1881, M. de Gasté a déposé une proposition en
ce sens; elle a été rejetée en commission, sur un rapport de
M. G. Cavaignac, député; mais, sur une motion de M. Ernest

Code civil apporte à l'exercice de la tutelle par la veuve
non remariée, à laisser à la mère de famille, durant le
mariage, au moins le droit d'émettre devant le conseil
de famille une opinion (art. 373) contraire à celle du
père; à exiger obligatoirement son consentement ou
son avis (art. 148 et suivants) pour le mariage des enfants[1] et à lui abandonner la libre et entière disposition de ses salaires.

Lefèvre, député de la Seine, elle a été enfin prise en considération par la Chambre (déc. 1883).

1. M. Legouvé propose, en cas de dissentiment des époux, de
faire trancher le différend par le conseil de famille. M. Laurent
(*Traité de code civil*) ne croit pas à l'efficacité de cette mesure.

INSTRUCTION PUBLIQUE

———

Son utilité. Son développement. — I. Les méthodes primaires. Jacotot. Pestalozzi. — II. L'enseignement secondaire. La question du latin. Les langues vivantes. Philosophie et économie politique. L'enseignement esthétique. Les sciences. L'enseignement spécial, commercial et professionnel — III. L'enseignement supérieur. — IV. L'instruction gratuite et obligatoire par l'État. Laïcité ou choix du père de famille. La société est intéressée au maintien de l'idée de genèse et de morale.

Dans le développement de l'instruction, cette œuvre de civilisation populaire de la foule anonyme des petits, qui est, depuis un demi siècle, le constant souci de nos contemporains, et qui sera peut-être le rachat des nombreuses fautes de notre temps, Saint-Simon et Auguste Comte peuvent compter, à juste titre, parmi les précurseurs de ces apôtres qui ont voulu partager avec les humbles leur meilleur pain spirituel.

Rousseau a vu faux quand il a dit : « Tout est bien » sortant des mains de l'auteur des choses : tout dégé- » nère entre les mains de l'homme » [1]. La culture que » chaque génération donne à celle qui doit lui succéder » pour la rendre capable de conserver les résultats des progrès qui ont été faits, et, s'il se peut, de la porter plus loin » [2], « l'évolution harmonieuse des facultés humaines » [3] ayant pour but le bonheur de l'individu

1. Émile.
2. Stuart Mill.
3. Stein, ministre prussien

et celui de ses semblables, s'appellent : éducation.
Dans l'ordre privé et moral[1] l'enfant la reçoit de la
mère qui connaît les secrets ressorts de son cœur, du
père qui s'adresse plus sûrement à sa raison; dans l'ordre public et politique, de l'instituteur dont la mission
sociale est de former des citoyens libres, pénétrés, dès
l'adolescence, du sentiment de leur inexpérience, convaincus de l'indifférence du prochain et de la nécessité
de se soumettre à la loi égalitaire de la concurrence.
Cet effort vers la perfectibilité relative dont la nature
humaine est capable, est l'intérêt le plus « digne de la
sollicitude profonde et incessante du penseur »[2].

L'avénement des masses au gouvernement par le
suffrage universel implique une grande diffusion de
l'instruction, parce que « plus la forme politique confère de force à l'opinion publique, plus cette opinion
doit être éclairée et intelligente »[3]. Réactionnaires et
progressistes sont d'accord sur ce point, et, s'il y a divergence d'opinion sur les méthodes, sur les programmes
et sur le choix des maîtres, tous estiment que craindre
de développer l'intelligence d'un peuple, « c'est avoir
peur d'une ombre »[4]. L'effroi dont les imprimeries et
les écoles remplissaient l'âme pusillanime de sir William Berkeley[5], gouverneur anglais de la Virginie,

1. Suivant M. Alexandre Bain, l'éducation morale comprend
l'enseignement :
1° de la justice et de la probité;
2° de la bienveillance et de la charité;
3° de la sociabilité opposée à l'égoïsme, du développement du
sentiment de l'honneur personnel et de l'idée de la nécessité
du travail, base et première condition de toutes les vertus.
2. Wendell Philips.
3. Washington, 1er président des États-Unis.
4. Channing, Lettre de M. Laboulaye au *Journal des Débats*.
5. « Je rends grâce à Dieu, disait Sir William Berkeley, de ce
« qu'il n'y a ici ni écoles libres ni imprimeries, et j'espère que
« nous n'en aurons pas durant ce siècle, car l'instruction a
« produit l'hérésie, la désobéissance et les sectes dans le monde ;
« l'imprimerie les a propagées, et elle lance des libelles contre
« le meilleur des gouvernements. Que Dieu nous préserve
« l'une et de l'autre ». (Cité par Carnégie, *L'Amérique depuis
50 ans*, p. 120.)

les appréhensions qu'elles inspiraient à la czarine Catherine II et à Babœuf, ne sont plus de nos jours que des
curiosités historiques [1]. Depuis les victoires des Américains du nord sur les sécessionnistes du sud et les prodigieux succès de l'Allemagne, il est devenu de mode
de dire que tout écolier porte dans sa tête le portefeuille
de ministre, comme on voyait dans le sac de tout soldat le bâton de maréchal de France. La phrase célèbre
sur le maître d'école vainqueur à Sadowa a pris possession de l'opinion. Tous les peuples civilisés [2] ont riva-
lisé de zèle, et notre pays n'a été ni le moins ardent ni le
plus économe de ses deniers dans cette lutte pacifique [3].

Peut-être même les pouvoirs publics, dans leur légi-

___

• La limitation du savoir est une garantie de l'égalité sociale, •
a dit Babœuf.

1. Il ne faudrait, toutefois, pas méconnaître la tendance de la
démocratie contemporaine au nivellement des intelligences, par
haine des supériorités de tout ordre. En ce sens, M. Summer
Maine rappelle ce passage de Plutarque (*Vie de Périclès*) : « A
Athènes, les honnêtes gens étaient obligés de se cacher pour
s'instruire, de peur de paraître aspirer à la tyrannie. »

2. « Quoi, nous donnons du pain à ceux qui en manquent, et
• l'éducation, ce bienfait de Dieu, nous ne la répandons pas
• autour de nous de toute l'énergie du devoir et de la charité !
• Nous voilà libres ; soyons au moins dignes de l'être. L'igno-
• rant n'est-il pas un déshérité, un esclave ? Et pouvons-nous
• croire que Dieu nous pardonnera parce que nous aurons fait
• part de nos richesses à nos frères si nous gardons pour nous
• le trésor de notre intelligence ? » Jules Simon, proclamation
aux électeurs des Côtes-du-Nord (1849).

On peut rapprocher de cette belle page le discours saisissant
de Macaulay sur le même sujet (19 avril 1847), ainsi que la
lettre suivante d'Ivan Tourgueneff aux paysans de Spassk-Lou-
tovine (G! d'Orel) :

• Je regrette d'avoir entendu dire que vos enfants ne visi-
• tent guère l'école. Souvenez-vous que dans notre temps un
• homme qui ne sait pas lire est comme un aveugle et un
• manchot des deux bras.

3. Budget du ministère de l'Instruction publique en France
(non compris les charges des départements et des communes et
les subventions allouées sur les caisses spéciales des écoles et
des lycées) (lois des 1er juin et 9 novembre 1878) :

1830	2.250.000 fr.
1873	34.900.000
1875	37.000.000

time désir de progrès, ont-ils été trop vite et ont-ils
dépassé le but ? Michelet, un esprit hardi cependant,

$$
\begin{array}{ll}
1883\ldots\ldots\ldots & 66.700.000 \text{ fr.} \\
1884\ldots\ldots\ldots & 110.000.000 \\
1884\ldots\ldots\ldots & 166.000.000
\end{array}
$$

La subvention annuelle de l'État aux lycées s'élève à
8.200.000 fr.

A Paris, les crédits de l'instruction primaire qui figuraient
au budget municipal pour la somme de 1.095.000 fr., en 1848,
et de 2.271.000 fr., en 1860, se sont élevés à :

$$
\left.
\begin{array}{lll}
10.187.000 \text{ fr.} & \text{en } 1878 \\
15.343.000 & - & 1881 \\
23.947.000 & - & 1888
\end{array}
\right\}
\begin{array}{l}
\text{Soit } 130 \text{ }^0/_0 \text{ d'augmenta-} \\
\text{tion en dix ans (1878-88),} \\
55 \text{ }^0/_0 \text{ en 7 ans (1881-88).}
\end{array}
$$

D'autre part, la caisse spéciale des écoles (1878-1885), liqui-
dée par la loi du 20 juin 1885, a coûté aux contribuables
689.192.000 fr. :

$$
\left\{
\begin{array}{l}
411.816.000 \text{ fr., part de l'État.} \\
207.684.700 \text{ fr., avances aux communes.}
\end{array}
\right.
$$

et le programme des travaux restant à exécuter s'élève à
575.000.000 de fr., payables en 40 annuités à 5,60 $^0/_0$
(33.198.500 fr.)

La progression n'est pas moindre dans les autres pays.

Suivant M. Joseph Cerboni, directeur général de la comptabilité du royaume d'Italie (communication au Congrès statistique de Rome, mai 1887), les budgets de l'instruction publique
sont ainsi établis :

$$
\begin{array}{lr}
\text{France}\ldots\ldots\ldots\ldots\ldots\ldots & 145.608.000 \text{ fr.} \\
\text{Angleterre}\ldots\ldots\ldots\ldots\ldots & 135.428.000 \\
\text{Allemagne}\ldots\ldots\ldots\ldots\ldots & 124.712.000 \\
\text{Russie}\ldots\ldots\ldots\ldots\ldots\ldots & 88.881.000 \\
\text{Autriche-Hongrie}\ldots\ldots\ldots & 51.352.000 \\
\text{Italie}\ldots\ldots\ldots\ldots\ldots\ldots & 33.777.000 \\
\text{Espagne}\ldots\ldots\ldots\ldots\ldots\ldots & 8.222.000
\end{array}
$$

En Prusse, les dépenses pour l'instruction primaire se sont
élevées

$$
\begin{array}{l}
\text{et à 21.000.000 fr. en 1878} \\
\quad\quad 31.000.000 \text{ fr. en 1887,}
\end{array}
$$

et pour les Universités

$$
\begin{array}{l}
\text{et à 6.000.000 fr. en 1874} \\
\quad\quad 8.000.000 \text{ fr. en 1887,}
\end{array}
$$

pour 33.919 écoles publiques élémentaires et un personnel de
65.718 maîtres. Les communes — étant très obérées, pour la plupart, — ont été obligées de demander un secours de 25.000.000 fr.
à l'État.

La ville de Berlin, à elle seule, consacre, dans son budget
de 1887-88, la somme de

$$
\begin{array}{l}
\text{et de 7.475.000 marks à l'entretien de ses écoles,} \\
\quad\quad 2.168.000 \text{ marks aux édifications nouvelles.}
\end{array}
$$

qui disait : « qu'avec le prix de deux restaurations de
« Notre-Dame on eût fondé une autre église plus vi-
» vante et plus selon Dieu, l'enseignement primaire,
» l'éducation universelle du pauvre », serait bien étonné
s'il lui était donné de compter les millions consacrés à
l'œuvre de régénération qu'il appelait de ses vœux les
plus sincères. Sans doute, il éprouverait une légitime satisfaction en contemplant l'édifice dont M. Guizot a jeté
les fondements, dont MM. V. Duruy et J. Simon ont ci-
menté le gros œuvre et que M. J. Ferry a eu le bonheur
de couronner. Mais, le premier moment d'enthousiasme
passé, il se replierait sur lui-même et il se demande-
rait s'il est bien certain que « l'instituteur et non plus le
canon est destiné à devenir l'arbitre des destinées du
monde »[1], si « depuis qu'on éclaire les têtes il n'est

En Suisse, un huitième des recettes est affecté au budget de
l'instruction publique.

En Angleterre, où les questions d'instruction sont laissées à
l'initiative des comités (*boards*) munis du pouvoir de lever des
taxes, les subventions annuelles de l'État ont monté de 147 0/0
en 40 ans :

1839 : 20.000 liv. st.

1877 : 2.500.000 liv. st.

pour atteindre, en 1885, le chiffre de 3.016.000 livres sterling,
proposé par M. Mundella, passant ainsi de 30 shillings à 2 livres
sterling par tête d'élève en dix ans, tandis que la contribution
spéciale de Londres s'élevait de 30 à 64 sh. (1876-1879) et fixait
le coût par tête de l'éducation d'un enfant de la métropole
à 3 liv. 7.10 pour 1886-87.

Le tout correspond à une augmentation du nombre des élèves,

et de 80 0/0 1839-1879,

3 0/0 1883-1885,

et à une proportion d'assiduité de 73,1 0/0, soit :

1 écolier par 195 hab. en Angleterre.   (Étant donné que 1/3
1   —   44   —   Écosse.   des inscrits ne va pas
1   —   35   —   Irlande.   à l'école).

contre 95 0/0 en Suisse, en Allemagne et en Autriche.

D'autre part, les dépenses en édifications scolaires ont été, en
1883, de 6.000.000 liv. st., dont 20.000 liv. st., subvention de l'État.

M. Forster, qui avait constaté que 1.504.000 enfants, des grandes villes (Leeds, Manchester, Birmingham, Liverpool) étaient
sans instruction, est l'initiateur de ce développement des édifices scolaires en Angleterre.

Le progrès n'est pas moins frappant dans les pays neufs :
aux États-Unis et à Buenos-Ayres.

1. Lord Brougham.

plus nécessaire de les couper[1] » et si, avec le surmenage auquel on soumet la jeunesse française à tous les
degrés, on n'a pas préparé l'amoindrissement d'une race
qui, ayant perdu la prépondérance que donne la force,
n'avait pas encore vu contester celle de son esprit.

Le maître d'école idéal, rêvé par M. Paul Bert, digne
émule de ses confrères d'outre-Rhin, donne une éducation malsaine à l'enfant auquel il inspire (à l'aide
d'une légende historique qui confine au mensonge) la
haine des peuples voisins; et, sans souci de ce que ces
procédés recèlent de barbarie, et d'absence de dignité,
ce flatteur des passions inférieures enseigne le mépris
de la vie pour soi-même et pour les autres, éternise les
animosités nationales et consomme la victoire de la matière sur l'intelligence[2].

La connaissance des éléments primaires n'a pas été
un facteur de progrès moral. Le nombre des délits
n'a pas diminué[3], comme le prévoyaient de trop opti-

---

1. Victor Hugo.

2. M. Jules Simon, *Le désarmement*. (Article de la Revue internationale de Rome, mai 1887).

Le professeur Virchow qui a présidé la fête du 25ᵉ anniversaire de l'Association libérale des ouvriers de Berlin, a prononcé, à cette occasion, un discours où il a déploré le manque
d'aspirations idéales dans la jeunesse d'aujourd'hui. Il a exprimé surtout le regret de voir l'intolérance se répandre parmi
les jeunes gens les plus cultivés, parmi les étudiants, et l'agitation antisémitique gagner, à l'Université de Berlin, des partisans de plus en plus nombreux. « A Paris, a-t-il dit, la ville
« de Voltaire, on élève trop souvent la jeunesse selon les princi
« pes du jésuitisme. A Berlin, la ville de Mendelssohn, on l'élève
« maintenant selon les principes de l'antisémitisme. Il faut com
« battre ce fanatisme d'une nouvelle espèce, et faire comprendre
« aux nouvelles générations que la liberté et la culture sont les
« principaux biens auxquels l'humanité puisse se faire honneur
« d'aspirer. »   Janvier 1888.)

3. La statistique officielle pour la France donne les chiffres
suivants:

	NOMBRE DES PRÉVENUS POUR 1,000 HAB.	
	1826-30	1876-80
Délits contre les personnes........	235	161
— — propriétés........	304	335
— — chose publique...	178	251
— — mœurs..........	12	23

mistes et trop superficiels observateurs : « il n'y a aucun rapport entre apprendre que « certains groupes désignés représentent certains mots » et acquérir un sentiment plus élevé du devoir ; l'ignorance n'est qu'un « concomitant qui n'est pas plus cause des crimes[1] » que tous les autres défauts tels que l'ivrognerie, la malpropreté, l'insalubrité du logement, les mauvaises fréquentations des citadins ou l'isolement des paysans.

L'encombrement des programmes de l'enseignement primaire aussi bien que secondaire, rédigés par des législateurs qui semblent avoir posé l'absurde principe que « tout le monde doit tout savoir », a abouti à ce bourrage[2] contre lequel se produit le *tolle* des hygiénistes et des pédagogues[3]. Ce n'est pas que le nombre des heures d'étude ait été augmenté outre mesure, qu'il y ait aggravation sérieuse dans la somme du travail demandé ; le mal, le plus grand mal n'est pas là : il est plutôt dans la surcharge qu'on impose, sans ordre, à des esprits à peine formés, qu'on sature de notions trop diverses et trop superficielles. Le cerveau n'est pas un magasin, une chaudière où l'on puisse impunément condenser une encyclopédie de connaissances sans provoquer explosion ou fissure. Il n'est que temps de « restreindre » l'obligation primaire suivant le vœu de M. Jules Simon, de « délester » les cours des lycées, ainsi que l'a promis M. Berthelot[4], et de renoncer à cette imitation malheureuse du mandarinat chinois, à ce « martyre[5] », à cette course à l'examen devenu le but suprême du lycéen et de l'écolier. L'épuisement

1. H. Spencer, *Introduction à la Sociologie*.
2. En anglais : « cramming », « overwork ».
3. Protestation de MM. J. Simon, Mgr Freppel, Javal, Foussagrives, des docteurs Lagneau et Dujardin-Beaumetz : rapports à l'Académie de médecine, à l'Académie des sciences morales et politiques ; articles de journaux.
4. M. Berthelot, ministre de l'instruction publique (décret du 25 janvier 1887, instituant une commission chargée de réviser les programmes de l'instruction primaire, entre autres celui du 28 mars 1882 ; son discours à la Chambre, en réponse à Mgr Freppel, séance du 27 janvier 1887.)
5. M. Franck.

vient moins de l'excès de travail[1] que de l'absence
de repos, de la privation de cette détente si nécessaire
chez les êtres en formation. La jeunesse a besoin, dans
ses jeux, d'une liberté d'allures absolue : si les arts
d'agrément, la gymnastique, les parades militaires[2]
— qui ne sont pas absolument des délassements —
absorbent les heures primitivement consacrées à la
récréation, c'est autant de pris sur le développement
musculaire comme quantité et comme qualité d'exercice[3], sur cette circulation vive et abondante, inestimable privilège de prompte réparation, et secret des « aspirations de l'enfant à la lumière et à la joie de vivre [4]».

I. Il faut une mesure, une méthode. Imbu des généreu-

1. M. Bernard Perez, *Jacotot et sa méthode*.
2. M. Margaine, ancien officier et député (séance du 18 juin
1887), blâme en ces termes l'institution des bataillons scolaires :
« Et d'abord qu'est-ce donc que cette instruction prépara-
« toire ? On a vanté les bataillons scolaires : ils sont parfaits s'il
« ne s'agit que de donner des muscles aux enfants et de leur
« apprendre la discipline. Mais, quand le gouvernement enrégi-
« mente des gamins pour les faire jouer au soldat, ne se rend-il
« pas le complice d'une ridicule parade enfantine qui compro-
« met une question sérieuse entre toutes, celle de la défense de
« la patrie ?
....
« Quand je vois passer sur l'esplanade des Invalides un enfant
« de douze ans avec des galons d'adjudant, je déclare que je
« suis absolument convaincu que ces galons ne sont pas tout à
« fait la récompense d'un bon service dans l'école, mais qu'il y
« a autre chose.
« Je crains, en outre, qu'à cet enfant, que vous parez un peu
« trop tôt de ces galons de grade, vous ne donniez un esprit un
« peu autoritaire qui le suivra au régiment, si bien qu'à l'heure
« venue d'être un soldat, il se plaindra peut-être de l'être, il ne
« supportera la subordination qu'avec une certaine difficulté. »
(Marques d'approbation.)
Dans une lettre au *Journal des Débats* (1 sept. 1888), M. Lavy,
conseiller municipal de Paris, a émis une protestation semblable contre l'institution même des « bataillons scolaires ».
3. H. Spencer, *De l'Éducation intellectuelle, morale et politique*.
4. Sikorski, *Du développement psychique chez l'enfant*. (*Revue
philosophique*, mars 1885.)

ses idées d'émancipation des masses de la Révolution.
Jacotot [1] (1770-1840) est le créateur d'un système d'éducation dont nos programmes contemporains subissent
encore l'influence. Selon lui, la bêtise absolue n'existant pas, hors des cas pathologiques, et l'inégalité des
intelligences n'étant, ainsi que l'ont observé Locke et
Helvétius, que le résultat d'un défaut d'attention et de
volonté que l'usage peut toujours modifier, il en ressort
que si l'on veut établir, entre tous les citoyens d'une
nation, une communauté de sentiments, il importe de
fonder préalablement un enseignement *unitaire et égalitaire* qui soit à la portée « de toutes les classes, depuis
le plus riche jusqu'au plus pauvre [3] ».

L'intelligence humaine étant une monade qui tire
de toutes ses observations des rapprochements identiques, parce que *tout est dans tout*, il advient qu'il suffit
à l'individu de bien s'inspirer d'un seul ouvrage et
d'y rattacher tout le reste, à l'exemple de ces grands
ensembles qui s'appellent les civilisations et qu'un
homme souvent personnifie, comme Homère avec
l'*Iliade* et l'*Odyssée*, Virgile avec l'*Énéide*, Dante et le
Tasse avec l'*Enfer* et la *Jérusalem délivrée*, Shakespeare
avec *Hamlet* et *Othello*, Milton avec le *Paradis perdu*,
Swift avec *Gulliver*, Cervantes avec *don Quichotte*, et
Camoëns avec les *Lusiades*. Il n'est donc besoin que
d'un seul livre, que d'un seul manuel, mais c'est à une
condition, celle de l'apprendre à fond. Pour y parvenir,
il faut utiliser ces périodes de providentielle plasticité [4] que traverse l'enfance pour y semer ces impres-

1. M. Bernard Perez, *Jacotot et sa méthode*.
2. Jefferson.
3. Proudhon prétend (*Contradictions économiques*, p. 115) que
La Rochefoucauld, Helvétius, Kant, Fichte et Hegel admettent bien, comme Jacotot, une différence entre les intelligences,
au point de vue *qualitatif* (aptitude aux spécialités), mais qu'ils
la contestent au point de vue *quantitatif* (de jugement). Cette
distinction nous paraît plus spécieuse que réelle; le bon sens,
que tout le monde croit avoir, est encore ce qu'il y a de plus
rare.
4. M. A. Bain a établi que cette plasticité était surtout sensible
aux époques d'accroissement rapide, c'est-à-dire jusqu'à 14 ou
15 ans. A 7 ans le cerveau pèse en moyenne 131 grammes; de

sions ineffaçables qui se retrouvent dans la vie comme des jalons; il est indispensable de cultiver la mémoire par de fréquentes récitations verbales puisées à une source unique. Au début, des paroles seront prononcées, des idées émises, mécaniquement, pour ainsi dire; sans doute, la régularité des sons, l'absence de tout heurt, le glissement léger et continu des syllabes [1] — qui est le propre de la poésie — la pondération et la clarté de la phrase — dans la prose — n'éveilleront qu'à la longue une pensée juste et raisonnable. Mais qu'importe! si, après un inévitable labeur, la connaissance de la valeur des mots et de la structure grammaticale se révèlent sans efforts apparents et si l'esprit est ainsi formé tout d'un coup, le moyen pourra paraître bizarre, le résultat n'en sera pas moins acquis.

Cette pratique a ses avantages : celui qui s'est ainsi assimilé les éléments est capable de s'instruire *seul*; le maître cesse alors sa tâche d'explicateur pour celle plus relevée d'*explorateur* que tout homme intelligent peut remplir sans étude spéciale, et l'élève qui s'est habitué à ne plus compter que sur ses propres forces, conserve de cette solide discipline une vigueur dont bénéficie tout son avenir.

Cet ingénieux système a un grave défaut : il méconnaît une loi naturelle. L'unité intellectuelle de l'homme est une utopie. La culture est un puissant levier quand elle est secondée par l'action énergique des forces morales, mais elle ne supplée pas à l'infériorité originelle. Les aptitudes, la volonté ne sont pas des attributs de l'éducation : elles relèvent de l'innéité. Quand on considère les différences qui s'établissent si rapidement entre les hommes, non seulement vers l'âge mûr, — ce qui pourrait s'expliquer dans une certaine mesure par la diversité des existences et des fortunes, — mais déjà même dès l'adolescence, on ne comprend pas comment

7 à 14 ans, 1275 gr.; après cet âge et jusqu'à 20 ans, le développement normal est plus lent; au-delà, les modifications de poids ne sont pas sensibles.

1. Guyau, *Revue philosophique*, (février 1884).

l'inégalité peut être mise en doute par des observateurs sans parti pris, et l'on croit rêver quand on voit des législateurs préparer la fusion de l'école et du lycée.

Jacotot se trompe quand il dit que « tout est dans tout ». Nul ne conteste qu'il ne soit possible de tirer des entrailles d'une œuvre supérieure telle que les *Fables* de La Fontaine, les *Oraisons funèbres* de Bossuet, les *Discours* de Fénélon, l'*Histoire de Charles XII* de Voltaire, — pour ne parler que de la langue française, — un substantiel enseignement; mais, toute réserve faite sur l'étroitesse de la conception dans son application à la littérature, il semble évident qu'elle ne s'adapte pas aux sciences. Rattacher à un seul objet toutes les branches des mathématiques, vouloir condenser les notions premières de géométrie dans la figure du cône, sous prétexte qu'il renferme l'idée des trois dimensions, ainsi que celles de surface, de point, de ligne, de droite, de courbe, de cercle, de diamètre et d'angle, c'est aller au devant d'une complication voulue et créer des difficultés pour avoir la peine de les expliquer [1]. En arithmétique, en algèbre, en trigonométrie, en géométrie analytique, il est inutile d'essayer d'apprendre, si l'on n'a pas la clef: la connaissance des éléments. « Sçavoir par cœur n'est pas sçavoir », a dit Montaigne. La récitation verbale n'est profitable qu' « autant que les connaissances confiées à la mémoire passent par le canal de l'intelligence [2] ».

L'homme dont les facultés sont en équilibre n'apprend pas sans comprendre, parce qu'il ne le veut pas, parce que, le voulût-il, il ne le pourrait pas ; l'enfant, au contraire, par paresse d'esprit ou par crainte du pensum, se soumet assez facilement à cette effroyable fatigue. Combien d'écoliers n'ont-ils pas récité des pages du *Catéchisme*, du *De viris* et de vers d'Homère, sans se rendre compte du sens des phrases, victimes de

1. Fortuné Jacotot fils, avocat, est l'auteur d'un *Epitome des Mathématiques* (opuscule de 18 pages in-8°, 1827), dans lequel le système est exposé.

2. Ratich, écrivain danois du XVIe siècle, ennemi de la scolastique.

l'incurie de leurs maîtres et de leur malléabilité cérébrale? Ces tours de force ont de déplorables conséquences : l'esprit s'émousse au lieu de se polir, le corps s'étiole et le travail devient un cauchemar aussitôt que la porte de l'internat est franchie pour la dernière fois.

L'inégalité des différentes organisations, au point de vue de l'assimilation des leçons est un fait bien constaté dont on ne saurait conclure à une infériorité radicale des faibles en récitation. Les petits prodiges, dont les facultés sont un sujet d'étonnement plutôt que de véritable admiration, tiennent rarement les promesses de leur début : leur développement s'arrête, prématurément ; à l'âge de la pleine croissance ils sont noués. Sait-on ce qu'on aurait fait des Arago ou des Mozart si on les avait brisés par ce régime de perpétuelle tension? des Inaudi et des Raoul Pugno! Il ne sert de rien de surcharger la mémoire de l'enfant, si on ne lui apprend pas en même temps à comparer, à saisir les rapports qui existent entre les choses souvent si éloignées en apparence. Le raisonnement est la cheville ouvrière de l'appareil intellectuel ; en dépit de Jean-Jacques [1], une éducation qui ne lui ferait pas une large place serait condamnée à périr d'inanition : elle serait une Galatée à laquelle il manquerait le souffle dont l'anima la

[1]. « Raisonner avec les enfants était la grande maxime de « Locke; c'est la plus en vogue aujourd'hui; son succès ne me « paraît pourtant pas fort propre à la mettre en crédit et pour « moi je ne vois rien de plus sot que ces enfants avec qui l'on « a tant raisonné.....
« Le chef-d'œuvre d'une bonne éducation est de faire un « homme raisonnable et l'on prétend élever un enfant par la « raison! C'est commencer par la fin; c'est vouloir faire l'ins- « trument de l'ouvrage. Si les enfants entendaient raison ils « n'auraient pas besoin d'être élevés. Mais, en leur parlant, « dès leur bas âge, une langue qu'ils n'entendent point, on les « accoutume à se payer de mots, à contrôler tout ce qu'on leur « a dit, à se croire aussi sages que leurs maîtres, à devenir « disputeurs et mutins : et tout ce qu'on pense obtenir d'eux « par des motifs raisonnables, on ne l'obtient jamais que par « ceux de convoitise ou de crainte ou de vanité qu'on est tou- « jours forcé d'y joindre ». (J.-J. Rousseau, *Émile*, p. 103, t. I.)

déesse, c'est-à-dire une entité sans vie. Apprendre seul n'est pas absolument impossible, mais l'enfant en est rarement capable ; la persévérance, la suite dans les idées qu'implique une pareille entreprise n'est pas son fait ; il lui faut un répétiteur qui, sans lui mâcher toute la besogne, lui mesure l'effort, un guide qui éveille sa curiosité en semant des germes dans son esprit. Tout le monde ne peut pas enseigner. Le maître doit être un patient observateur, un éducateur dans toute la force de l'expression. Mais cette aptitude morale est insuffisante, si elle ne repose pas sur un sérieux fonds de connaissances spéciales : un bon violoniste saurait, à la rigueur, donner des leçons de mandoline, mais jamais un homme sensé ne demandera à un professeur de rhétorique d'enseigner l'histoire naturelle et à M. Caro de faire le cours de calcul différentiel et intégral de M. Leverrier.

Pénétré de l'idée du développement progressif des facultés, Pestalozzi estime que « la méthode de la nature qui suit la marche indiquée par l'évolution mentale est l'archétype des méthodes[1] ». Bell et Lancastre promoteurs de l'enseignement mutuel n'ont fondé qu'un système de simplification. L'œuvre du célèbre pédagogue (1746-1827) suisse est une philosophie. L'âme du nouveau-né n'est pas une table rase : sans parler de l'influence des déviations que subit le fœtus dans le sein maternel[2], Darwin, Sikorski, Preyer[3] sont d'accord pour constater que les premières émotions de l'enfant proviennent d'anciennes expériences ancestrales dont l'impression se retrouve au bout d'un nombre incalculable de générations. L'instituteur ne doit pas chercher à détruire ce facteur essentiel de la psychogénèse ; sa mission est d'ouvrir la voie à l'impulsivité primitive, son devoir de tirer parti de cette spontanéité, de cette vive exubérance de mouvement, de cette ty-

1. H. Spencer ; M. Marcel.
2. M. G. Pouchet, étude sur Charles Robin.
3. M. Preyer, *L'Âme de l'enfant* (traduit de l'allemand par le Dr H. de Varigny).

rannique inconstance de désirs auxquelles rien ne résiste du berceau à l'âge mûr [1]. La *sympathie* entre le
maître et l'élève est indispensable : pour que l'étude
soit profitable il faut qu'elle soit agréable, entremêlée
de jeux et de divertissements [2]. « Ceux qui ont acquis
» la science dans les conditions naturelles, a écrit
» H. Spencer, dans le temps voulu, et qui se souvien-
» nent des faits qu'elle leur a apportés, non-seulement
» comme intéressants en eux-mêmes, mais comme
» l'occasion d'une longue suite de succès pleins de
» charme, ces hommes-là continueront toute leur vie
» à s'instruire d'eux-mêmes, comme ils l'ont fait dans
» leur jeunesse [3]. » A. Bain a dit vrai : l'action fondée
sur la crainte, la punition brutale, douloureuse, est dégradante. La trace en est indélébile ; l'amertume des
jeunes années est un poison qu'une dose même forte de
bonheur, dans l'âge mûr, n'élimine que difficilement.
L'écolier chagrin, le lycéen inquiet fait un hébété ou
un méchant : dans l'enfant torturé il y a l'étoffe d'un
ennemi de toute contrainte, d'un Rousseau ou d'un
Jules Vallès [4]. Ce petit être chez lequel l'intelligence
précède le langage, qui associe des idées, qui crée des
mots pour les exprimer et s'embrouille dans ses phrases, ne sachant, faute d'un nombre suffisant d'expériences, la raison des choses, nous assaille de « pourquoi? »
Écoutons-le avec calme : son attention est excitée, pro-
fitons-en : il n'est pas difficile sur la qualité des réponses, et, pourvu qu'elles soient à peu près sensées, en
tant qu'explication du « comment » et non pas du
« pourquoi » des choses, elles demeureront gravées

1. Falkenberg a dit : « L'expérience m'a appris que l'indolence chez les jeunes gens est si contraire à leur besoin
d'activité qu'à moins d'être l'effet d'une mauvaise éducation,
c'est presque toujours la marque d'un défaut constitutionnel ».
2. Doctrine de Platon appliquée à Port-Royal.
3. H. Spencer, *De l'Éducation*.
4. Jules Vallès, *Jean Vingtras*, roman humoristique.
« Je ne veux pas qu'on emprisonne ce garçon ; je ne veux pas
qu'on l'abandonne à la colère et à l'humeur mélancolique
d'un furieux maître d'école » (Montaigne).

dans son âme. Cette diversification[1] est féconde : la vie entière s'en trouve imprégnée, et mille courants fertilisateurs en jaillissent.

L'être humain a trois ressorts : la sensibilité, la volonté, l'intelligence ; l'habitude, que l'instinct de l'imitation seconde, en est le lien. L'ordre naturel impose une progression : du matériel à l'immatériel, du physique à l'intellectuel, du simple au composé, du concret à l'abstrait, du défini à l'indéfini, de l'empirique au rationnel.

Il en résulte que la première culture doit comprendre l'éducation des sens, du toucher, de l'ouïe, de la vue : concurremment avec le travail manuel — qui est l'étude du monde extérieur envisagé comme forme et comme substance. Les langues vivantes apprises par la méthode maternelle, la géographie lue sur les cartes et non dans les livres, l'histoire dans ses grandes lignes, les éléments du système métrique matérialisé graphiquement et, à titre de diversion récréative, ceux du dessin et de la musique, constituent l'essence de l'enseignement du premier âge.

L'institution des *Jardins d'enfants* dont Frœbel[2] le premier a eu l'idée et dont l'application se poursuit avec succès dans quelques comtés de la Nouvelle Angleterre[3], en Scandinavie, en Finlande, en Allemagne et en Suisse, répond à cette conception généralisatrice de Mme Necker de Saussure : « Enfant dans ses leçons, l'élève est homme dans ses jeux ». Laissons-lui donc une certaine liberté ; n'abusons pas des *leçons de choses* qui, en faisant de lui un récipient des observations des autres, affaiblissent plutôt qu'elles ne fortifient ses dispositions naturelles à s'instruire spontanément. L'intuition est une base physiologique plus solide que la mémoire ; la développer doit être le

1. Cicéron, Pline, Quintilien proclament que le travail diversifié est seul fécond.

2. Frédéric Frœbel, disciple de Pestalozzi, auteur d'un discours sur les *Jardins d'enfants considérés comme éléments nécessaires d'un Institut pédagogique complet* (Hambourg, 1850).

3. Ainsi que le constate le rapport de Mlle Loizillon.

but d'une préparation sérieuse à l'instruction du second degré[1].

II. Sous le régime de la loi du 3 brumaire an VI et sous l'empire de la nouvelle Université restaurée par Napoléon, en 1806, les langues anciennes et les mathématiques élémentaires constituaient, pour ainsi dire, à elles seules, l'enseignement des lycées et des collèges. Ce n'est que dans la deuxième moitié de ce siècle que le latin et le grec établis par les savants de la Renaissance, contemporains de Rabelais, — et aménagés par l'abbé Rollin, et les Jésuites ses disciples, pour la préparation des clercs à l'état ecclésiastique, — ont dû céder une portion de leur trop exclusive domination aux lumières modernes.

On a compris qu'il ne s'agissait plus seulement de former des « célibataires », — ainsi que l'ont fait remarquer si judicieusement MM. H. Spencer et Ernest Renan, — qu'il importait de préparer des hommes capables d'embrasser, au sortir des classes, des professions productives, et on a consenti à faire une place honorable à ces connaissances vitales qui s'étaient propagées dans l'ombre, pendant que des maîtres arriérés, confinés dans le culte démodé des vers latins[2] et

1. Parmi les auteurs qui ont écrit sur l'enfant il convient de mentionner, en outre de MM. H. Spencer, Sikorski et Preyer : MM. Vierordt, Eßelmann, Simonowicz, Pollock, Ferri (Osservazioni sopra una bambina); Berra, Bernard Perez (L'Enfant de 3 à 7 ans); Darwin (A biographical Sketch of an infant, 1840); M. Émile Egger (Observations et réflexions sur le développement de l'intelligence et du langage chez les enfants); M. Espinas (Observation sur un enfant nouveau-né; M. Taine (De l'intelligence).

En littérature on peut citer, parmi les écrivains attentifs au développement mental de l'enfant : Horace, Saint-Augustin (Confessions); Rousseau (Confessions); Chateaubriand (Mémoires d'outre-tombe); G. Sand (Confidences et Mémoires de ma vie); Marmontel (Mémoires; Topffer (Bibliothèque de mon Oncle); A. Daudet (Le petit Chose).

2. L'abbé Fleury disait, dans son Traité du choix et de la méthode des Études : « Si l'on en fait (des vers latins) ce sera comme un exercice de grammaire, pour avoir la quantité et pour avoir plus de mots à choisir en composant : et je ne sais si ce profit vaut la peine que donnent les vers latins ».

du jardin des racines grecques, continuaient à marmotter les formules d'une scolastique surannée. La bifurcation instituée par M. Fortoul, l'enseignement français créé par M. V. Duruy, (programme de 1866), les réformes de M. Jules Simon, les modifications introduites en 1880 et 1882 par le Conseil supérieur, les reconstructions proposées par le signataire anonyme de la *Revue de l'enseignement secondaire et supérieur*[1] » (décembre 1885), sont des satisfactions données à un mouvement d'opinion dont les saints-simoniens et les positivistes ont été les adeptes fervents et, dans une certaine mesure, les instigateurs.

En présence du développement des cours de philosophie, d'histoire, de géographie, de langues vivantes, et surtout de sciences physiques et naturelles, des esprits hardis se sont demandé s'il n'y avait pas lieu de pourvoir à un allégement et de tailler dans le vif en supprimant les langues mortes ou tout au moins en les mettant à la portion congrue ; c'est pourquoi MM. Michel Bréal, Ferneuil, Ch. Bigot et Raoul Frary, en France ; MM. Gobat, de Berne, le professeur A. Herzen et le docteur W. Lœwenthal, de Lausanne, le belliqueux naturaliste de Genève Carl Vogt, en Suisse, ont entrepris cette campagne de destruction nécessaire[2], en poussant

---

1. On sera peut-être curieux de connaître le degré d'autorité que possède en ces matières la *Revue de l'enseignement secondaire et de l'enseignement supérieur*. Les noms des membres du comité de direction édifieront pleinement nos lecteurs: MM. Léon Béquet, conseiller d'État ; Gaston Barboux, de l'Institut, professeur à la Faculté des sciences ; Paul Dupré, conseiller d'État ; Paul Girard, maître de conférences à la Faculté des lettres ; Alfred Rambaud, professeur à la Faculté des lettres ; Othon Riemann, maître de conférences à l'École normale supérieure ; Edgar Zévort, recteur de l'Académie de Caen ; secrétaire de la rédaction : M. Jules Gautier, professeur d'histoire au Lycée de Vanves.

2. Michel Bréal, *Quelques mots sur l'instruction publique en France* (1870).

M. Raoul Frary, *La question du latin* (1885).

M. Charles Bigot, *Questions d'enseignement secondaire* (1886) *Visite au City Collège* (*Revue bleue*, 1887, N° 5).

14.

le cri du gastronome Berchoux : « Qui nous délivrera
des Grecs et des Romains ! »

Le temps passé à pâlir sur Lhomond est plus que le
double de celui que consacrent à la médecine ou au
droit les futurs docteurs ou jurisconsultes, et la dis-
proportion est d'autant plus évidente qu'il s'agit, dans
le deuxième cas, d'une étude spéciale professionnelle,
et dans le premier (sauf pour les candidats à l'École
normale supérieure), d'une gymnastique intellectuelle.
Trois ou quatre années seraient amplement suffisantes
pour cette préparation, et cette transformation deviendrait aisée si l'on abandonnait la vieille méthode irra-
tionnelle. On n'apprend pas la langue de Cicéron ou de
Démosthènes pour la parler, mais pour se pénétrer de
littératures qui, elles-mêmes, ne sont pas sans rivales.
Notre civilisation est loin de ressembler à celles d'Athènes ou de Rome. Nos idées, nos mœurs sont tout
autres que celles des contemporains de Thémistocle ou
de Coriolan. Les Français, qui n'ont pas, à l'exemple
des Allemands, le culte du « mythe », sont obsédés par
les récits d'Homère ou de Virgile. La philosophie antique est une école d'esthétique plutôt que de morale. Les
héros de l'Iliade et de l'Odyssée sont des brutes dont
les passions ne connaissent pas de frein ; et le grand
Énée de l'épopée romaine se conduit avec la reine
Didon comme un séducteur sans vergogne. Horace,
qui faisait naguère les délices des magistrats en villégiature et des rois en disponibilité[1], est bien vulgaire avec son *carpe diem*[2], théorie de la jouissance
mesurée ; Ovide est morose[3] et sans ressort ; Plaute a la
plaisanterie grossière ; l'historien Suétone, le satirique

M. Herzen, *De l'enseignement secondaire dans la Suisse ro-
mande* (1886).

M. W. Loewenthal, *Grundzüge einer Hygiène des Unterrichts*
(1886).

1. Le président Hénault, Louis XVIII.

2. « Viens, Délie, que je te chiffonne, mais dépêche-toi,
parce que demain je serai podagre, et que tu seras une vilaine petite femme. »

3. Ovide, *Les Tristes.*

Perse se complaisent dans des récits obscènes; et Tacite avec son style plein d'ellipses est plus caustique que profond [1]. Tout cela peut encore faire le charme des lettrés, mais ne convient plus à l'âme du dix-neuvième siècle : la grandeur de Corneille, la suavité de Racine, la virulence de V. Hugo, l'idéalisme de Lamartine sont plus faits pour remuer nos entrailles; Pascal, Bossuet, La Fontaine, pour nous faire penser; Beaumarchais, Mérimée, George Sand, pour nous distraire et nous charmer. D'ailleurs, est-il si nécessaire de préparer un aliment superflu à ces loisirs qu'une lutte incessante pour la vie restreint chaque jour? Les sciences ont supplanté la littérature, parce qu'elles seules sont utiles et que leur systématisation exclusive est le seul programme digne de ceux que n'aveuglent pas le fétichisme des vieux errements et la routine du passé [2].

A cette critique les humanistes répondent, avec Ampère, qu'il y a deux ordres de connaissances: la *cosmologie*, qui a pour but l'étude de la nature matérielle; la *noologie*, celle du monde moral [3]. L'esprit de l'homme est assez vaste pour les contenir concurremment tous les deux : les sciences ont l'inestimable mérite de

1. Un éducateur distingué, Coménius (1592-1671), des frères moraves, est un ennemi acharné de la morale antique.

2. M. L. Arréat (lauréat du concours Pereire, de l'instruction publique), a développé cette thèse dont A. Comte semble être l'inspirateur. N'est-ce pas, en effet (Littré, p. 431, *Vie d'Aug. Comte*), un ennemi de la littérature antique, qui a écrit : « Je me bornerai à la lecture de Gœthe qui me semble le seul génie esthétique vraiment créateur. Le fameux Schiller ne m'a jamais paru, d'après les traductions, qu'une sorte de gauche imitateur du grand Shakespeare, bien plutôt qu'un vrai poète; sa niaise sentimentalité métaphysique, réchauffée par l'influence de Rousseau, m'est d'ailleurs insupportable. »

3. C'est ce que Saint-Simon a bien compris, quand il a dit qu'il fallait faire parts égales aux deux méthodes a priori et a posteriori par la création de deux Académies :

1° celle du sentiment, se livrant à l'examen du monde moral, — système de Platon;

2° celle du raisonnement, étudiant la matière, — système d'Aristote.

La conception de Comte, qui n'a pas admis cette division, nous semble inférieure.

fournir des types absolus, mais elles ont, par contre,
« en saturant l'œil de cette lumière de l'évidence que
Pascal a osé appeler grossière, l'inconvénient d'émous-
ser la délicatesse de la vision pour les vraisemblances
et les probabilités[1] ». La culture littéraire est un remède contre ce danger ; en maintenant la porte ouverte à l'idéal, elle empêche l'âme de tomber dans un
vide pitoyable. Notre époque marquera dans la suite
des temps comme celle de la conquête de la nature par
l'homme, mais à une condition, c'est que celui-ci ne se
laissera pas absorber dans le grand tout, dans le panthéisme, comme une négligeable molécule. Les siècles
de Léon X et de Louis XIV demeureront fameux parce
qu'ils sont des périodes d'intense croissance de la personnalité, c'est-à-dire de ce qu'il y a de plus admirable dans l'œuvre de la création. Or, c'est précisément
aux langues anciennes que l'histoire est redevable de
ce développement que l'anglo-germanisme est incapable de poursuivre. Shakespeare est un créateur, Gœthe
un génie olympien, mais ni l'un ni l'autre ne sont des
éducateurs : la tragédie d'Hamlet n'est qu'une ombre
aux formes changeantes, la trilogie de Faust, qu'un laboratoire d'alchimiste dont les creusets contiennent
peut-être de riches amalgames, mais dont personne n'a
encore dégagé la matière inaltérable. « Les Grecs sont
la fleur et le parfum, les Latins sont la vertu[2] » : les
uns comme les autres sont plus « humains » que les
grands auteurs modernes[3], plus faciles à comprendre,
plus accessibles, plus dépourvus de nos passions laïques, et la femme n'occupe chez eux, — ce qui n'est pas
un mal pour l'éducation des adolescents, — qu'une
assez petite place. Hérodote, Xénophon, Plutarque,
Tite-Live, Salluste, César, sont d'inimitables historiens ; ils pensent, et s'ils ne sont pas toujours profonds,

1. M. Rabier, Discours prononcé, le 2 août 1886, à la distribution des prix du Concours général : *Du rôle de la philosophie
dans l'éducation.*
2. Anatole France (*Temps*, oct. 1886).
3. Brunetière, *à propos de la Question du latin* de M. Raoul
Frary (*Revue des Deux-Mondes*, 15 déc. 1885).

ils ont le talent du véritable pédagogue, ils ne troublent jamais. Platon, Aristote, Cicéron, Sénèque, Pline sont des philosophes, des connaisseurs de l'espèce homme, et Térence et Lucrèce nous initient à ces deux idées supérieures qui agitent le monde contemporain : *l'altruisme* et *l'évolution*.

Qu'on néglige le grec, malgré son importance en esthétique et en terminologie, passe encore[1]! mais n'abandonnons pas la langue maternelle, celle de la plus durable civilisation que le monde ait encore connue : le latin[2]. Que le prince de Bismark ait dit à son panégyriste familier, M. Busch[3] : — « Je ne comprends
» pas pourquoi on prend tant de peine pour apprendre
» le latin ; si c'est pour discipliner l'esprit et exercer la
» mémoire, on ferait mieux de lui substituer le russe[4] ;
» au moins ce serait utile et pratique, » — cela se conçoit : il est Teuton, lui, et le *delenda Carthago* de sa vie entière, c'est la déchéance des races latines. Écoutons plutôt l'écho d'au delà du Détroit du dernier discours d'un sincère patriote anglais, qui n'a pas moins fait pour son pays par une propagande pacifique que d'autres par la force des armées : « Je suis, a dit Cobden, un

1. Les directeurs des collèges anglais de Harrow, Winchester et Marlborough, se sont entendus pour ne faire commencer le grec qu'à l'âge de douze ans (août 1887).
2. « Savez-vous le latin, madame ? Non. Voilà pourquoi vous me demandez si j'aime mieux Pope que Virgile. Ah! madame, toutes nos langues modernes sont sèches, pauvres et sans harmonie en comparaison de celles qu'ont parlées nos premiers maîtres, les Grecs et les Romains. *Nous ne sommes que des violons de village* ».
(Voltaire à Mme du Deffand.)
« Les langues mortes sont le vocabulaire le plus expressif des idées les plus nécessaires et le dépôt merveilleux de tout ce que le génie humain, en sa première fraîcheur, a produit de plus fier et de plus charmant. »
(Discours de M. Chantavoine au Concours général, 1er août 1887.)
3. Marie Dronsart. *Le prince de Bismarck.*
4. Pour arracher la jeunesse instruite, « l'intelligence » aux séductions radicales, le patriote Katkoff avait recommandé, dès 1863, l'adoption, dans les collèges et les universités de l'Empire russe, de l'enseignement classique des langues mortes.
5. Sophie Raffalovitch, *Vie de Cobden*, p. 410.

» avocat de toute espèce de culture intellectuelle et
» quand vous trouverez des hommes qui joignent à
» une profonde instruction *classique* une connaissance
» étendue des affaires modernes, et qui, tout en étant
» des lettrés, sont aussi des penseurs, préférez-les, car
» ces hommes, je l'avoue, ont une grande supériorité
» sur moi, et je m'incline avec respect devant leur
» supériorité[1]. »

Cette dernière argumentation devrait convaincre, et
cependant de bons esprits y demeurent rebelles. « Lau-
datur et alget », a dit le poète. On reconnaît bien que la
vérité théorique est là, mais on se laisse subjuguer par
les nécessités pratiques. Pourquoi ? Parce que la question a été mal posée, parce que la démocratie, — la
mauvaise s'entend, — dans sa haine de toute aristocratie, a fait un mauvais rêve : celui de l'égalisation
des intelligences[2]. Il devient évident qu'il ne convient
pas de donner le même enseignement au paysan qu'au
citadin, au fils du détaillant qu'au candidat aux écoles
supérieures, et que l'abus des bourses distribuées sans
départ suffisant des forts et des faibles n'a donné naissance qu'à l'éclosion d'une foule de déclassés.

Et cependant, il faut que les travailleurs manuels,
que les industriels, commerçants et agriculteurs, soient
des hommes éclairés, capables de fournir « de nombreux éléments au recrutement de nos conseils locaux
et de nos Assemblées politiques[3] ». Pour cela, il n'y a
qu'à s'inspirer de la tentative de l'École alsacienne de
M. Reider, et qu'à rétablir une sorte de bifurcation
moins déprimante que celle du second Empire, en con-

---

1. Ceci est applicable à MM. Disraeli et Gladstone.
2. « C'est une belle chose que l'égalité quand ce n'est pas la
» plus vilaine des choses : une des revanches de la paresse et
» une des rancunes de l'envie. »
   (M. Chantavoine, discours au Concours général, 1er août 1887.)
   « L'envie, ce sentiment naturel et ignoble, absurde et impla-
» cable, a trouvé, dans la démocratie, à la fois un masque et un
» instrument. »   (Secrétan.)
3. Discours de M. Goblet, ministre de l'instruction publique,
à Amiens.   (Août 1886.)

stituant, à côté des cours des langues anciennes, un
enseignement spécial, dit « français », à l'usage de ceux
qui n'ont qu'un goût médiocre pour la haute culture
littéraire. Il y aura concurrence, mais non pas lutte ;
et les hommes ainsi formés sans contrainte se retrouveront à l'âge mûr différents, mais non pas ennemis,
parce qu'ils auront, les uns et les autres, suivi la voie
nécessaire où les conduisaient leurs aptitudes, leur
situation sociale et le vœu de leur famille [1].

Le développement des relations internationales justifie l'importance croissante des langues vivantes : on a
enfin compris qu'il était peu intelligent de ravaler les

[1]. M. Ch. Bizot a bien vu où était la solution quand il a proposé de cantonner l'enseignement des langues mortes dans
deux ou trois lycées seulement, à Paris et à Marseille. (Questions d'enseignement secondaire, 1895.) Il en est ainsi en Angleterre, où la haute culture n'est pratiquée que dans des Universités comme Harrow, Rugby, Eton, et une tendance semblable
se manifeste aux États-Unis, où la ville de Boston est devenue
« l'Athènes » du Nouveau-Monde.
M. E. Manœuvrier (L'Éducation de la bourgeoisie sous la République, 1887) a proposé, de son côté, de ne faire commencer
l'enseignement secondaire qu'à la fin de la treizième année et
de le prolonger six années, durant six heures par jour, en le
restreignant à l'étude d'une seule langue ancienne ou moderne,
au choix de la famille.
M. Villemain ayant dit, dans un rapport sur l'enseignement
universitaire :
« le but de l'instruction secondaire est de préparer de loin
un choix d'hommes pour toutes les positions à occuper et à
desservir dans l'administration, la magistrature, le barreau et
les diverses professions libérales, y compris les grades supérieurs et les spécialités savantes de la marine et de l'armée. »
M. Michel Chevalier lui répondait (Journal des Économistes,
avril 1843) :
« l'instruction secondaire est appelée aussi à préparer des
hommes qui seront : les uns agriculteurs, les autres manufacturiers, ceux-ci commerçants, ceux-là ingénieurs libres. Or, dans le
programme, tout ce monde-là est oublié. L'omission est un peu forte ;
car enfin, le travail industriel, dans ses diverses formes, l'agriculture, le commerce, ce n'est, dans l'État, ni un accessoire, ni un accident, c'est le principal !.. Si l'Université veut justifier son nom, il
faut qu'elle prenne un parti dans ce sens, sinon elle verra se dresser
vis-à-vis d'elle une Université industrielle... Ce sera autel contre
autel. »

professeurs d'anglais et d'allemand au même rang que
le maître de gymnastique, mais on n'a pas su encore
faire entrer cet enseignement dans une voie pratique. On
apprend encore l'idiome de Macaulay ou celui de Lessing
comme le latin et le grec : il en résulte qu'on traduit à
peu près une page de style, mais qu'on quitte les bancs
sans savoir écrire une lettre d'affaires et sans être capable de soutenir une conversation de dix minutes sur un
sujet banal. On répond, il est vrai, qu'après une bonne
préparation grammaticale, on parle couramment si l'on
veut s'astreindre à un séjour de quelques mois en pays
étranger; nul doute, mais est-il possible de songer sérieusement à un déplacement aussi onéreux ? Il faut
aviser! Un régent de collège de la Hollande a trouvé
cette solution élégante : chaque semaine un placard an-
nonce que le français, l'anglais ou l'allemand est obligatoire, sous peine d'une amende de tant de *cents*, pré-
levé sur le prêt hebdomadaire de chaque élève, et la
consigne est contrôlée par celui qui, en présence du
proviseur et des camarades, s'est rendu adjudicataire
de cette ferme. En moins d'un an, une classe ainsi me-
née par la méthode maternelle, converse facilement,
comme il convient, au point de vue des besoins journa-
liers, des usages domestiques, d'un voyage ou d'un
emploi[1], et dans les années suivantes, elle se perfec-
tionne par des lettres et des explications d'auteurs.

L'histoire est l'institutrice de la vie[2]. Jacotot, qui n'a
pas compris les travaux de Voltaire, qui n'a connu ni
ceux de MM. Guizot, Augustin et Amédée Thierry, ni
l'œuvre encyclopédique de M. Victor Duruy[3], commet

1. M. Gaufrès, ancien chef d'institution à Paris, membre
du conseil municipal (séance du 25 juillet 1887), répondant à
M. Cochin, a insisté auprès de M. le directeur de l'enseignement
pour que l'on fît surtout apprendre aux élèves des écoles
primaires supérieures l'anglais et l'allemand, au point de vue
commercial, en laissant de côté la littérature.
2. *Magistra vitæ*, a dit un ancien.
3. Le mérite de M. Duruy est d'avoir donné un aperçu de
l'histoire universelle en y faisant pénétrer l'esprit nouveau de
Grote, d'Ottfried Müller et de Mommsen, pour l'antiquité, et

une lourde erreur quand il dit qu' « il n'est besoin d'étudier Néron ou Marc-Aurèle pour savoir ce dont les hommes sont capables, parce que nous ne pouvons y apprendre rien de nouveau ». Son appréciation pouvait n'être pas absolument fausse au temps de ces ignares qui serinaient d'un ton dolent à des élèves distraits la succession des rois égyptiens et les partages de la Gaule par les chefs francs, sans lien logique ni idée philosophique. Par contre, l'histoire de la transformation des civilisations, le tableau des états successifs de la société humaine, militaire et industrielle, est un enseignement progressif. Il y aurait, sans doute, une rare inconvenance à permettre aux jeunes élèves la lecture des journaux quotidiens, comme le proposait Coménius. Cette introduction de la politique au collège ne serait ni bien instructive ni bien morale ; mais il ne faudrait cependant pas non plus oublier que les élèves sont de futurs citoyens du XIXᵉ siècle. L'ordre de la chronologie n'est pas celui de la raison ; et il nous semble qu'aussitôt les éléments primaires de géographie bien appris, le mieux serait d'aborder l'histoire des temps modernes et contemporains, réservant celle du moyen-âge et de l'antiquité pour les classes supérieures. Malgré des différences profondes, Athènes et Rome étaient, comme les pays de notre Europe occidentale, des démocraties auxquelles nous avons emprunté notre langue, nos institutions civiles et notre conception des beaux-arts : les comparer avec les nôtres serait une étude profitable et un couronnement satisfaisant des humanités.

La *philosophie*, qui est le terme des cours secondaires, n'en est pas l'achèvement [1]. Dans le cours ordinaire de

---

d'avoir résumé les œuvres de Voltaire, Montesquieu, Condorcet, Sismondi, Michelet, Augustin Thierry, Guizot, Henri Martin, Mignet et A. Thiers, pour les temps modernes.

1. Gustave Flaubert (*Correspondance*) a bien rendu le sentiment de désillusion des lycéens à leur entrée en philosophie, quand il a écrit : « .....C'est là, cette fameuse année de philosophie que tout le monde envie pendant dix ans, et que j'ai désirée moi-même aussi ardemment qu'on désire le ministère, un peuple, un roi, une Constitution, une dinde..... »

l'existence, le jeune homme n'aura guère occasion
de raisonner en « baroco » ou en « baralipton » ; mais
par contre, l'aménagement de ses intérêts matériels, le
choix d'une carrière, l'éducation d'une famille, seront
le constant souci de sa vie. L'armer pour cette lutte pacifique est un devoir que l'Université n'a pas suffisamment compris : elle insiste trop sur l'explication de systèmes qui ne sont que l'histoire des aberrations humaines, et ne consacre pas assez de temps à ces notions
d'économie politique, de droit et de sociologie [1] qui sont
d'une utilité pratique si immédiate, à cet âge où l'élève
cesse d'être écolier pour devenir étudiant.

D'autre part, les principes de cette haute culture
ne s'assimilent qu'autant qu'ils sont soumis à une sorte
de macération intellectuelle pour laquelle le délai d'une
année scolaire est insuffisant ; la précipitation, qui
n'est qu'une gloutonnerie de l'esprit, ne sert de rien en
pareille matière.

M. Alfred Fouillée l'a compris quand il a posé devant
le Conseil supérieur de l'instruction publique la question de la décentralisation [2], et l'adoption de son projet
qui implique la répartition, sur plusieurs classes, des
éléments du cours de philosophie, constituerait un progrès d'une considérable portée.

Si l'idéal « est la sève de l'humanité future [3] » l'art,

---

1. MM. H. Spencer, Michel Bréal, Alex. Martin ont, à diverses
reprises, insisté sur la nécessité de faire une part plus large à
cet enseignement qu'un professeur de l'école d'anthropologie
de Paris, M. le docteur Bordier (*La vie des sociétés*) considère
comme celui d'une loi aussi inéluctable que celles de la mécanique, de la chimie ou de la biologie.
   - Il nous est difficile de comprendre, disait M. Rossi en 1837,
   - pourquoi quelques notions d'économie politique ne seraient
   - pas comprises dans l'instruction du peuple. -
   2. M. Jules Simon (*Vie de Cousin*, p. 125) demande le transport
de la philosophie proprement dite aux Facultés - en la bornant
à l'étude approfondie des classifications et à la lecture de quelques beaux livres, tels que le *Phédon* pour l'antiquité, et le
discours sur la *Méthode* pour les temps modernes -.
   3. M. Rabier, discours au Concours général (Août 1886).
   M. Marion, *Leçons de psychologie*.

qui est la représentation de la nature vivifiée par l'âme, doit être appris à l'enfant, non-seulement parce que le beau est essentiellement ordre et harmonie, maisencore, parce que cette culture civilisatrice, adoucissant les mœurs privées et publiques, protège le plus souvent ses adeptes contre le vandalisme de pensée et d'action, qui est le stigmate des races et des classes inférieures. Le but d'un tel enseignement[1] n'est pas de faire des Raphaëls : on naît artiste, comme on naît poète. La tâche de l'éducateur est plus modeste: elle consiste à former le goût. L'esprit et l'imagination de la jeunesse s'ouvrent avec un empressement instinctif aux œuvres qui la frappent, par la justesse de la couleur et la perfection des formes. Celui qui a vécu dans la fréquentation des belles choses en conserve, même inconsciemment, cette notion exacte de la probité, qui est comme le parfum de l'existence des gens heureux et la consolation de ceux qui ont souffert. C'est en considération de cet intéressant phénomène que la récente entreprise du ministère de l'instruction publique mérite la sympathie de ceux qui pensent qu'on ne saurait rendre l'étude trop attrayante.

Les nouveaux bâtiments scolaires, pleins d'air et de lumière, avec leurs murs peints à la colle, sont nus comme des cloîtres de monastère, comme la cellule de Philippe II à l'Escurial. Les trois grandes commissions chargées de composer un musée d'*imagerie décorative*[2] sont appelées à rendre un grand ser-

1. Le livre de MM. Élie Pécaut et C. Baude, intitulé : *l'Art, simples entretiens à l'usage des écoles primaires* (1887), comble une lacune. Il explique fort bien la nature de l'art, en fait comprendre la légitimité et l'importance, en expose les principes et en raconte l'histoire.

2. « M. Paul Mantz, au nom de la Commission permanente « nommée par arrêté ministériel du 20 juillet 1882, vient d'adres-« ser au ministre de l'instruction publique et des beaux-arts « un rapport où se trouvent résumées les études de la com-« mission sur la matière.

« Il convenait, d'abord, de déterminer le but précis de cette « institution. Il n'a pas paru à la Commission qu'elle dût être, « du moins d'une manière principale, une leçon de morale ou de « patriotisme. Elle est essentiellement une exposition perma-

vice : en couvrant les cloisons de reproductions bien
choisies, elles initieront les enfants de toute condition

« mente d'œuvres d'art, capable d'éveiller chez l'élève le goût
« du beau et de raconter à son intelligence, élargie par la con-
« templation constante et précoce des formes harmonieuses,
« les transformations historiques de l'idéal.
« La sculpture et la gravure en médailles seraient représen-
« tées par les moulages de l'École des beaux-arts et de l'atelier
« du Louvre; la peinture par la chalcographie du Louvre, par
« la photographie et par l'héliogravure. La commission a divisé
« en quatre catégories, différentes par le nombre et le sujet,
« les œuvres sur lesquelles son choix s'est arrêté, suivant
« qu'elles devront composer le musée d'une école primaire de
« garçons, d'une école primaire de filles, d'une école normale,
« enfin d'un collège ou d'un lycée.
« Une trentaine de reproductions, dont quatorze de sculp-
« ture et seize environ de peinture, devront constituer le mu-
« sée d'une école primaire de garçons; une vingtaine, celui
« d'une école primaire de filles. Dans l'un et l'autre musée, se
« rangeraient les œuvres les plus pures des époques classi-
« ques de l'art : bustes de Praxitèle ou de Michel-Ange; ta-
« bleaux de Léonard de Vinci, de Raphaël, du Titien, de Van
« Dyck, etc.
« Outre ces œuvres, le musée des écoles normales pourra com-
« prendre une trentaine de moulages et autant de reproductions
« de tableaux. Là, déjà, la diversité des écoles et des œuvres
« pourra commencer à exercer le jugement des élèves : à côté
« de la Cène de Léonard de Vinci, ils verront la Mélancolie d'Al-
« bert Durer; à côté de la Descente de la Croix de Rubens, l'Em-
« barquement pour Cythère de Watteau, ou la Barque de Dante
« de Delacroix. A ces chefs-d'œuvres viendront s'ajouter quel-
« ques reproductions photographiques des plus célèbres monu-
« ments, (Panthéon, Colisée, Notre-Dame), et une collection de
« portraits des hommes illustres, choisis principalement dans
« l'histoire de France.
« Le musée des collèges et lycées se composerait de deux ou
« trois cents sujets empruntés à des pays et à des siècles diffé-
« rents : depuis le portrait de Rhamsès II (art égyptien), jus-
« qu'aux œuvres les plus modernes, en passant par la statuaire
« grecque et la peinture de la Renaissance. Si l'histoire prend
« ici une place de plus en plus importante, si même plusieurs
» œuvres des époques dites de décadence sont admises, cette
« variété, loin de risquer de corrompre le goût des jeunes
« gens, l'affermira encore, grâce à leur instruction plus avan-
« cée, et l'épurera par le rapprochement des époques classiques
« et des siècles de décadence.   (Le Temps, janvier 1887.)
« M. Guillaume, membre de l'Institut (congrès de Bor-
« deaux, sept. 1886), demande qu'on enseigne, dans les écoles
« primaires et les lycées, le dessin géométral qui ne se préoc-

à de nobles jouissances, et ouvriront leurs esprits à l'admiration des créations du génie[1].

L'instruction primaire et secondaire ainsi entendue est complète ; la musique, qui exerce si peu d'influence dans l'éducation morale et intellectuelle, parce que « rien n'est plus fugitif que l'émotion qu'elle produit[2] », n'y a pas sa place marquée. La lecture des clefs et des chiffres (méthode Chevé) est amplement suffisante, pour l'écolier et le lycéen ; au delà, c'est affaire aux écoles spéciales, et il devrait en être de même pour les autres connaissances supérieures, telles que le dessin académique, la perspective, le modelage, qui, relevant, avant tout, de la discipline de la main, exigent une assiduité et un temps que les programmes, forcément restreints, ne peuvent raisonnablement leur accorder[2].

Le progrès des sciences qui mettent l'homme en contact direct avec la puissance universelle « dont la nature, la vie et la pensée sont les manifestations », est le fait le plus important de la vie intellectuelle du XIXᵉ siècle. Dans l'instruction contemporaine, une place importante est réservée aux connaissances pratiques qui, développant non seulement la mémoire mais encore le jugement, familiarisent l'esprit avec des rapports rationnels et absolus. Dans l'étude des langues, la série des idées

----

« cupe que de représenter dans leurs proportions exactes les
« parties d'un objet, le dessin perspectif ne devant venir qu'a-
« près. »

1. M. Daumet (congrès des sociétés savantes de Paris et des départements, mai 1887) propose d'introduire dans les cours d'histoire des lycées, des notions d'art et des conférences de spécialistes.

2. M. Alex. Bain, *Science de l'éducation*.

3. C'est dans le même sens que M. Bain a écrit (*Science de l'éducation*) : « Tous les faits relatifs aux opérations des
« arts de la vie pratique qui servent à diriger les artisans dans
« leurs travaux et à enseigner à tout le monde les moyens
« d'arriver à certains résultats avantageux, constituent un vaste
« ensemble de connaissances utiles, qui ne doivent pas être
« considérées comme des exercices pour l'esprit (recettes
« de cuisine, procédés pour l'agriculture et l'industrie, leçons
« d'hygiène, procédure des tribunaux). »

correspond à des faits accidentels; dans celle de l'histoire, les conclusions tirées des rapprochements sont souvent prématurées, et en philosophie l'examen des systèmes n'aboutit trop souvent qu'à un doute déplorable ; seule, la science est véritablement utile pour la conservation personnelle, pour l'entretien et l'éducation de la famille, pour le maintien d'une solide discipline morale. La tension de la réflexion, la violence des sentiments qu'elle implique, sont un danger, mais il ne s'ensuit pas que sa culture nous « rende impropre à l'exercice de l'imagination et à l'amour du beau[1] ». Notre misérable individualité grandit dans la lutte contre les forces de la nature; dans l'effort continu de l'homme à sonder les profondeurs infinies, dans l'amour du ver de terre pour l'étoile[2], il y a une profonde poésie. La goutte d'eau, le grain de sable sont des objets d'inépuisable méditation que la Providence a répandus sous nos pas, pour nous faire penser. Galilée, Newton, Kepler, Lavoisier, Cuvier, Tyndall, Virchow, Pasteur, sont des idéalistes. Avec eux, la civilisation ne s'atrophie pas dans l'adoration de la matière, et l'exemple de Descartes, de Buffon, de Goethe, d'Ampère[3], d'Arago, de Fresnel, de MM. J.-B. Dumas, Berthelot et J. Bertrand, à la fois lettrés et savants, est suffisamment édifiant pour rassurer les timorés qui ne voient dans l'étude des réalités que le mépris des traditions du passé.

Diderot et Aug. Comte ont tort de vouloir mettre, au seuil de l'école, l'enseignement des mathématiques. Le chef de l'école positiviste, cet ennemi des probabilités[4],

---

1. H. Spencer, De l'éducation.
2. V. Hugo, Ruy Blas.
3. « Ampère, l'inventeur de la théorie de l'électricité; Arago, qui a touché à tous les points essentiels de la physique et de l'astronomie; Fresnel, le créateur de la théorie moderne de la lumière; MM. J.-B. Dumas, Pasteur, Berthelot, Joseph Bertrand, ont été et sont des classiques à leur façon. »
(Discours de M. Chantavoine au Concours général, 1er août 1887.)
4. En repoussant le calcul des probabilités, A. Comte méconnaissait son utilité dans des questions spéciales intéressantes, telles que les assurances.

est tellement affamé de certitude qu'il ne s'attache
qu'au cognitif, qu'à l'*a priori* ; seuls, les axiomes tels
que : le tout est plus grand que la partie, les résultats
indiscutables d'un calcul, ont le don de le satisfaire. De
là, cette incompréhensible importance attribuée « aux
propriétés morales et intellectuelles » des chiffres :
1, 2, 3 étant sacrés comme représentant les types de la
synthèse, de la combinaison et de la progression, 7 celui de la numération ; de là cette prédilection marquée
pour les nombres premiers. Mais, de là aussi, une erreur
fondamentale. L'enfant n'est pas capable de séparer
l'idée du fait, l'abstrait du concret[1]. La méthode objective, qui recommence en abrégé dans l'élève une évolution ancestrale, est la vraie préparation à ce passage
du simple au composé dont la loi est la synthèse. « Le
» principe des choses, a dit Littré, ne se tire pas des
» éléments de l'entendement ; c'est, au contraire, des
» éléments de l'entendement que dérive le principe des
» choses. »

Il en résulte que l'enseignement des sciences expé-
rimentales et naturelles, au lieu de se placer après les
mathématiques, doit les précéder. Les nomenclatu-
res de botanique et de minéralogie, les notions élémentaires de physique et de chimie s'adressent, avant
tout, à la mémoire, — c'est-à-dire au premier âge ;
l'arithmétique supérieure, la géométrie, l'algèbre, la
trigonométrie, etc, à la raison, — à l'adulte. Il y a péril
à violenter la nature. La culture prématurée de l'abstraction est funeste ; le cerveau y perd sa vigueur native, l'intelligence sa spontanéité.

La classification de Comte n'est donc qu'une hypothèse sans base sérieuse. La *généralité décroissante* n'est
pas une loi ; féconde pour un cours d'histoire des sciences, elle est absolument fausse dans un enseignement dogmatique. Le groupement des connaissances en une *suc-*

1. C'est pour suivre la voie naturelle, qui va du concret à
l'abstrait, que M. Wyse commence son cours de géométrie par
la description des solides, sphère et polyèdre, pour le terminer
par les notions de plan, de ligne et de point. (H. Spencer,
De l'éducation.)

cession est aussi une conception de la génèse du savoir humain, contredite par les faits. En présence de jeunes élèves, de débutants, il peut y avoir avantage à sérier les questions pour éviter la confusion, quitte à revenir ensuite sur ses pas pour montrer le lien logique qui les unit. Mais les évolutions de la nature impliquent l'interdépendance, l'examen des phénomènes met simultanément en mouvement toutes les sciences. La rosée ne relève pas seulement de l'hygrométrie; les lois physique de l'émission, de la chaleur, de la constitution moléculaire, de la pesanteur, s'y rattachent, et les chimistes y trouvent l'idée première du blanchiment des toiles. Les grandes découvertes contemporaines sont dues à des généralisations. La théorie mécanique de la chaleur [1] n'est pas intelligible pour celui qui n'a pas parcouru les éléments de la chaleur, de la lumière, de l'électricité dont elle a fait la synthèse, ou ceux de la chimie qu'elle relie à la physique en faisant apparaître les deux seuls principes cosmiques : force, matière. Sans les applications du calcul algébrique à la géométrie analytique, aucun progrès ne se serait accompli depuis Pascal et Descartes; sans le concours de la physiologie, de la géométrie et du calcul, l'optique n'existe pas, et les travaux d'Edison et de Siemens sont lettre close pour celui qui sépare l'acoustique de l'électricité.

L'étude de l'inorganique précède logiquement celle de l'organique, depuis qu'on ne place plus les êtres vivants en dehors du monde physique. Mais là encore la classification est mise en défaut [2]. Il est incontestable que la biologie est subordonnée à la chimie, que les actes fondamentaux dont la succession perpétuelle caractérise la vie consistent en une suite continue de

1. M. Joule de Manchester a, le premier, déterminé d'une façon exacte l'équivalent mécanique de la chaleur et jeté ainsi les fondements de la thermodynamique.
2. M. Georges Pouchet, *Biographie de M. Ch. Robin* (disciple de Comte et fondateur de la société de biologie, en 1848, avec MM. Broca, Beyer, Claude Bernard, Charcot, Vulpian et Brown-Séquard).

compositions et de décompositions dont la nutrition et la sécrétion sont l'origine ; mais aller plus loin dans cette voie est un danger. M. le professeur Robin se trompe quand, voulant assembler les matériaux qui constituent l'être vivant, il construit de toutes pièces une statue mouvante et animée. La biologie et la physiologie contredisent la loi de généralité décroissante aussi bien que celle de séries ; en empruntant aux autres sciences, elles conservent leur individualité propre, sans s'y confondre. Les parties constituantes liquides de l'organisme qu'on appelle « plasmas » sont indépendantes des cellules qui les renferment, et le rejet de distinction entre les principes immédiats et les éléments anatomiques est cause de la fissure qui brise l'unité du système.

De cette tentative sort un enseignement : il faut savoir s'arrêter. Généraliser est un noble but, mais c'est à une condition, c'est que l'idée n'ira pas plus vite que le fait, et que l'expérience précédera toujours la théorie. Faute de cette discipline de l'esprit, il n'y a pas de véritable création, et c'est en ce sens qu'Auguste Comte a mérité la dédaigneuse épithète d'Arago : le « philosophe ».

Les progrès des sciences ont suscité dans toutes les branches de l'activité industrielle une transformation économique. En présence du développement de la concurrence qui amène sur tous les marchés l'encombrement des produits, patrons et ouvriers ont compris qu'un grand effort était nécessaire, si la France voulait résister au formidable assaut de toutes les nations étrangères et maintenir sa suprématie dans l'ordre du travail. Comme nous n'avons pas les ressources minières des Anglais, la main-d'œuvre avilie des Allemands, les immenses territoires vierges des Américains, et que notre situation topographique ne nous est pas toujours favorable, la difficulté de trouver un remède efficace est apparue dans toute sa gravité. L'artisan affranchi par la Révolution a cessé d'être un outil animé ; il est devenu un homme toujours prêt à récla-

mer ses droits et à raisonner sur ses devoirs, et ce n'est
pas à lui qu'il faut parler de réduction de salaires. La
protection, qui agit dans une certaine mesure sur la
consommation intérieure, a pour conséquence la fer-
meture des places étrangères à titre de représailles.
La lutte n'est donc possible qu'à une condition, c'est que
nos marchandises aient une supériorité telle que la loi
de l'offre et de la demande leur fasse atteindre une valeur
en harmonie avec les prix de revient élevés qui sont la
conséquence de notre état social. Or, pour obtenir un
résultat si éminemment désirable, il faut « ennoblir
les professions manuelles en montrant le rapport intime qui les relie aux lois naturelles du monde [1] » et
mettre à profit les dispositions natives de notre intelligence nationale pour les applications artistiques. Les
savants, les hommes capables de présider à la formation
d'organismes perfectionnés, sont nombreux ; dans l'armée industrielle, la lacune est dans la pauvreté des
cadres. La petite bourgeoisie, à l'exemple de la grande,
se pousse vers les carrières administratives ou soi-di-
sant libérales, et la classe ouvrière, en quête d'un gain
facile, ne veut plus s'astreindre à apprendre un métier
avant de l'exercer. Il n'y a plus ni contre-maîtres vraiment dignes de ce nom, ni travailleurs d'élite, et les prix
s'élèvent à mesure que la valeur intrinsèque des produits diminue. Depuis l'abolition des corporations, la
tradition est perdue, et le recrutement industriel annuel ne fournit plus un nombre suffisant d'apprentis
dégrossis [2]. Après avoir détruit, on a oublié de recon-

1. M. Duruy.
2. Une enquête de 1864, sur l'industrie parisienne, établit,
d'après les chiffres de 1861, que sur les 30,000 ouvriers dont
se compose le recrutement industriel annuel, 3,000 à peine (soit
un dixième) se résignent à un apprentissage sérieux.
M. Dubuisson, inspecteur départemental du travail des enfants, a déposé ainsi à l'enquête de 1884 :
« L'apprentissage se meurt et il n'est que temps de crier
« gare ! et d'aviser, si l'on ne veut voir bientôt périr avec lui
« les dernières espérances de l'industrie parisienne. »
Et M. Tolain, d'accord avec MM. Bietz Monin et Corbon, a
ajouté :

struire. Ce n'est pas qu'un retour aux maîtrises et jurandes, à l'exemple de l'Allemagne et de l'Autriche[1],
soit souhaitable; les chambres syndicales elles-mêmes,
récemment reconnues par la loi de 1884, ne sauraient
restaurer des coutumes dont le tyrannique exclusivisme
a soulevé une presque unanime réprobation. Le système
est usé, mais il est temps de recoudre, et pour cela il
importe de munir le peuple « d'un enseignement qui
« procède du général au particulier et qui répande dans
« ses rangs les grands principes d'instruction commune
« à tous les arts et à tous les métiers, en se réservant de
« spécialiser cette instruction, lorsque les aptitudes se
« seront nettement déterminées[2] ».

Appliquant une idée de Rousseau éprouvée par les
expériences de Pestalozzi et de Frœbel, les peuples du
nord de l'Europe ont imaginé de faire pénétrer l'enseignement des métiers manuels dans toutes les écoles aux
trois degrés, primaire, secondaire et supérieur. Il leur
a semblé que cette pratique avait l'avantage de pourvoir à l'apprentissage des enfants pauvres, de procurer
à tous une agréable diversion aux études proprement
dites, et d'inspirer aux générations de l'avenir le respect des professions, qui n'est pas le moindre facteur
du progrès démocratique.

Inventé par Uno Cyngœus, surintendant en Finlande,
le système s'est rapidement développé en Suède, et a
pris le nom de l'institut normal de *Sloyd* (à Maas, près
de Gothembourg), où la plupart des maîtres actuellement occupés à le répandre ont pris leurs grades.
Émerveillées du succès des établissements de la Scandinavie, — de celui de Mlle Eva Rhodes, entre autres —
l'Allemagne s'est appropriée cette féconde méthode en
fondant à Leipsick, sous la direction du docteur Goltze,
une nouvelle école normale. La Suisse, sous l'impulsion
du Comité de direction de l'éducation de Berne, a créé

____

- « Il est évident que le niveau du savoir professionnel tend
à baisser. »

[1]. Lois allemande (1869) et autrichienne (1872).

[2]. Rapport de M. Antonin Proust, député : enquête sur les
industries d'art (1881-1884).

des classes dites d'apprentis, et l'Angleterre a fait l'essai
du procédé de demi-temps de M. Chadwick.

Ce concours des nations éclairées a éveillé l'attention française. Un vétéran de la démocratie, M. Martin-
Nadaud, a proposé à plusieurs reprises, à la Chambre
des députés, d'annexer aux écoles des ateliers d'apprentissage; le congrès pédagogique du Havre (septembre 1886) a, sur la proposition d'un de ses membres,
adopté une motion[1] en faveur de l'introduction du travail manuel dans l'instruction primaire élémentaire, et
M. Lockroy, ministre du commerce et de l'industrie,
a institué une commission chargée d'organiser l'enseignement technique[2], par application du principe

[1]. Au cours du congrès, une observation très juste a été
formulée en faveur du travail manuel, soit agricole, soit industriel, par M. Deschamps, instituteur à Caen : « *Ce qu'il*
faut éviter, a-t-il dit, c'est de faire oublier à l'élève son origine,
le métier paternel... Nos élèves ne doivent pas rougir d'avoir
pour pères des paysans ou des ouvriers... Voilà pourquoi il faut
adjoindre à l'école, l'atelier agricole ou industriel... Il ne faut
pas que de l'école primaire il sorte uniquement des clercs de
notaire. »

[2]. « M. Lockroy, ministre du commerce et de l'industrie,
« a reçu en audience particulière MM. Denis Poulot, A. Fon-
« taine, Mesureur, Albert Cahen et Leroux, ingénieurs délé-
« gués du comité de la société des anciens élèves des écoles
« nationales des arts et métiers. Ces messieurs ont remis entre
« les mains du ministre un rapport, qui leur avait été demandé,
« concernant l'organisation générale de l'enseignement tech-
« nique et professionnel.

« — Voici les vœux formant la conclusion de ce volumineux
« rapport :

« — 1° Donner le plus grand développement possible à l'ensei-
« gnement du travail manuel, du dessin linéaire et du des-
« sin artistique à l'école primaire;

« — 2° Donner ces deux enseignements d'après des méthodes
« pédagogiques et rationnelles;

« — 3° Centraliser la direction de tous les établissements d'en-
« seignement technique au ministère du commerce et de l'in-
« dustrie;

« — 4° Multiplier les écoles d'apprentissage pour former des ou-
« vriers dans toutes les professions;

« — 5° Créer des cours professionnels du jour et du dimanche
« dans les localités dont l'importance ne comporte pas la créa-
« tion d'écoles d'apprentissage;

« — 6° Laisser à l'initiative et aux ressources locales le rôle édicté dans les lois des 11 déc. 1880 et 22 mars 1882[1].

Cette initiative était urgente. En France nous avons de bonnes écoles professionnelles, au nombre desquelles on peut citer celles : de contre-maîtres des arts-et-métiers à Châlons-sur-Marne, Aix et Angers ; de mineurs à Alais et à Saint-Etienne ; de construction à la Ciotat ; de tisseurs à Nimes ; de dessin industriel à St-Pierre-les-Calais (tulle), à Lyon et Nimes (soierie), à St-Etienne (ruban) ; mais nous manquons d'institutions *polytechniques*[2] d'apprentissage pour former les ouvriers[4].

- prépondérant dans la création des écoles d'apprentissage ;
- « 7° Créer des écoles professionnelles régionales formant
- le second degré de l'enseignement technique et servant de
- préparation aux carrières industrielles, commerciales et agri-
- coles, ainsi qu'aux écoles supérieures d'industrie, de com-
- merce et d'agriculture ;
- « 8° Adapter l'enseignement professionnel aux besoins de la
- région ;
- « 9° Laisser aux conseils généraux, et aux associations ré-
- gionales ou locales, le rôle prépondérant dans la fondation des
- écoles professionnelles ;
- « 10° Introduction des méthodes raisonnées dans les écoles
- techniques du premier et du second degré pour l'enseigne-
- ment du travail manuel et du dessin ;
- « 11° Créer un laboratoire de chimie au Conservatoire des
- arts et métiers, et modifier les règlements pour la fréquenta-
- tion des cours du soir ;
- « 12° Augmenter le nombre des écoles d'arts et métiers, en en
- spécialisant les programmes pour compléter le troisième de-
- gré de notre enseignement technique ;
- « 13° Organiser, dans les principales villes de France, des
- facultés techniques qui donneraient, avec l'école centrale
- des arts et manufactures, et avec l'Institut industriel du nord
- réorganisé, le degré supérieur de l'enseignement technique. »
  (*Journal des Débats*, sept. 1886.)

1. La loi du 11 déc. 1880 place les écoles manuelles d'apprentissage au nombre des établissements d'enseignement primaire, et celle du 22 mars 1882 introduit dans le programme des écoles primaires « les travaux manuels et l'usage des outils des principaux métiers ».

2. La France, sous ce rapport, est en retard. Alors que l'Allemagne dépense, pour 70 établissements de cet ordre, 7,713,000 fr., l'Angleterre 9,110,000 fr., la Russie et l'Autriche 5,000,000 chacune, notre budget n'y consacre que 1,750,000 fr., auxquels on peut ajouter deux millions pour les écoles des beaux-arts.

3. La différence entre les écoles professionnelles et d'appren-

Or, ce vœu de M. Langlois[1] s'est réalisé à l'étranger :
en Angleterre par les cours du soir[2] placés sous la
haute surveillance du bureau des sciences et des arts,
créé en 1853 ; en Allemagne par les *Fortbildung-schulen*
(écoles de perfectionnement), et par les *handwerk-schulen*
(écoles de métiers)[4].

Le modèle dont le législateur devrait s'inspirer existe
à Paris, rue Diderot. Les élèves qui sortent de cette
école secondaire, au bout de trois années, avec un cer-

tissage, demandé en vain par M. le colonel Laussédat, président du congrès de Bordeaux (section industrielle), nous paraît
reposer sur cette distinction que dans l'intérêt de la défense
de l'œuvre du conseil municipal de Paris, MM. Desmoulins,
Chabert et Mazet n'ont pas voulu laisser établir. Il faut cependant avouer à leur décharge que la pratique a établi, entre ces
deux enseignements, une confusion regrettable.

2. Interpellation de M. Langlois à la Chambre des députés
(séance du 28 janvier 1884).

3. En Angleterre, les cours du soir, au nombre de 1984, ont
reçu en 1884-85, 78,800 auditeurs pour la section des sciences,
et 64,645 pour celle des arts. Ils sont inscrits, au budget de
l'État, pour 10 millions de francs. Communication de sir Philip
Magnus, président de l'Institut technique de Londres, au congrès de Bordeaux, tenu sur l'invitation de la Société philoma-
thique, Septembre 1886.

L'Allemagne a imité cet exemple, en Saxe (à Chemnitz et
au Wurtemberg ; et en Autriche, on est entré dans la même
voie, grâce à l'initiative des corporations rétablies par la loi du
15 mars 1883.

En Suisse, (à Saint-Gall, à Zurich et à Genève) il existe également des cours publics destinés à l'instruction de la classe
ouvrière, dans le double but de « fournir dans le domaine de
« l'industrie générale les notions qui sont d'un usage journa-
« lier et d'une nécessité absolue, dans quelque profession que
« ce soit, et de donner un enseignement professionnel pratique
« visant plus spécialement certains métiers, et de nature à
« perfectionner le goût et les aptitudes de ceux qui les exer-
« cent ». En ce sens, l'Académie professionnelle de Genève,
fondée en 1885, qui a réuni en 1887 près de 770 auditeurs
(440 hommes et 330 femmes), et délivré 560 certificats d'assiduité, a réalisé, sous la direction de M. A. Bouvier, et
grâce à une subvention de la Confédération, le vœu d'un généreux légataire, M. Paul Bouchet.

4. Ces écoles de métiers sont nombreuses en Allemagne. On
en compte à Berlin 15 avec 625 élèves, et au Wurtemberg
(1,971,000 habitants) ces institutions recevaient 10,090 élèves
en 1870, 13,000 en 1882.

tillent — constatant qu'ils ont successivement appris, comme *par rotation*, huit métiers, (deux du fer et six du bois) — ont acquis des connaissances pratiques et variées qui font d'eux une élite parmi les travailleurs.

Ainsi compris, sans souci d'une application immédiate, l'apprentissage est un véritable instrument de progrès répondant à un intérêt général. Au delà, il n'y a place que pour la formation des spécialités, charge qui n'incombe pas aux pouvoirs publics[1]. Le conseil municipal de Paris a commis une erreur en mettant au compte de la Ville l'entretien d'écoles du meuble (rue de Reuilly) et de serrurerie artistique, (faubourg St-Antoine) — pour les garçons, — de couture et de peinture sur porcelaines et éventails (rues Beuret, Bossuet, Ganneron, Fondary, de Poitou) — pour les filles[2]; — tout au plus pouvait-il leur accorder des subventions, ainsi qu'il vient de le faire pour l'école de dessinateurs lithographes[3]. La gratuité, ainsi prodiguée aux dépens du contribuable n'est pas seulement inutile, elle est nuisible; elle paralyse les efforts individuels de patrons dévoués, tels que M. Bertrand (machines) à Versailles, MM. Goffinon (plomberie) et Chaix (imprimerie) à Paris; et décourage les syndicats qui, à l'exemple des horlogers[4], bijoutiers et tailleurs parisiens, pensent à fonder des établissements

---

1. L'école d'ameublement pour les garçons coûte à la Ville 1.378 fr. par tête, l'an; celle des filles, 807 fr.; et le nombre des enfants qui bénéficient de ces largesses ne dépasse pas 1.000, sur plus de deux millions d'habitants.

2. M. Poirier, vice-président de la chambre de commerce, a dit : « L'apprentissage doit se faire à l'atelier; à l'école professionnelle, on apprend le maniement de l'outil; c'est pourquoi, l'enfant ne devra rester que fort peu de temps à l'école professionnelle et passer ensuite à l'atelier. »

3. A Berlin, les écoles spéciales de typographes, de tapissiers, de coiffeurs et de boulangers, ne reçoivent de la municipalité que des subventions.

4. M. Redanet est à la tête de l'œuvre syndicale due à l'initiative privée qui construit, rue Manin, à Paris, une école spéciale d'horlogerie. M. Bautresme (juin 1887), ministre du Commerce, a honoré de sa présence la distribution des prix de cette école, au Trocadéro.

corporatifs. « Ce ne sont pas les écoles qui peuvent créer des industries, a dit M. de Brossan[1], mais les industries qui doivent créer les écoles. »

Le commerce, qui a pour but la mise en valeur des produits de l'industrie, n'est pas, en France, l'objet d'un enseignement suffisamment développé : malgré les persévérants efforts de MM. V. Duruy et J. Simon, les six collèges de la ville de Paris (Turgot, Colbert, Lavoisier, J.-B. Say, Arago et Chaptal[2]) ont seuls répondu, bien qu'imparfaitement au point de vue des programmes, aux espérances de leurs fondateurs. Ceux de Cognac et de Mont-de-Marsan n'ont pas réussi[3]; et, parmi les écoles supérieures, celles de Paris, de Lyon, de Marseille et de Lille subsistent à peine pendant que celles de Rouen et du Havre languissent[4].

Cet état de choses est d'autant plus déplorable que c'est précisément par la supériorité incontestée de ses agents que l'étranger est parvenu à nous évincer des marchés du monde entier. Le Français casanier a cru trop longtemps qu'avec le « je ne sais quoi » qui distingue ses produits, il n'avait qu'à attendre chez lui le client ; il commence à se détromper. La concurrence acharnée, rapprochant chaque jour davantage la valeur de l'objet manufacturé de celle de la matière première, a restreint la marge des bénéfices. Pour soutenir la lutte, il faut que l'industriel soit doublé d'un commerçant. L'Allemagne, avec ses 85 écoles, la Belgique avec 83, l'Italie avec 76, l'Autriche-Hongrie avec 25, et

1. Délégué italien au congrès de Bordeaux.
2. M. Prosper Goubaux, fondateur de la pension Saint-Victor (connue depuis sous les noms d'école française, d'école Chaptal, de collège municipal Chaptal, peut être considéré comme le fondateur de l'enseignement professionnel en France. (Voir les articles de M. Legouvé, Temps, 7, 9, 11 oct. 1886.)
3. Discours de M. Michel Bréal, à l'assemblée annuelle de la société, pour l'étude des questions d'enseignement secondaire, janvier 1886.
4. Voyage de M. Manès, directeur de l'école industrielle de Bordeaux. Économiste français, 9 janvier 1875.

l'Amérique avec 269[1], ont montré qu'elles étaient convaincues que là seulement était le salut. La France, nous le savons, par des raisons ethnographiques, n'est pas un pays capable de fonder des colonies de population, mais rien ne lui impose de renoncer aux comptoirs commerciaux où, pendant plusieurs siècles, ses capitaux ont prospéré. Qu'elle sache sortir de cet état d'engourdissement moral où la défaite l'a plongée, et elle retrouvera dans l'Extrême-Orient, dans l'Afrique septentrionale, au Canada et à Buenos-Ayres, ces débouchés que d'anciens compatriotes sont prêts à rouvrir si la métropole se décide à faire un effort pour reconquérir son ancienne suprématie.

Dans cet ordre d'idées, deux réformes s'imposent. L'esprit public ne réagit pas assez contre la fâcheuse tendance des familles, qui considèrent qu'elles déclassent leurs enfants en les préparant au commerce. On aura beau faire, les études classiques ne conviennent pas à tous ceux qui n'entrent pas à l'école professionnelle; nos lycées sont pleins d'élèves que leurs aptitudes intellectuelles prédestinent à l'état de fruits secs et de ratés; au lieu d'aller balayer le comptoir et faire les commissions chez de riches patrons qui, n'ayant pas besoin de leurs services, les paient peu ou pas, ces jeunes gens feraient bien mieux de suivre les cours d'un enseignement pratique adapté à leurs facultés et au milieu dans lequel ils sont appelés à vivre. Pour être réfractaire au latin, on n'est pas un sot, incapable de comprendre et de raisonner. Celui qui s'est assimilé les éléments de la géographie et du dessin, les principes de la comptabilité et des applications scientifiques, a acquis cet ensemble de connaissances qui fait les hommes utiles à eux-mêmes et à leur pays. Ainsi munis, nos commis seront recherchés au dehors, au même titre que leurs concurrents allemands, et l'on n'aura

1. M. Aussel, directeur des cours de l'Union nationale du commerce et de l'industrie. (Compte rendu des travaux de l'année scolaire 1885-86.)

plus à constater l'incapacité des bénéficiaires des bourses de séjour à l'étranger[1].

L'autre remède à apporter relève de la compétence législative ; le négoce est une carrière qui ne se plie pas aux exigences des règlements militaires. L'Allemagne, qui nous a précédés dans l'application du service obligatoire, a compris que la grandeur nationale n'était pas subordonnée aux satisfactions égalitaires, et, sans sacrifier les intérêts de sa défense, elle a su favoriser la formation d'une « armée pacifique » : chaque année les commissions de recrutement délivrent des certificats de dispense aux appelés qui s'engagent, de dix-sept à vingt-cinq ans, à travailler à l'étranger au développement des relations commerciales de la mère-patrie. Le monde ne finit pas aux fortifications, pas même à nos frontières. Un pays qui veut répandre au dehors sa civilisation et ses produits a besoin de pionniers, — et puisque c'est chez les Teutons que nous allons maintenant à la remonte des innovations, — imitons leur exemple et introduisons dans la loi organique nouvelle une disposition conforme au vœu du récent congrès des chambres syndicales[2].

Dans une moindre mesure, la création de comptoirs d'échantillons[3], de bibliothèques[4] et de musées spé-

---

1. MM. Saint-Cyr Penot, directeur de l'école commerciale de Lyon, Lejeune, directeur de l'école commerciale de Marseille, Jacques Siegfried, Emmanuel Faure, professeur à l'école commerciale de Bordeaux, et Grandgaignage directeur de la célèbre école commerciale d'Anvers, ont constaté qu'en présence du peu de développement de l'enseignement commercial en France, la proposition de loi de MM. Blandin, Belle et Burdeau, députés, présentée à la Chambre le 17 juin 1886, et ayant pour but le vote d'un subside de 400,000 francs, en faveur des jeunes gens voyageant ou séjournant à l'étranger, était prématurée. (Congrès de Bordeaux.)

2. Motion de M. Haas au congrès des chambres syndicales (déc. 1886).

3. Ainsi qu'en ont donné l'exemple les fabricants de jouets, de bijouterie, de joaillerie et d'orfèvrerie.

4. Paris possède plusieurs bibliothèques industrielles. La première a été fondée à l'école de la rue Titon (quartier de Charonne) sur l'initiative d'un généreux testateur, M. Forney

ciaux constitue également un progrès. L'Angleterre qui, la première, a fondé à South-Kensington une admirable collection, en a recueilli la récompense : ainsi que le prévoyait le général Morin, des écoles de dessin s'y sont fondées et nos artistes n'y sont plus appelés [1]. La Belgique à Bruxelles, l'Italie [2] à Rome, Florence, Venise, Naples, Milan et Turin, l'Autriche à Vienne, Pesth, Cracovie et Lemberg, (Musée oriental, 1873), la Russie à Saint-Pétersbourg et Moscou, l'Allemagne à Berlin, Munich, Dusseldorf, Francfort, Stuttgard, Leipsick, Hambourg et Rostock, ont fait de même [3]. Seule, la France est, ici encore, en retard sur tous les autres peuples ; et cependant, c'est à un Français, M. le Dr Saffray, membre de la société de géographie de Paris, délégué à l'exposition de Philadelphie, en 1877, que notre continent est redevable de cette conception des musées commerciaux dont nous n'avons pas su encore tirer parti.

(1er mars 1886). Une seconde a été établie boulevard Montparnasse et deux autres sont en formation dans les 3e et 12e arrondissements.

1. L'enseignement pratique a été fondé à Londres par les *guildes* ou corporations de la métropole.

En 1879, il existait en Angleterre :
1 école centrale d'ingénieurs.
1 — de chefs d'ateliers.
1 — de graveurs sur bois.
1 — de modelage.
1 — de peinture sur porcelaine.
1 — de sculpteurs.

2. L'Italie compte 64 écoles d'enseignement spécial industriel avec 6,260 élèves ; 72 écoles d'arts et métiers et de professions féminines avec 10,000 élèves. Il existe, en outre, à Rome, une école d'arts et métiers, l'institut Saint-Michel ; 6,000 élèves en sont sortis, au nombre desquels Mercuri et Calamata.

3. Les musées commerciaux de l'Allemagne ont été fondés :
celui de Vienne en 1864.
— Berlin en 1868.
— Francfort en 1879.
— Dusseldorf en 1883-84.
— Dresde en 1887.

Un congrès des associations corporatives, tenu en septembre 1883, a jeté les fondements d'une union de ces institutions.

Notre défaut national n'est pas l'apathie, mais l'absence de persévérance, le goût du brillant et du clinquant. L'Union centrale des arts décoratifs, dont on ne saurait trop louer la généreuse initiative, a grandement tort de vouloir construire, avec l'aide des fonds de l'État, un palais de près de neuf millions de francs, sur l'ancien emplacement de la cour des Comptes. Nos rivaux sont plus pratiques : leurs édifices sont moins beaux, moins sculptés que les nôtres, mais plus nombreux et plus rapidement construits. Avec les sommes que nous gaspillons pour faire marcher « le bâtiment », ils auraient déjà fondé dix établissements où nous n'en avons encore créé aucun, et nous n'entendrions pas les plaintes de tous ceux qui s'intéressent au progrès de notre enseignement spécial et à la prospérité de nos exportations [1].

En agriculture, le mal est encore plus grave ; ce ne sont pas des lacunes qu'il y a à combler, c'est de toutes pièces un enseignement qu'il y a à fonder. L'instituteur n'a pas vécu de la vie des champs ; ne sachant ni la théorie ni la pratique, il ne peut apprendre aux autres ce qu'il ne connait pas lui-même, et l'étude des plantes, des insectes, la formation de petites sociétés embryonnaires d'histoire naturelle (collections) au développement desquelles il met tant de zèle [2], sont des amusements d'enfants qui constituent une préparation nulle au métier du cultivateur. Les programmes des lycées sont muets et les trois écoles régionales [3], fré-

---

1. M. Napoléon Ney, Les musées commerciaux, Nouvelle Revue, août 1885, constate que Paris ne possède qu'une salle étroite d'exposition, au ministère du commerce. Jusqu'à ce jour, les villes de Lyon et Amiens ont seules des musées spéciaux.

2. Ainsi qu'en font foi les expositions annexées aux concours généraux agricoles au palais de l'Industrie.

3. Indépendamment des trois écoles régionales de :

Grignon (Seine-et-Oise) fondée en 1827
Grand Jouan (Loire-Inférieure) — 1832
La Saulsaie (Ain) — 1848

(cette dernière remplacée par celle de Montpellier en 1868), il convient de citer l'Institut agronomique de Versailles, fondé sous la République de 1848, aboli par l'Empire et rétabli en 1876.

quentées à peine par trois cents élèves dilettantes, ne fournissent pas au pays les contre-maîtres, chefs de culture et fermiers dont il a besoin. Cette incurie est coupable : quand on songe que l'avenir économique de la France est en jeu, que malgré la dépopulation et les ravages du phylloxéra, le paysan demeure le facteur le plus important de la production, quand on se souvient que deux fois en moins de trente années, notre relèvement matériel a eu pour point de départ des récoltes providentielles, on est navré de voir la lutte inégale que soutient la routine[1] contre une concurrence pro-

au Conservatoire des arts et métiers, la Station agronomique de l'est, fondée en 1867, et les vingt-sept fermes-écoles créées, conformément aux prescriptions de la loi de 1879. Il serait à souhaiter qu'il y en eût une au moins par département, à l'exemple de l'Allemagne qui en compte quatre cents. (Circulaire de M. Barbe, ministre de l'agriculture, du 15 août 1887.)

D'autre part, il faut reconnaître que le ministère de l'instruction publique a réalisé de sérieux progrès. Depuis la malheureuse tentative de création d'un cours supérieur d'agronomie au Muséum, pour les élèves des écoles normales d'instituteurs, par M. Duruy, en 1863, depuis les efforts sans résultat de M. Jules Simon, en 1872, le législateur français de 1871 a introduit dans les programmes primaires des notions d'agriculture, et la loi du 15 juin 1879 (article 10), confirmée par celles des 28 mars 1882, 31 octobre 1886, et par l'arrêté ministériel du 13 janvier 1887, en a prescrit l'enseignement obligatoire.

Suivant M. Méline, ministre de l'Agriculture (séance de la Chambre du 10 février 1885), il y a en Allemagne :

451 écoles primaires agricoles.
11 instituts agronomiques.
7 écoles vétérinaires.
71 écoles d'agriculture.
9 instituts de pomologie et d'arboriculture.
15 écoles pratiques d'horticulture.
11 écoles de laiterie.
6 écoles de pisciculture.
5 écoles d'agriculture pour les filles.
1 école de sucrerie.
1 école de distillerie.
36 cours spéciaux d'agriculture.
37 professeurs et 65 stations agronomiques.

1. M. Clemenceau, député (réunion publique au cirque Fernando, le 29 oct. 1882), s'est élevé contre l'état d'ignorance de connaissances spéciales dans lequel les pouvoirs publics laissent les campagnes : « Le paysan, a-t-il dit, ne connaît pas le sol qu'il cultive. »

gressive. La protection douanière n'est qu'un palliatif temporaire; les réformes législatives et fiscales sont le leurre des professions de foi. Seule, l'instruction est un remède sérieux. Nous savons bien qu'elle n'est pas une panacée susceptible de nous mettre sur un pied d'égalité avec les pays neufs, les États-Unis, les Indes, l'Australie; mais, nous sommes convaincu qu'en faisant pénétrer dans l'esprit des habitants de ses campagnes la nécessité d'un choix plus judicieux de semences et d'une appropriation plus étudiée des engrais aux propriétés chimiques du sol, la France augmenterait ses rendements en céréales, en pailles, en fourrages, — par contre nourrirait plus de bêtes à cornes; — et qu'elle n'aurait rien à redouter des importations italienne, allemande, belge ou suisse.

Les pouvoirs publics emploient à contre sens les ressources budgétaires. L'érection de la direction de l'Agriculture en ministère spécial, l'accroissement des appointements, les subventions aux comices, ont absorbé la presque totalité de l'augmentation de onze millions d'impôts [1] qu'a subie de ce fait le contribuable en moins de dix ans. Et, pendant ce temps, qu'a-t-on fait pour développer l'enseignement? A-t-on créé des fermes-écoles, secouru des institutions charitables qui, comme celles de M. Boujean fils, ont entrepris de constituer un personnel un peu moins ignorant? Non. On s'est contenté d'entretenir soixante-douze boursiers aux écoles supérieures, de leur affecter 48.000 fr. sur les 19.000.000 fr. annuellement consacrés à main-

---

1. Le budget de l'agriculture s'est élevé de 15,070,000 de fr. en 1875, à 26,000,000 fr. en 1884. Dans cette même période, les traitements ont doublé, ceux du personnel prélevant 1,000,000 de fr. au lieu de 534,8 0 fr., ceux des gens de service 100,000 fr. au lieu de 40,000 fr.

N'est-ce pas le cas de rappeler ces lignes de Proudhon (Idée générale de la Révolution au XIXe siècle, p. 291, 1850): « Parlerai-je du ministère de l'agriculture et du commerce? Le budget de ce département est de 17,500,000 fr. gaspillés en secours, subventions, encouragements, primes, rentes, fonds secrets, surveillance, service central... lisez hardiment : faveurs, corruption, sinécures, parasitisme, vol... »

tenir vingt-deux mille jeunes gens dans les lycées et les
collèges [1] et ce n'est que depuis peu, qu'on s'est décidé
à annexer des champs de culture aux écoles normales
départementales [1].

L'enseignement spécial est trop négligé : l'industrie,
le commerce, l'agriculture en souffrent et la crise qui
sévit en France, avec plus d'intensité que partout ailleurs, en est aggravée. Aujourd'hui, l'école primaire élémentaire est fondée, et bientôt tous les adultes sauront
lire, écrire, compter [2]; la culture des connaissances supérieures est suffisamment développée; mais l'instruction
secondaire, qui ne produit plus ni esprits vraiment distingués, ni hommes capables de pourvoir, avec leurs
propres ressources, à un entretien honorable de leurs
familles, appelle une profonde réforme. La petite bourgeoisie, — c'est-à-dire la masse des citoyens relativement éclairés qui possèdent quelque chose, — a des
aspirations auxquelles on n'a pas encore accordé toutes
les satisfactions désirables [3]. Les nouvelles couches sont

1. MM. Meifredy, Delfour, Arnoul et Henry Sagnier sont les plus
zélés défenseurs de l'enseignement agricole à l'école primaire.

2. Nombre de conscrits sachant lire :

1827-29	44.8 0/0
1876-77	84.4 0/0
1884	88.3 0/0
Département du Jura...............	59.3 0/0

ayant signé leur acte de mariage :

	Hommes		Femmes
1854-55	....	62.4 0/0	52.6 0/0
1876-77	....	84.7	70.6
1882	....	85.6	77.4

3. M. Cousin a songé le premier, en 1840, alors qu'il était
ministre de l'instruction publique, à créer des écoles primaires
supérieures pour la formation de contre-maîtres, de comptables et de petits patrons. (Jules Simon, Vie de M. Cousin, p. 405.)

« On prétendait jadis qu'il suffisait à un homme, pour gagner
« sa vie, de savoir lire, écrire et compter. Nous avons fait du
« chemin depuis l'époque où avait cours cette formule. Nous
« avons à soutenir aujourd'hui des concurrences que nous igno-
« rions alors. La République ne saurait se contenter d'un mini-
« mum d'instruction. Un nouveau monde s'éveille à la vie poli-
« tique. Plus que jamais les citoyens de ce pays ont besoin
« d'apprendre à réfléchir, c'est-à-dire à connaître leurs droits et
« à comprendre des devoirs qui grandissent à mesure que s'é-

l'élément dirigeant dont dépend la prospérité nationale. Que les ministres de l'instruction publique et les Conseils dont ils prennent les avis, que le Parlement, s'en souviennent, et une œuvre méritoire digne de la reconnaissance de plusieurs générations se trouvera réalisée pour l'avenir.

III. L'enseignement supérieur *n'est pas le superflu, mais le nécessaire*[1] : les Universités sont encore plus utiles dans une démocratie que sous tout autre régime. Dans une société où les privilèges de caste héréditaire ont disparu et où l'influence même toute matérielle de la fortune diminue graduellement, la supériorité intellectuelle est la seule distinction inattaquable. Le niveau, cet idéal de la démagogie, n'est que l'abaissement. L'exemple des États-Unis d'Amérique, qu'opposent les partisans de l'instruction unitaire et encyclopédique, n'est pas probant ; tous les efforts du génie moderne ne doivent pas seulement tendre à faciliter l'accès du pouvoir suprême à un bûcheron, fût-il Lincoln ; ils ont encore un autre but qui n'est ni moins noble ni moins pratique : celui de maintenir cette haute culture de l'esprit sans laquelle une nation ne pourrait se maintenir au courant des progrès accomplis, ni préparer la voie aux aspirations de l'avenir. La spécialisation, qui n'est qu'une application du principe de la division du travail, est indispensable pour former des savants, des

---

tend notre liberté. La démocratie est enfin maîtresse d'elle-même, mais cette démocratie il faut la prémunir contre la précipitation, l'erreur, les égarements passagers, les engouements artificiels. Le rôle des instituteurs de la jeunesse consiste à former des citoyens libres, et non à lancer dans la vie des hommes qui, n'ayant point conscience de leur dignité personnelle, ne seraient plus que des jouets aux mains d'ambitieux incapables ou malfaisants ».

(Discours de M. Spuller, ministre de l'instruction publique, à la distribution des récompenses. Exposition scolaire du département de Seine-et-Marne, à Melun, juin 1887.

1. M. J. Ferry, discours à la Sorbonne (1881).

médecins, des jurisconsultes et des ingénieurs. Le nouveau-monde, libre de préjugés, sait bien que ce n'est pas
dans le Far-West, parmi les éleveurs de cochons que
se recrutent ses membres de la Haute cour de Justice,
— cette clef de voûte de la Constitution de Washington, — et l'Allemagne économe et avisée, avec sa conception « bicéphale[1] » embrassant à la fois le côté théorique et pratique des questions, n'oublie pas de consacrer
chaque année des millions[2] à la construction de vastes
instituts et de laboratoires, — parce qu'elle y voit une
source effective de profit national. Les dernières victoires ne sont pas réservées aux gros bataillons ; en
industrie comme à la guerre, le succès appartient à la
meilleure direction, à l'organisation la plus perfectionnée. Or, ici, le général c'est le professeur qui invente ; les élèves qui appliquent les découvertes sont
les officiers, et l'Université, qui préside à leur formation, est l'état-major.

La science a un rôle économique incontestable. Les
peuples se sont lassés de demeurer les tributaires
d'une supériorité aussi offensante pour leur amour-
propre qu'onéreuse pour leurs finances. Nos polytechniciens, qui ont construit les réseaux de chemins de
fer de la péninsule ibérique, de l'Autriche, de la
Haute-Italie et des provinces danubiennes, ont perdu
leur monopole ; partout des émules se sont élevés : des
Italiens ont su, à eux seuls, mener à bien, au Mont-
Cenis, l'achèvement de la portion de tunnel qui incom-
bait à leur gouvernement et les percements du Saint-
Gothard et de l'Arlberg ont révélé des capacités demeurées jusqu'alors inconnues. Hier, c'était l'Angleterre qui souscrivait un milliard pour relier Manchester
à Liverpool par un canal maritime, et demain, ce sera

1. Le père Didon, Les Universités allemandes.
2. Il y a en Allemagne 22 universités, fréquentées par 26,932
élèves en 1880 et par 28,021 en 1886.

M. Cousin avait songé (1840) à créer, en France, des cités
universitaires, à l'exemple de l'Allemagne où : Iena, Gœttingue,
Heidelberg et tant d'autres villes rivalisent de science et
d'éclat.   (J. Simon, Vie de Cousin, p. 107.)

l'Allemagne qui mettra en communication, sans le secours de mains étrangères, la Baltique et la mer du Nord[1].

La concurrence, chaque jour plus implacable, en présence de la raréfaction des débouchés, a pour conséquence un incessant renouvellement des outillages. Les perfectionnements des machines à vapeur, des métiers de filatures, des appareils de minoterie, les améliorations introduites dans la métallurgie, l'application du système Bessemer au traitement des aciers, sont les étapes de ces transformations successives qui étendent l'empire de l'homme sur la nature. La nation qui cesserait de consacrer toutes ses forces vitales à cette lutte suprême serait condamnée à une irrémédiable défaite. Ces idées, nos ministres se les sont appropriées et, après les avoir exposées au conseil supérieur de l'instruction publique, ils n'ont pas hésité à les défendre devant nos chambres françaises. Celles-ci se sont montrées à la hauteur de leur mission; grâce à elles, un peu de ce nerf des combats, que l'on prodigue avec tant de générosité aux armements, a été réservé, et c'est pourquoi les périodes de 1868-1878, de 1878-1884[2]

---

1. Les plans du canal de Brunsbüttel (embouchure de l'Elbe) à Kiel sont dus à l'ingénieur allemand Dahlstraem (1873-1884).

2. En France, le budget de l'enseignement supérieur a passé de 200,000 fr. en 1868, à 11,000,000 de fr. en 1883. Les créations de nouvelles chaires de facultés se sont élevées au nombre de 30 dans la période de 1868 à 1878 et à celui de 19 dans la période de 1878 à 1884 (dont 4 de sciences et 15 de lettres). En outre, sur la demande de M. Fallières, ministre de l'instruction publique, les Chambres ont voté 40,000,000 fr. pour l'édification d'écoles nouvelles. (Séance du Sénat du 24 janvier 1884. Réponse de M. Fallières à M. de Fourtou.)

La loi du 29 juin 1885 réserve 9,000,000 fr. sur les fonds de la caisse des lycées, collèges et écoles primaires pour l'agrandissement du Collège de France, et la commission des finances du Sénat vient d'être saisie d'un projet de reconstruction (juillet 1887).

Sans compter les Facultés, les grandes écoles de l'État s'élèvent au nombre de 49, dont 15 militaires et 34 civiles. Voici la nomenclature de ces dernières, d'après une récente publication de M. Mortimer d'Ocagne (Les grandes écoles de France) :

Académie de France (Rome). — Agriculture. — Horticulture. — Écoles pratiques. — École des bergers. — Arts décoratifs.

compteront parmi les plus favorisées, au point de vue du
développement de cet enseignement supérieur[1] que
Saint-Simon appelait de ses vœux les plus chers comme
l'inauguration d'une ère féconde, et qu'il eût saluées
comme le prélude d'une conquête définitive de la matière par l'esprit.

IV. L'accord, qui semble s'être fait entre tous les
bons esprits sur l'utilité théorique de l'instruction cesse
d'être complet, dès qu'il s'agit de savoir par qui elle
doit être répandue.

Les individualistes absolus, comme H. Spencer,
n'admettent aucune intervention des pouvoirs publics,
et se demandent pourquoi « l'éducation des classes,
» dont la vie, selon une expression méprisante, se par-
» tage entre les affaires et les prières, serait réglée par
» celle dont la vie, pourrait-on dire avec autant de jus-

— Arts et métiers. — Bettys (Algérie). — Horlogerie (Cluses). —
Athènes, Rome, Le Caire. — Beaux-arts. — Centrale. — Chartes. — Cluny (enseignement spécial). — Conservatoire (musique). — Droit. — Forestière. — Secondaire des forêts. — Primaire des forêts. — Haras. — Hautes études. — Institut
agronomique. — Langues orientales. — Manufactures de l'État.
— Médecine préparatoire. — Mines (supérieure des). — Mines
(Saint-Étienne). — Mineurs (Alais, Douai). — Normale. — Phar-
macie. — Ponts et chaussées. — Télégraphie. — Vétérinaire.
... 1. « Pour l'enseignement supérieur, les décrets des 25 juil-
« let et 28 décembre 1885, en faisant revivre la personnalité
« des Facultés, en leur reconnaissant le droit de recevoir des
« libéralités et d'administrer librement leurs biens propres, en
« les réunissant dans des conseils communs pour délibérer de
« leurs intérêts d'ordre pédagogique, financier, administratif,
« ou même disciplinaire, leur ont donné une vie nouvelle, et
« préparent le rétablissement de véritables Universités appelées
« à grandir et à rivaliser entre elles sous le contrôle tutélaire
« de l'État...
« Déjà ces décrets ont porté leurs fruits. Les Facultés se sont
« organisées; leurs conseils généraux fonctionnent. J'entends
« dire, avec une vive satisfaction, que presque partout ces dis-
« positions ont été accueillies avec grande faveur, qu'elles ont
« suscité un mouvement très sensible, plus d'activité, plus d'élan,
« plus d'attachement aux institutions elles-mêmes... »
                    (Congrès des Sociétés savantes, mai 1886. Discours
                    de M. Goblet, ministre de l'instruction publique.)

» tesse, se partage entre le club et la chasse en parc
» réservé ». La création d'écoles spéciales supérieures,
suivant le mode français, leur paraît un inutile gaspil-
lage des deniers publics, et ils font remarquer que
les associations nées de l'initiative des particuliers,
celle de l'institut royal de la Grande-Bretagne notamment, ont produit des hommes aussi éminents dans
la science que nos élèves des écoles Polytechnique et
des Ponts-et-Chaussées : Young, Davy, Faraday, Tyndall, Brindley, Smeaton, Telfort, George Stephenson
ne sont pas inférieurs à Arago, à Pouillet, à Poisson,
à Babinet, à J.-B. Dumas, à Würtz et à Jamin.

Cette pratique anglo-américaine, qui consiste à laisser à des comités locaux la haute main sur l'organisation et le fonctionnement de l'enseignement public,
est peu à peu abandonnée. L'Angleterre, depuis les lois
de 1870 et de 1876, est entrée, à l'exemple des peuples
du continent, dans la voie des réformes jadis proposées
par Whitbread et par lord Brougham [1]; et dans la
grande Confédération américaine, si le Congrès ne
s'occupe encore de l'éducation qu'en consacrant annuellement, suivant le vœu de l'Act de 1785, le produit de
la vente de lots de terres domaniales à l'édification de
bâtiments scolaires, les États ne renoncent à aucune
des prérogatives de leur autonomie. Channing et Stuart
Mill réclament en faveur des gouvernements un monopole indispensable à la régénération des peuples [2].
Comme Saint-Simon et Auguste Comte, ils ne comprennent pas la liberté en pareille matière; pas plus que
Napoléon ils n'oublient le mot de Leibnitz : « Donnez-
» moi l'enseignement pendant un siècle et je serai le

---

1. M. Whitbread proposait, en 1800, la création d'écoles dans
chaque paroisse, aux frais de l'État.
   Lord Brougham, lors des enquêtes de 1818, 1828, 1833, réclamait un développement plus rapide de l'instruction publique.
2. Parlant du régime scolaire inauguré au Massachusetts par
M. Horace Mann, Channing disait, en 1838 : « La régénération
» sera prochaine, quand l'art d'enseigner sera considéré comme
» une des plus hautes fonctions de l'État. »

» maître », et ils ne veulent savoir qu'une chose, c'est que l'État a des droits parce qu'il a des devoirs.

Telle est la doctrine à laquelle se rallient la plupart des nations européennes. Les jurisconsultes de l'ancien régime estiment que « c'est un privilège entièrement royal de pouvoir fonder, establir et ériger universités », et que « si les rois ont été ordonnés par Dieu
» pour contenir les peuples en devoir et obéissance
» par sainctes lois, ceux qui, plus sainement, ont discouru sur le fait des républiques, ont été d'avis, ou
» que les lois sont du tout frustratoires, ou pour le
» moins de petit effet, si elles ne prennent leur commencement et racine en une sage conduite et prudente institution de la jeunesse [1] ».

Les hommes de 1789 ne sont, sous ce rapport, que les continuateurs de ce système de centralisation.
« L'instruction, dit l'article 22 de la Déclaration des
» droits de l'homme, est le besoin de tous... La société doit favoriser de tout son pouvoir les progrès de la raison publique et mettre l'instruction
» à la portée de tous les citoyens. » Nourris de la lecture de Hobbes et de Jean-Jacques, Robespierre [2], Le Pelletier de Saint-Fargeau, Lakanal appliquent le principe dans toute sa rigueur : la collectivité prime l'individu, le père ignorant n'est pas juge de la culture nécessaire à son enfant ; seul, le législateur connaît les moyens d'augmenter la production matérielle et les remèdes moraux susceptibles de réduire les divergences d'idées entre les classes. MM. Guizot, Cousin, Jules Ferry invitent ensemble l'instituteur à ne pas craindre d'entreprendre sur le droit des familles en donnant ses premiers soins à la culture intérieure de l'âme de l'élève [3]. Les positivistes vont plus loin : la force sociale a pour mission d'égaliser les chances de la lutte

---

1. Coquille sur l'art. 81 de la *Coutume de Blois*. Pasquier, *Recherches*. (Cité par J. Simon, *l'École*, p. 235.)
2. Plan d'éducation lu à la Convention par Robespierre, le 13 juillet 1793.
3. M. Guizot, circulaire à tous les maîtres d'école de France, 1833 ; en rapprocher celle de M. J. Ferry, de 1883.

pour la vie en prenant à sa charge l'entretien de tous
les enfants des deux sexes, en leur prodiguant l'enseignement scientifique, unitaire, encyclopédique et *intégral*[1]. « La misérable instruction primaire, a dit M. Clé-
» menceau, que l'on donne encore si chichement, en
» dépit des mesures que la République seule a pu
» prendre en faveur de l'éducation populaire, est insuf-
» fisante. »

L'aptitude au travail cérébral n'est pas le privilège
de la fortune. Des classes inférieures il sort parfois des
capacités et même des génies ; mais pour quelques-uns
qui, à force de persévérance, percent comme Proudhon,
Bonjean, Jules Simon, Spuller[2], J.-P. Laurens, combien
n'en est-il pas qui, dépourvus de toutes ressources pé-
cuniaires à cet âge où monte la sève intellectuelle, n'ont
pu s'élever au rang auquel les destinaient leurs facultés natives ? Il y a là une déperdition de forces qu'une
société consciente d'elle-même ne saurait subir.

Pour faire entrer dans le mouvement du progrès
moderne la nation tout entière, il ne faut pas hésiter à

1. Condorcet, le premier, a demandé l'instruction *intégrale*.
M. Isaac Pereire, qui la réclamait également, n'osait la rendre
obligatoire.
L'idée reprise par MM. Joffrin (déc. 1881) et Clémenceau
(29 oct. 1882) a été l'objet d'une motion d'acclamation au congrès international d'août 1856, et de propositions au conseil
municipal de Paris (10 nov. 1886)... et au 8ᵉ congrès ouvrier
août 1887).

2. — Il faut bien que je vous dise, a ajouté M. Spuller, ce que
« signifie, pour tous ceux qui voudront y réfléchir, ma pré-
» sence au milieu de vous. Ce qui doit appeler et retenir votre
« attention, c'est qu'un homme, né dans les couches profon-
« des du peuple, peut, par la seule puissance du travail, au
» service de convictions fermes, s'élever au premier rang de
» notre société issue de la Révolution française où, malgré des
« difficultés de toute nature, le mérite personnel a remplacé
» la naissance et la fortune.
« Cette ascension vers la lumière, c'est la démocratie même.
» Nous sommes ainsi, par ce que c'est ainsi que nous a faits le
» génie de notre race. Nous ne pourrions pas renier la Révolu-
» tion française, mère de la démocratie, sans nous renier nous-
« mêmes. »
Discours de M. Spuller, à la distribution des prix du lycée
de Dijon (3 août 1887).

faire des sacrifices; il faut donner l'argent sans le regretter. « Ce n'est pas un milliard six cent millions, comme le disait Proudhon, c'est cinq milliards qui sont nécessaires [1]. » Mais qu'importe! L'énormité de la somme ne doit pas faire reculer les amis sincères de l'humanité, c'est-à-dire tous ceux qui ont le sentiment de la grandeur de l'œuvre et des difficultés de la tâche. Le but est de former une génération de citoyens ; les moyens sont : *l'obligation, la gratuité, la laïcisation.*

Si l'État a le devoir de créer des écoles, de surveiller celles qu'il n'a pas fondées lui-même, les familles ont celui d'en faire profiter leurs enfants. Le père inintelligent qui, par jalousie ou esprit de lucre, refuse à son fils les premières lueurs du savoir élémentaire, sous prétexte que lui n'a jamais rien appris, et qu'il ne voit pas pourquoi les siens en feraient davantage, alors qu'il y a urgence à gagner sa vie, est mal venu à se prévaloir de son autorité. L'instruction n'est pas seulement un droit pour l'adolescent, mais encore un grand intérêt pour la société. La loi qui impose aux parents l'obligation de nourrir leurs descendants, manquerait de logique en ne leur imposant pas, en même temps, celle de les élever suivant leur condition et leur fortune. La liberté reçoit chaque jour de plus rudes assauts, sans soulever de protestations : l'impôt, le service militaire sont des atteintes à la propriété, à l'indépendance individuelle bien autrement pénibles que l'obligation d'apprendre à lire, à écrire et à compter. L'ignorance n'est pas un choix digne d'un homme civilisé. Personne ne peut, sans commettre un délit, condamner volontairement la créature de Dieu à une aussi dégradante infériorité. Il n'y a pas de droit contre le droit.

L'Allemagne, la première, l'a compris : l'ordonnance de l'électeur de Saxe, Jean Georges, en 1573, le règlement général des écoles de Frédéric II, du 12 août 1763, les codifications prussiennes de 1794 et 1819, les lois bava-

[1] M. Clémenceau.

roise[1], wurtembergeoise[2], badoise[3], hanovrienne[4], hessoise et autrichienne établissent l'*obligation* scolaire avec une sanction pénale allant de la réprimande à l'emprisonnement et à la nomination d'un tuteur spécial, à la place du chef de famille récalcitrant. La Scandinavie[5], la Suisse[6], les États-Unis[7], l'Angleterre[8] entrent dans la même voie.

Seuls, les peuples de race latine sont demeurés plus longtemps réfractaires. Malgré les lois de la Convention en 1793 et 1794[9], l'influence du clergé catholique a entravé en France l'adoption du principe éminemment progressif qui avait fait son apparition dans notre code, le 22 mars 1841, avec l'article 5 de la loi sur le travail des enfants dans les manufactures. Grâce à elle, sous la deuxième république, le projet Carnot conçu par M. Cousin[10], a été retiré le 4 janvier 1849 par M. de Falloux[11]; sous le second empire, les efforts de

1. Loi du 23 décembre 1802.
2. Loi du 29 septembre 1836.
3. Loi du 15 mai 1834.
4. Loi du 26 mai 1845.
5. Lois suédoises de 1684, 1842 et 1858. Lois norvégiennes et danoises de 1844, 1845 et 1860.
6. M. J. Simon (*l'École*, 1865, p. 298) écrit que, seuls, les cantons de Lucerne, Fri, Unterwald, Schwitz et Genève n'ont pas encore adopté l'instruction obligatoire. Depuis cette époque, une loi genevoise l'a admise en 1872.
7. Aux États-Unis, elle existe non seulement au Massachusetts, au Connecticut, au New-Hampshire, dans le Vermont et le Maine, mais encore dans l'État de New-York, la loi de 1884 astreint les parents à envoyer leurs enfants à l'école quatorze semaines l'an, sous peine de 50 dollars (250 fr.) d'amende.
8. Lois anglaises de 1870, 1876, 1878.
9. Lois du 5 nivôse an II et du 28 brumaire an III (motions de Lakanal et de Lellot).
10. M. Cousin a consacré à défendre l'instruction obligatoire quelques-uns de ses écrits les plus éloquents, mais n'a pas osé demander pour son pays l'application d'un principe dont il avait admiré le fonctionnement, lors de son voyage en Allemagne.
11. « La dernière disposition que nous vous proposons, Messieurs, consiste à écrire dans la loi le principe de l'obligation. Nous avouons sincèrement qu'il est difficile à réaliser. Nous n'avons pas cru qu'il fût possible, au moment où l'Assemblée va se séparer, de faire autre chose que de poser le principe.

MM. Victor Duruy et Jules Simon ont été impuissants, et il a fallu attendre jusqu'au 28 mars 1882 pour obtenir de nos Chambres un vote où, dès 1877, l'Italie elle-même les avait devancées [1].

L'obligation de l'instruction primaire appliquée aujourd'hui dans toute l'Europe, avec un succès incontestable, n'est pas une menace de bouleversement. L'approbation que socialistes et libéraux lui accordent n'est pas faite pour nous déplaire; cette unanimité réjouit le cœur de tous ceux qui pensent que les vieilles maladies morales, que les abus, ne disparaissent pas comme par enchantement et qu'à des temps nouveaux conviennent des institutions nouvelles. Il ne servirait de rien d'avoir construit, — on ne saura jamais au prix de quelles dépenses, — dans toutes les communes du pays, des écoles trop somptueuses peut-être, mais incontestablement confortables, s'il dépendait de la mauvaise volonté de quelques obscurantistes de les supprimer virtuellement. Il ne s'agit pas, qu'on le remarque bien, de contraindre les familles à subir dans leurs enfants le contact de doctrines philosophiques et politiques qui leur répugnent et dont elles sont seules juges. Ce qui est obligatoire, ce n'est pas, comme le voulait la loi de 1793, l'assiduité à l'école, c'est la justification de la connaissance des éléments. Le législateur de 1882 ne tient pas le langage brutal du roi-caporal: — « Par ce seul fait que tu n'as » pas envoyé ton fils chez l'instituteur, tu es coupable et » tu es destitué de ton autorité paternelle et de tes droits » civils; tu iras en prison... » — Il est plus humain, plus respectueux de la liberté individuelle; il s'adresse à des citoyens indépendants, et il leur dit : — « Choisissez le mode d'enseignement que vous désirez; venez à moi si

—— ..... Cette proclamation d'un principe jusqu'ici nouveau dans — nos mœurs, ne sera pas sans influence sur l'avenir de l'édu- — cation nationale.... •

(J. Simon, rapporteur de la loi organique sur l'enseignement; lecture à la tribune de l'Assemblée constituante, le 5 février 1849.)

1. En Italie l'école primaire est obligatoire et gratuite le matin, de 7 h. 1⁄2 à midi, facultative et payante le soir.

vous croyez que j'ai fait une œuvre méritant votre estime
et votre reconnaissance ; allez chez mes concurrents si
vous redoutez l'esprit de mes manuels ; mais je vous
préviens que si vous refusez de m'accorder votre confiance, moi, de mon côté, je suis fondé à me défier ; je
ne veux plus d'illettrés, et si, à l'âge où tous les camarades ont acquis les rudiments du savoir, vos enfants
ne sont pas en mesure de répondre aux questions d'un
jury, il faudra vous soumettre et me laisser le soin de
leur éducation. »

Ainsi comprise, l'obligation est peut-être une gêne,
elle n'est pas une tyrannie ; elle est une application
d'un principe d'utilité publique et générale auquel tous
doivent obéissance et respect, en considération de la noblesse du but. La *gratuité* en est la conséquence. Les
mutuellistes proudhoniens méconnaissent le rôle de
la société quand ils proposent de faire travailler les
enfants pour couvrir les frais d'écolage. En luttant
pour le gain contre l'industrie privée, en se mettant au
niveau du marchand de soupe, l'État renonce à ces prérogatives d'arbitre entre lui-même et ses rivaux, il se
dégrade ; mais si, au contraire, il se donne comme le
répartiteur entre tous de l'héritage intellectuel de l'humanité, en abaissant les barrières qui séparent les
classes, il se grandit. « Il y a, dit J. Simon, de la ma-
» jesté dans la pauvre école de village, ouverte à tous
» les vents, habitée par des marmots, gouvernée par un
» homme du peuple, où la science ne va pas plus loin que
» l'a, b, c, mais qui, liant, en quelque sorte, les hommes
» à leur capacité et à leur courage industriel, les fait
» maîtres de leur destinée. » Ne détruisons pas cette
poésie de l'école ; ne ravalons pas le professeur en
le réduisant au métier de quémandeur d'aumônes.
Faisons de lui un magistrat au-dessus des soucis de la
vie et des appétits du lucre.

L'instruction n'est pas, comme la nourriture et le vêtement, une production matérielle ; elle ne doit se vendre
que lorsqu'il n'y a pas moyen de faire autrement, sans
préjudice grave pour les finances. Or, ce n'est pas le

cas. La défense nationale absorbe plus d'un milliard l'an, et la suppression de la rétribution scolaire ne fait perdre que dix-huit millions et demi de francs au budget. La gratuité est onéreuse; elle n'est pas la ruine.

A cette raison théorique et quelque peu métaphysique s'y joint une autre plus expérimentale et plus pratique. La démocratie n'admet plus la distinction entre celui qui peut payer et celui qui ne le peut pas; elle y voit à tort ou à raison, une humiliation ou tout au moins une inconvenance. Le système de la Suède, qui met à la charge de l'assistance publique la part des indigents, celui du Canada, de la taxe annuelle cantonale par tête d'enfant vivant de six à quatorze ans, lui semblent trop compliqués. Les masses ne comprennent que les idées simples, et il leur semble qu'il est oiseux de discuter la question de savoir si c'est un impôt de l'État ou de la commune qui pourvoiera à l'entretien de ce service indispensable. En fait, l'indemnité notoirement insuffisante et nominalement acquittée par les familles est une source constante de tiraillements et d'embarras pour l'administration. On n'en veut plus. Onze cantons de la Suisse, au nombre desquels on compte Genève et Zurich[1], ont adopté sa rédemption d'une façon absolue. La Prusse a admis le principe, et la Grande-Bretagne, malgré l'opinion contraire de lord Salisbury[2], n'est pas éloignée de l'imiter. Un délégué du gouvernement anglais, sir Mathew Arnold, dans un récent rapport, ne cache pas son admiration pour la loi française de 1881; il ne s'arrête pas à l'objection qu'on n'estime que ce que l'on paie, et il souhaite à son pays de suivre la méthode inaugurée par les meilleures écoles du continent.

1. Ces onze cantons sont les suivants : Zurich, Lucerne, Glaris, Zug, Saint-Gall, Fribourg, Genève, Neufchâtel, Argovie, le Tessin et le Valais.
2. Lord Salisbury s'est prononcé contre la gratuité. Discours de New-Port. (Octobre 1885). Actuellement la pratique anglaise répartit ainsi la rétribution scolaire : un tiers à la charge des familles, le surplus incombant aux localités et à l'État par moitié.

Le troisième terme de la trilogie, la *laïcité*, soulève de plus graves objections. Le libéralisme s'y rallie avec Condorcet, parce qu'il y voit une application de l'idée de l'affranchissement de la conscience humaine; le radicalisme positiviste, parce qu'il y trouve une occasion favorable pour établir définitivement la séparation systématique des deux puissances élémentaires, — spirituelle et temporelle — dont il attend le dénouement des difficultés de la situation présente. Une bonne, saine et complète éducation primaire, disent-ils, implique la neutralité de l'école et l'exclusion de tout cachet de « confessionnalité[1] » sans « hostilité déguisée ni indifférence dédaigneuse[2] »; l'État n'a pas qualité pour apprendre le dogme : « Il doit le respect aux » croyances, mais n'en peut professer aucune[3]... son » enseignement, payé par tous les contribuables, ne » doit être d'aucune secte, d'aucun parti[4]. »

Telle est la thèse. Est-elle absolument équitable, progressive, d'une application possible, conforme au vœu populaire? Nous ne le pensons pas. Une société peut se désintéresser des polémiques de pure politique; il lui est interdit, sous peine de déchéance, de n'avoir pas d'opinion en philosophie et en religion. « Il y a, sous » les symboles divers de l'infini, un fonds commun de » grandes pensées et de généreuses aspirations dont on » ne saurait séparer violemment l'esprit d'un peuple, » sans porter atteinte à la solidarité intellectuelle et mo- » rale de ses membres[5]. » Sans la notion de Dieu, nettement définie, commune à tous les hommes, sans la reconnaissance d'un culte nécessaire, la vieille morale est impuissante à jeter dans les cœurs ces semences de vertu et d'honneur qui font véritablement les honnêtes gens.

1. M. Buisson, *Dictionnaire de pédagogie et d'instruction primaire*.
2. M. A. Fouillée, discours à la distribution des prix de la Société d'instruction élémentaire (juillet 1886).
3. M. Goblet, discours d'Amiens, à la distribution des prix du concours des écoles normales de la Somme (août 1886).
4. M. J. Ferry, circulaire aux maîtres d'école (1883).
5. M. A. Fouillée.

Cette abstention que Robespierre n'eût pas osé proposer, est un germe de mort. Pour quelques matérialistes, comme le docteur Büchner[1], qui en font un article de foi — à l'exemple de cette demi-douzaine de pédants qui refusaient naguère de prêter le serment d'usage devant la cour d'assises — combien est-il de pères de famille sérieux qui la réclament? Catholiques, protestants et juifs sont d'accord[2]; aucun d'eux ne trouve qu'on porte atteinte à ses convictions en disant à l'enfant: — « Tu es chrétien et celui-ci est israélite; vous » adorez Dieu l'un et l'autre d'une façon différente, » mais c'est le même Dieu et il est votre père. »

La divergence des opinions est le corollaire du droit de penser; la vouloir abolir est une chimère, et habituer les jeunes esprits à supporter la contradiction est une idée progressive qui vaut bien celle de l'intolérance athée.

D'ailleurs, la neutralité est-elle possible? Le maître, qui est et doit être un homme intelligent, n'est pas parvenu à l'âge adulte sans avoir réfléchi au grand problème des destinées. En dépit de la contrainte légale, ses discours se ressentent des impressions de son for intérieur, et, s'il n'en est pas ainsi, c'est qu'on a affaire à un sot ou à un hypocrite. L'école n'est un instrument de perfectibilité que si l'on y professe sur le ton théiste qui domine dans les livres, et qui repose sur la disposition naturelle de l'adolescent à accepter l'explication de l'univers par l'intervention d'un Dieu personnel.

Ainsi établie l'impartialité n'est pas la dévotion au

---

1. M. le Dr Büchner a dit au meeting de l'Internationale, tenu à Bruxelles, le 15 mai 1874 : « *Nous voulons l'enseignement intégral; non pas cet enseignement qui empoisonne les intelligences et leur apprend l'obéissance aux autorités, dans l'espoir d'une récompense future; non, nous sommes matérialistes, et, comme nous voulons l'affranchissement du ventre, nous voulons l'affranchissement de l'intelligence. Et c'est cette instruction qui fera la plus grande guerre à la propagation des cultes.* »

2. L'unanimité d'opinion de MM. l'abbé Hébert-Duperron, le pasteur Réville et le grand rabbin Zadoc-Kahn, auteurs d'articles au mot *culte* du *Dictionnaire de pédagogie* de M. Buisson, en est la preuve.

clergé catholique : l'instituteur n'est pas le « sergent de l'église[1] »; le retour à l'ancien régime des billets de confession[2] sous l'égide du « Décalogue et de l'Evangile[3] » n'est pas un but social. Le monde a marché et les populations n'acceptent plus sans murmure l'enseignement purement ecclésiastique[4]. Dans un temps où tout s'agite et se précipite, l'immobilité dogmatique ne s'accorde pas avec le prodigieux mouvement d'indépendance qui emporte les nouvelles générations. En pleine mer, le rocher servant de refuge au naufragé est parfois sublime, mais il est le plus souvent stérile, et, s'il peut encore abriter quelques ascètes contemplateurs, il ne convient pas pour servir de demeure à une société d'hommes.

Pour qu'un enseignement soit vraiment national, il ne convient pas que l'instituteur, soumis à une règle surhumaine, aille prendre à Rome les ordres d'un chef qui, malgré la grandeur de son caractère spirituel, n'en est pas moins un souverain, étranger de naissance et cosmopolite par raison; il faut qu'il soit bien pénétré de « l'impérissable amour de cette unité acceptée, » consacrée par des dévouements réciproques, cimentée » par le sang et les larmes de plusieurs générations[5], » qui, plus encore que la communauté de langue, de » race et de religion, fait véritablement la patrie ».

Le maître d'école n'est pas le serviteur du Vatican; il est un collaborateur du ministre de l'instruction publique.

Sans se laisser glisser dans l'ornière voltairienne où

---

1. Contrairement à l'opinion de M. Albert de Mun : Discours à la Société d'économie sociale, fondée par M. Le Play (mai 1887.)

2. Les billets de confession mensuels étaient encore obligatoires, dans les collèges, sous la Restauration.

3. Mgr Freppel, discours d'ouverture au Congrès de l'Association catholique de la jeunesse française (mai 1887).

4. M. Lavollée a fait remarquer (discussion à la Société d'économie politique, séance du 5 janvier 1875) que, malgré toute la bonne volonté du parti religieux, les 3/4 de la France seraient privés d'instruction, si l'Université n'était pas intervenue, avec l'aide des deniers publics.

5. M. Caro, les Jours d'épreuve.

sont tombés MM. Paul Bert, Jean Macé[1] et la Ligue de l'enseignement, M. Cousin avait su sauvegarder les intérêts respectables et éviter les empiétements. Convaincu que la religion est utile au maintien de la morale publique, il voulait que le prêtre, fonctionnaire de l'État, fût mis au service de l'Université comme gardien de la doctrine spiritualiste, dont la croyance à la Providence, à l'immortalité de l'âme, au libre arbitre et à la loi du devoir, sont les fondements essentiels. Il eût admis la présence du curé dans les délégations cantonales et il ne demandait pas que la lecture de son livre d'instruction morale (1834) et religieuse exclût celle du catéchisme diocésain. Il savait, lui, le chef du « régiment philosophique de 1840 », que le culte de la nature de Rousseau et de Bernardin de Saint-Pierre, en faisant appel à la raison contre la foi, n'aboutit qu'à répandre dans les âmes primitives « cet égoïsme de la pensée qui s'appelle l'intolérance ». Il était pénétré de cette idée que, de tous les procédés pédagogiques, la religion est encore le plus simple et le plus adapté au premier âge, et, instruit comme Benjamin Constant[2] par les souvenirs révolutionnaires de sa jeunesse, il était prêt à reconnaître que Dieu, dans sa simple grandeur, ne suffit pas aux masses, parce qu'elles ont besoin d'images à regarder et de croix à baiser.

« Ce qu'il faut au peuple, a dit Montalembert, ce » sont des vérités toutes faites. Il n'a pas le temps de

1. C'est dans cet ordre d'idées que Mᵐᵉ George Elliot a écrit ces déplorables lignes : « La carrière évangélique, celle où un léger vernis d'instruction passera pour une science profonde, où les platitudes seront acceptées comme paroles de sagesse, l'étroitesse bigote comme un saint zèle, l'égoïsme onctueux comme une piété donnée par Dieu. » (Article sur le Dʳ Cumming, 1855.)

2. « L'époque où le sentiment religieux disparaît de l'âme des hommes est toujours voisine de celle de leur asservissement. Des peuples religieux ont pu être esclaves; aucun peuple irréligieux n'est demeuré libre. » (Benjamin Constant, *de la Religion considérée dans sa source, ses formes et ses développements*, t. I, p. 89.)

Dans le même sens, Whately (*Introductory lectures of political economy*).

» se livrer, comme certains esprits délicats, aux recher-
» ches du spiritualisme pur. C'est la foi seule qui peut
» le faire vivre[1] ».

Les positivistes ont tort de reprocher au christianisme d'enseigner que la loi du travail est le châtiment
d'une faute originelle ; il y a de beaux jours que la
thèse de l'attraction harmonieuse des phalanstériens
fouriéristes est démodée. Le labeur est une peine, et le
fruit de la culture religieuse est justement cette disposition à s'y soumettre « par un instinct qui ne s'arrête
» pas à choisir ou à raisonner et qui, précisément à
» cause de cela, triomphe de la force de tous les mo-
» tifs contraires[2] ».

Il n'y a pas contradiction entre la vraie science et la
vraie religion. Leur incompatibilité, ce vieux cliché révolutionnaire des réunions populaires, n'est rien moins
que démontrée, et, le fût-elle, ce n'est pas l'âme du bam-
bin de l'école primaire qui aurait lieu de s'en émouvoir.
Leur solidarité est un des faits les plus constants de
l'évolution moderne. Les œuvres les plus hautes de la
philosophie telles que celles de Spinoza, de Kant, les dé-

1. Le conseiller intime Illing a écrit (*Rapport sur la crimi-
nalité depuis trente ans en Allemagne*) : « Pour les classes inférieures du peuple, il n'y a point de morale sans religion, et si
la foi religieuse, sur laquelle repose l'impératif catégorique des
dix commandements, est minée dans le peuple, le fondement
de la morale tombe avec elle : l'immoralité prend la place
des bonnes mœurs. » Cité par M. Ch. Grad, *le Socialisme d'État*
(*Revue des Deux Mondes*, 1er novembre 1887).

« ... Je considère que la question des soins à donner à
« l'éducation de la jeunesse est intimement liée aux questions
« sociales...

« Il faut également éviter qu'à force de chercher exclusive-
« ment à accroître l'instruction, on en vienne à négliger la
« mission éducatrice...

« Une race élevée dans les principes sains de la crainte de
« Dieu et dans des mœurs simples, pourra seule posséder assez
« de force de résistance pour surmonter les dangers que, à notre
« époque d'ardente agitation économique, les exemples de vie
« à outrance donnés par quelques-uns font courir à la collecti-
« vité... » (Rescrit de l'empereur Frédéric III d'Allemagne au
prince de Bismarck, mars 1888.)

2. Miss Edith Simcox, *Natural law*. (citée par M. A. Bain,
de *l'Éducation*, p. 306.)

couvertes des savants telles que celles de MM. J.-B. Dumas, Claude Bernard, et Pasteur, toutes ces vérités
qui se sont révélées — non moins à la patience et au
dévouement des chercheurs qu'à leur perspicacité logique, — sont le résultat d'une direction imprimée à l'intelligence par un esprit éminemment religieux[1].

La guerre au couteau que la fraction la plus importante du parti républicain a déclarée au catholicisme,
en inscrivant sur sa bannière : « *Le cléricalisme, voilà
l'ennemi !* », — et qu'elle a poursuivie (malgré l'échec
de l'article 7) par les décrets[2], par une laïcisation
à outrance[3] — n'a pas frappé seulement les catholiques. La violence des procédés du Conseil municipal de
Paris, notamment[4], a soulevé l'indignation de tous les
libéraux impénitents, des Joseph Garnier, des Pascal

---

1. Le professeur Huxley et H. Spencer (*de l'Éducation*).
2. Décrets d'expulsion des congrégations non autorisées, sous
le ministère de M. J. Ferry (septembre 1880).
3. M. Burdeau, député, a poussé l'intolérance jusqu'à demander à la Chambre (janvier 1887) de fermer l'accès des écoles
nationales aux jeunes Français qui vont chercher à l'étranger
les leçons des congrégations proscrites.
4. Dans un rapport sur les livres classiques en usage dans
les écoles primaires, MM. Levraud et Hovelacque, du conseil
municipal de Paris (séance du 28 avril 1887), ont réclamé de l'administration la suppression des livres qui « *contaminent* » l'esprit des enfants, parce qu'ils sont conçus « *dans un ordre
d'idées surannées, cléricales et monarchiques* » et leur remplacement par des ouvrages « au niveau de la science et animés
de l'esprit moderne ».
Les auteurs mis à l'index sont les suivants :
M. Paul Janet, *Éléments de morale*. (La morale a une sanction
supérieure dont Dieu se réserve le moyen et le moment : cette
sanction est la vie future.)
M. Fontsevrez, *Manuel d'enseignement civique et moral*. (Le
progrès des sciences épure l'idée de Dieu. — L'homme a une
nature spirituelle et une nature animale.)
M. Géruzez, *Histoire de la littérature*. (Bossuet est plus qu'un
théologien. — La philosophie d'Helvétius est le renversement de
la morale.)
M. Vapereau, *Esquisse d'histoire et de littérature française*.
M. Lebaigue, *Morceaux choisis*.
MM. Jost et Braunning, *Lectures*.
M. Adler Mesnard, *Exercices de langue allemande*.
M. Montmahou, *Éléments d'histoire naturelle*. (*Le Temps*,
30 avril 1887.)

Duprat, des Jules Simon. « La liberté, a dit un savant

Dans la séance du 27 juillet 1887 du conseil général de la Seine, il a été question des expurgations nécessaires.

M. Hovelacque a fait remarquer que les œuvres de Victor Hugo, Voltaire et Diderot, elles-mêmes, sont parfois empreintes d'un esprit clérical, parce que ces grands hommes avaient la faiblesse de croire en Dieu à leurs débuts, et qu'il en résulte qu'il ne faut mettre entre les mains des enfants que les passages de la bonne époque.

M. Lavy en veut surtout au nommé Dieu, dont il est question dans les morceaux choisis de Racine et même de La Fontaine, mais M. Cochin vient le rassurer en affirmant que la censure a modifié ainsi qu'il suit les deux vers

> Petit poisson deviendra grand
> Pourvu que Dieu lui prête vie;

auxquels les deux suivants ont été substitués :

> Petit poisson deviendra grand
> Pourvu que l'on lui prête vie.

Et M. Jules Simon trouve que la correction est « bête ». A-t-il tort ? . . . .

La séance du conseil municipal du 17 décembre 1887 a donné lieu, à propos du vote du crédit pour achat de livres, à l'amusante discussion qui suit :

« J'espère, dit M. Marsoulan, que bientôt ce travail d'épuration sera terminé, et que, aussi bien dans nos écoles que lors des distributions de prix, nous n'aurons plus que des livres choisis.

M. GASTON CARLE. — Oui, ceux où il n'y a pas le mot Dieu.

M. MARSOULAN. — Je ne vois pas la nécessité d'y introduire ce mot.

M. GEORGES BERRY. — Cela vous gêne qu'il y soit ?

M. MARSOULAN. — Cela ne me gêne pas qu'il n'y soit pas.

M. GASTON CARLE. — Il était intéressant de vous faire faire cette déclaration, monsieur Marsoulan.

M. MARSOULAN. — D'ailleurs, messieurs, je ne vise pas les livres dogmatiques dans mon argumentation; l'épuration dont je parle était nécessaire, non seulement au point de vue religieux, mais encore au point de vue scientifique. Nous avons pu constater, dans les écoles et lors des distributions de prix, trop de livres en contradiction flagrante avec l'état actuel de la science.

M. JOFFRIN demande alors que la commission chargée de dresser la liste des ouvrages donnés en prix appelle tous les hommes compétents qu'elle jugera bon de s'adjoindre, et, d'accord avec eux, elle fera des choix.

« M. Gaston Carle, continue M. Joffrin, a parlé de livres où ne figurerait pas le nom de Dieu. Permettez-moi de dire que, dans le siècle de l'électricité, Dieu n'est qu'un hors-d'œuvre.

» député de Paris[1], M. de Lanessan, peut seule assurer
» le développement de l'instruction à tous les degrés,
» et il n'y a pas à craindre qu'elle tourne au détriment
» de la République. Si cela arrivait, c'est que les répu-
» blicains seraient dans l'erreur. »

Qu'on y prenne garde[2], la concurrence de l'église
enseignante n'est dangereuse, pour l'Université, que
lorsqu'elle est l'objet d'une persécution, que lorsque la
puissance publique usurpe sur la conscience, sous prétexte de l'éclairer et de la conduire hors des voies sages
des traditions séculaires. Dans les temps calmes, où l'on
n'assiste pas à l'affligeant spectacle de la force exécu-
trice des œuvres inavouables de la rancune politique, la
rivalité des écoles libres est un fécond stimulant. La
lutte à armes égales, sans le privilège de la *lettre d'obédience*[3] de la loi de 1850, est conforme à l'équité. La
violation du vœu des habitants exprimé par leurs représentants municipaux, prescrite par la loi d'octobre 1886,
est une disposition oppressive que la Belgique n'a pas
tolérée et que les parents des 1.750.000 élèves[4] des
écoles congréganistes ne supporteront pas sans douleur. Il leur restera, il est vrai, la faculté, après avoir
payé pour celles dont ils ne veulent pas, d'en créer d'autres à leurs frais.

Voix : Eh! eh! Un hors d'œuvre qui est du goût de beaucoup
de gens!

M. GEORGES BERRY. — Vous ne l'avez pas encore supprimé, ce
hors-d'œuvre?

M. JOFFRIN — En tout cas, Dieu est un vieux cliché; vous
pouvez le mettre au musée des Antiques, si le cœur vous en
dit.

1. Discours de M. de Lanessan à la Chambre. (Discussion de
la loi municipale, séance du 29 juin 1883.)

2. « Cette campagne de laïcisation à outrance a été, on le
sait et nous l'avons dit cent fois, *une des plus grosses, une des
plus stupides fautes commises depuis dix ans.* » M. Jules Dietz,
Journal des Débats (7 décembre 1888).

3. La suppression de la *lettre d'obédience* est due à M. Jules
Ferry (1879).

4. Statistique officielle de 1886.

Suivant M. Jules Simon (*Journal des Débats*, 16 août 1887), les
écoles libres de Paris, au nombre de 246, reçoivent 73.000 élèves : leur entretien coûte à la charité privée 2.000.000 de fr. l'an.

Cette liberté à l'irlandaise, que M. Gladstone a qualifiée d'« outrage au sens commun », n'est pas conforme à la pratique des peuples civilisés.

En Angleterre, la loi de 1870 et le « compromis » de la ville de Londres admettent la lecture de la Bible[1] par l'instituteur; en Amérique, les États de New-York, de New-Jersey, d'Illinois et de Pensylvanie l'autorisent, et ceux d'Iowa, d'Indiana et de Massachusetts la déclarent obligatoire. La Hollande[2] est sur le point d'abroger l'obligation de laïcisation des écoles, inscrite dans son ancienne loi fondamentale; et l'Allemagne impose sous la forme du *Lesebuch*, de chrestomathies chrétiennes, la culture religieuse[3].

Seule, la France s'y soustrait avec une impardonnable légèreté.

Une nation n'abandonne pas ainsi impunément le rôle de « fille aînée de l'Église » pour embrasser celui de propagatrice du nihilisme moral. On disait, après la chute de l'ancienne monarchie : la noblesse est gangrenée mais la bourgeoisie est prête à la remplacer; « elle sait le latin[4] ». Après nos désastres on répétait : « le peuple a de hautes destinées; dans ses veines coule encore un sang riche et généreux ». Quel espoir aura-t-on demain quand l'invasion du matérialisme aura brisé l'âme de l'artisan et éteint au foyer domestique le flambeau de ses espérances à une compensation fu-

---

1. Suivant M. Escott (*l'Angleterre*), 124 enfants seulement sur 126,000 écoliers de Londres refusent d'entendre la lecture facultative de la Bible (1876); et 83 0/0 des *school boards* de la Grande-Bretagne admettent l'enseignement religieux. Seules, les écoles dirigées par l'État sont soumises à l'enseignement laïque (*non-denominational*, suivant la loi de 1870.

2. Les libéraux comptent sur le concours d'un groupe modéré, dirigé par M. Schonmann, pour maintenir la neutralité confessionnelle dans les écoles (sept. 1887).

3. Contrairement à MM. Windthorst et Virchow, réclamant : l'un, l'enseignement par l'Église (*kirchlich*); l'autre, ni gouvernementalisation ni cléricalisation de l'école, M. le prince de Bismarck veut, suivant la tradition de Frédéric II : une culture religieuse laïque (*weltlich*). (Discussion au Landtag prussien, fév. 1889.)

4. Mot de Mgr Dupanloup.

ture[1] ? A l'exemple de l'oiseau plein de confiance en ses ailes naissantes, l'enfant s'envolera sans le souvenir du nid, et quand, battu par la tempête, il reviendra trop tard, il ne retrouvera plus la réchauffante étreinte de la famille : le suicidé de huit ans est un phénomène nouveau que Dante, qui a connu tous les damnés, n'avait pas prévu dans son *Enfer*.

Le Latin comme le Slave n'est pas fait pour servir de champ d'expériences aux méthodes desséchantes : nourri d'une science étrangère dont le lait n'était pas destiné à ses lèvres, il ne voudra pas demeurer une bête idéalisante, incapable de réaliser ses conceptions, d'employer son intelligence autrement qu'à se rendre plus féroce et plus sot qu'aucun autre animal; et il rejettera le présent empoisonné du positivisme en s'écriant, comme les étudiants de Saint-Pétersbourg fanatisés par la *Conversion* de Tolstoï : « Faites-nous croire à » quelque chose de supérieur, à la Patrie, à la Famille » et à Dieu! »

1. Ce mal eût été évité par l'adoption du système belge, qui admet, à des heures réservées, l'enseignement facultatif du catéchisme dans les écoles publiques. M. Jules Ferry, qui avait commencé par en recommander l'application à la France, n'a pas voulu la réclamer devant les Chambres, lors du vote des lois organiques nouvelles.

ÉCONOMIE POLITIQUE

I.

L'économie politique ; exposé de cette science, en tant que
partie de la sociologie. — Les oisifs ; le luxe. — Les impôts
somptuaires : la patente d'oisifs.

Les saints-simoniens, idéalistes convaincus, en proclamant, au nom d'une religion nouvelle, le principe
régénérateur : « toutes les institutions doivent avoir
» pour but l'amélioration de la classe la plus nombreuse
» et la plus pauvre[1] » ; — les positivistes qui ne voient
et ne veulent voir rien au-delà de la terre en déclarant
que : « travailler et vivre pour et par la famille, la
patrie et l'humanité[2] » est la fin suprême de la vie, —
obéissent à une pensée commune. Accroître le nombre
des hommes, leur puissance collective et leur participation individuelle aux douceurs de l'existence, tel est
le remède à tous les maux. En vertu des maximes : —
« à chacun suivant sa capacité ; à chaque capacité sui-
» vant ses œuvres[3] », — « la liberté est une conception
» négative qui ne dit rien, parce qu'elle n'est que la né-
» gation d'une servitude qui n'a pas de valeur positive
» que si l'on admet l'existence de cette servitude même
» que l'on nie[4] », — les uns et les autres font, sans
cesse, intervenir l'autorité publique et sacerdotale
comme juge de la capacité et des œuvres, comme régu-
latrice de toutes les fonctions sociales. Cette foi en la

1. Saint-Simon.
2. M. Pierre Laffitte.
3. Ce principe, qui est l'essence de la doctrine saint-simonienne, semble être emprunté à la *Politique* d'Aristote
4. A. Comte est d'accord sur ce point avec J. de Maistre et
Rodbertus.

puissance souveraine de la machine gouvernementale[1]
est l'origine de leur mépris pour les recherches économiques. S'ils avaient compris que la question politique
n'est que le commencement de l'édifice social, et que,
par conséquent, elle ne présente pas le caractère d'une
urgence absolue, s'ils avaient eu conscience de « l'illusion grossière[2] » à laquelle ils accordaient leur confiance, ils auraient été plus justes envers des hommes
qui, moins hardis qu'eux dans l'élaboration des systèmes, ne leur cèdent en rien pour la puissance intellectuelle et la générosité des sentiments.

L'économie politique n'a pas pour objet : « le bien-être
physique de l'homme en tant qu'il peut être l'œuvre du
gouvernement[3] ». « L'ensemble des lois naturelles qui
déterminent la prospérité des nations[4] » — c'est-à-dire
de celles qui règlent l'hygiène, l'instruction, les mœurs,
l'esthétique, le culte, la sûreté intérieure, — ne relève
point d'elle. Bien qu'encore en formation, elle est une
science[5] indépendante de la politique pure, une branche de la sociologie, et dans une certaine mesure un
art[6], puisque, tenant par des liens intimes aux autres
parties de l'organisme collectif, elle embrasse dans le
champ de ses observations, non seulement l'étude des
échanges et du monde industriel[7] — fait primordial, —
mais encore la recherche des moyens les plus favorables pour la formation, la distribution et la consommation des richesses[8].

Ainsi entendue, elle a encore de la grandeur, parce
qu'il y a, dans la souveraineté de l'homme sur les for-

---

1. Saint-Simon a une telle confiance dans la puissance gouvernementale qu'il conjure les princes (*Le nouveau Christianisme*, 1825) « d'appliquer leur puissance à l'accroissement du
bonheur social parmi les pauvres ».
2. M. Guizot.
3. Sismondi.
4. Storch.
5. Malthus et Ricardo.
6. Senior et Minghetti.
7. M. Coquelin.
8. Définitions de J.-B. Say et de l'Académie française.

ces cosmiques, quelque chose qui élève l'âme vers le
créateur. Son tort n'est pas d'être une fautrice de privilèges, de river les chaînes de l'esclavage. Si les exaltés de 1848 en ont suspendu l'enseignement[1], c'est
qu'elle se refusait à flatter les rêves des visionnaires du
Luxembourg, qu'elle se déclarait incompétente à découvrir, sans délai, une panacée contre la misère, et
qu'elle ne ménageait pas ces apôtres de la pratique
terre à terre qui estiment que le sens commun supplée
à l'expérience. Les connaissances économiques sont
aussi nécessaires à l'homme que celles de la philosophie, du droit et des autres sciences morales ou politiques. L'hostilité qu'elles soulèvent vient de ce qu'elles abordent la discussion surtout ce qui touche aux biens
matériels, c'est-à-dire de ce qu'il y a de plus sensible au
cœur de l'homme.

« Si les propositions d'Euclide avaient quelque chose
à démêler avec la fortune, a dit Minghetti, il est probable qu'elles auraient trouvé des contradicteurs. »

L'aridité des éléments, l'abus des spécialisations a
rebuté des esprits distingués[2]; mais ceux qui, ne s'en
tenant pas à la superficie, ont savouré la moelle de la
science, n'ont pas eu à se repentir de s'être assimilé
les principes généraux d'où jaillissent mille courants
fertilisateurs.

Ni la Grèce, ni Rome, n'en ont eu une notion précise. Dans la société antique, où l'esclavage[3] était la
condition de la plus nombreuse portion de la population, où la guerre était classée par les philosophes
parmi les moyens d'acquérir[4], et où le travail professionnel et le négoce étaient l'objet du mépris[5] des
classes supérieures, l'exploitation rudimentaire agri-

1. Suspension du cours de M. Michel Chevalier, en 1848, par le
Gouvernement provisoire.
2. M. Thiers appelait l'économie politique une « littérature en-
nuyeuse »; et Carlyle ajoutait : « la science lugubre » (the dismal
science).
3. Suivant M. A. Bœckh (Économie politique des Athéniens),
les 4⁄5 de la population étaient esclaves.
4. Aristote.
5. Cicéron. De officiis, liv. I, p. 42.

cole et minière[1], la comptabilité privée et publique[2], constituaient toute l'économie politique. Ni la morale épicurienne, ni celle des stoïciens n'étaient propices aux recherches qu'elle implique; et le « *carpe diem* » d'Horace, le « *sustine et abstine* » de Sénèque — dont le culte de la médiocrité dorée et du loisir honorable est la conséquence, — ne préparaient pas des esprits indifférents à l'élaboration des théories.

Le moyen-âge, ballotté entre le régime féodal du servage et celui de la prépondérance ecclésiastique, n'offrait pas non plus un terrain favorable à leur éclosion. Pour que les préoccupations de l'intelligence publique se portent vers l'examen des moyens propres à assurer le progrès matériel, il faut une société industrielle, à l'abri des incursions incessantes de la force brutale. Les villes hanséatiques[3] allemandes, les cités italiennes[4], où s'était concentrée l'activité commerciale,

1. Carète de Paros, Apollodore de Lemnos
2. Aristote et Xénophon, *Traités du ménage.*
3. Aux XIII° et XIV° siècles, les corporations de marchands avaient trouvé la sécurité économique dans la création de puissantes associations. La plus célèbre est incontestablement celle connue sous le nom de *Hanse générale*, qui, tenant ses réunions à Lubeck, depuis le lundi de Pentecôte 1260, étendait son autorité sur quatre provinces ou quartiers, — cités vénètes (ports de la Baltique et de la mer du Nord), comptoirs de la vieille Prusse et de la Pologne, villes saxonnes, entrepôts du Rhin, de la Westphalie et des Pays-Bas, — et protégeait les établissements des nationaux allemands, non seulement en Pologne, en Scandinavie et aux Pays-Bas, mais encore en Angleterre, en Russie, en France, en Espagne et au Portugal. Elle a dû sa prospérité, moins à la bienveillance du gouvernement impérial *Landesfrieden* ou rescrits d'abolition de péages et chartes accordant la perception d'un impôt pour l'entretien des milices corporatives, qu'à son esprit de jalouse indépendance et de défiance invincible pour l'arbitraire individuel; sa ruine a eu pour origine première la tendance de ses membres privilégiés à entraver, par des règlements prohibitifs, le libre commerce de concurrents opprimés. La puissance de l'Ordre teutonique, berceau de la monarchie prussienne, date de l'époque où la diète hanséatique fut réduite à implorer l'alliance aussi efficace qu'onéreuse de ses chevaliers.

M. Janssen, *l'Allemagne et la Réforme.*

4. Gênes, Venise étaient, au XV° siècle, les principaux comptoirs commerciaux de l'Europe centrale. La plupart des villes

présentaient seules ce caractère, à l'état embryonnaire. Aussi est-ce chez elles que l'on retrouve les premières traces de considérations sur le commerce extérieur et sur les actes de l'autorité en matière de crédit public, de monnayage et d'impôts[1].

Mais ce n'est en réalité qu'après la déroute du système *mercantile* établi sur la possession des métaux précieux, qu'après la ruine de l'Espagne couverte des dépouilles du nouveau-monde[2], que l'attention des hommes d'État s'éveille et pressent la nécessité d'exa-

impériales y avaient des représentants. Félix Fabre évalue à 20,000 ducats les droits de douane prélevés annuellement par la métropole de l'Adriatique sur les marchandises exportées en Allemagne, et Sanuto affirme que pendant le seul mois de janvier 1511, des marchands allemands y achetèrent pour plus de 140,000 ducats d'épices, de sucre et autres denrées.

1. *Miroir des revenus et dépenses de la ville de Florence* (1336).

C'est également à l'influence italienne qu'est due, à la fin du XVe siècle, l'introduction, dans les usages commerciaux, de la tenue de livres dite *en partie double* pratiquée d'abord à Venise, à Gênes et à Florence, puis popularisée en Angleterre par James Peele. La banque de Saint-Georges de Gênes, dont l'origine probable remonte aux armements de galères des premières croisades, et dont l'année 1407 (absorption de toutes les institutions financières de la *Gazaria*, du chapitre de la Ville et autres comperages génois, fondation de comptoirs en Asie-Mineure et sur le littoral de la mer Noire) marque l'apogée, présente le modèle le plus parfait d'organisme économique au moyen-âge. Véritable société par actions, indépendante de toute ingérence gouvernementale, présidée par un premier *protector* étranger, elle était chargée de la perception de l'impôt (*proventi*), en compensation de ses avances à la République.

Prince A. Witzniewski, *la Banque de Saint-Georges*.

La «Banque ottomane» de Constantinople et, dans une certaine mesure, les associations chargées de lever des contributions spécialement affectées aux rentiers, à Cuba, au Pérou et dans l'Extrême-Orient, offrent, de notre temps, des exemples d'établissements semblables.

2. MM. Mignet (*Négociations relatives à la succession d'Espagne*) et Buckle (*Histoire de la civilisation*) ont indiqué, comme cause de la déchéance de la puissance espagnole, cette confiance exagérée dans le système mercantile... «L'extrémité est si grande ici, écrit le 2 juin 1667 l'ambassadeur français à Louis XIV, qu'il se fait une contribution volontaire de tous les particuliers qu'on appelle *donatica*, pour fournir quelque argent pour les nécessités politiques».

«En moins d'un demi-siècle, a dit M. E. Frignet (*Histoire*

miner les rapports nouveaux qui président au développement de la richesse des nations.

Vauban et Boisguilbert ont de larges aperçus. Law, malgré une tentative malheureuse, est l'initiateur de la circulation fiduciaire et de l'organisation des banques dont l'Écosse et la Hollande tirent leur prospérité séculaire.

Les *physiocrates*, reprenant à leur compte la maxime de Sully : « labourage et pâturage sont les mamelles de la France », créent la première école. La source de tous les biens est dans la nature; le produit net de l'industrie agricole seule en augmente le nombre. Le propriétaire foncier est le citoyen par excellence, — le commerçant et le manufacturier sont les représentants des classes « stériles et stipendiées », — et l'impôt direct et unique est le plus simple à percevoir et le plus juste.

Mais, tandis que pour Quesnay, auteur du *Tableau économique*, et ses disciples (le marquis de Mirabeau, Dupont de Nemours, Mercier de la Rivière, le Trosne, l'abbé Baudeau), l'intervention de l'État est indispensable dans toutes les branches de l'activité humaine, Gournay proclame le principe de l'individualisme et de la liberté commerciale. « *Laissez-faire, laissez-passer* » est la maxime à laquelle se rallient non seulement Trudaine, Montigny, le cardinal de Boisgelin, les abbés de Morellet et de Cicé et Malesherbes, mais encore, et avant tous les autres, Turgot. L'auteur de « *la Formation et la Distribution des richesses* » professe avec Bacon, avec Pascal, Fontenelle, Lessing et Condorcet, une théorie qui, dans ses termes généraux, peut se résumer ainsi : « L'humanité, considérée dans son ensemble et

- de l'association commerciale, p. 173), le Pérou, les Antilles, la
- Nouvelle-Espagne devinrent la proie d'avides courtisans en-
- voyés de Madrid pour refaire, à force d'extorsions, leurs for-
- tunes et celles de leurs protecteurs. Les richesses du nou-
- veau-monde s'épuisèrent à soutenir l'agonie politique de
- l'Espagne, et à masquer la chute d'un pays qui n'avait touché
- un instant au faîte de la grandeur que pour tomber au plus
- bas de la puissance et de la considération politiques. »
    Les tristes résultats de ce système ont été stigmatisés par
V. Hugo dans le discours aux ministres de « Ruy Blas ».

» depuis ses origines, peut se comparer à un homme
» qui a passé successivement par l'état d'enfance, puis
» par celui de jeunesse et de virilité[1]. Aujourd'hui, elle
» est arrivée à sa maturité et il ne lui reste plus, pour
» entrer dans son plein épanouissement, qu'à se débar-
» rasser des végétations parasites qui, sous le nom de
» douanes intérieures, de corporations, de maîtrises et
» jurandes, entravent son entier développement. Cette
» œuvre est digne d'un souverain magnanime et de
» ministres réformateurs. Que la vieille société fran-
» çaise se hâte de se transformer, à l'exemple de la
» Hollande et de l'Angleterre, et peut-être ainsi sera-t-elle
» capable de conjurer l'orage qui la menace »[2].

Tels sont les précurseurs de la science dont Adam
Smith est le véritable fondateur. Avec lui l'économie
n'est plus, suivant la pratique italienne et anglaise,
un hors-d'œuvre intéressant dans l'étude du droit
ou des relations commerciales[3]; elle devient *politique*; elle acquiert une individualité propre. Grâce à
une méthode compréhensive et expérimentale, les idées
éparses sont rassemblées en faisceau et la notion de loi
surgit. L'œuvre du grand philosophe écossais est une
conception originale de l'histoire de la civilisation[4].

1. A rapprocher de la théorie des périodes *critiques* et *organiques* de Saint-Simon et de celle des trois états *théologique,
métaphysique, positif,* d'Aug. Comte.

2. On compte aussi parmi les physiocrates : l'abbé Roubaud,
Abeille, Bertin, Fourqueux et le célèbre Lavoisier, bien qu'il
ait voulu « donner un grand développement à l'industrie, qui
« augmente par la main d'œuvre les produits du sol ».

3. Antonio Genovesi, professeur de commerce et de mécanique, parle de l'économie civile (1760) ; Beccaria préconise la
division du travail dans ses *Leçons d'économie publique* (1768),
Verri (1772) de Livourne, dans des *Méditations sur l'économie
politique* et David Hume, dans ses *Essais sur l'économie politique* (1752), sont plus près d'Adam Smith, mais ils n'ont pas sa
portée spéculative et sa remarquable méthode déductive.

4. « Le mouvement intellectuel s'accomplit parallèlement au
« mouvement économique : ils sont l'expression, la traduction
« l'un de l'autre ; la psychologie et l'économie sociale sont d'ac-
« cord ou, pour mieux dire, elles ne font que dérouler, chacune
« à un point de vue différent, la même histoire. » (Proudhon,
Contradictions économiques, p. 116.)

« La structure économique d'une société donnée forme tou-

La tendance à l'harmonie universelle résulte de la connaissance parfaite des intérêts privés et publics. La sympathie et l'égoïsme sont deux sentiments opposés dont le concours aboutit à l'équilibre : le développement intellectuel (*Essais*), moral (*Théorie des sentiments moraux*), législatif (*Traité du droit*), matériel (*Recherches sur la nature et les causes de la richesse des nations*, 1776), est un dans son essence[1], ainsi qu'il résulte de l'exposé de 1753. — La source de toute richesse est dans le travail et le talent. — La recherche des causes opérant sur l'activité humaine pour la rendre énergique et efficace domine toutes les autres spéculations. — L'or et l'argent ne sont que des instruments d'échange qui ne tirent leur valeur que de l'utilité des objets réellement nécessaires à l'entretien de la vie. — L'avenir appartient aux peuples industriels. — La division du travail, l'épargne sont les premiers facteurs du progrès. — La prohibition douanière est un poison aussi fatal qu'il est doux au privilégié et à l'État, qui partage avec lui le bénéfice des taxes imposées aux consommateurs. — La valeur vénale dépend de trois éléments : le salaire, la rente, le profit — sur lesquels l'impôt multiple doit être perçu, proportionnellement au revenu, sans arbitraire, selon le mode le plus rapide et le moins onéreux au contribuable.

Les erreurs des disciples de Smith sont diverses.

Le juif hollandais Ricardo[3], homme d'affaires consommé, esprit déductif et subtil, philosophe indépendant, marchant, en dehors de toutes les règles de

jours la base réelle que nous devons étudier pour comprendre toute la superstructure des institutions politiques et juridiques, aussi bien que des manières de voir religieuses, philosophiques et autres qui lui sont propres. (Engels.)

1. Idée développée par M. Bastiat (*Harmonies économiques*, 1850) ; Carey (1851) (*Écon. politique*.) ; M. Jules Duval, premier fondateur de l'Économiste français ; M. Joseph Garnier (*Traité d'économie politique*).

2. M. Buckle (*Histoire de la civilisation en Angleterre*) ; M. Delatour (*Adam Smith, sa vie et ses œuvres*) ; M. Bagehot, directeur de l'Économiste anglais. (*Fortnightly review*, 1876.)

3. Ricardo. (*Principes*, 1816-17).

l'observation, à ses fins transcendantes, a le tort de ne voir, dans les indications du maître, que les éléments d'une science mathématique dont il tire des conclusions trop générales et trop absolues sur la rente de la terre, les profits, le salaire, la répartition de l'impôt et l'organisation de la circulation fiduciaire.

Malthus[1], frappé du rapport intime qui lie le prix des subsistances au nombre des habitants, pousse un cri d'alarme exagéré en présence de l'accroissement de la population britannique.

J. B. Say[2], inventeur lucide de la théorie des débouchés, introducteur méthodique de l'enseignement économique en France[3], de la *chrématistique*, pousse trop loin la prédominance qu'il lui donne sur toutes les autres parties de la sociologie.

Cette méthode, trop rigoureuse pour une science de formation nouvelle, offre de sérieux inconvénients. Ainsi que l'ont fait observer les Allemands List et Lange, l'américain Carey, le russe Storch, elle méconnaît les différences de temps, de lieu, de nationalité. Le libre échange, par exemple, qu'elle préconise avec raison comme le principe du commerce de l'avenir, n'est pas également applicable aux peuples jeunes ou vieux, agriculteurs ou industriels, aux territoires riches en mines ou en denrées coloniales. Elle n'est pas non plus exempte du reproche de sécheresse de cœur et d'inhumanité. Quand Sismondi, en présence de la misère ouvrière en Angleterre[4], au commencement de ce siècle, se demande si l'expansion manufacturière n'est pas une cause de rétrogradation, il excède la mesure, — parce qu'il n'offre pas de remède au mal qu'il signale — mais il obéit à un sentiment élevé. La vraie

1. Malthus (*Essai sur la population*, 1798).
2. J.-B. Say, *Cours complet*, 1828-29).
3. « Quarante années se sont écoulées depuis que j'étudie l'économie politique, et quelles années ! elles valent quatre siècles pour les réflexions qu'elles font naître. »
4. « En Angleterre, la plus riche nation du monde, combien est triste, combien est dégradée la condition des classes agricoles et manufacturières ! » Channing (Conférence de Boston, 1840.)

civilisation ne réside pas dans l'unique souci des intérêts privés[1] : il y a dans l'homme un instinct — qu'une
main grossière peut contraindre, mais non étouffer, —
qui l'avertit qu'il y a pour lui d'autres devoirs que de se
procurer les choses nécessaires à la subsistance, d'autres jouissances que celles du corps. L'économie politique n'est pas, comme la chimie ou la mécanique, une
étude de la matière inorganique : elle est trop liée à
l'ensemble des arrangements sociaux, à la succession
des événements de la vie, pour ne pas se plier devant
cette utilité suprême en laquelle se résolvent définitivement toutes les autres : la justice[2]. Dans le travail
humain, il y a autre chose qu'une marchandise soumise
à la loi brutale de l'offre et de la demande ; il y a l'exploitation d'une force vive, d'un effort physique et intellectuel[3].

Sans regrets superflus pour les institutions du passé
vantées par M. Le Play[4], l'école contemporaine française et italienne a conscience des lacunes de la doctrine anglaise dite de Manchester[5]. Elle est imbue de
cette idée que la *morale*[6] est le principe auquel se
rattachent toutes les découvertes de la sociologie ; elle

1. M. Ch. Baudelaire a écrit : « La vraie civilisation n'est pas
» dans le gaz, ni dans la vapeur, ni dans les tables tournantes ;
» elle est dans la diminution des traces du péché originel. »
— Tolstoï a exprimé la même idée dans sa *Conversion*.

2. M. H. Passy. Dans le même sens, Rossi a dit : « Tous les
» systèmes, toutes les hypothèses économiques appartiennent
» à l'économiste ; mais l'homme intelligent, libre, responsable,
» est sous l'empire de la loi morale. »

3. M. Brentano, *la Question ouvrière*.

4. M. Le Play, *l'Organisation du travail*.
M. de Villeneuve-Bargemont, *Économie politique chrétienne*.

5. C'est ainsi que les Allemands la nomment.

6. En ce sens :
M. Joseph Droz.
M. Dunoyer, rapport à l'Académie des sciences morales et
politiques.
M. H. Baudrillart, *Rapports de la morale avec l'écon. politique*.
M. Michel Chevalier, *la Richesse au point de vue moral*.
M. A. Clément, *Science sociale*.
M. Minghetti, *de l'Économie politique et de ses rapports avec la
morale et le droit*.
Proudhon, correspondance avec Joseph Garnier.

sait qu'il y a pénétration incessante entre ses différentes branches, qu'il y a étroitesse de vues à tracer entre elles des lignes de séparation trop marquées, et la connexité de la science économique et du droit, dans les matières si importantes de la liberté du travail, de la propriété, de l'hérédité et de l'intérêt de l'argent ne lui échappe pas.

Mieux que Minghetti, qui est plutôt un artiste [1] qu'un savant, Rossi a le sens supérieur de l'équilibre nécessaire entre les deux termes essentiels du progrès : l'enrichissement et l'accroissement de la culture morale et intellectuelle. Dans l'examen des éléments — capital, travail, population, production, commerce intérieur et extérieur — il se plaît à déduire, en ses leçons abstraites, l'enchaînement des causes et des lois; le fait n'est, chez lui, que l'exemple topique et probant à l'appui du précepte. Exempt des banalités, il plane dans les considérations générales et ne se perd jamais dans la minutie des détails. Son malheur a été de venir trop tard dans une science trop jeune [2]. S'il avait connu les inestimables documents qui abondent de nos jours, il n'aurait pas dit, comme Proudhon, qu'il n'y avait là que matériaux épars et sans valeur [3]. Il aurait, comme son véritable successeur, M. Paul Leroy-Beaulieu, su tirer des entrailles de la statistique, du cours des événements, cet enseignement clair, précis, plein de vie, d'intense et vive lumière qui distinguait ses écrits et que la réalité seule a le don de répandre.

La philanthropie n'implique pas le dédain des re-

1. M. Minghetti eût pu dire comme M. Limousin (séance de la Société d'économie politique du 5 juillet 1888) : « l'économie politique n'est pas une science, mais un art, ou plutôt une science appliquée ».

2. M. Mignet a dit de Rossi : « Dans ses travaux, il ne porte pas le génie de la découverte, mais la puissance de la démonstration, et sa méthode le conduit presqu'à l'originalité. »

3. Proudhon (*Contradictions économiques*, t. I, p. 10) déclare « ne pas regarder comme une science l'ensemble incohérent de théories auquel on a donné, depuis à peu près cent ans, le nom officiel d'Économie politique ».

cherches économiques. J. Stuart Mill n'a pas le cœur
moins pénétré de l'amour de l'humanité que Saint-
Simon et qu'Auguste Comte. Or, ce qui le distingue,
c'est justement son aversion pour les solutions absolues
des réformateurs. D'accord avec J.-B. Say et Rossi, il
sait faire leur part aux trois facteurs de la production :
— la *Terre* comprenant tous les agents naturels, le *Capital*, le *Travail*. — Puis, considérant le danger d'une
augmentation de la population hors de proportion
avec celle des subsistances, il propose un plan d'émigration, sorte de déversoir de l'ancien monde sur le
nouveau. L'essai des systèmes socialistes, même par
les voies légales, lui paraît une aventure pleine de
dangereuses surprises, et si, dans certains passages
peu connus, il paraît s'y résoudre, il est permis de
croire que c'est par lassitude de les entendre vanter
et avec la conviction de leur prompt et irrémédiable
échec [1].

Telle est la science que les socialistes vouent au mépris de leurs concitoyens, et à laquelle ils s'efforcent de
substituer une théorie qui, sans souci du raisonnement
et de l'observation, fait table rase de toutes les institutions consacrées par une expérience séculaire. Aussi,
en dépit de leurs ambitieuses prétentions, ces illuminés
du monde moderne n'aboutissent-ils qu'à étaler, aux
yeux de tous, le vide de leurs conceptions et l'incohérence de leurs aspirations. Sans respect pour leurs devanciers, ils se dédaignent et se bafouent entre eux. Ils
sont comme ces médecins qui ont découvert le remède
unique à tous les maux de l'humanité : ils ne croient
pas à l'hygiène qui ne met pas immédiatement la santé
dans le corps avec une baguette magique, et cependant

1. Suivant Stuart Mill, le socialisme est la forme moderne
de la protestation qui, à toutes les époques d'activité intellectuelle, s'est élevée, plus ou moins vive, contre l'injuste répartition des avantages sociaux. Ainsi, il reconnaît que la société
repose sur des bases injustes, mais il estime que l'équité et la
nécessité militent en faveur du maintien de l'organisation
présente, que seule la *coopération*, — forme accomplie de la conciliation du travail et du capital, — est susceptible d'améliorer.
En ce sens, M. John Elliot Cairnes (1824-1875).

ils y ont recours pour eux-mêmes, parce qu'ils savent qu'elle seule dégage de toute entrave la force vitale, qui entretient et régénère les organismes.

Les sociologues qui ont créé le mot *altruisme* pour exprimer le but qu'ils poursuivent, — c'est-à-dire le perfectionnement physique, intellectuel et moral de leurs semblables — ne trouvent dans les rangs des économistes que des alliés. La substitution progressive du régime industriel, contractuel et capacitaire, à celui du militarisme et du bon plaisir; l'amoindrissement de la foi absolue aux gouvernements; l'accès de tous à la liberté individuelle, concourant avec le développement de la coopération volontaire et non obligatoire, ne comptent guère, parmi les uns et les autres, que des partisans[1].

L'avénement, aux jouissances de la vie sociale, des couches inférieures jusqu'alors déshéritées, la réhabilitation du travail manuel, non seulement dans les lois, mais encore dans les mœurs[2], sont des faits d'une in-

---

1. Les sociologues purs — à l'inverse des socialistes — pensent que la science sociale, suivant l'idée comtiste, est régie par des lois semblables à celles du monde matériel; évolutionnistes pour la plupart, ils considèrent l'enseignement économique comme un auxiliaire et se rallient à la doctrine de la liberté; seul, Huxley aboutit à celle du despotisme.

2. « Je trouve peu de différence, a dit l'américain Channing « (conférences de Boston, 1840, sous le rapport de la dignité entre « les diverses occupations des hommes :

« ..... J'ai foi dans le travail, et c'est un effet de la bonté de « Dieu que de nous avoir placés dans un monde où le travail « seul nous fait vivre.

« ..... l'homme doit son développement, son énergie, à cette « tension de la volonté, à cette lutte contre la difficulté que « nous appelons *effort*.

« ..... le travail a une grande dignité... il a une mission « bien élevée; c'est celle de donner de la volonté, de l'énergie, « du courage, de la patience et de la persévérance. »

On retrouve la même idée développée dans les œuvres de l'Anglais H. Spencer et du Russe Tolstoï. Chez ce dernier, le labeur physique est envisagé comme une obligation morale étendue sans distinction aux riches comme aux pauvres; comme un repoussoir qui doit faire ressortir l'inutilité du travail intellectuel.

calculable portée, auprès desquels les bouleversements
politiques n'ont qu'une importance secondaire. Cette
transformation, que le christianisme a prédite, et que
l'évolutionnisme vérifie, constitue un incontestable progrès.

Malheureusement, elle ne se fait pas sans de regret-
tables collisions. A mesure que l'inégalité diminue,
le sentiment de l'envie, loin de décroître, se répand; la
solidarité devient un vain mot, et la rupture de tout lien
moral entre les classes s'accentue. Ce déplorable état
d'antagonisme est-il la conséquence du contraste qui
résulte trop souvent du rapprochement entre la condition du riche et celle du pauvre, d'une conception er-
ronée du principe *quiritaire* de la propriété, d'une application trop absolument mécanique des lois successorales?
Saint-Simon et Aug. Comte semblent le croire. Quant
à nous, nous pensons qu'ils se trompent, parce que nous
estimons que modifier arbitrairement la distribution des
richesses, ce n'est rien faire. « Ce ne sont pas les biens,
» a dit Aristote, qu'il faut égaliser; ce sont les passions.
» Or, cette égalité-là ne résulte que de l'éducation ré-
» glée par de bonnes lois. » Hors de là, il n'y a pas de
réforme sérieuse. Abolir l'oisiveté, la propriété individuelle, l'hérédité, est, sans doute, le rêve d'imaginations
délirantes, mais c'est, en même temps, une idée funeste.
En soulevant les convoitises, en réveillant des appétits
auxquels il n'est jamais possible de donner une entière
satisfaction, on ne commet pas seulement une mauvaise action, on offense les lois de la nature humaine,
on va à un échec certain. La persuasion, la violence s'y
usent tour à tour, et, quand l'évidence de l'utopie apparaît, il ne reste plus, sur le sol flétri, que les débris
des constructions éphémères de l'orgueil et de la crédulité.

Les riches sont en question dans notre siècle, comme
les nobles au siècle dernier. Pour le prolétaire, le
bourgeois — qu'il soit rentier, patron, boutiquier — est
l'ennemi. Le négociant est un menteur qui ne cherche
que les moyens de tromper sur sa marchandise; le
fonctionnaire est un lâche, un serviteur de ses chefs,

un oppresseur de ses subordonnés. Et quant à l'homme du monde, qui s'est seulement donné la peine de naître, dont le seul but est de paraître, on ne sait vraiment s'il n'est pas plutôt un objet de commisération que de blâme.

L'existence des gens de plaisir est vide parce qu'elle laisse inoccupés des côtés entiers de la nature humaine[1]. Le sentiment de la valeur personnelle, la satisfaction de la sérénité qui naissent d'une activité fructueuse et des services rendus, ne sont rien pour eux. Ils ne comprennent pas ce qu'il y a de dégradant à n'être que des consommateurs inutiles, et ils ne sentent même pas que la satiété est le correctif nécessaire de l'abus des jouissances. L'ennui, l'incapacité de pensée et d'action engendrent l'amusement conventionnel et, partant, la mode qui, — sacrifiant la substance à l'apparence, et substituant le factice au naturel, — trouve son principal agrément dans le ridicule, épuise son esprit en expédients pour tuer le temps, prend une coterie pour la société, et imagine ce singulier symbole suivant lequel le travail devient un malheur et l'oisiveté un privilège.

« Le riche, a dit Michelet, ne sait pas la vie: il n'a
» pas souffert; il ne connaît pas le pauvre, l'ouvrier:
» il ne le voit que dans le domestique qui le vole, que
» dans l'ivrogne et le vagabond. Il est libéral en théo-
» rie, dans l'application égoïste. Il entend que le pau-
» vre réclame l'égalité: — tu veux être mon frère?
« soit; nous sommes égaux, je ne te dois plus rien[2]. »

Non! la société n'est pas ainsi faite d'impitoyables

---

1. Un auteur du moyen-âge, Sébastien Brant, appelle le paresseux « le plus fou d'entre les fous ». — « Il est aux hommes, dit-
il, ce que la fumée est aux yeux, ce que le vin aigre est aux
dents. Dieu n'accorde la récompense et l'honneur qu'au travail. » (M. Jean Janssen, *l'Allemagne et la Réforme*.)

« Les saint-simoniens ne viennent porter atteinte à la
« constitution de la propriété qu'en tant qu'elle consacre pour
« quelques-uns le privilège impie de l'oisiveté, c'est-à-dire de
« vivre du travail d'autrui; qu'en tant qu'elle abandonne au
« hasard de la naissance le classement social des individus. »
(Exposition de la doctrine saint-simonienne.)

2. Notice de M. J. Simon sur Michelet, lue à l'Académie française, le 4 décembre 1886.

jouisseurs et de misérables exploités. De même qu'il n'y
a pas que des malfaiteurs parmi les déshérités, de
même les favorisés de la fortune n'habitent pas tous
les glaciers abandonnés de la nature compatissante. Le
commerçant est un instrument indispensable de distribution : savoir acheter et vendre est un labeur qui,
comme toute autre peine, mérite récompense, et la
fraude, dans la livraison de la marchandise, est une
escroquerie qui a son correctif dans la perte du crédit
et dans les rigueurs de la loi pénale. L'employé n'est
pas plus un être avili que le soldat qui obéit, que l'officier qui commande, et l'homme de loisir qui ne travaille pas de ses mains n'est pas fatalement un cœur
sec, voué aux passions dégradantes. A côté de ces
inutiles qui se chargent « d'être riches pour les autres[1] », font courir des chevaux, montrent des équi-
pages et des toilettes dans les promenades et les
théâtres et accomplissent les vaines besognes qui fati-
gueraient les sages, il est des esprits que le qua-
drille perpétuel n'obsède pas et qui savent encore se
servir « des bons lobes du cerveau humain ». Le savant
dans son laboratoire, l'ingénieur au milieu de ses
plans, sont des producteurs; et les littérateurs, les philosophes absorbés dans des spéculations, plus abstraites
en apparence qu'en réalité, sont l'ornement des sociétés
cultivées.

La querelle des membres et de l'estomac, la révolte
du bras contre la pensée, a commencé avec le monde
et finira avec lui, et ce n'est pas en établissant l'inégalité légale au profit des moindres qu'on y mettra
fin. L'aide, le secours, peut être un devoir pour les uns;
exiger n'est pas un droit pour les autres, parce qu'il y
a entre ces deux termes la distance qui sépare une
« leçon de morale d'une leçon de jurisprudence[2] ». Ce
qu'il y a à dire cependant, c'est que si le luxe est un
besoin des grands États et des civilisations avancées, il
est des heures où il n'est pas bon que le peuple le vote.

1. M. E. Renan.
2. M. Jules Simon.

18

et que de notre temps ces heures-là sont plus nombreuses que par le passé.

« Quand on montre, a écrit Victor Hugo[1], le luxe
» au peuple, dans des jours de disette et de détresse,
» son esprit, qui est un esprit d'enfant, franchit tout
» de suite une foule de degrés ; il ne se dit pas que ce
» luxe le fait vivre, que ce luxe lui est utile, que ce
» luxe lui est nécessaire ; il se dit qu'il souffre et que
» voilà des gens qui jouissent ; il se demande pourquoi
» tout cela n'est pas à lui ; il examine toutes ces cho-
» ses, non avec sa pauvreté qui a besoin de travail et
» par conséquent besoin des riches, mais avec son en-
» vie. Ne croyez pas qu'il conclura de là : eh bien !
» cela va me donner des semaines de salaires et de
» bonnes journées. Non, il veut, lui aussi, non le
» travail, non le salaire, mais du loisir, du plaisir,
» des voitures, des chevaux, des laquais, des du-
» chesses. *Ce n'est pas du pain qu'il veut, c'est du*
» *luxe.* Il étend la main en frémissant vers toutes
» ces réalités resplendissantes, qui ne seraient plus que
» des ombres s'il y touchait. Le jour où la misère de
» tous saisit la richesse de quelques-uns, la nuit se fait,
» il n'y a plus rien, rien pour personne.

» Ceci est plein de péril. Quand la foule regarde
» les riches avec ces yeux-là, ce ne sont pas des pen-
» sées qu'il y a dans tous les cerveaux, ce sont des
» événements. Ce qui irrite surtout le peuple, c'est le
» luxe des princes et des jeunes gens ; il est, en effet,
» trop évident que les uns n'ont pas eu la peine et
» que les autres n'ont pas eu le temps de le gagner.
» Cela lui semble injuste et l'exaspère ; il ne réfléchit
» pas que les inégalités de cette vie prouvent l'égalité
» de l'autre. »

D'ailleurs, sa croyance aux compensations futures de
la théocratie est bien attiédie. Il n'a plus foi qu'aux
réalités tangibles, et il ne craint plus de crier tout haut

---

[1]. Œuvres inédites de Victor Hugo, *Choses vues* (Quantin, 1887),
à propos de la fête donnée au parc des Minimes, par le duc de
Montpensier, en 1847.

ce que ses chefs de 1848 osaient à peine écrire : « Puis-
» qu'il n'y a plus rien sur la terre que des choses ma-
» térielles, des biens matériels, de l'or et du fumier,
» donnez-moi donc ma part de ce fumier[1] ». — Pense-
t-on que ce soit un autre sentiment qui fut le mobile
des troubles qui eurent lieu lors des fêtes données au
parc des Minimes, par le duc de Montpensier, en 1847,
et des engueulements qui accompagnèrent, à quarante
ans de distance, la tentative de reprise de *Lohengrin* au
théâtre de l'Eden (printemps de 1887)? Les manifestants
de ces journées préparatoires se souciaient assez peu
des mariages espagnols ou du déroulé-tisme patriotique.
Quelques-uns n'étaient pas fâchés de faire une niche au
pouvoir pour ne pas laisser perdre une intelligente tradition parisienne. Mais la plupart y trouvaient l'occasion de soulager leur bile, de donner un avertissement
aux prodigues qui dépensent en une soirée, l'entretien
mensuel d'une honnête famille, et de faire réfléchir pendant quelques heures, au coin du feu, ces colombes effa-
rouchées que la crainte des éclaboussures et des mots
malsonnants avait tenues blotties dans leurs coupés.

Est-ce à dire qu'il y ait lieu, pour donner satisfaction
à des susceptibilités braillardes, de prohiber les fêtes
dispendieuses, de revenir aux taxes *somptuaires*[2]? Assurément non. Dans le passé, l'intervention législative
n'a pas été heureuse en la matière et tout porte à croire
que ce n'est pas l'introduction des mœurs démocrati-
ques au Parlement qui lui inculquerait le tact de la
distinction entre le nécessaire et le superflu[3]. Il y a
là des questions qui ne se résolvent pas avec des nerfs.

1. Pierre Leroux.
2. A. Smith (*De la richesse des nations*, livre II, chap. III, dit
qu'il y a une souveraine inconséquence et une extrême présomption à vouloir limiter les dépenses du luxe par des lois
somptuaires.
3 Les Pères de l'Église considèrent le superflu comme dû
aux pauvres par le riche. Quelques-uns vont même plus loin :
« Le superflu, dit Saint Ambroise, est un bien que ses détenteurs ne peuvent retenir sans la plus criminelle injustice, sans

Le luxe est relatif, suivant les temps[1] ; il dépend de la multiplicité des besoins qui, eux-mêmes, « civilisent le monde en provoquant les efforts de l'esprit et du corps[2] ». Les lois romaines inspirées par Caton ; les ordonnances de Charles V et de Philippe-le-Bel, édictées pour la conservation des bonnes mœurs et l'enrichissement du trésor royal ; les propositions contemporaines incohérentes d'impôt sur les pianos, les chapeaux hauts de forme, les crinolines, les sonnettes, méconnaissent la légitimité de certaines dépenses réputées inutiles, la supériorité des jouissances qu'elles créent et leur influence stimulatrice au travail pour les classes supérieures. Leur abus tient bien plus aux vices individuels qu'à la nature des objets consommés[3]. Pline nous sem-

se rendre coupables de vol. » Et Bourdaloue ajoute : « ... dont ils ne sont que les dépositaires et les distributeurs. »

Voltaire a écrit : « Le superflu, chose si nécessaire », et ailleurs les vers suivants :

> « .... Le luxe enrichit
> « Un grand état, s'il en ruine un petit,
> « Cette splendeur, cette pompe mondaine,
> « D'un règne heureux est la marque certaine,
> « Le riche est né pour beaucoup dépenser ;
> « Le pauvre est fait pour beaucoup amasser. »

dont on peut rapprocher la citation suivante de M. François Coppée *le Passant* :

> « L'inutile, ici bas, c'est le plus nécessaire ... »

1. Le luxe est un symptôme de progrès : tout objet a été de luxe avant d'entrer dans l'usage général : idée développée par Proudhon.

2. M. Batbie, *Cours d'économie politique*.

3. C'est ce que tend à faire comprendre l'exemple suivant : 5,900,000 taëls, soit 40,600,000 fr., vont être dépensés pour les fêtes du mariage du jeune empereur ; cette somme, qui paraîtra énorme, sera prélevée sur les trésors de toutes les provinces de l'empire. Et cependant, le gouvernement impérial a décidé qu'on réduirait les frais de cette cérémonie au minimum. Ce qui le démontre, c'est le décret suivant, qui a paru dans la *Gazette de Pékin*, du 5 juin 1887 :

« Il est convenable, dit l'impératrice douairière, que des « préparatifs soient faits pour le grand événement du mariage « de Sa Majesté l'empereur. Nous avons conséquemment or- « donné au contrôleur de la maison impériale de prendre tou- « tes les arrangements prescrits pour cette occasion dans les tré-

ble ridicule quand il déclare criminels ceux qui inventè-
rent l'usage des métaux précieux; nous ne comprenons
pas le cri d'effroi de ce chroniqueur anglais qui, en
1577, se plaint de ce que les assiettes en terre et en
étain ont remplacé celles en bois; nous ne concevons
pas la restriction de l'usage de la vaisselle ou joyaux
de plus d'un marc « si ce n'est pour Dieu servir »; nous
sommes stupéfaits en lisant que « nulle damoiselle, si
» elle n'est chastelaine, n'aura qu'une paire de robes
« par an, » que « nulle bourgeoise n'aura char » (1315-
1356-1365); et l'effarement d'*Eugénie Grandet*[1] en
touchant la doublure de soie du pardessus de son cousin,
nous fait sourire. Le luxe peut, parfois, être un signe
d'aisance et fournir des indications pour la perception
des contributions; en tant que manifestation de richesse,
il ne saurait servir de base à l'établissement de l'impôt.

Le redressement des mœurs, la vengeance sociale, ne
comptent pas pour l'économiste, parce que, ainsi que
l'a dit Montaigne, l'éducation seule réforme les excès.

En France la taxe sur les chevaux et voitures (loi
de 1865) n'est qu'un accessoire de celle improprement
appelée personnelle et mobilière. En Angleterre, celle
sur les domestiques et les armoiries n'apporte qu'un
contingent sans importance dans le budget britan-

• tituts impériaux. La dépense de l'État est limitée par des
» règles fixes, et de grands frais sont faits pour la réorganisa-
• tion militaire. Plus d'une fois la misère a sévi dans plusieurs
• provinces, et la considération pour les souffrances du peuple
• accentue l'importance de la politique d'économie.

« La Cour doit l'exemple de l'économie à toute la nation, et
» le devoir sacré de tous les hauts fonctionnaires est, selon no-
» tre désir, de recommander la simplicité et d'empêcher la
• prodigalité. Qu'ils enjoignent donc à leurs subordonnés
• d'user d'honnêtes ménagements. Dans ce but, nous comman-
dons au prince Chun de contrôler de temps à autre les comptes de toute sorte ouverts de ce chef. Quant aux devoirs et
» préparatifs qui incombent de par cet événement aux différentes administrations publiques, que chacune d'elles, après
complet et respectueux examen des usages constitutionnels,
» nous adresse des mémoires sur ce point et attende nos or-
• dres. »

H. de Balzac, t. X, *Scènes de la vie de province.*

nique[1]. Le prélèvement des pauvres sur les places de
théâtre[2] soulève de continuelles récriminations, et les
loteries nationales sont considérées comme des expédients financiers indignes des États civilisés[3]. Les
impôts sur les permis de chasse et les poudres[4],
sur les cercles[5], sur les billards[6], sur les cartes à

---

1. L'impôt anglais sur les domestiques mâles a produit, pour
187,600 serviteurs environ à 15 sh. par tête, occupés dans
90,000 familles (loi de 1875):

en 1880,   140,477 liv. st.
en 1882-83,   137,092   —

ce qui est peu pour une nation réputée la plus opulente du monde.
Qu'on juge, d'après ces faits, de l'intelligence économique de
la taxe sur les titres mobiliers, proposée par M. Borie, député
républicain-boulangiste (fév.-mars 1889).

2. Cet impôt, créé sous Louis XIV, par l'ordonnance du 25 février 1699, aboli par la loi du 6 août 1789, rétabli par le décret
du 24 août 1790, et organisé par les lois et décrets des 7 fri-
maire an V, 9 décembre 1809, 6 janvier 1864, est connu sous
le nom de droit des pauvres, parce que le montant en est attribué au budget de l'Assistance publique. M. Dupin aîné
Assemblée législative, 1851) lui a fait, non sans raison, le reproche d'être mal assis : en effet, il ne frappe pas le spec-
tateur, mais constitue, par contre, pour les directeurs de
théâtre, une entrave d'autant plus onéreuse que le prélèvement
de 10 0/0 environ qu'il implique s'exerce sur la recette brute,
sans défalcation des frais. Il semble jeter un discrédit sur une
industrie, légalement autorisée et même subventionnée; enfin,
il ne produit qu'une somme minime au budget de l'État :

En 1855. — 1,547,000 fr.
1867. — 2,431,000
1869. — 1,825,000
1871. — 2,310,000

3. Suivant M. Leemans, directeur de la statistique belge,
l'Italie prélève ainsi un bénéfice, l'an, de 28,500,000 fr. sur
66,500,000 versés par le public (1868-1871); l'Autriche 12 à
25,000,000 fr. sur 34 à 56 ; en Allemagne, l'institution fondée par
Frédéric II périclite sous l'influence de la réprobation générale; et en Espagne, un mouvement d'opinion se manifeste,
dans la presse libérale, contre les tirages tri-mensuels de la
Loterie royale.

4. La loi du 2e août 1871 portait au double le droit sur la poudre de chasse et à 40 fr les permis de chasse, mais celle du
18 décembre 1872 a réduit ces derniers à 25 fr.

5. La loi du 16 septembre 1871 prélève un cinquième sur le
prix des cotisations de cercles.

6. Cette même loi impose les billards, dans Paris, à 60 fr.; en
province : à 30, 15 ou 6 fr., suivant la population.

jouer [1], sur le tabac [2] sont moins critiquables; ils frappent des consommations essentiellement superflues et improductives, et opèrent sur toutes les classes de la société un prélèvement généralement proportionnel aux facultés du contribuable. Les gouvernements obérés ont donc raison d'y puiser des ressources, comme atténuation aux charges grandissantes des Etats de l'Europe contemporaine, mais c'est à la condition, toutefois, de ne pas les revêtir d'un caractère prohibitif. La loi du 25 août 1871 qui portait à quarante francs les permis de chasse dépassait la mesure, et la proposition de MM. Leydet et Saint-Romme, députés (mai 1884), ayant pour but une surélévation du prix de vente des tabacs de luxe, était assurément une erreur financière. La loi du 29 février 1872 qui portait le *caporal* à douze fr. cinquante c., au lieu de dix fr. (pour une marchandise valant de un fr. cinquante à deux fr.), en commençant par faire baisser la consommation, n'a produit

1. La loi du 1er septembre 1871 impose les cartes à jouer à raison de 0,50 centimes par jeu (décime en plus).

2. Le tabac, assujetti à un droit de fabrication sous le Directoire (loi du 22 brumaire, an VII), monopolisé comme sous l'ancien régime, ordonnances de 1674 et 1781) depuis les décrets des 29 décembre 1810 - 11 janvier 1811, a fait entrer dans les caisses de l'Etat, depuis cette époque, plus de six milliards.

	Produit brut		Produit net
1789	30.000.000	....	"
1830	67 "	....	"
1840	95 "	....	"
1850	122 "	....	88.000.000
1855	153 "	....	112 "
1860	195 "	....	113 "
1865	247 "	....	177 "
1870	251 "	....	169 "
1875	313 "	....	254 "
1880	346 "	....	282 "
1883	372 "	....	303 "
1884	376 "	....	"
1885	374 "	....	"
1886	baisse de 3.000.000 dans le 1er semestre.		

Depuis 1883, la consommation du tabac de luxe a baissé de 40 0/0. Seule, l'Italie prélève un impôt supérieur à celui de la France; la taxe y a atteint 9 fr. 61 par tête, contre 5 fr. 80 en France.

son plein effet que plus de dix ans après sa promulgation ; et la récente baisse des années 1885 et 1886 a prouvé, par la sensibilité du rendement dans les périodes d'atonie commerciale, que, chez nous du moins, l'extrême limite de cette taxation était atteinte.

Plus avisés que leurs devanciers, quelques moralistes égalitaires ont imaginé la création d'une *patente d'oisifs*. Cette conception plus politique qu'économique, qui fait pâmer d'aise les ennemis déclarés de l'ordre social[1], est contraire à la justice et d'une réalisation peu pratique. Si, en effet, pour donner satisfaction à un préjugé populaire, le législateur frappe tous ceux qui ne s'adonnent pas à une profession manuelle salariée, il commet une iniquité digne des chefs sauvages de l'Afrique centrale ou de l'Océanie; et si, au contraire il n'astreint à l'acquittement de la taxe que les improductifs, il entre dans un inextricable dédale de distinctions. Sans compter les absents, les incapables (intellectuellement ou physiquement), les pauvres, dont l'entretien gratuit et négatif incombe à la société, comment définir cette nouvelle catégorie d'imposables? Les travailleurs véritablement utiles à leurs concitoyens ne sont pas seulement ceux qui labourent la terre, peinent dans les manufactures ou paient patente de commerçant; les Bopp, les Humboldt, les Littré, les Larousse, les Pasteur et les Virchow, — auxquels la civilisation est redevable des plus incontestables conquêtes de l'esprit humain, — se trouvent confondus avec les pires ennemis du progrès, et le percepteur devient fatalement le juge de la valeur des productions et du plus ou moins de mérite des efforts individuels. Dans un semblable ordre d'idées, la taxation ne peut s'établir que sur une base réelle, — c'est-à-dire sur l'évaluation du capital ou du revenu.

1. M. Jules Guesde (fin décembre 1885), dans le *Cri du Peuple*, à propos du discours de M. E. Lockroy, ministre du commerce, au Syndicat du bâtiment, a écrit : « L'antagonisme qui condamne l'ordre actuel ne disparaîtra que par la suppression du « capitaliste oisif et la réunion du travail au capital entre les « mains de la collectivité. »

Proudhon, qu'on ne saurait accuser de partialité en faveur des oisifs[1], a bien compris que là était le défaut irrémédiable de la théorie : « Si l'on supprime, dit-il, » les rentes aux rentiers oisifs, il faut les supprimer » encore aux rentiers qui travaillent, car, s'ils sont » payés pour leur travail, ils sont toujours oisifs par » rapport à leurs rentes[2]. » . . . .

« Le propriétaire qui croit mériter ses revenus en » travaillant et qui reçoit des appointements pour son » travail est un fonctionnaire qui se fait payer deux » fois : voilà toute la différence qu'il y a du propriétaire » oisif au propriétaire qui travaille[3]. »

Les impôts somptuaires appartiennent aux législations primitives. Les peuples civilisés où l'éducation économique a pénétré s'en soucient assez peu, et si parfois encore il s'y trouve des apologistes de ces taxations, ce n'est plus guère que dans les rangs des flatteurs de cette basse et aveugle passion de l'envie, dont « le propre est » d'exagérer la bêtise naturelle de l'homme avec une » insouciance joyeuse et de chercher des prétextes à » faire beaucoup de bruit pour rien[4] ».

---

1. « Le revenu payé à un oisif est comme une valeur jetée « aux flammes de l'Etna. »
        Proudhon, *Contradictions économiques*, t. I, p. 90.
2. Lettre à M. Ackermann, 12 février 1846. — Sainte-Beuve, *Proudhon, sa vie, sa correspondance.*
3. Proudhon, *Œuvres complètes*, 1er mémoire sur la propriété, t. I, p. 165.
4. M. Paul Hervieu.

II.

Propriété. — Hérédité : réformes proposées par l'école néo-
catholique, par les socialistes. — La justice commutative
opposée à l'équité distributive : la mobilisation du sol.

Examiner si l'idée de propriété, principe créateur et
conservateur de la société civile actuelle, est une condition essentielle d'un ordre permanent dans les constitutions humaines, — ou si, au contraire, elle n'est qu'un
« fantôme métaphysique[1] », qu'une conception de
l'esprit naturellement variable à travers l'histoire, —
n'est pas une « inutilité scolastique[2] ».

« La propriété, a dit Hennequin, est l'une des thèses
» fondamentales sur lesquelles les explications qui se
» prétendent nouvelles ne sauraient trop tôt se pro-
» duire : car, il ne faut jamais l'oublier, et il importe
» que le publiciste, que l'homme d'État en soient bien
» convaincus : c'est de la question de savoir si la pro-
» priété est le principe ou le résultat de l'ordre social,
» s'il faut la considérer comme cause ou comme effet,
» que dépend toute la moralité et par cela même toute
» l'autorité des institutions humaines. »

M. A. Naquet ne résout pas ce grave problème, quand
il dit qu'il y a dans l'homme deux tendances égales qui
le poussent vers l'individualisme et le communisme,
suivant que le gouvernement échoit aux grands et aux
forts ou aux petits et aux faibles (à l'exemple de ce qui
se passe dans le genre animal, où dominent les uns et
les autres, dans leur règne, les grands fauves et les
abeilles)[3]. — Comparaison n'est pas raison. L'humanité
est une dans son espèce, éminemment progressive, sans

1. Mathew Arnold.
2. Opinion de Proudhon, jurisconsulte, magistrat et professeur à Besançon, oncle du philosophe économiste et socialiste.
3. M. A. Naquet. La République radicale. 1873.

doute, dans le libre essor de ses facultés, mais soumise, physiquement et moralement, quant au développement de ses forces vitales, à des lois naturelles universelles dont elle ne saurait s'écarter sans péril. Or, le principe de propriété est une de ces lois fondamentales.

L'erreur radicale de la théocratie chrétienne ou musulmane est de le faire découler de l'autorité ecclésiastique et par délégation du droit divin du souverain, comme une concession temporaire de la Providence, justifiée par le travail et rendue tolérable par un large exercice de la charité[1]. — « L'absolution du prêtre, dit » Gilles de Narbonne[2], nous relève de nos fautes et nous » rend en même temps la propriété des biens, dont » nous n'étions plus que des détenteurs sans titre. » — « Otez, dit Bossuet, le gouvernement de la terre et » tous les biens sont aussi communs entre les hommes » que l'air et la lumière. » — « Les rois, ajoute » Louis XIV, dans ses instructions suprêmes au Dau- » phin, sont seigneurs absolus et ont naturellement » la disposition pleine et libre de tous les biens pos- » sédés. »

L'erreur non moins funeste des philosophes du XVIIe siècle, Pascal, Grotius et Puffendorf; celle de ceux du XVIIIe, des Encyclopédistes et de leur école est d'en faire une création, — non de la puissance du prince, — mais la résultante d'une convention. Cette opinion est celle de Mably, de Hobbes, de Rousseau, de Montesquieu, de Necker, de Mirabeau[3], de Robespierre, de Tronchet[4],

---

1. M. Jean Janssen, L'Allemagne et la Réforme.

2. Gilles de Narbonne, De Ecclesiastica potestate.

3. « C'est le partage des terres fait et consenti par les hommes » rapprochés entre eux, qui peut être regardé comme l'origine » de la propriété, et ce partage suppose une société naissante, » une convention primitive, une loi réelle.....
» La propriété est donc un droit social ou civil, et par consé- » quent la loi peut défendre ou permettre d'en disposer par » testament. Elle pourrait même s'emparer des successions au » profit de la société tout entière. » Mirabeau.

4. « Ce sont les lois conventionnelles qui sont la véritable » source du droit de propriété. »
Tronchet (Assemblée nationale, 5 août 1791).

de Reid[1], de Benjamin Constant, de Laboulaye[2], de Sismondi[3], des saint-simoniens et des positivistes[4].

Il en résulte que, si le droit de propriété est d'établissement humain, il n'est guère possible de refuser au législateur omnipotent la faculté d'apporter des modifications à son exercice, voire même de le supprimer; et tout au plus peut-on faire, des dispositions attentatoires à son principe, une question de mesure et d'opportunité politique. — « Trouvez-moi, a dit M. Ch.
» Nodier, un abus qui prenne le nom de loi et je vous
» trouverai bientôt un vol qui prendra le nom de pro-
» priété[5]. »

Telle est la déduction logique et nécessaire. Devons-nous l'accepter? Non.

Non. Quelle que soit l'autorité morale d'esprits aussi puissants, de philosophes aussi éminents, nous ne craignons pas de soutenir que cette théorie est fausse, qu'elle méconnaît une loi naturelle.

« La propriété individuelle, parfaitement indépen-
» dante et soumise à la loi civile[6], manifestation —
» et en quelque sorte projection — de la personnalité

1. « Le droit de propriété n'est pas naturel, mais acquis, ... n'a rien d'absolu. » Reid.
2. « C'est l'établissement seul de la société, ce sont les lois conventionnelles qui sont la véritable source du droit de propriété. » M. Laboulaye (Histoire des droits de propriété en Occident, 1839.)
3. M. Joseph Butens (Philosophie de l'économie politique) reproche à Sismondi d'avoir écrit que la propriété n'a pas d'autre fondement que la loi et la convention.
Il eût pu en faire autant à l'égard de Lamartine qui a dit : « la propriété est essentiellement corrigible ».
4. M. Clémenceau (discours au cirque Fernando, 29 octobre 1882): « Je ne considère pas plus que vous la propriété individuelle comme un dogme incessant, auquel nul ne peut toucher; au-dessus de tout, je mets l'autonomie individuelle, la liberté humaine, le respect de la conscience et la dignité de chacun... Un homme vaut un homme. La société n'a pas de raison d'être si elle ne protège pas le faible contre le fort. »
5. Jean Sbogar, roman de M. Ch. Nodier.
6. M. Bastiat, M. le général Aubert, M. Glasson. (Droit français, t. I, p. 246). M. Courcelle-Seneuil (Traité d'économie politique), M. Baudrillart (Études de philosophie morale et d'économie politique), M. H. Spencer.

» humaine, dans le domaine matériel des choses[1], est
» « un droit absolu[2] » indispensable, irremplaçable,
» indestructible[3], une imitation de la nature par l'art[4],
» une conséquence de nos aspirations à la liberté[5], à
» l'éternelle justice[6], à la récompense légitime du tra-
» vail[7] », parce qu'elle constitue avec les affections fa-
miliales, et quelquefois même avant[8], le plus grand,
le plus solide « mobile de sollicitude et d'amour[9] »,
parmi les hommes.

L'idée qu'elle éveille, chez tout être vivant, est primitive. Comme le fauve a conscience de son droit sur le
gibier qu'il a pris, le sauvage le conçoit sur l'esclave,
alors même que, comme les peuplades de la Nouvelle-
Guinée, il ne connaît encore ni famille, ni culte[10]. « De-
» mandez à l'enfant sans éducation qui commence à
» raisonner et à parler, si le grain qu'un homme a
» semé dans son champ lui appartient, et si le vo-
» leur qui a tué le propriétaire a un droit légitime
» sur ce grain, et vous verrez si l'enfant ne répond
» pas comme tous les législateurs de la terre[11]. » Le
principe de ce droit est inhérent à l'humanité ; il est
en nous : c'est par notre industrie que nous avons
conquis le sol sur lequel nous existons ; c'est par elle
que nous avons rendu la terre plus habitable. La tâche
de l'homme était d'achever le grand acte de la création[12] ;

1. M. Ahrens, (Cours de droit naturel, t. II, p. 119). M. Renouvier, chef de l'École criticiste kantienne française.
2. M. Troplong, Traité de la prescription.
3. M. A. de Gasparin, de l'Égalité, p. 189.
4. M. Destutt de Tracy.
5. M. Cousin, M. Franck.
6. M. Jules Simon, circulaire aux électeurs de l'arrondissement
de Lannion (Morbihan), 1848.
7. Locke, Quesnay, Turgot, Mercier de la Rivière et les physiocrates, Adam Smith, J.-B. Say, MM. Joseph Garnier et Paul Janet.
8. Les Mormons sont polygames ; mais, en dépit de leurs livres communistes, leurs pratiques sociales respectent la propriété individuelle.
9. Aristote.
10. Mieluho Maclay, petit russien, moitié slave, moitié anglais,
explorateur du littoral de la Nouvelle-Guinée.
11. Voltaire.
12. Portalis.

« celle des lois civiles », de régler les conditions de cette main-mise[1].

La Révolution française, — qui n'a peut-être pas tenu toutes ses promesses, comme fondatrice d'un pouvoir politique stable, — n'a pas, sur ce point, du moins, failli à ses devoirs. La Constitution des *Droits de l'Homme* (1791) dans son article 19, ainsi rédigé : « le droit de pro-
» priété est celui qui appartient à tout citoyen, de jouir
» et de disposer à son gré de tous ses biens, de ses re-
» venus, du fruit de son travail et de son industrie »;
celle du 18 mars 1793, dans laquelle la Convention vote, sur la motion de Barrère, la peine de mort contre qui-conque attaquerait la propriété; celle de l'an III; le code civil, dans son article 544, ainsi conçu : « la pro-
» priété est le droit de jouir et de disposer des choses
» de la manière la plus absolue, pourvu qu'on n'en
» fasse pas un usage prohibé par les lois et règle-
» ments; » (en parfaite concordance avec la législation des Etats-Unis d'Amérique) ont accompli cette grande mission civilisatrice, en organisant, — suivant les ensei-gnements de la tradition romaine et conformément aux nécessités de race, de temps et de lieux ; — les applica-tions d'un principe à l'abri de toute discussion.

Dans cette œuvre supérieure, les hommes de nos assemblées, nos juristes de la commission du code ont-ils trop impitoyablement élagué les Coutumes de l'ancien régime ? Ont-ils, au contraire, tenu trop peu de compte des vœux des classes déshéritées, tendant à une attribution sans cesse plus importante et plus exclusive des biens au travail et au seul mérite ? Ont-ils justifié les reproches d'injustice et d'inhumanité des saint-simoniens et des positivistes ?

C'est ce que nous allons examiner.

L'*hérédité* est la conséquence de la faculté de dispo-sition absolue (*jus utendi et abutendi*) qu'implique le droit de propriété. Sans elle, on ne conçoit plus l'ap-propriation individuelle, les longs efforts du travail,

1. Mgr Sibour, archevêque de Paris, Mandement du 21 juin 1851.

les grandes entreprises abordées à tous les âges de la vie, l'ardeur au gain et à l'épargne, la constante accumulation du capital, sa diffusion dans toutes les branches de l'activité sociale. La pensée de l'avenir est le stimulant qui soutient celui dont le regard plonge au-delà de l'horizon restreint des satisfactions égoïstes et des courtes prévisions de l'animal. Qu'on supprime ce seul élément, qu'on l'attaque dans son essence, soit de front, soit indirectement, — par des moyens détournés, par ces mille tracasseries dont l'esprit d'argutie socialiste est si fertile, — et on verra ce qu'il adviendra du prodigieux essor de prospérité matérielle et de progrès que la stabilité de nos institutions civiles primordiales a si puissamment favorisé dans notre siècle.

Le principe d'hérédité est la base de toutes les législations dignes de la considération des peuples civilisés. Que les aristocraties en fassent le fondement d'un ordre conservateur, — trop rigide peut-être dans son immobilité ; — que les démocraties l'accommodent à leurs besoins progressifs de mobilisation et de morcellement indéfinis, il n'importe. Toutes les formes de gouvernement qui ont tracé dans l'histoire un fécond sillon, l'ont respecté.

A Rome, la dévolution des biens se fait suivant la volonté du testateur et à la descendance mâle légitime ou adoptive [1]. Le maintien de la famille, envisagée comme gardienne de la religion, prime tout autre intérêt, et la sévérité de la loi des Douze Tables ne fléchit devant l'édit du préteur que sous les Antonins, — c'est-à-dire à une époque de mœurs privées, douces, et de rénovation philosophique [2].

Au moyen-âge et dans les temps modernes, tout subit le joug de l'autorité politique.

La Révolution elle-même, animée par un désir de destructive vengeance, se laisse entraîner dans la même voie, à ses débuts [3].

1. Rosmini (*Philosophie du droit*) en proposant de n'admettre comme successibles que les enfants présents à la maison paternelle, lors du décès du chef de famille, s'inspire de la tradition romaine.
2. Les sénatus-consultes Tertullien et Orphitien relèvent les droits de la maternité.
3. La promulgation de la loi de nivôse an II, imposant le par-

Le premier, le rédacteur du code civil s'en affranchit, en établissant un ordre civil indépendant, sur les *liens du sang*. L'adoption n'y figure que comme un hors-d'œuvre, — reflet de la tradition romaine, ou plutôt comme complaisance de juriste envers un César à la recherche d'un Octave [1]. Le conjoint est plus maltraité que l'étranger [2] (art. 769) — indication du peu d'estime du législateur pour des affections qui ne survivent pas toujours aux séparations terrestres. Le droit d'aînesse [3], privilège nobiliaire et féodal, disparait, malgré sa valeur comme encouragement aux cadets destinés au clergé, à l'armée et au commerce colonial, sinon comme tempérament aux désavantages d'une nombreuse famille [4]. Le fidéi-commis, entrave à la libre circulation des biens [5], source d'une jurisprudence aussi com-

tage égal et le fractionnement entre les successibles, admis dans chaque branche collatérale par représentation, et appelant l'enfant naturel à l'exercice de droits égaux à ceux de l'enfant légitime, était une tentative de représailles révolutionnaires.

1. Napoléon Bonaparte, sans enfants, songeait à adopter le prince Eugène de Beauharnais.

2. Le conjoint est mieux traité par les législations étrangères. Les codes de la Prusse, de l'Italie (art. 753), de l'Autriche, de l'Espagne et de l'Angleterre l'admettent à bénéficier d'une part en propriété, et même de la totalité (en concurrence avec des proches successibles non descendants directs).

En ce sens, M. Betsol a conçu un projet de loi (*Journal officiel*, 7 et 27 juin 1873) qui, après divers remaniements, a été adopté par le Sénat, — malgré les objections que soulève l'extension qu'il donne au régime de l'usufruit (séance du 9 mars 1877).

Il ne faut pas oublier que, sur ce point, le droit romain (*Novelle 117 de Justinien*) était plus libéral que le Code civil.

3. Quoi qu'en pense M. le Play, le droit d'aînesse n'a qu'une très faible influence sur la natalité. Le partage égal existait avant la Révolution : en Prusse, en Hollande et dans les Républiques italiennes, pays précisément connus pour leur puissance prolifique.

4. En Angleterre : le droit d'aînesse, applicable aux seuls biens nobles immobiliers, est attaqué par MM. Cliffe-Leslie, Baxter, Thornton, Stuart Mill; et le docteur Johnson dit que ce privilège est le moyen de n'avoir qu'un fou par famille... *makes but one fool in a family*.

5. Les entraves à la libre circulation des biens, en Angleterre, même, sont battues en brèche. Non seulement la loi y a restreint les substitutions, — à la suite des scandaleux procès des héritiers du célèbre banquier Thellusson, mort en 1797, — mais en-

pliquée que subtile, est aboli ; les majorats ne sont maintenus que temporairement [1] et la faculté de substitution n'est tolérée que pour les descendants indistinctement nés ou à naître, de fils ou de fille, de frère ou de sœur.

Cette législation, essentiellement humaine, qui repose tout entière sur les indications de la nature, soulève cependant des objections.

Ainsi les articles 826 [2] et 832 du Code civil, relatifs à l'action en partage successoral, l'article 838 imposant l'intervention judiciaire aux représentants des mineurs et des incapables, provoquent de sérieuses critiques. Sans aller aussi loin que M. E. Renan, qui a dit que la loi française semble faite pour un « *être idéal naissant enfant trouvé et mourant célibataire* », il est permis de croire que le compilateur de 1804 a fait, en la matière, de trop fréquents emprunts à la loi de nivôse an II. Le *fractionnement obligatoire* des biens immeubles, les frais excessifs qu'il nécessite, offrent plus d'inconvénients que d'avantages. Sans porter atteinte au principe de l'égalité des droits, et de la divisibilité de l'as héréditaire, il ne serait pas impossible de remédier aux déplorables conséquences des liquidations forcées. Des encouragements à la conclusion des partages amiables ; une modification à l'article 826 (qui obligerait les héritiers ab intestat en désaccord à faire choix d'arbitres) ; de plus grandes facilités accordées aux partages d'ascendants, que l'article 1079 [3]

core lord Herschell a osé, à la Chambre des lords, réclamer l'abolition de la clause par laquelle un testateur peut imposer, — pour une période de 21 ans après son décès, — l'accumulation des revenus (août 1887).

1. Abolis en 1835.

2 L'article 826 est ainsi conçu : « Chacun des cohéritiers peut « demander sa part en nature des meubles et immeubles de la « succession.

« Dans la formation et la composition des lots, est-il écrit l'ar-« ticle 832, on doit éviter autant que possible de morceler les hé-« ritages et de diviser les exploitations ; et il convient de faire en-« trer dans chaque lot, s'il se peut, la même quantité de meubles, « d'immeubles, de droits ou de créances de même nature et valeur. »

3. L'article 1079 du Code civil est ainsi conçu : « Le partage fait

paralyse; une large extension des dispositions de l'article 147 du projet de 1867 et de la récente loi du 27 février 1880, — concernant les successions où des incapables sont appelés; la substitution aux lenteurs des tribunaux, de décisions unanimes des conseils de famille — dont seraient exclus les cohéritiers intéressés; le tirage au sort des lots, à l'exemple de la Belgique, de l'Italie, de la Hollande et de l'Alsace-Lorraine [1], constitueraient de sérieux progrès.

L'abolition de la réserve (articles 913 et 915) ne serait pas aussi favorablement accueillie. En dépit des regrets de Benjamin Constant, de M. Le Play [2] et de M. Minghetti, la pratique anglo-américaine de la liberté testamentaire absolue n'est pas de celles que réclame l'état de nos mœurs contemporaines. Ce n'est pas que les désirs suprêmes exprimés par le père de famille ne parlent plus aussi haut aux enfants recueillis dans un sentiment croissant de respect pour la mort, et que les portraits si piquants de « Titius » et de « Névius » dans La Bruyère, les scènes si vivantes du *Testament de César Girodot*, aient jeté un discrédit sur les actes de dernière volonté; mais, contrairement à l'opinion de

par l'ascendant pourra être attaqué pour cause de lésion de plus » d'un quart; il pourra l'être aussi, dans le cas où il résulterait du » partage et des dispositions faites par préciput, que l'un des copar- » tagés, aurait un avantage plus grand que la loi ne le permet. »

1. La loi du 1er décembre 1873, pour l'Alsace-Lorraine, dispose pour le partage des immeubles dans lequel se trouvent inté- ressés des incapables : 1º que ce partage peut être fait — par de- vant notaire, — par le tuteur ou subrogé-tuteur assisté des ma- jeurs capables, soumis à l'approbation du conseil de famille, re- vêtu de l'approbation de l'*amtsrichter* (juge de paix); 2º que ce partage a force de loi, comme entre majeurs, — les lots étant composés de valeurs diverses et tirés au sort; 3º que l'aliénation des immeubles n'est possible que sur la demande du conseil de famille, et avec l'autorisation de l'*amtsrichter*.

2. Dans la session de 1865 du corps législatif, 11 députés ont voté, au paragraphe 8 du projet d'adresse à l'Empereur, un amen- dement de MM. le baron de Veauce, Kolb-Bernard, duc de Mar- mier, ainsi conçu : «... peut-être serait-il utile que votre gouver- » nement étudiât la question de savoir si, — par suite de la trans- » formation de la richesse et des changements dans les mœurs, » — nos lois de succession n'appelleraient pas des modifications » favorables à l'extension des droits du père de famille ».

Stuart Mill, nombre de bons esprits en sont arrivés à se demander si le droit supérieur de la consanguinité sur la fortune patrimoniale ne faisait pas de la succession ab intestat le droit naturel, et du testament le droit positif[1]. La facilité de nos mœurs privées n'a pas brisé les liens de solidarité entre ascendants et descendants, au point que l'exhérédation n'éveille plus en nous le soupçon d'un amoindrissement des facultés ou l'idée d'une suggestion violente et aveugle.

On peut discuter la question de savoir s'il ne conviendrait pas d'attribuer à l'ascendant un droit plus large d'usufruit, — au lieu d'une part restreinte en propriété; — et d'étendre, comme en Italie, la quotité disponible minimum à la moitié de la fortune. Le maintien du principe s'impose: la réserve est une barrière nécessaire contre les libéralités excessives, une garantie de l'unité morale et économique de la famille.

Ces diverses critiques de l'école *théocratique* et aristocratique se résument en celle, plus générale, du morcellement de la propriété foncière. Suivant certains détracteurs du Code civil, la division extrême du sol — connue sous le nom caractéristique de « *pulvérisation* » — serait, pour les contrées de l'Europe occidentale [2], un germe d'appauvrissement, sinon de ruine fatale. Les misérables habitants des campagnes seraient bientôt condamnés « à émigrer, à s'en aller servir comme mercenaires et comme domestiques, dans le monde entier [3] »; et la terre que l'artisan a achetée trop cher, qu'il ne peut améliorer, faute de science et de machines, ferait infailliblement retour aux mains des détenteurs opulents du capital qui, seuls, se contentant d'un intérêt faible pour leurs placements, sont en mesure de lui prodiguer les amendements indispensables [4].

1. En ce sens, M. Em. Beaussire (*les Principes du droit*) défend la théorie du droit de la famille à l'héritage.

2. La propriété est surtout morcelée: en France, en Belgique, en Hollande, en Suisse, dans les provinces de la Prusse rhénane et de l'Italie septentrionale.

3. Prévisions de Mac-Culloch, en 1823. En ce sens: Young, Malthus, Caird, lady Verney, M. le Play.

4. « Pour déterminer la décadence de l'industrie agricole

Les faits justifient-ils ces prévisions pessimistes ? Dans une mesure fort restreinte, sans doute. Les expériences de la grande propriété sont parfois l'école gratuite du paysan craintif, plus économe de ses écus que de son temps et de son travail; la grande exploitation ne s'épuise pas en vains efforts sur un champ d'accès pénible, de fertilisation difficile, et s'abstient de défrichements aussi nuisibles à l'ensemble des cultures que peu rémunérateurs. Mais l'avénement du plus grand nombre à la propriété n'en offre pas moins d'inestimables avantages : le petit propriétaire travaillant avec sa famille, sans domestiques, mettant à profit toutes ses ressources, « se *privant moins de jouir que jouissant de se priver*[1] », obtient un produit net qui s'écarte assez peu du rendement brut[2]; et, si la force de l'habitude l'attache trop souvent à de blâmables errements, le découragement l'atteint rarement. Aux mauvais jours des crises politiques ou économiques, il ne perd pas l'espoir, parce qu'il sait que sa prévoyance sera récompensée à l'heure où la prospérité renaîtra, parce qu'il a la certitude que le lopin de terre pour ainsi dire humanisé où, des siècles durant, les générations « ont mis la sueur des vivants, » les os des morts, leur épargne, leur nourriture[3] »...

• dans mainte localité, ou du moins pour en arrêter le progrès,
• il suffirait peut-être de rendre les fermiers propriétaires. •
(Proudhon, *Contradictions économiques*, t. I, p. 185.)

1. L'abbé Roux, *Pensées*.
On peut rapprocher de cette citation les vers suivants :

. . . .
        « Nul bonheur, au dehors, n'excite son envie,
        Il sème, dans son champ, tout l'espoir de sa vie ! »

. . . .
                        (Émile Guiard, *Livingstone.*)

2. M. William Thornton cite comme exemple les îles anglo-normandes (Jersey, Guernesey, Alderney), où les petits propriétaires cultivateurs sont les principaux déposants aux caisses d'épargne. Nous pourrions y joindre l'autorité de A. Young qui, en 1787-89, s'écrie, à propos de merveilleuses cultures, aux environs de Dunkerque : « la propriété a le magnifique pouvoir de « transformer le sable en or »... « donnez à un homme la sûre pos- « session d'un aride rocher, il le transformera en jardin... » et celle de M. Baudrillart racontant qu'il a vu, en Normandie, des enclos qu'on rebêchait la nuit, après les avoir bêchés tout le jour.

3. Michelet.

est une *maîtresse* qu'on ne lui ravira pas [1]. L'aspect d'intense et particulière ruralité [2] du paysage français, qui saisit le voyageur étranger, est une indication de la principale cause de l'attachement du campagnard pour l'ordre, la paix, les intérêts de la famille et de la cité.

Heureuse patrie! jouissez de tels bienfaits, n'écoutez pas les donneurs de conseils, attardés dans le culte d'institutions surannées. Demandez-leur où est le modèle qu'ils proposent à votre admiration! Ils ne vous diront pas que c'est le Royaume-Uni [3], où une infime minorité, — détentrice des deux tiers du sol monopolisé par une réaction jadis triomphante, — se débat contre les revendications radicales et lutte avec peine contre le soulèvement du peuple irlandais fanatisé par les excitations

1. M. Henri Beaune, ancien procureur général (*de la Condition des biens*) établit que le caractère de précarité de la possession de l'ancien régime a disparu, grâce à la Révolution et au Code civil.

2. Henry James, de Boston, *A little tour in France.*

3. Dans le Royaume-Uni, depuis la main-mise de la *gentry* sur le sol (1760-1774), les deux tiers de l'Angleterre et du pays de Galles appartiennent à 10.207 personnes (soit 1 propriétaire par 20 hab.), les deux tiers de l'Écosse à 320 (1 propriétaire par 25 hab.) et les deux tiers de l'Irlande à 1942 (1 propriétaire par 79 hab.). Au nombre des feudataires terriens, on compte :

le duc de Sutherland, qui possède 490.000 hectares.............. la duchesse, 60.000 hectares....	produisant un revenu 3.250.000 fr.
le duc de Buccleugh, qui possède 185,000 hectares.	produisant un revenu de 5,750.000 fr.
le duc de Norfolk, qui possède 18,000 hectares. le marquis de Bute, qui possède 47,000 hectares.	revenus encore supérieurs aux précédents.

À Londres, les redevances emphytéotiques atteignent des chiffres déjà importants, — représentant, au retour des immeubles à leurs propriétaires, — des revenus de :

37,000,000 fr. — duc de Westminster.
22,000,000 fr. — duc de Bedford.
17,000,000 fr. — duc de Portland.
9,000,000 fr. — lord Portman.

Pour remédier à cette fâcheuse répartition, qui ne laisse la propriété d'un acre de terrain qu'à un habitant sur cent du Royaume-Uni, une société s'est formée, sous la présidence de lord Thurlow, dans le but de favoriser l'achat de petites propriétés (1885). MM. Georges Russell et Sir R. Loyd Lindsay se

d'un gouvernement occulte; l'Italie[1], inquiète des grèves agraires du Mantouan et de l'émigration croissante des populations de l'antique Grande Grèce; l'Autriche[2] féodale, tourmentée par les agitations des paysans ruthènes de la Galicie[3]; la Russie[4], où un gouvernement

sont, par leur propagande et leurs subventions, associés à cette entreprise de progrès social.

1. En Italie, le Mantouan a été le théâtre de mouvements de socialisme agraire, en 1882 et 1885.

La grande propriété est fréquente; en Toscane, dans les Marches, l'Émilie, les environs de Rome, la Pouille, les Abruzzes, les Calabres et la Sicile. Dans ce dernier pays, on mentionne des propriétés de 10,000 hectares; et dans la Basilicate, le seul domaine de Policoro, sur le littoral de l'Adriatique, comprend 110 kilom. carrés.

2. En Autriche, l'archevêque d'Olmutz, le chapitre archi-épiscopal, le couvent des dames de Theresienstadt et le prince de Lichtenstein, possèdent, à eux seuls, la plus grande partie de la Moravia.

En Bohême, où le *joch* vaut 5.755 mètres carrés :

- 812,678 *jochs* appartiennent au prince de Schwartzenberg.
- 99,115 *jochs* appartiennent au prince Mannsfeld.
- 67,668 *jochs* appartiennent au prince Jean Lichtenstein.
- 66,150 *jochs* appartiennent au prince Furstenberg.

En Hongrie, la propriété seigneuriale comprend 30 0/0 du territoire, et, parmi les magnats, 77 paient de 10,000 à 310,000 florins d'impôt foncier.

Nicolas Esterhazy, 314,629 florins.
Le prince Zichy, 300,000 —
La famille Karolyi, 264,000 —

3. La Galicie occidentale est le théâtre d'une agitation agraire qui tourne à la jacquerie : des émissaires persuadent aux paysans ruthènes que les grands propriétaires polonais préparent une réaction féodale (1886).

4. M. Anatole Leroy-Beaulieu (*Revue des Deux-Mondes*, 1er mars 1879) affirme, au dire du prince Vasiltchikof, qu'il y a encore, en Russie, des districts entiers appartenant à une seule personne.

Il est, d'ailleurs, acquis que la Pologne a dû, entre autres causes, sa perte à sa déplorable répartition du domaine foncier. Quelques familles y possédaient des provinces entières, — notamment les Potocki, Radziwill, Czartoryski et Poniatowski. Deux ou trois cents nobles, fonctionnaires de l'État ou du clergé, y prélevaient des revenus immobiliers s'élevant à plusieurs centaines de mille florins; vingt ou trente mille familles y détenaient 5 à 700 hectares chacune, et le reste de la population y végétait, sans espoir de ne jamais parvenir à l'aisance par le travail.

prévoyant s'efforce de faire passer le sol aux mains des
serfs. Chez toutes les nations où la sécurité sociale est
complète, le morcellement est en progrès : tandis que
la stationnaire Hollande compte un nombre invariable
de côtes foncières, la prospère Belgique voit périodiquement celui des siennes[1] s'élever, et les Etats-Unis
constatent, avec satisfaction, l'avènement de toutes les
classes à la propriété[2].

De semblables exemples suffiraient à nous édifier si
nous n'étions déjà éclairés par une épreuve bientôt séculaire. L'augmentation du nombre des propriétaires[3],
indiquée par la progression des cotes foncières[4], — et
constatée par la démographie sur toute l'étendue de la
France, — mérite les éloges que lui prodiguent Sismondi,
Paul-Louis Courier, le duc de Broglie[5], H. Baudrillart,
Wolowski[6] et A. Foville. Les excès d'émiettement que
l'on rencontre dans les départements de l'Est (vallée des

1. En Hollande, la moyenne des cotes foncières est de 5 hectares t 2. En Belgique, elle n'est que de 2 hect. 97, et le nombre des exploitations dépasse de 60 0/0 celui de la Hollande,
pour des superficies respectives de :
     2,915,000 hectares en Belgique,
et de 3,212,000   —   en Hollande.
  2. Aux Etats-Unis, le nombre des exploitations a augmenté
de 95 0/0, pour une progression de 60 0/0 du nombre des habitants (1860-1880).
  3. Suivant M. Garin (l'Anarchie et les anarchistes), 1,500,000 familles françaises seraient devenues propriétaires fonciers de
1815 à 1860.
  4. Le nombre des cotes foncières s'est élevé de :
        11,000,000 en 1815.
        14,000,000 en 1886.
  5. Le duc de Broglie, combattant en 1826 le rétablissement du
droit d'aînesse, a dit :
  « La loi qu'on nous propose aura-t-elle pour résultat de créer
» des capitaux appropriés à l'agriculture? Non..... elle dépossé-
» derait la classe agricole; elle substituerait, à un grand nom-
» bre de propriétaires actifs, laborieux, un petit nombre de
» grands propriétaires, qui dissiperaient, à Paris, le revenu de
» grandes terres mal cultivées, et une classe de cultivateurs
» insolents, grossiers et misérables.... Nous ne rendrions pas
» la France semblable à l'Angleterre, nous la rendrions sem-
» blable à l'Irlande. »
  6. M. Wolowski a fait remarquer que le mariage reconstituait
souvent ce que l'héritage divisait.

Vosges, Franche-Comté), du Sud-Est (Savoie, Dauphiné, Alpes-Maritimes, Var), du Centre (Puy-de-Dôme, Rhône), de l'Ouest (Morbihan [1]) sont, avant tout, la conséquence d'une mauvaise organisation des cultures. Pas plus que les inscriptions au grand-livre de la dette publique [2], les petites parcelles ne sont trop répandues [3]; ce qui fait défaut, c'est l'esprit d'entreprise, c'est une législation protectrice des initiatives privées, désireuses de s'affranchir des gênes d'une déplorable routine.

La plupart des peuples de l'Europe sont pénétrés de l'utilité des *abonnements* généraux collectifs. La Suisse accepte, depuis 1591, l'échange forcé; le Danemark remanie incessamment son territoire [4]; en Angleterre, le Parlement peut, sur la demande des 2/3 des propriétaires d'une paroisse, accorder le partage des communaux et un nouveau lotissement des héritages [5]. En Autriche les lois des 7 juin 1883 et 6 déc. 1888 autorisent

1. M. Baudrillart (*Étude sur les populations rurales de a Bretagne*) dit avoir vu, dans le Morbihan, une maison de ferme délabrée, de dix mètres de long, sur laquelle trois co-héritiers s'obstinaient à maintenir leur droit. Il a également établi (communication du 26 nov. 1887, à l'Académie des sciences morales et politiques) que, dans le dép. de l'Aisne, la dissémination des parcelles d'une même exploitation, était un obstacle sérieux à la concentration et au bon marché de la main-d'œuvre.

D'autre part, l'album de statistique graphique de 1887-88 constate que, sur 5,672,000 hectares cultivés, les exploitations de moins d'un hectare sont au nombre de 2,467,000, soit 38 0/0.

de 1 à 5 hectares,	1,865,000, soit	33 0/0.
de 10 20 —		7 0/0.
de 20 40 —		5 0/0.
de 40 et plus,		3 0/0.

2. Il y avait, en 1875, 4,380,000 inscriptions (d'une rente moyenne de 170 fr.), représentant environ de huit cent mille à un million de rentiers.

3. Suivant M. A Foville, la toute petite propriété (moins de deux hectares) ne comprend qu'un dixième du territoire français.

4. On a constaté, qu'en 1880, la moitié du territoire danois avait été remaniée, conformément aux ordonnances royales de 1758, 1781 et 1792.

5. Cette législation, inspirée par le bill écossais de 1695, a permis de faire :

	748 opérations de remaniement,	de 1774 à 1793,	
et 1883	—	—	de 1794 à 1813.

des modifications de même nature, sur la pétition de la moitié plus un des propriétaires représentant les 2/3 du revenu cadastral; et en Allemagne, la loi prussienne nouvelle, du 18 mars 1885, — en conformité avec l'esprit de la législation antérieure prussienne (1821), hanovrienne (1842, 1853, 1856, 1874), saxonne (1834, 1843, 1861 [1]), badoise et hessoise (1867 [2]) et de la loi d'Empire du 13 mai 1867 [3], — déclare que « l'exploitation en » commun des pièces de terre entremêlées, appartenant » à des propriétaires différents, sera de droit; quand » elle aura été demandée par le quart au moins des pro- » priétaires, possédant plus de la moitié de la superficie » cadastrale et plus de la moitié du revenu net impo- » sable des propriétés qu'il s'agit de réunir; à la con- » dition, toutefois, que cette association puisse amélio- » rer notablement la culture » (art. 1).

Sans aller jusqu'à décréter *impartageables* [4] les parcelles inférieures à une surface déterminée, (ainsi que le demandait une pétition au Sénat français, en 1850), et sans admettre — suivant une coutume abolie en Prusse (loi du 5 mai 1872) quoique maintenue dans le duché d'Oldenbourg (loi de 1874) — les propriétaires fonciers à faire inscrire sur un registre spécial (hoferolle) leurs biens comme indivisibles après leur mort [5], la France

---

1. La loi saxonne de 1834 implique l'obligation de l'échange et de la révision cadastrale — sur la demande de la moitié des intéressés. Ce système, appliqué au territoire de Hohenhaïda sur 589 hectares, a réduit de 774 à 60 le nombre des parcelles.

2. Dans le district de Hesse-Cassel, l'agglomération cadastrale (*Zusammenlegung* ou *verkoppelung der grundstücke*) a réduit le nombre des cotes foncières de 8 à 1.
(*Gazette de l'Allemagne du Nord*, 19 juin 1884.)

3. Conformément à cette loi, une nouvelle répartition opérée sur 333.000 hectares, dans six anciennes provinces de la Prusse, a réduit de 1,300,000 à 366,000 le nombre des parcelles cadastrales (1874-1883). (*Journal du Lundi*, 25 octobre 1886.)

4. La nouvelle loi successorale autrichienne, relative aux immeubles des paysans (déc. 1888) du Tyrol et du pays de Salzbourg, supprime *l'égalité mathématique* dans les partages.

5. Dans la pratique, ce droit n'est profitable qu'à la grande propriété. Dans l'Oldenbourg, sur 16,500 petites propriétés, 900 seulement sont inscrites au registre spécial. Avant l'abolition de cette coutume en Prusse, le professeur Lorenz von Stein

pourrait réviser la loi de 1865 sur les associations syndicales — en leur concédant la faculté de procéder par voie d'expropriation, dans des cas reconnus urgents par la majorité des intéressés, sous réserve d'approbation de l'administration supérieure et de recours aux tribunaux de droit commun.

Ainsi réglées, ces opérations ne porteraient pas atteinte aux indestructibles prérogatives de la propriété. La résistance injustifiable de quelques-uns cesserait de paralyser de généreux efforts, et l'agriculture trouverait, dans cette application du principe de l'association, une indication précieuse pour le développement de son avenir économique.

Mieux inspirés, quoique appartenant également au parti de la « Réforme sociale », MM. Claudio Jannet, Cheysson[1], R. Meyer et G. Ardant[2] proposent l'adoption de la pratique du _homestead_ américain[3]. Ils estiment que, dans l'état actuel de la législation européenne, le petit propriétaire n'est pas suffisamment protégé, et qu'il importe d'édicter, en faveur d'une classe aussi éminemment intéressante, une disposition qui mette le bien de l'artisan à l'abri de toute saisie, — au même titre que ses instruments de travail et ses aliments (article 592, §§ 6 et 8, du code de procédure civile). Bien que cette extension, véritablement humaine, soit combattue par M. Coste comme attentatoire au crédit et à la responsabilité, il nous semble néanmoins que, limitée à un chiffre peu élevé[4], elle ne présenterait guère

de Vienne, avait proposé de limiter à la moitié de la superficie des communes, la faculté d'inscription ; et M. Schaëffle, dans le même but, avait demandé que la faculté d'emprunt sur hypothèque ne fût pas admise, au-delà de 40 ou 50 000 de la valeur vénale.

1. Société d'économie politique, séance du 5 mars 1887.
2. _La Question agraire_, par MM. R. Meyer et G. Ardant.
3. Adopté d'abord par le Texas (1839) et le Vermont (1849), le _homestead_ est devenu loi fédérale en 1878, époque à laquelle le Congrès en a étendu les privilèges à tout citoyen qui s'engage à habiter le territoire des États-Unis, et à y mettre en culture 160 acres (64 hect.).
4. Cette limitation atteint :
　　1.500 fr. en Pensylvanie.
　　4.000 fr. au Massachusetts.

d'inconvénients. Dans l'état présent du marché des capitaux, le petit cultivateur qui emprunte court à sa ruine. Obligé de payer, à échéance fixe, des intérêts supérieurs à la plus-value des produits du sol, en butte aux exigences usuraires des agents d'affaires, il est le plus souvent victime d'une confiance exagérée dans le résultat de ses efforts. Garantir au villageois, suivant le vœu de Walter Scott[1], la possession de sa vache, de son pré, de sa maison, de l'habitation acquise par son travail et son économie, serait une œuvre sociale digne d'un législateur équitable et prévoyant[2].

Les objections des socialistes ont un caractère plus sérieux. Les adeptes de Rousseau, convaincus que la

5.000 fr. dans l'État de New-York.

25.000 fr. au Texas et en Californie.

1. M. Chamberlain, ancien ministre et collègue de M. Gladstone, réclame en faveur de l'ouvrier agricole une garantie de possession du cottage, de la vache et de deux acres de terre.

Cette législation protectrice est traditionnelle dans toutes les civilisations.

Chez les anciens, où la propriété est inséparable de la famille et de la religion domestique, l'aliénation du patrimoine est considérée comme un sacrilège entraînant la perte de la qualité du citoyen (Athènes, Sparte, Corinthe, Thèbes, Locres et Leucade); et M. Fustel de Coulanges (Cité antique, p. 75) a pu écrire, sans exagération, — en présence de cette relation étroite entre le sol et la famille, — qu'à Rome « un lien plus fort que « la volonté de l'homme unit la terre à lui ».

En Chine, le champ sur lequel est établie la maison de la famille, le foyer, est inaliénable (conférence de Tcheng-Ki-Tong, 16 décembre 1886).

Et en Russie, les lois de 1878 et de 1881, — non contentes de retirer au paysan la faculté d'engager son toit, — ne permettent au créancier, fût-il le fisc, de faire saisir le mobilier agricole que dans la mesure de ce que le starost de la commune reconnaît comme superflu au maintien de la culture.

2. L'insaisissabilité existe déjà en matière mobilière : pour les rentes françaises, (lois des 8 nivôse an VI art. 4 et 22 floréal an VII art. 71); et pour les comptes-courants à la Banque de France (art. 33, loi du 24 germinal, an XI).

Dans le même ordre d'idées, les directeurs des grandes compagnies de chemins de fer, réunis au congrès de Milan (septembre 1887), ont émis le vœu que les traitements de tous les employés de la voie ferrée fussent déclarés insaisissables.

théorie du contrat primitif[1] est la base de toute discussion scientifique, combattent le principe même de l'hérédité, au nom de l'équité naturelle. « Chacun, se devant
» tout entier, doit payer pour lui, et nul père ne peut
» transmettre à son fils le droit d'être inutile à ses sem-
» blables; or, c'est pourtant ce qu'il fait en lui transmet-
» tant ses richesses, qui sont la preuve et le prix du tra-
» vail. [2] » L'oisiveté est une friponnerie que l'autorité doit réprimer, et l'avènement nécessaire du règne de l'égalité, peut seul rétablir l'ordre troublé par les lois humaines.

Moins agressive dans la forme, quoique aussi absolue dans le fond, l'école *historique* — représentée par les saints-simoniens et les positivistes — dédaigne la conception du *Contrat social*; mais, par contre, n'accepte pas non plus celle purement individualiste et restrictive de l'état juridique[3] (recht-staat) : son idéal tend au système policier[4] (polizei-statt).

Il en résulte que, dans l'examen des questions primordiales, le point de vue *social*[5] est celui qui absorbe exclusivement son attention.

La collectivité est un être de raison qui a des droits distincts de ceux des individus qui la composent; entre le donateur et le donataire il y a l'*homme oublié*, celui qui reste à la porte de ce théâtre qui s'appelle le monde, où toutes les places ont été retenues d'avance. Le prolétaire est fondé à croire que l'ordre ainsi établi n'est pas définitif. Si la justice est l'objet suprême de l'État, elle implique une distribution plus conforme à la liberté des personnes, c'est-à-dire une répartition proportionnelle à la capacité et au travail.

Le Code civil, qui a organisé de toutes pièces un mécanisme successoral automatique, a méconnu ce besoin nouveau d'une hérédité *sociocratique*, destinée à mettre

---

1. Cette théorie est dédaignée par Hégel et Strauss et condamnée par Auguste Comte, Littré, Taine, Stuart Mill et H. Spencer.
2. J.-J. Rousseau.
3. Kant, Fichte, Guillaume de Humboldt.
4. M. Bluntschli.
5. « Le point de vue du positivisme est toujours social. »
(Aug. Comte, *Catéchisme positiviste.*)

peu à peu la propriété entre des mains plus aptes à l'employer au service de l'humanité. Cette transformation progressive est l'œuvre du temps plus encore que celle d'une volonté oligarchique. Il y aurait faute à compromettre les succès de l'avenir, en réclamant comme Robespierre, Saint-Just[1] ou Florès Estrada[2] et les congrès de l'Internationale[3], une abolition prochaine de coutumes abusives, sans doute, mais profondément enracinées dans les cœurs. L'élimination d'un principe social — même condamné, quoique valable à titre de pronostic des possibilités futures — ne constitue pas une ressource immédiatement disponible. Elle exige, de la part de ses promoteurs, une réunion de qualités morales et intellectuelles qui font défaut aux agitateurs. Il appartient aux politiques instruits par l'expérience d'en provoquer l'application, par des mesures préparatoires que l'opinion publique ratifiera de ses suffrages.

La suppression de la dévolution ab intestat aux collatéraux, désirée par Bentham et proposée prématurément par M. Crémieux, en 1848, n'est plus impossible, — d'autant que le Code civil, si bien ordonné dans son ensemble, présente sur ce point une fissure. Le rédacteur, comme le bon Homère, s'est endormi ; n'attendons pas son réveil pour investir la place. L'article 733, en disposant qu'à défaut de descendants toute succession devra être divisée en deux moitiés, l'une attribuée aux héritiers de la ligne paternelle, l'autre à ceux de la ligne maternelle, a maladroitement imité l'ancien droit qui, respectant l'usage de la fente (paterna paternis, materna maternis) pour les biens patrimoniaux propres, avait appliqué aux acquêts la règle de la proximité de degré. Il a compromis le principe de la préférence due

1. Robespierre et Saint-Just demandent la suppression du droit de tester.

2. F. Estrada nie toute propriété qui n'est pas le fruit du travail personnel, et réclame le remplacement de la propriété foncière héréditaire par la propriété viagère.
(Traité d'économie politique).

3. Le congrès de Bâle de 1869 a voté l'abolition de l'héritage, — sur la proposition du belge, M. de Paëpe et du rouennais M. Aubry, — malgré les protestations de M. Tolain.

à la proximité du sang. Or, pourquoi le législateur s'en
est-il ainsi départi? parce qu'au delà des descendants,
des frères, des sœurs et des ascendants, nos mœurs
contemporaines, — écho de l'affaiblissement de nos
affections, — ont virtuellement aboli le lien de famille
que ne scelle pas, dès le jeune âge, la communauté du
foyer et la tradition domestique.

    Profitons de cet aveu et réduisons, — sous prétexte
d'allégement budgétaire, — les libérales prescriptions
de l'art 755. Le droit de disposition testamentaire sub-
sistant sans restriction, personne ne réclamera. Mais le
coin n'en sera pas moins entré jusqu'à la moelle dans
l'arbre de l'hérédité. Dès lors, la sève arrêtée ne vivi-
fiera plus ces branches dont la frondaison fait bouillir
encore dans ses veines le généreux sang de la vieille humanité; et le bûcheron socialiste pourra, parmi les ra-
meaux flétris, frapper tout à son aise. Après le vote de
la proposition de M. Jamais[1], de celles de MM. Rameau
et Couturier[2], de MM. Faure et Sabatier ou de M. Pey-
tral, ministre des finances (1888)[3], — réduisant à huit,
voire même à six et à cinq, au lieu de douze, le nombre
des degrés successibles, — rien n'empêchera de porter
le coup décisif. Les voies seront préparées à l'adoption
des exécutions vantées par MM. Giard, Henry Maret,
G. Laguerre, Tony Révillon[4], Barodet et Clémenceau[5].

    1. M. Jamais, député (discussion du budget de 1887), propose
de réduire au huitième degré le droit des successibles *ab intestat* (nov. 1886).

    2. Proposition de MM. Rameau et Couturier, ayant pour but
la création d'une caisse des enfants abandonnés, alimentée par
la suppression des successions ab intestat au delà du 6e degré.

    3. Proposition de MM. Maurice Faure et Sabatier, tendant à
limiter le droit de succession ab intestat, au 5e degré.

    4. La proposition de MM. Giard, Henry Maret, Georges La-
guerre, Tony Révillon, réclamant l'abolition de l'hérédité au-
delà du quatrième degré ab intestat, et l'établissement d'un
impôt à progression rapide sur les successions (déposée en
juillet 1884 sur le bureau de la Chambre), a été l'objet d'un rapport favorable de M. Gomot (fév. 1885).

    5. MM. Barodet, Clémenceau, A. de la Forge, Pelletan et La-
bordère, et 18 de leurs collègues, demandent la suppression
totale de l'hérédité collatérale et la vente par adjudication des
biens ainsi recueillis par l'État, à des particuliers qui, seuls,

Les droits des collatéraux auront vécu; l'impôt progressif absorbera le plus clair de l'actif des successions en ligne directe; et le collectivisme n'aura plus qu'à prélever sur celles-ci (suivant le vœu d'Eugène Buret [1]) une part d'enfant, ou qu'à limiter la faculté de recevoir à une quotité déterminée (comme le demandait Stuart-Mill), en attendant la réalisation de l'idée chère au saint-simonien M. Guéroult, — interprétation d'un passage de Montesquieu: le mineur seul reçoit, de ses père et mère, une pension temporaire destinée à lui permettre, jusqu'à l'âge de vingt-cinq ans, de compléter son éducation.

Ce programme ne soulève pas seulement la protestation des intérêts lésés; il tend à un bouleversement complet. L'héritier n'est pas a priori un ennemi de la société, un être superflu dont la disparition soit indispensable à l'établissement d'une civilisation progressive. S'il est des oisifs riches, — moins nombreux chaque jour, par suite de l'élimination impitoyable que préparent les excès et que consomme l'instabilité des fortunes, — il en est d'autres, bien autrement nuisibles à leurs semblables, auxquels les pouvoirs publics et la charité privée, animés d'une inépuisable bienveillance, prodiguent les secours, sans leur demander compte du montant des utilités qu'ils produisent. L'envie, les appétits de la vengeance sont des sentiments bas, à la satisfaction desquels le législateur ne peut condescendre, sans diminution de lui-même et de son pays.

L'État n'est pas une entité indépendante, chargée d'opprimer une classe, au profit d'une autre ayant mission de redresser le cours des lois naturelles et d'établir un idéal qui ne saurait se prévaloir, même, du consentement universel. La justice *distributive*, reposant sur l'autorité, est forcément arbitraire, parce qu'il ne dépend pas de la volonté de l'homme de se soustraire aux fatalités de l'erreur, aux préjugés spontanés de la passion ou à l'irresponsabilité de l'ignorance. Aussi

auraient le droit de les occuper et de les exploiter par eux-mêmes (juillet 1887).

1. M. Eugène Buret, *Misère des classes laborieuses en France et en Angleterre* (1840).

n'est-il guère possible de songer à appliquer un système
de mesure exacte de la valeur des personnes et du prix
réel des choses. D'ailleurs, la répartition proportionnelle, c'est-à-dire inégale, est plutôt le fait des associations restreintes de la famille ou de l'atelier. La
justice *commutative*, qui estime les choses en vue de
l'échange libre et volontaire, — abstraction faite du plus
ou moins de mérite du producteur, — est le vrai principe
économique des gouvernements modernes. L'homme
d'État n'est pas apte à l'appréciation de l'absolu. Il se
trompe moins souvent, dans la comparaison des choses
qui se pèsent et se comptent; et, quoi qu'en puissent
penser les disséqueurs de quintessence, cette manière
d'envisager le côté extérieur des choses est encore celle
qui concilie le mieux les droits de la science et les exigences de la pratique contemporaine.

Le rédacteur du Code civil n'est pas impeccable. Il a
pu, dans le but de faciliter un accord entre les admi-
rateurs du droit romain et les partisans de nos anciennes coutumes, s'écarter du principe qu'il avait posé au
début, mais son œuvre est demeurée perfectible et rien
n'empêche de substituer, à la règle de la *fente*, celle
plus logique de la proximité du sang. D'autre part, le
législateur n'a pas fait de l'institution des douze degrés
successibles une prescription absolue. Il s'est arrêté à
ce chiffre, parce qu'il fallait fixer une limite, et que son
expérience lui a suggéré ce nombre éminemment mo-
difiable, suivant les temps.

Il en ressort que les revendications radicales ne doivent pas, sur ce point, trouver d'opposition sérieuse, si
elles apportent la preuve d'une transformation grave
dans les habitudes morales. Or, est-ce bien le cas? Nous
ne le pensons pas. La facilité des communications, le
goût des déplacements, ont certainement contribué à
séparer davantage les uns des autres les membres d'une
même famille; mais il n'en suit pas que quelques
heures de chemin de fer de plus ou de moins, aient
rompu tout lien de parenté. Le vieux proverbe : « loin
des yeux, loin du cœur », ne s'entend pas suivant la
distance kilométrique; il se réfère à l'intensité des

affections et n'a rien à faire contre la consanguinité.
Nos réformateurs le savent bien ; aussi, poursuivent-ils
bien moins un enrichissement insignifiant des caisses
publiques que la démolition méthodique du régime successoral. Ils n'ignorent pas, qu'en supprimant plusieurs
degrés ab intestat, ils accaparent les biens des mineurs
auxquels la loi ne permet de tester qu'à partir de seize
ans (et encore jusqu'à concurrence de moitié de leur
avoir) ; et cette conséquence subreptice n'est pas faite
pour leur déplaire. Ce qu'ils veulent, ils n'osent pas le
dire ouvertement, parce qu'ils craignent la lumière, le
réveil de l'opinion endormie : c'est l'abolition même
de l'hérédité ; et, dans cette poursuite, ils estiment qu'il
n'y a pas d'avantage insignifiant, du moment qu'il
entame le principe.

Ce parti-pris de tracasserie chez les uns, de compromissions inavouables, de lâches transactions, de la part
des autres, constitue un véritable péril. Ils sont naïfs,
ces hommes à courte vue qui, cédant au courant de la
mode, s'amusent à plaisanter sur la famille et la propriété et à les traiter de balançoires ; ils ne s'aperçoivent
donc pas que le sol qui tremble sous leurs pieds pourrait bien s'ouvrir pour les engloutir, aux applaudisse-
ments des aigrefins de la révolution sociale. Heureuse-
ment pour eux, la civilisation n'est pas, comme les
groupes d'individus, à la merci d'un complot, si savam-
ment ourdi qu'il soit ; et, le jour où il s'agira de faire
passer dans le domaine des faits les élucubrations
spoliatrices de quelques meneurs, en dépit de la contrainte l'ordre renaîtra. Les hommes d'affaires, les
économistes diront avec Proudhon[1] « qu'ils aiment
» mieux s'exposer aux erreurs de la nature qu'à l'arbi-
» traire d'une administration » ; et tous ceux que le
fanatisme de l'égalité n'aveugle pas reconnaîtront que
l'hérédité est aussi bien une règle sociale qu'une nécessité du règne animal.

Il est des vérités à la démonstration desquelles tous
les efforts de l'esprit humain, partis des points extrêmes

1. Proudhon, *Pornocratie*, p. 141.

de l'horizon des connaissances, viennent apporter le tribut de leurs concordantes observations. La loi des transmissions est de ce nombre: en physiologie elle est inéluctable; elle est dans les choses morales et intellectuelles, malgré la contradiction des apparences, à l'abri de toute contingence; et aucun argument péremptoire n'est encore venu témoigner de son insuffisance, dans les prescriptions civiles relatives à la dévolution des biens.

Tels sont les principes absolus. La propriété et l'hérédité sont d'ordre naturel[1] et, par conséquent, placées au-dessus de toute discussion métaphysique. Le fait du législateur n'est donc pas de créer le droit, mais d'en régler les applications diverses, suivant les circonstances, les tendances ethniques et économiques. Son erreur dans le passé, — erreur qui a pu faire douter de la légitimité du fondement social, — a été de croire qu'il appartenait aux gouvernements d'organiser, au gré de leurs aspirations, le régime de la détention des biens.

A Rome, les soulèvements populaires en faveur d'une nouvelle répartition des terres n'avaient pas pour unique mobile les convoitises éternelles du pauvre à l'égard du riche. Ils avaient une cause équitable. Les patriciens, cessionnaires temporaires de l'« ager publicus », c'est-à-dire du territoire conquis, — en s'affranchissant de leurs devoirs de défense extérieure et de protection envers les classes pauvres, — avaient, dans la pratique, converti leur titre de jouissance précaire en un véritable droit de propriété. Les revendications plébéiennes des Gracques n'avaient d'autre but que le retour, à l'État, de possessions dont le domaine éminent n'avait cessé d'appartenir à la souveraineté[2].

1. « L'héritage, c'est l'ultimatum de la nature. » (M. Lerminier, *Philosophie du droit*, t. I, p. 133, 1831.)
2. MM. Meyer et Ardant (*La Question agraire*) ont mis en lumière cet accaparement de l' « ager publicus » par les patriciens ou « optimates ». La loi, proposée par Tiberius Gracchus, avait pour

Les violences matérielles des jacqueries, au moyen âge, les incendies de châteaux de 1788 à 1791 étaient suscitées par des influences semblables.

Dans les deux cas, en dépit de l'incontestable difficulté de vérifier les vices d'origine de l'occupation, et la solidité d'établissements à l'ombre desquels s'étaient formés tant d'intérêts, le droit de révision ne pouvait être douteux.

Il en est probablement de même[1] dans le Royaume-Uni, où une agitation croissante, pleine de menaces dans le présent et de complications pour l'avenir, ébranle, du sommet à la base, la vieille constitution britannique. Le mouvement, limité d'abord à l'Irlande celtique et catholique, n'est pas la manifestation isolée d'un réveil national et d'un retour offensif de frère opprimé ; il a le caractère plus grave d'une mise en demeure de restitution s'appliquant au pays entier. Il ne s'agit pas de réagir contre les créations féodales de la conquête normande, mais bien contre la révolution d' « usurpation agraire » du XVIIIe siècle qui, succédant à la Restauration de 1688, a éclaté, vers l'année 1700, s'est développée de 1760 à 1780, et s'est

but : le retrait de toutes les terres domaniales (sans dédommagement envers les occupants et possesseurs) ; et leur « assignation » aux citoyens ou alliés italiques, — à charge de redevance, et sous condition d'inaliénabilité, c'est-à-dire à bail perpétuel ou héréditaire.

M. Lerminier (*Philosophie du droit*, t. I, p. 138, 1831) a écrit : « On a fait des Gracques des démagogues furieux, sans intelligence, voulant un nom à tout prix, et Juvénal s'est rendu l'écho de ce lieu commun misérable :
    Quis tulerit Gracchos de seditione quærentes?
tant les poètes ont parfois d'aveuglement et d'insuffisance pour comprendre les idées et les révolutions. »

[1]. « Le peuple irlandais, a écrit le cardinal Manning, dans une de ses lettres pastorales, a été dépouillé de son sol par trois confiscations ; et la puissance anglaise s'est efforcée de faire ce que les lois de la nature et de la providence défendent ; elle s'est efforcée d'exclure un peuple, né sur son sol et destiné à y être enseveli, de la possession de la terre qu'il foulait aux pieds.... *la voie et seule politique de justice et de paix est de réadmettre le peuple d'Irlande, dans la mesure la plus large, à la possession de sa propre terre.* »

achevée en 1832. Le parlement de Londres aura peut-
être le dernier mot dans la lutte qu'il soutient contre
les prétentions autonomistes des partisans du drapeau vert, défendues naguère par l'indomptable énergie de M. Gladstone. Mais il est bien douteux qu'il
parvienne à maintenir la légalité juridique contre cette
« land league »[1] dont Michel Davitt et John Devoy, deux
vétérans des conspirations féniannes, sont les inventeurs ;
Parnell, O'Brien, Dillon, Mathew Harris et Sheely, les
chefs avoués ; et trois mille prêtres, les incorruptibles[2]
agents[3]. L'adoption du système de co-propriété[4], — objet des vœux des élèves de Cobden, tels que MM. Bright,
Goschen, Fawcett et Shaw-Lefèvre, emprunté à la coutume du « tenant right » de l'Ulster et appliqué à l'Irlande
par les bills de 1870 et 1881, — est, dès à présent, réclamée par les habitants des îles occidentales et septen-
trionales des hautes terres de l'Ecosse[5], et de nombreux

1. La « land league » est née vers 1876, au moment où le mouvement national est devenu agraire. Le discours de M. Parnell,
à Westport, a été la première manifestation publique de son
existence (8 juin 1879). Ramifiée à des associations irlandaises
des États-Unis, du Canada, du Cap, d'Australie, elle a, — au dire
de son premier trésorier, M. Egan, — répandu 6,120,000 fr., en trois
années (1879-1882). Depuis sa dissolution, votée en 1880 par le
Parlement, elle a cessé d'avoir ses bureaux à Dublin, dans
Sackwill-street, mais elle s'est reformée sous le nom de « ligue
des dames ».

2. La mission de Mgr Persico (envoyé par Léon XIII dans un
but de pacification,) ne paraît pas avoir donné de résultats
(sept.-oct. 1887).

3. Il y a, en Irlande, — pour trois millions d'habitants, — 3,363
prêtres catholiques, soit 1 par 900 hab. (recensement de 1881).

4. Joint ownership.
En France, le fermage prenait autrefois, dans nombre de régions artésiennes et surtout picardes, la forme d'un contrat héréditaire, qui prétendait s'imposer comme une sorte de co-propriété du sol. C'était le fameux *droit de marché*, encore
persistant dans l'arr. de Péronne.
                 (*La vie agricole sous l'ancien régime en Picardie et en
                                Artois*, par M. A. de Calonne.)
Un régime semblable a existé en Pologne, sous le nom de
manse (*mansus*, 1130-1317) : le paysan, tenant du seigneur noble
un domaine héréditaire et impartageable (5 hectares environ),
ne pouvait en être chassé.

5. Proposition de M. Trevelyan, secrétaire pour l'Ecosse, en

districts du pays de Galles [1]. Et plus hardi, et certainement plus logique, le parti radical, représenté par MM. Chamberlain, Jesse Collings, O'Russell Wallace et Broadhurst, considère une nouvelle extension des trois F comme une inutile tracasserie. Il estime, non sans raison, que si l'on en arrive à accorder au tenancier la faculté de céder son exploitation [2] (free sale) et de demeurer sur le sol (fixity of tenure), moyennant un fermage modéré (fair rent), [3] fixé par une commission arbitrale appelée à siéger périodiquement [4], il vaut mieux faire passer directement la terre aux mains de celui qui la cultive, autoriser le locataire à imposer la vente de son occupation, et consommer le divorce définitif du paysan et du landlord, en procédant à une expropriation générale comme en Russie. Les propriétaires indemnisés [5] n'auront plus à exercer des poursuites — dont le nombre chaque jour supérieur devient un péril national, — et les autorités locales, en offrant,

faveur des petits tenanciers (crofters) (chambre des Communes, février 1886).

1. Un groupe distinct des députés gallois s'est constitué, à la chambre des Communes, pour soutenir ces revendications (août 1886).

2. L'act de 1881 soumet la faculté de cession de tenure au veto du landlord.

3. « Fair rent » est ici opposé à « rack rent » (fermage exagéré, racté).

4. L'act de 1881 déclare valables pour quinze années les décisions des commissions arbitrales; mais il est peu probable qu'elles ne soient pas bientôt infirmées par une nouvelle loi. Une proposition en ce sens vient d'être déposée au Parlement par M. Campbell Bannermann (juillet 1887). En fait les fermages, réduits judiciairement de 18 1/8 0/0, viennent d'être abaissés administrativement de nouveau de 14 0/0, soit, en chiffres, de 360,000 liv. st. (9,000,000 fr.) (déc. 1887).

5. Lord Salisbury a réfuté mathématiquement le projet de rachat de M. Chamberlain : la terre anglaise ne rapporte que 2 0/0 et les municipalités devraient emprunter à 4 0/0, d'où une différence que le contribuable devrait payer (discours de Newport, oct. 1885).

Dans le même ordre d'idées, le projet Gladstone (février-avril 1886) de rachat de la terre irlandaise. — qui devait coûter à la Grande-Bretagne 1,280,000,000 fr., d'après les calculs de son auteur, et suivant quelques financiers, de 3 à 5,000,000,000 de fr. — a échoué devant l'opposition du Parlement.

sous condition de rente ou d'annuité, des parcelles des domaines antérieurement monopolisés, réaliseront la réconciliation si désirable de la population rurale avec le sol [1].

Ces exemples, pris aux différents âges de l'humanité, portent en eux-mêmes leur enseignement. L'intervention du pouvoir est nuisible quand elle a pour but d'assurer, à une classe, un privilège social. Dans le monde moderne, le premier de ses devoirs est d'assurer la liberté des conventions, le second de favoriser la libre circulation des biens. Toute action qui dépasse ce but est une entrave, un déni de justice. L'échange est une nécessité d'ordre public, une loi naturelle de toute civilisation progressive. Toute distinction, à cet égard, entre le meuble et l'immeuble, repose sur un préjugé. Il n'est pas vrai de dire, avec les jurisconsultes des siècles passés, que la possession mobilière est « vile »[2], et que l'immeuble représente, dans le patrimoine de chaque citoyen, un élément stable et permanent à l'abri de la spéculation, un objet de transactions exceptionnelles.

---

1. « *The restauration of the rural population to direct connection with the soil.* » — En ce sens, on peut citer le vœu de M. Joseph Arch, en faveur de la suppression des obstacles légaux à la libre circulation du sol britannique (congrès des trades-unions, 20e session, à Swansea, 1887).

2. A notre époque, la propriété mobilière doit à peu près égaler, sinon dépasser en valeur, l'immobilière. L'écart constaté par l'enregistrement est assez faible ; et, d'autre part, les dissimulations de valeurs au porteur sont nombreuses.

En 1877, les mutations déclarées portaient sur un montant
de .... 3.525.000.000 fr., meubles.
5.181.000.000 - immeubles.
dont, par décès seulement : 2.111.000.000 - meubles.
2.396.000.000 - immeubles.

D'autre part, la fortune de la France est évaluée à 200.000.000.000 fr. en capital. — dont 120.000.000.000 fr. pour les immeubles, et 80.000.000.000 fr. pour les valeurs mobilières — correspondant à un revenu total de 16.200.000.000 fr. — dont environ 2.500.000.000 fr. (immeubles) et 6 à 8.000.000.000 fr. (meubles) (1884-86).

En Hollande, les droits sur les successions font supposer une richesse mobilière double de l'immobilière ; en 1883, sur un total imposé de 272.000.000 de florins, on ne comptait que 102.000.000 pour valeurs immobilières.

Si, en fait, il en est ainsi, cela tient à ce que le rédacteur de nos codes, pénétré des traditions coutumières, a entouré le domaine foncier de garanties qui, sous prétexte de protection, ne servent guère que d'obstacle à son développement. Grevé d'usufruit, un titre de rente ne perd pas de sa valeur : ses démembrements demeurent négociables. Une propriété, au contraire, urbaine ou rurale, soumise à la nécessité d'un entretien et d'une administration, si minimes qu'ils soient, subit, dans l'espèce, une dépréciation ; l'indivision lui est plus nuisible encore, et, même quand elle est nette de toute servitude, elle est, par sa nature intrinsèque, destinée à ne trouver qu'un nombre restreint d'amateurs, en cas de vente. Il en ressort que, si des facilités spéciales d'échange avaient dû être accordées, c'est à l'immeuble qu'il eût fallu les concéder.

Or, c'est précisément le contraire qui a lieu.

Le *régime dotal* qui n'est tolérable que dans les familles véritablement opulentes, a été longtemps plus sévère pour l'aliénation des biens fonds que pour celle des papiers de crédit. La femme séparée de biens peut encore, sans autorisation, convertir des valeurs nominatives en titres au porteur. L'acquéreur d'immeubles est responsable des remplois en cas d'insolvabilité du notaire prévaricateur, soumis pendant deux années à l'action en rescision pour cause de lésion (art. 1676, civ.), obligé de tolérer les surenchères des créanciers inscrits (art. 2185 et suiv.), tenu, par prudence, de remplir les formalités de purge et de transcription ; et le vendeur acquitte plus ou moins directement les frais de cession volontaire qui, pour un principal de 5 1/2 %, s'élèvent, dans les grosses affaires, avec les décimes, le timbre et les honoraires, à 8 ou 10 % ; et, dans celles au-dessous de mille fr., à 11 ½ voire même à 16 %, alors que les transmissions par agent de change, assurées d'un marché aussi large que sûr, ne supportent que des prélèvements sans importance [1].

_____

1. M. Paul Bert a rendu ce fait saisissant par l'exemple suivant : la transmission de 100,000 fr. à titre onéreux paie, en immeubles, 8,000 fr. ; en valeurs mobilières, 25 fr.

Cette tutelle est purement et simplement barbare :
le régime des *mutations* à titre gratuit ou onéreux
est entièrement à refondre. Il ne suffit pas de réclamer
la défalcation des dettes dans l'évaluation de l'actif des
successions, comme en Suisse et en Belgique[1] ; l'établissement d'une nouvelle échelle de perception — tenant
compte, non seulement du degré de parenté, mais encore de l'âge de l'héritier et du nombre des taxes antérieurement soldées par les détenteurs du bien frappé depuis vingt, trente ou cinquante ans — à l'exemple de l'Angleterre; une extension plus libérale de la loi du 23 octobre
1884[2], dégrevant les ventes judiciaires au-dessous de
2,000 fr.; une plus large application des lois de 1870 et
du 3 novembre 1884 sur les échanges de pièces de terre
situées sur le territoire de communes limitrophes[3]; ou

D'autre part, M. A. Fouillée a fait remarquer qu'à chaque
mutation à titre onéreux, la propriété acquittait en droits: trois
années de son produit, — les moyennes des taxes d'enregistrement et du revenu du sol, étant respectivement de 9 0/0 et
de 2,89 0/0 (statistique du ministère des finances).

1. En fait, la déduction des dettes est admise partout, sauf
en France... et à Monaco.

En Allemagne, il n'y a pas de droits sur les successions en
ligne directe ou entre époux.

Aux États-Unis, les mutations à titre gratuit sont dégrevées,
depuis 1870.

2. Les frais de vente judiciaire qui, suivant M. Abbatucci
(rapport sur la justice civile, période de 1821 à 1850) et le baron
de Veauce (discours au corps législatif, en 1866), s'élevaient à
112 0/0 pour les immeubles de moins de 500 fr., à 100 % pour
ceux de 500 fr., à 70 % pour ceux de 500 à 2,000 fr., et à 35 %
pour ceux de 5,000 à 10,000 fr., ont encore été augmentés, après
la guerre, par les lois des 23 avril 1871, 28 février, 30 mars et
30 juin 1872, 30 décembre 1873.

Cet état de choses déplorable a provoqué l'attention du législateur ; et la loi du 28 octobre 1884 est venue enfin donner satisfaction aux vœux de M. Riché (rapport au Conseil d'État,
juillet 1870), de MM. Dufaure, Léon Say (projet de loi du
11 mai 1876), Cazot (projet de loi du 26 nov. 1881), et Rameau
(rapport déposé le 27 décembre 1880).

3. Les échanges, soumis à un droit double, sous l'ancien régime, ont acquitté une taxe simple, comme les ventes, de 1790
à 1824, époque à laquelle une législation spéciale a été promulguée en faveur des biens ruraux contigus. — Suspendues
en 1831 (24 mai), sur la réclamation de M. Humann, ministre
des finances, ces dispositions ont été remises en vigueur par

une révision du code de procédure sur la déclaration, la cession et la rétrocession du droit de « command »[1].

Il importe d'en finir avec les prétentions féodales d'investiture de l'enregistrement. La société ne crée pas le droit du successible ou de l'acheteur ; elle le constate, rien de plus. Il en résulte que, si l'État peut légitimement réclamer indemnité pour la sécurité qu'il assure aux possessions, il ne doit pas lui être permis de s'embusquer derrière le croque-mort, ou l'huissier, pour spolier les familles gênées et les insolvables en détresse. Le principe de l'intervention fiscale, à chaque manifestation de la richesse, n'est acceptable qu'autant que celle-ci est accompagnée d'une augmentation immédiate des facultés du contribuable ; et Sismondi a dit, avec bon sens, qu'il n'est guère plus raisonnable de lever un impôt sur les dettes et les procès, que sur les maladies.

Le remède, le seul remède, est dans l'abolition des taxes qui grèvent les transmissions de la propriété foncière ; et dans leur remplacement par une autre, plus générale, sur les revenus du sol[2] — à l'imitation de celles que paient les biens de main-morte[3] et les titres au porteur[4].

les lois des 27 juillet 1870 et 3 novembre 1884, qui abaissent à 0,20 c. 0/0, au lieu de 5 1/2 0/0, le montant de l'impôt en principal pour les échanges d'immeubles ruraux, sans distinction de superficie, bâtis ou non, possédés depuis deux ans au moins, et situés sur le territoire d'une même commune ou de communes limitrophes.

1. M. Lampsin, ancien notaire à Charleval (Eure), a, dans une pétition (novembre 1884), soumis à la Chambre un ensemble de considérations relatives à la déclaration, à la cession et à la rétrocession du droit de « command. »

2. Idée de Stuart Mill. — M. Paul Bert (février 1885) a proposé de compenser le déficit du Trésor au moyen d'un impôt général sur le revenu de sept pour mille.

3. Loi du 20 février 1849. — Amendement de M. Brisson à la loi de finances de 1881, adopté sur les observations de M. Gambetta.

4. M. Fernand Faure (amendement au budget de 1887, Chambre des députés, novembre 1886), a proposé d'étendre à toutes les valeurs mobilières, françaises ou étrangères, nominatives ou au porteur, le droit de transmission (par abonnement) de

La *mobilisation du sol* est le but que doit poursuivre
une législation intelligente, humaine et pénétrée des
besoins économiques de notre époque.

L'Australie qui, depuis 1858, vit sous le bienfaisant
régime de l'« act Torrens» [1], la Nouvelle Zélande, qui
l'a accepté sous le nom de «chattel securities», la République Argentine qui, depuis 1881, s'est approprié
cet admirable instrument de circulation, ont ouvert
la voie aux peuples de l'Europe, jaloux du prodigieux développement de prospérité matérielle des pays
neufs.

Ne fermons pas les yeux à la lumière. Substituons la
sécurité à l'incertitude, « la simplicité à la complica-
» tion, en changeant dans le coût des transactions les
» centaines en unités, et, dans le temps qu'elles exi-
» gent, les mois en jours [2] ». On verra alors si la défa-
veur dont les placements fonciers sont l'objet ne s'arrête pas, et si, fécondée par les abondantes réserves de
capital qui constituent notre plus solide élément de richesse, la terre française, à laquelle la providence a
prodigué les avantages naturels, si précieux, de fécondité et de climat tempéré, n'est plus capable d'affronter
la concurrence.

La réforme consiste, avant tout, dans l'abandon de
la méthode latine qui, s'inquiétant uniquement du
consentement des parties contractantes, tend à faire
des registres publics un recueil de feuillets plus *personnels* que *réels*, et dans le retour à la coutume germanique, imposant l'intervention de l'autorité, sous forme

---

0,20 centimes. — établi antérieurement par les lois des 23 juin
1857, 16 septembre 1871 et 30 mars 1872, sur les titres au porteur des sociétés ayant réclamé l'admission à la cote des bourses françaises, — en remplacement des taxes de mutation à titre gratuit correspondantes.

1. L'«act Torrens», promulgué le 2 juillet 1858, dans l'Australie
méridionale, a été successivement adopté par les autres colonies
australiennes, telles que les États de Victoria, de Queen'sland,
des Nouvelles-Galles du Sud, etc. (M. Yves Guyot, *la Science
économique*

2. Lettre de M. Torrens à M. Yves Guyot (*Débats*, 13 fév. 1885).

d'inscription obligatoire [1]. Le conservateur des hypothèques, en délivrant, sur simple requête, un état des-
criptif détaillé des propriétés cadastrées, mentionnant
leurs charges et leurs servitudes, rendrait inutile l'assistance du notaire ; et les immeubles, garantis par la
loi, moyennant l'acquittement d'un droit de statistique,
contre la revendication des tiers, quels qu'ils soient,
passeraient de main en main par transfert d'ordre,
comme les titres nominatifs des gouvernements ou des
sociétés par actions. Ainsi amendé, le nouveau système australien pourrait être adopté sans inconvénients. Il éveillerait l'attention sur le danger d'une
intrusion exagérée des étrangers, tolérés comme « régni-
coles » [2], obvierait aux empiétements des agioteurs, —
dont la détention passagère serait établie par des actes
publics, plus indélébiles qu'un endossement commercial, — et maintiendrait aux biens-fonds cette individualité propre qui est la condition essentielle de leur
existence.

Utopie au berceau, l'idée fait son chemin.

Conçue par A. Smith, Saint-Simon, Ricardo et
Sismondi, développée par Cobden et ses disciples,
MM. Bright et Goschen [3] ; discutée, au congrès des So-
ciétés savantes de Paris, en 1886, par MM. Challemel,
Flach et Brants ; vantée, dans la presse, par MM. Alfred
Fouillée, Yves Guyot et Paul Leroy-Beaulieu ; et mise
en projet de loi par M. Paul Bert [4], puis par MM. Albert

1. La loi prussienne du 5 mai 1872 en est un type.
2. Réponse à l'objection de MM. Meyer et Ardant (La Question
agraire, p. 4).
3. M. Goschen, discours d'Edimbourg, 31 janvier 1885.
4. La proposition de M. Paul Bert (février 1883), mentionnée
plus haut, était ainsi conçue :
« Art. 1er — Est aboli l'impôt, en principal et décimes, sur
« la transmission, à titre onéreux, des immeubles.
« Art. 2. — Il est établi sur tous les revenus mobiliers et
« immobiliers, de quelque nature et de quelque origine qu'ils
« soient, un impôt de 7 pour 1,000.
« Art. 3. — Dans le délai d'un mois, — après la promulgation
« de la présente loi, — le gouvernement déposera un projet de
« loi réglant l'organisation de cet impôt ».

Ferry, Mézières, Margaine et Jametel [1] — elle a pris possession de l'opinion.

L'insuccès relatif de la récente tentative de M. Cambon en Tunisie n'est pas de nature à entraver l'initiative parlementaire. Il a pour causes premières : les difficultés inhérentes à un établissement nouveau ; l'introduction en pays musulman d'une juridiction mixte, mal assise ; l'exagération des taxes d'immatriculation [2]. L'objection plus sérieuse de Proudhon [3] : la crainte de l'accaparement par l'aristocratie financière, ne peut pas non plus nous arrêter. Le sol n'est monopolisé que dans les pays où les transactions immobilières sont pénibles, comme en Angleterre, en Russie et en Turquie ; et si, aux États-Unis, des territoires entiers appartiennent à quelques rares individualités, il y a lieu de remarquer que ce phénomène temporaire, combattu naguère par des décisions fédérales, n'est dû qu'à l'imprévoyance du Congrès de Washington et à des concessions démesurées aux entrepreneurs de chemins de fer.

La facilité des mutations a pour conséquence forcée la diffusion des valeurs. La rente française, les obligations du Crédit foncier, en sont l'exemple le plus probant et le plus palpable. Qu'on se hâte. La solution du problème n'est pas seulement du domaine des intérêts matériels ; elle a une portée morale indiscutable.

« La propriété universalisée est le corollaire du suf-
» frage universel, parce que l'être qui possède assez

1. Projet de loi de MM. Franck-Chauveau, Jametel, Margaine, Albert Ferry, Mézières, Noblot, de Pontlevoy, Viox, etc.
La mobilisation de la propriété foncière — système Torrens-Yves Guyot — a été réclamée par le journal *la Lanterne*, organe de M. Floquet, lors de la formation du premier ministère Tirard du président Carnot (déc. 1887.
2. Ces taxes sont très mal établies : elles varient, suivant les immeubles, de 1,57 0/0 à 2,69, 6,82 et 18,90 0/0.
                                          (*Temps*, 15 octobre 1887.)
3. Proudhon (2ᵐᵉ *mémoire sur la propriété*, p. 232, 233), à propos de la discussion de la Chambre des députés sur les ventes d'immeubles hypothéqués (1841).

» pour se suffire se possède seul lui-même, et, en
» moyenne, est seul véritablement maître de son vote.
» Le pouvoir social que la propriété confère est sem-
» blable au faisceau du licteur, redoutable tant qu'il
» reste en une seule main, et qui, divisé entre tous,
» donnerait une arme à tous. C'est là, sant doute, un
» idéal dont la complète réalisation est impossible,
» mais on peut s'en rapprocher progressivement. *Pour*
» *nous, nous croyons que l'avenir est à la circulation ra-*
» *pide de tous les capitaux et à la facilité de tous les*
» *échanges,* comme il est aux chemins de fer et aux
» télégraphes. *Un privilège mobilisé et circulant sans*
» *cesse n'est plus vraiment un privilège,* et le capital
» finira par communiquer sa mobilité à la terre même*»,*
qui cessera ainsi, aux yeux des déshérités, de paraître
un monopole et une injustice.

1. M. Alfred Fouillée, *la Propriété sociale et la démocratie.*

III.

1° Crédit réel : hypothécaire ; agricole.
2° Crédit personnel : — a) les Banques et la circulation fiduciaire ; — b) les Banques d'émission : — c) la réforme de la Banque de France.

1° L'adoption de cette méthode présente, d'ailleurs, un autre avantage: elle rend moins nécessaire, le recours au *crédit réel* immobilier, dont les trompeuses facilités conduisent si fréquemment l'emprunteur à la gêne et à la ruine. La mobilisation de la propriété en exclut la monétisation, au grand bénéfice du maintien de l'ordre social, incompatible avec une extension exagérée des dettes.

Dans l'antiquité, le nantissement n'est admis qu'à titre d'expédient ayant pour but l'abaissement relatif du taux de l'intérêt et l'affranchissement de la personne humaine, primitivement réduite en esclavage pour insolvabilité. A l'origine, il est transféré au créancier, par « mancipatio » ou « in jure cessio » suivant les cas, et retransféré au débiteur par « re-mancipatio » ou « retrocessio » subséquentes. Plus tard, le contrat « d'antichrèse » ne dépouille le propriétaire que temporairement, de la possession et de la jouissance des fruits. Enfin l'édit du préteur se contente du transport fictif de la valeur sous le nom d'hypothèque, sans toutefois accepter l'usage grec de la main-mise publique sur la chose ou de l'inscription à un registre spécial. Mais, malgré ces atténuations à la rigueur de la législation, les abus de la pratique provoquent une réaction contre le droit lui-même. Chez les Elécns, Oxilus défend à ses concitoyens de prêter sur garantie immobilière. Aristote reproche à Lycurgue de ne pas avoir prescrit à Sparte une mesure semblable, et la haine de Caton pour le bailleur d'argent (qu'il compare à l'assassin), trouve un écho retentissant dans la plainte de Varron : « Les
» terres sont cultivées par des esclaves et par des hom-

» mes libres; les hommes libres sont ceux que, dans
» la langue des campagnes, on appelle les endettés
» (obarati). [1] »

Au moyen âge et dans les temps modernes, le système hypothécaire — objet de la réprobation de l'E-
glise — ne se développe que chez les peuples opprimés
ou en décadence. Le « welsch-mortgage » de la loi des
« Brehons », qui met à la discrétion du créancier, non-
seulement la terre du débiteur, mais encore toute sa fortune et même sa personne et la liberté de tous les membres solidaires de sa famille, n'a pas cessé de soulever la
colère de l'Irlande. L'ancienne Pologne lui est également
redevable d'un dissolvant qui, à l'exemple des subtils
poisons italiens, a brisé, sans merci, sa généreuse constitution. Quand la détention du sol assure à une noblesse pauvre et querelleuse toutes les prérogatives
politiques, on conçoit que le contrat « pignoratif » ne
tarde pas à livrer au juif industrieux l'âme d'une nation. Dès la seconde moitié du XIV° siècle, l'autorisation royale n'est plus requise pour engager la propriété immobilière; au XVI°, l'établissement d'un
cadastre (1521) permet l'introduction de l'inscription
sur les livres de la couronne (oblata), de la publicité et
de la priorité (1588); et, comme la vipère qui se glisse
dans le nid des oiseaux en détresse [2], l'usurier inquiet
s'insinue dans la possession des biens grevés, avec
décharge de tout compte à rendre jusqu'à entière
libération (1581-1673-1676).

Dans le droit français, — où domine la tradition romaine, — l'usage des engagements fonciers ne se répand
que lentement. L'ordonnance de 1539 est le premier
acte qui autorise la publicité, dans les pays dits de « nantissement », et l'extension de ce privilège au royaume
entier, promulguée par l'édit de Colbert de 1673, est
rapportée, dès l'année suivante, à la requête des Parlements et de la noblesse. Pour trouver un système juri-

1. M. Fustel de Coulanges ajoute : « C'est-à-dire, ceux qui ne
« pourront jamais se libérer. »
2. « Malheur aux petits oiseaux quand une vipère se glisse
« dans leur nid. » (Légende polonaise.)

dique en la matière, il faut attendre le Code civil (qui emprunte aux lois du 9 messidor an III et du 11 brumaire an VII l'organisation de la spécialité de la purge et du registre des inscriptions), et l'établissement de la transcription par la loi de 1855 (art. 6), garantissant la sécurité aux transactions immobilières[1].

Or, même ainsi constitué, le régime hypothécaire français soulève de judicieuses critiques.

D'une part, il laisse planer une certaine incertitude sur la tête du prêteur : contrairement aux usages germaniques[2], le conservateur d'arrondissement ne délivre pas de certificats *réels*, mais seulement *personnels*, et nos tribunaux ne prennent pas la peine de maintenir une concordance assez absolue entre ses livres et les relevés énumératifs du cadastre ; la main-mise judiciaire, abolie en Belgique, depuis 1851, est maintenue chez nous — même sur les biens à venir[3] (art. 2130) — ; l'effet rétroactif de certains priviléges (art. 2019 et 2111), les droits occultes des incapables légaux subsistent ; et, grâce à l'interdiction de la clause d'exécution parée (art. 742, Proc. civ.) la réalisation du gage, facilitée par la loi de 1858, exige encore, dans la pratique, une attente de plus de deux années[4].

D'autre part, l'emprunteur, lié par le principe inéluctable de *l'indivisibilité*, n'a pas la faculté de se réserver sur son bien (art. 775, Proc. civ.) la priorité personnelle qu'autorisait antérieurement la loi du 9 messidor an III[5], — et que tolère l'usage prussien depuis 1872[6] ; il ne lui est pas permis de dire au prêteur :

1. « En France, disait M. Dupin, avant la promulgation de « cette loi, celui qui achète n'est pas sûr d'être propriétaire, « et celui qui prête sur hypothèque n'est pas sûr d'être payé. » En ce sens, MM. Persil et Wolowski.

2. Loi allemande de 1872.

3. Le projet de loi de 1850 ne l'admettait pas.

4. En fait, 41 0/0 du total des ordres, et 43 0/0 des contributions, ne se règlent pas au bout de deux années.

5. La loi du 3 messidor an III autorisait tout propriétaire à prendre hypothèque sur lui-même jusqu'à concurrence des 3/4 de la valeur vénale estimée par le conservateur.

6. La loi prussienne de 1872 permet de faire de même (*grund-schuld*) ; celle de Brême est plus libérale encore : elle admet la création, au gré du propriétaire, de titres hypothécaires (*hand-*

« vous reconnaissez que mon immeuble vaut cent mille
fr. ; pour une avance de dix mille fr. je vous accorde priorité sur tout ce qui excède cinquante mille
fr. ; je conserve pour les jours de détresse une poire
pour la soif ». Non, c'est la carte forcée. Il faut que
tout y passe : quand il veut rembourser, il n'a pas
le droit d'exiger une réduction proportionnelle de la
garantie ; mieux encore, le dégrèvement profite aux
créanciers subséquents, (sans qu'ils aient rien fait pour
mériter cette abusive amélioration des conditions primitives de leurs contrats) ; et la condition qui unit les
parties ne peut être consentie que par acte « authentique »
(art. 2127).

Pour remédier à ce fâcheux état de choses, quelques
esprits ingénieux, — au nombre desquels on doit compter M. Wolowski, — enthousiasmés par les exemples
favorables des banques foncières de la Prusse (Silésie) et
des provinces de l'ancienne Pologne (Posen, Galicie,
gouvernement de Varsovie), ont provoqué en France,
vers le milieu de notre siècle, la création d'établissements similaires. Ce mouvement d'opinion — dont la
mission officielle, en Allemagne, de M. Royer, en 1844,
et dont la formation de l'Association centrale de Paris,
(sous la direction du Comité des six, avec MM. Josseau
et A. Delaroy, avocats, pour inspirateurs,) ont été les
premières manifestations — a eu pour conséquence la
fondation des Banques foncières de Paris, de Marseille
et de Nevers [1], fusionnées de fait et de droit quelques
mois plus tard [2] avec le Crédit foncier de France.

Les résultats ont-ils répondu aux promesses de ses promoteurs ? On peut en douter. Certainement les souscrip-

(esten) transmissibles au porteur, comme des valeurs de
bourse.

1. Décrets des 28 février, 28 mars, 12 septembre, octobre 1852, convention du 13 novembre 1852 (publiée le 10 décembre), étendant à quatre-vingts départements le privilège de
la Banque foncière de Paris
Il faut cependant signaler l'existence antérieure de la Banque
territoriale de 1799 et de la Caisse hypothécaire de 1820.

2. Conventions de 1853. — Décret du 6 juillet 1854. — Révision des statuts de 1856.

teurs de ces affaires n'ont pas eu à se plaindre de la
gestion de leurs commettants ; les dividendes croissants
qu'ils ont touchés, en même temps que la valeur négo-
ciable de leurs titres s'élevait, les ont largement indemnisés de leurs débours et de leurs risques ; et les em-
prunteurs, en dépit de la rigidité formaliste des statuts,
ont pu, sans frais de procédure, ni pots-de-vin aux
intermédiaires, profiter de prêts à long terme, automatiquement amortissables, à un taux d'intérêt aussi réduit que l'ont permis les conditions les plus avanta-
geuses du marché des capitaux [1].

Mais l'institution n'est parvenue à se soutenir finan-
cièrement qu'en se livrant à des opérations en profond
désaccord avec les idées des théoriciens qui l'avaient si
ardemment défendue à ses débuts. Malgré les facilités
que lui prodigue son privilège, bien qu'elle ait le droit
de réaliser en deux mois le gage de son débiteur in-
solvable, de faire mettre sous séquestre l'immeuble
saisi (afin d'en toucher directement les revenus), de
prélever son dû avant tout ordre, de purger les hypothèques occultes [2] — notamment contre la femme mariée [3] — et la faculté d'émettre des obligations à lots,
elle n'a pas réussi à mettre dans leur tort ses détracteurs. « Inaccessible aux trois quarts des petits pro-
» priétaires et sans action possible sur l'économie
» nationale [4], » le Crédit foncier a manqué son but. Le
morcellement des héritages a suivi une progression
plus rapide encore [5], et quoique la dette hypothécaire
inscrite ait augmenté, en moins de quarante ans, de plus

1. Le taux d'intérêt des prêts du Crédit foncier, qui était,
antérieurement à 1879, de 6,40 0/0 (amortissement compris en
40 ans), est tombé depuis à 4,45 0/0, avec faculté de remboursement par anticipation. — M. Bailleux de Marisy (Revue des
Deux-Mondes, 15 nov. 1881) croit que cet abaissement du taux
de l'intérêt prendra fin, quand la concurrence de la Banque
hypothécaire aura perdu son effet.

2. Décret de 1852.

3. Décret-loi du 10 juin 1853.

4. Proudhon, lettre au prince Napoléon, du 7 janvier 1853.

5. M. Wolowski espérait le contraire.

de sept milliards de francs (1840-1876)[1], la proportion, en nombre et en importance, des contrats passés avec les détenteurs de biens-fonds n'a cessé de se réduire. Contrairement aux errements de MM. Wolowski et Aylies, M. de Germiny a donné raison aux objections de MM. Thiers, d'Argout, d'Audiffret, Rossi, Silvy et de Mornay[2] : en ne recherchant pas les placements ruraux, en ajournant la création de nouvelles succursales, et en développant un courant d'affaires parfois moins sûres, mais incontestablement plus rémunératrices. De là, les larges avances aux constructions parisiennes, à la Caisse des chemins vicinaux, à l'Algérie, aux communes (pour travaux d'utilité publique tels que créations de quais, ponts, ports, édifications de bâtiments municipaux ou paroissiaux) ; de là, la transformation en banque de dépôt et d'émission, les prêts à la ville de Paris pour expropriations, — sous forme d'escompte des bons de délégation de M. Haussmann, — de là, la participation dans le syndicat égyptien du Crédit agricole qui a signalé à l'attention publique l'administration de MM. Frémy et Soubeyran[3].

1. 1820 —   8.864.000.000 fr.
   1832 — 11.233.000.000 »
   1840 — 12.514.000.000 »
   1848 — 14.000.000.000 »
   1876 — 19.200.000.000 »

2. Ces hommes prévoyants avaient compris que les emprunts ne serviraient pas au progrès de l'agriculture et que c'était rendre un mauvais service au paysan que de lui faciliter des achats, — alors qu'il tire souvent un si médiocre parti de la terre qu'il a déjà.

3. De 1852 à 1866, le montant des avances du Crédit foncier sur fonds départementaux, s'est élevé à 208,137,864 fr. dont 141,212,530 fr. sur biens ruraux.

En 1877, sur un total de 1,241,367,991 fr., le département de la Seine figurait pour 897,641,375 fr., et les autres départements, pour............ 343,500,000 fr. (le Crédit foncier n'ayant prêté que cent millions à la terre, sur les trois milliards d'engagements hypothécaires contractés en France en 1877).

Au bilan du 31 décembre 1883, pour un total d'opérations s'élevant, depuis 1852, à 3,939,000,000 fr., les affaires en cours représentaient :

     501,000,000 fr. de prêts à la propriété rurale
et 2,006,000,000 fr.   —   —   urbaine

Il en résulte que le système des sociétés de capitalistes ayant pour objet l'émission d'obligations, comme contre-partie de créances hypothécaires [1], repose sur une conception dont l'erreur est de plus en plus manifeste. L'expiration du monopole du Crédit foncier, en 1877, n'a suscité d'autre rivalité que celle de la Banque hypothécaire (dont les actionnaires ont été trop heureux de faire racheter leurs titres). Les propositions législatives [2] destinées à faire des privilèges des décrets et lois de 1852 et 1853 le droit commun, se sont produites au milieu de l'indifférence générale. Il y a plus : en présence de la baisse lamentable du prix vénal des immeubles tant ruraux qu'urbains, provoquée par la concurrence des pays neufs et la passion outrée de la truelle, l'opinion commence à s'émouvoir de la perturbation que susciterait en cas de désastre national l'expropriation soudaine d'une vingtaine de milliards de francs en biens-fonds français; elle voit avec effroi l'Algérie entière grevée pour la moitié de la valeur de son sol [3] ;

comprenant : 1,614,000,000 au département de la Seine,
   51,000,000   —   des Alpes-Maritimes,
   29,000,000   —   du Rhône.
D'autre part, depuis 1860, les emprunts dits communaux au Crédit foncier se sont élevés à 1,108,000,000 fr., dont :
  par les communes .... 1.111.000.000 fr.
    départements. 151.000.000 »
    fabriques .... 4.100.000 »
    hospices ..... 6 000.000 »

1. En droit, il est douteux que les obligations du Crédit foncier de France aient la valeur de véritables lettres de gage. Par contre, la loi autrichienne du 24 avril 1874 accorde une préférence aux porteurs de titres de cette espèce. Le projet allemand, déposé au Reichstag en 1879, contient aussi des stipulations de même ordre.

2. Vœu de M. Batbie. Le Crédit agricole et les institutions financières nouvelles (Revue des Deux-Mondes, 1er oct. 1870).

Propositions à la Chambre des députés des 20 mai 1877, 3 mai, 11 décembre 1888.

3. M. Tirman, gouverneur de l'Algérie (rapport, déc. 1887), expose que notre colonie africaine est grevée de 129,000 inscriptions hypothécaires, représentant une créance totale de 708,000,000 fr., soit la moitié de la valeur vénale de la propriété rurale et urbaine.

En ce sens, M. Block (Économiste français, 11 février 1888)

et — sans soulever la question de savoir s'il est de bonne politique de favoriser l'extension trop rapide d'une sorte de propriété de mainmorte au profit d'omnipotentes sociétés financières, — des esprits clairvoyants en sont arrivés à se demander s'il n'y a pas péril à laisser ainsi le Crédit foncier s'instituer le banquier irresponsable, et pour ainsi dire occulte, des entreprises irréfléchies de toutes les administrations nationales; enfin si l'État ne sera pas, un jour, obligé d'assumer la charge d'engagements qu'il a trop légèrement autorisés, parce qu'ils lui épargnaient le débours de subventions directes et immédiates.

L'organisation du *crédit agricole* n'est pas l'objet de controverses moins sérieuses.

Tous les partis paraissent unis pour réclamer une protection efficace du cultivateur dont les travaux méritent encouragement, parce que « son labeur, particulièrement agréable à Dieu, n'est pas moins indispensable à tous les hommes qu'au gouvernement[1] », mais l'accord cesse dès qu'il s'agit de discuter les moyens d'exécution.

A entendre M. Hervé-Mangon, ministre en 1885[2], il n'y aurait qu'à instituer des greniers publics — sortes de magasins généraux — qui feraient des avances en espèces aux déposants de céréales, et où le laboureur trouverait, contre garantie réelle, les semences nécessaires, à l'instar des *positos pios* espagnols du seizième siècle[3], rétablis naguère par le ministère Canovas.

constate qu'en Allemagne, l'accroissement de la dette hypothécaire rurale est devenu un fait normal, sans qu'il en résulte une amélioration sérieuse de la valeur vénale des immeubles.

On signale le même phénomène en Italie, où la dette hypothécaire a augmenté de 500,000,000 fr. en 1886 — et à Buenos-Ayres.

1. M. Janssen, l'*Allemagne et la Réforme.* (Extrait d'une exhortation chrétienne du moyen-âge.)

2. Dans le même sens, M. Bathie (*Revue des Deux-Mondes,* 1er octobre 1870).

3. Les *positos pios* sont des maisons de prêts sur gage, ayant pour but l'avance de denrées agricoles au taux de 6 0/0. Elles sont administrées par les municipalités, dont les membres sont solidairement responsables, et dirigées par des commissions provinciales (loi du 26 juin 1877; règlement du 11 juin 1878).

Suivant une nouvelle école de juristes, dont la Société des agriculteurs de France a adopté le programme, le principal obstacle au progrès résiderait dans une législation imprévoyante et surannée. L'argent ne va pas à la terre : parce que l'agriculteur reste soumis aux errements du Code civil, parce que ses obligations ne revêtent pas encore la forme commerciale, et parce que le capitaliste — primé d'ailleurs par le propriétaire et lié par les prescriptions formelles de l'article 2076 relatives au nantissement mobilier — ne peut raisonnablement songer à se dessaisir, sans gage. Aussi, obéissant aux injonctions de l'opinion (que le récent exemple de la Belgique [1] et de l'Italie [2] paraît affermir), nos représentants ont-ils pris, en diverses circonstances, l'initiative de propositions [3] ayant pour objet: l'extension de la compétence de la juridiction consulaire à toutes les affaires revêtant la forme commerciale (art. 634, Com.) ; la faculté d'affecter en garantie

1. La loi belge du 15 avril 1884 autorise la Caisse générale d'épargne et de retraite à prêter à l'agriculture et lui accorde :
1° remise des droits d'enregistrement;
2° faculté d'exiger en garantie un privilège sur mobilier agricole, — valable par inscription pour une période de dix années et renouvelable :
3° limitation du droit du propriétaire à trois années de loyer plus l'année courante et les indemnités éventuelles.
Il existe quelque chose de semblable au Portugal depuis que les établissements de bienfaisance ont dû réaliser leurs placements immobiliers.
2. La loi italienne du 23 janvier 1887 (conçue à l'imitation de l'ancienne loi autrichienne, appliquée jusqu'en 1859 au Milanais et en 1864 à la Vénétie) ne diffère de celle de la Belgique que sur un point essentiel : elle limite à trois années le privilège du prêteur, mais le préfère au propriétaire sur les produits de l'année courante.
3. Enquêtes de 1843, 1851, 1866, 1879.
Commissions de 1856, 1866, 1880.
Projet Valserres, 1879.
— Mir (Journal officiel, 1er mars 1881).
— Rozérian, présenté par MM. de Mahy et Léon Say, le 20 juillet 1882
Projet de la commission sénatoriale, 1882.
Rapport Labiche, 1er décembre 1883.
Rapport supplémentaire, 1er décembre 1887.

les mobiliers de ferme, à l'imitation de la loi du
23 mai 1863, par simple déclaration au greffe de la
justice de paix ; la restriction du privilège du bailleur
(art. 2102, 1° Com.) ; la subrogation de plein droit des
créances réelles sur les indemnités dues à des compagnies d'assurances ; et l'abrogation de la loi de 1807
portant limitation du taux de l'intérêt.

Ces remèdes ont un grave défaut : ils méconnaissent
le caractère même de l'industrie qu'ils ont la prétention
de développer. Il n'y a rien de commun entre les docks
affectés au dépôt des marchandises de toute espèce et
les greniers de prévoyance. L'établissement de magasins généraux n'a de raison d'être que dans les grands
centres, où convergent des réseaux de voies ferrées ou
fluviales apportant de toutes les parties du monde les
produits du travail humain. Le cultivateur n'a pas les
moyens matériels nécessaires pour en profiter : les
déplacements lui sont onéreux ; n'ayant pas l'intelligence ouverte aux négociations banquières, il ne saurait tirer parti des « warrants » [1] ; et la multiplication
du nombre des entrepôts, au préjudice de la sécurité,
augmenterait, hors de toute mesure, le montant proportionnel des frais de garde. Le mont-de-piété est une
institution de charité convertie, par une pratique scan-
daleuse, en maison borgne d'usurier à la petite semaine,
et c'est vraiment passer les bornes que d'en vouloir
généraliser l'usage [2]. La mainmise du créancier sur
le mobilier de ferme, imaginée par M. Vidal, en
1848 [3], n'offre guère plus d'avantages. Outre qu'elle

1. Les « warrants », ou bulletins de paie, délivrés par les Magasins généraux, sont transmissibles par endossement (loi du
28 mai 1858).

La loi du 31 août 1870 autorise les administrations des Magasins généraux à les négocier et à les escompter.

2. M. Vidal, *Vivre en travaillant*, p. 107.

3. La faculté de donner en garantie le mobilier est illusoire —
si elle laisse au propriétaire privilège pour deux ou trois
années ; et attentatoire aux conventions antérieures, si elle le
restreint davantage.

M. Gautier, avocat général à la Cour d'Orléans (discours de
rentrée, 1883), qui, — admettant des modifications à l'art. 2076,
C. civ. — exige la signification d'un avis préalable au bailleur,

est de nature à rendre le bailleur plus défiant à l'égard
de son locataire [1], elle a le grave inconvénient de paralyser les remplacements d'animaux et d'ouvrir la
porte aux entreprises de la malice ou de la fraude.
Quand on sait quelles difficultés soulève journellement
le régime exceptionnel des saisies-gageries—ce suprême
avertissement du propriétaire qui perd patience — on
a peine à concevoir qu'un législateur avisé envisage d'un cœur léger le débordement de chicanes et de
procès qui serait la conséquence de son introduction
dans le droit commun. Enfin, il semble tout à fait
extravagant que ce soit l'agriculture qui réclame la
liberté du taux de l'intérêt, alors qu'il est de notoriété
que, de toutes les professions de l'Europe occidentale,
elle est celle qui a le plus de devoirs de modestie et de
droits aux ménagements.

Il ne faut prendre ni les fantômes de la nuit pour
des corps solides ni des désirs pour des faits. Quoi qu'en
pensent des hommes éminents tels que M. Batbie, le
propriétaire-cultivateur qui ne produit pas de « fruits
industriels » tire rarement de son capital d'exploitation
un revenu net de 9 à 10 %. Le crédit réel n'est donc
pas fait pour lui. Il en a, d'ailleurs, si bien conscience,
qu'il n'y a recours que dans des cas de nécessité extrême. Quand, sous le second empire, le Crédit foncier — à la sollicitation du Gouvernement, qu'avait
séduit une tentative de l'Angleterre [2] — eut ouvert une

---

ne s'est pas rendu compte que l'atténuation qu'il réclame est
la condamnation même du projet Labiche, dont le Sénat a fait
justice le 1er décembre 1883.

Depuis cette époque, la loi du 19 fév. 1889, — limitant le privilège du propriétaire à deux années échues, plus l'année courante, et une année à partir de l'expiration de l'année courante
— est intervenue.

1. M. C. Courcelle-Seneuil, dans son *Traité sur les banques*,
p. 318, a signalé un autre inconvénient de cette pratique : dans
le nord de l'Angleterre, les fermiers se servent des sommes
prêtées par les Magasins à blé, pour acheter de nouvelles marchandises, et ainsi de suite, jusqu'à épuisement de crédit.

2. Loi de juillet 1856. — Le gouvernement anglais avait fait,
en 1845, une avance de cent millions de francs à l'agriculture
pour répandre l'usage du drainage.

caisse spéciale de prêts pour favoriser les travaux de drainage, les demandes de fonds ne s'élevèrent pas à neuf cent mille francs; et le désastre du Crédit agricole (1860-1866) avec ses douze agences, l'insuccès du Crédit colonial [1] et autres banques d'avances sur récoltes de cannes à sucre, sont encore trop présents à toutes les mémoires, pour ranimer les efforts de la spéculation sérieuse ou provoquer le vote de subsides parlementaires. L'expérience de M. Giraud, directeur de la succursale de la Banque de France à Nevers, celle de M. Gareau, président du conseil d'administration du Comptoir de Seine-et-Marne, à Melun, sont insuffisantes pour déterminer une conviction contraire, puisqu'il ne s'agissait, dans l'espèce, que de prêter à des bouchers-chevillards de la Villette, à des marchands de lait et à des maraîchers.

Il en ressort cependant un enseignement : pas plus que le commerçant, que l'industriel, l'homme des champs n'est en dehors du mouvement économique.

A côté de l'usure agricole — dont Michel Chevalier stigmatisait les abus dès 1843-44 — il y a place pour le crédit sans épithète, c'est-à-dire pour le *crédit personnel*, le seul auquel on ait recours dans les sociétés civilisées dignes de ce nom. Pour les individus, comme pour les États, la confiance ne naît que du jour où le prêteur comprend que son emprunteur a une surface. Le débiteur qui consent à discuter la valeur des affectations spéciales réelles est un homme perdu : le souverain musulman qui donne en gage ses bijoux paie l'argent

---

1. Le Crédit foncier colonial, fondé en 1860, sous le patronage du Comptoir d'escompte de Paris, avait pour objet la négociation d'avances aux planteurs de cannes à sucre et aux raffineries françaises.

Dès 1862, il a dû restreindre ces opérations, abandonner peu à peu les affaires hypothécaires et s'occuper presque exclusivement de prêts aux communes et aux administrations coloniales.

Depuis cette époque, la loi du 24 juin 1874 (art. 6) est venue permettre aux banques coloniales de transcrire au bureau de l'enregistrement les prêts faits sur récoltes pendantes jusqu'à concurrence du tiers de la valeur vénale.

10 à 12 %, alors que sur une simple signature un chef d'État chrétien n'a que l'embarras des offres entre 3 et 4 1/2 % ; le fils de famille qui porte sa montre au « clou » se grève de 8 % ; et le négociant bien coté obtient l'escompte à 5 % [1], voire même à 4 et 3 1/2 %.

Pour mettre le cultivateur en mesure de lutter, il convient de lui ôter la cuirasse de protections juridiques qui l'entrave dans son libre essor.

Il faut que, face à face avec la réalité, il acquière à ses dépens, comme tout autre citoyen commerçant ou non, le sentiment de l'exactitude à l'échéance et apprenne que l'honneur, qui n'est pas le monopole d'une profession ou d'une caste, lui impose l'obligation de tenir ses engagements, non-seulement en les acquittant, mais en payant à jour fixe.

Tel est le principe, en dehors duquel le crédit n'existe pas. Aussi, est-ce parce qu'elles l'ont largement appliqué, que l'Allemagne et l'Italie sont parvenues à établir, sur des bases relativement solides, des institutions de prêts aux détenteurs du sol. Le fondateur du Crédit foncier de Silésie, en 1770, le banquier Wolfgang Bühring, dont l'exemple (emprunté lui-même à la Suède [2]) a été suivi en Pologne, de 1821 à 1865, ne s'est pas contenté de demander à ses clients un gage ; il a fait plus et mieux : il a exigé une caution, et son système n'a survécu que parce qu'il impliquait la solidarité des intérêts. De nos jours, les sociétés dues à l'initiative de Schulze-Delitzsch ne se sont maintenues qu'autant qu'elles ont observé cette règle absolue, et la méthode Raffeisen, — imitée par M. Wollenborg à la banque italienne de Loreggio, près de Padoue, — lui doit ses incontestables succès.

Cependant une difficulté — et non la moins sérieuse, — subsiste. Le taux moyen de l'intérêt de l'argent n'est pas en rapport avec le rendement net du

---

1. Au sortir de la guerre de Sécession, les États-Unis ont trouvé à emprunter à moins de 6 0/0 ; et la Turquie et l'Égypte n'ont placé que difficilement leurs titres gagés (5 0/0, turc à 46 ; 7 0/0, égyptien à 92).

2. Banque de Stockholm, fondée en 1670.

sol, et ce phénomène est constant non-seulement en
France, mais encore dans la plupart des pays étrangers [1]. Au dernier siècle, un grand politique, Frédéric II
de Prusse, a dû, par pitié pour ses nouveaux sujets
de la Silésie, proroger de trois années les échéances
des prêts agricoles ; et, de nos jours, le gouvernement
paternel du czar est obligé de faire des remises
d'annuités aux serfs acquéreurs de terres seigneu-
riales [2] ; en même temps que l'Italie est impuissante
à réparer le désastre de la Caisse d'épargne de Sardaigne [3] et à conjurer l'orage qui menace de ruiner
les généreux efforts des banques coopératives du

1. En France, en Autriche, en Suisse, où les prêts ayant un
caractère purement agricole sont presque inconnus, les placements hypothécaires rapportent de 4 1/2 à 5 0/0.

En Allemagne, la loi de 1887, instituant pour l'Alsace-Lorraine
une caisse provinciale d'avances à l'agriculture, stipule 5 0/0
d'intérêt.

En Angleterre, le Trésor avance à l'agriculture, à 6 1/2 0/0,
des fonds remboursables en 22 ans.

En Italie, les prêts fonciers se négocient, (pour un produit
net de 4 0/0 à 5 0/0) :

à Milan, à 5 1/2 0/0 ;
à Sienne, à 6 0/0 ;
à Naples, à Mantoue, à 6 1/2 0/0 ;
à Cagliari, à 7 0/0 ;
à Venise, à 8 0/0.

Et les prêts purement agricoles :

à Rome, à 8 0/0 ;
à Venise, à 6 et 10 0/0.

(M. Sbrojavacca, secrétaire général du ministère de
l'Agriculture et du Commerce d'Italie, 1882.)

En Russie, les comités provinciaux subventionnés par l'Etat
font des avances sur garantie mutuelle à 6 0/0.

Pour les autres pays, on estime que le taux de l'intérêt
s'élève à :

7 et 9 0/0, en Suède;
5 et 12 0/0, en Espagne et au Portugal;   (M. Batbie, *Revue des*
9 0/0, en Hongrie;   *Deux-Mondes*, 1er oct.
12 et 15 0/0, en Turquie;   1870)
10 0/0, en Grèce (*Economiste français*, 23 juin 1888) ;
15 0/0, aux Etats-Unis (*Far-West*);
8 0/0 au Canada (taux des prêts du Crédit foncier franco-
canadien, fondé en 1880).

2. *Indult* de 1877.

3. Faillite de la Caisse d'épargne de Cagliari, ruinée par ses
prêts agricoles, — qui a motivé une demande de poursuites du

Milanais et de la Vénétie. En Suède, en Espagne, en
Hongrie, l'usurier seul consent des avances, et, dans le
Far-West américain, l'argent, plus rare que le travail
humain, est plus cher qu'en Turquie. Qu'y faire ? Atta-
cher le capitaliste à la terre en ramenant le Crédit
foncier à une plus stricte observation de ses statuts, en
frappant de droits prohibitifs la négociation des valeurs étrangères à gros revenu? Peine perdue : la confiance ne s'impose pas, elle se gagne ! Abaisser le taux
de l'intérêt, en concédant au prêteur sur gage foncier
le privilège d'émission de billets à cours obligatoire
comme en Ecosse, en Norwège [1], en Bavière [2] ? Ceci est
plus grave et mérite examen.

On comprend aisément pourquoi — en présence du
merveilleux développement de toutes les branches de
l'activité industrielle et commerciale, dû à la progressive facilité du crédit, — nombre de propriétaires et de
fermiers désirent si ardemment faire participer l'agriculture aux bienfaits des puissants instruments de
circulation, dont l'usage croissant est si justement considéré comme la mesure du degré de liberté civile et de
sécurité publique d'un pays. Nul ne conteste : que la
meilleure terre ne peut être d'un bon rapport, sans une
suffisante somme d'argent destinée à la mettre en valeur ; et que ni le savoir, ni le génie industrieux ne
compensent le manque d'un ample capital [3]. Mais la
plupart des économistes (cette race d'hommes dont
Napoléon Ier, dès 1806, souhaitait l'avènement [4]) se
demandent si, sous prétexte de mettre les cultivateurs
à l'abri de dettes à gros intérêts dont il ne leur est plus
possible de se dégager à leur honneur [5], on ne compro-

procureur du Roi contre le directeur, M. Ghiani-Mameli, député
avril 1887), et sa condamnation, par la cour d'assises de
Gênes, à dix ans de prison (nov. 1888).

1. M. Courcelle-Seneuil, Traité d'économie politique, t. II,
p. 445.

2. La Société de prêteurs de Munich jouit du privilège
d'émettre des billets à cours forcé.

3. A. Young.

4. Napoléon Ier, (discussions du Conseil d'Etat, avril 1906).

5. Mac-Culloch..... from which it may not afterwards be in their
power to escape.....

met pas, au profit d'une minorité, importante sans doute mais privilégiée, le bon fonctionnement des banques d'émission ; si, en un mot, on ne fait pas, sous une forme détournée, une tentative funeste de socialisme d'État.

Le crédit n'est pas un droit, mais une récompense. Le prêt ne peut être accordé indistinctement à toute représentation de valeur. Le capital circulant, la matière première non encore spécialisée, susceptible d'une réalisation aisée, sinon certaine, à terme rapproché, est, après le lingot monnayé, l'élément le plus solide d'une circulation fiduciaire. La transformation en papier des capitaux stables ou engagés est bien loin de présenter aux émetteurs une semblable sécurité.

Le *monnayage* universel est une utopie polonaise [1]. L'immeuble, peu divisible de sa nature [2], a une destination simple ou complexe qui n'est pas susceptible de changement, sans perte ou diminution ; pour en tirer parti, il faut, si minime qu'elle soit, une administration : la maison ne rend que par le loyer du locataire ; le sol ne produit qu'autant qu'il est cultivé. Le *billet territorial*, avec ou sans intérêt, malgré l'apparente solidité du gage sur lequel il est assis, est dépourvu de toute « capacité évaluatrice et payante [3] » ; il est et demeure une créance liquide mais non réalisée, en garantie de laquelle on exige quelque chose de plus qu'une signature : une hypothèque, c'est-à-dire un échange provisoire, qui implique absence de confiance.

1. Voir Aug. Cieszkowski, *Crédit et circulation.*
2. « *A quoi peut servir une terre à quelqu'un qui a besoin de monnaie, — c'est-à-dire d'une marchandise divisible, au point de se proportionner à l'importance de toute espèce d'achats et qui convienne infailliblement au possesseur de la marchandise dont on a actuellement besoin.* »
(J.-B. Say, *Cours d'économie politique*, t. I, p. 480.)
En ce sens :
« ... Les capitalistes qui prêtent sur hypothèque sont les moins riches de tous. » (M. A. Thiers, rapport sur une proposition de P. J. Proudhon, juillet 1848.)
« ... Le crédit agricole semble un fruit vert que les contemporains ne verront pas mûrir. » (M. E. Brelay, *Économiste français*, 12 janvier 1889.)
3. M. Cernuschi, *Mécanique de l'échange*, 1865.

L'erreur de l'école de Mac-Leod et de M. Ch. Coquelin est de n'avoir pas eu l'intelligence de cette distinction. On n'améliore pas le crédit par ce seul fait qu'on augmente indéfiniment le nombre des instruments de circulation, si cet accroissement ne correspond pas à un développement sensible, à une nécessité tangible et immédiate : perfectionnez les moyens de puiser de l'eau à une rivière, vous n'en accélérez pas le débit ; vous en tarirez la source.

N'est-ce pas, en effet, ce qui est arrivé à la banque hypothécaire de Catherine II, fondée en 1786 [1] ; ce qui a eu lieu sous la Révolution après les émissions d'assignats commencées en 1789 ; et ce qui nous serait advenu une seconde fois si, en 1850, M. Thiers ne s'était mis à la traverse des projets d'imitation mecklembourgeoise et bavaroise d'une Assemblée sans direction ?

Sans doute, on objecte l'exemple de l'Ecosse dont M. Courcelle-Seneuil [2], (après Walter Scott et Macaulay), a fait un si sincère éloge [3]. Il n'y aurait, à l'entendre, rien à reprendre à un système qui, depuis le XVII° siècle, a transformé un pays jadis stérile et misérable, et fertilisé un sol qu'une population laborieuse a manufacturé et pétri de ses mains. Mais il oublie : que ces banques si vantées n'ont jamais fait des prêts directs à l'agriculture qu'un usage rare et modéré, qu'elles ont, grâce à de nombreuses agences, fait des avances fréquentes aux cultivateurs présentant, non pas un gage réel, mais des cautions indiscutables [4] ; et qu'elles n'ont dû leur prospérité qu'à l'abondance de leurs capitaux [5], à la perfection de leur organisation stipulant la solida-

1. Voir : Storch. — J.-B. Say, *Cours d'économie politique*, t. I, p. 480.
2. M. Courcelle-Seneuil, *Traité des banques*, 1853, p. 269 et suivantes.
3. L'exemple de l'Ecosse a été imité au Massachusetts.
4. « Cash-accounts ».
5. MM. Horn et Wolowski estimaient, en 1866-67, les dépôts des banques d'Ecosse à 50 ou 60,000,000 liv. sterl. (30,000,000 liv. en 1825), soit un milliard et demi de fr. — pour un pays de trois millions d'habitants, — quand la France en avait, à cette époque, à peine le cinquième.

rité indéfinie des actionnaires, à la sagesse et à la probité d'une race d'élite, et au maintien absolu du principe du crédit personnel. Cela est d'autant plus évident que la terrible crise de l'été de 1878, qui débuta par la suspension de paiements de la « City of Glasgow Bank », a eu pour origine des achats exagérés de terrains aux États-Unis, au Canada, en Australie et à la Nouvelle-Zélande, trop difficilement réalisables ; et que, d'autre part, éclairées par une expérience qui leur a coûté cher, les institutions qui ont tenu tête à l'orage évitent de compromettre leur encaisse par de nouveaux prêts aux agriculteurs en détresse [1].

La pratique italienne ne nous semble pas digne d'attirer davantage l'attention du législateur. La loi du 21 juin 1869, — votée par surprise et promulguée à contre-cœur par MM. Minghetti et Luzzatti par respect pour les droits du Parlement, — n'a pas donné de résultats appréciables. Seules, cinq ou six institutions, dont les principales en Sardaigne et une à Bologne, ont tenté de profiter de la faculté d'émettre des billets sous la condition d'accorder des prêts équivalents à l'agriculture. L'expérience n'a pas tardé à démontrer combien était peu raisonnable l'idée de gager du papier-monnaie sur des effets à long terme, dont le paiement à échéance est rien moins que certain : leur pitoyable échec [2] a virtuellement aboli la loi mort-née que le bon sens public avait déjà condamnée avant sa mise en vigueur.

Aussi doit-on se féliciter, en France, de l'avortement des diverses propositions qui ont pour point de départ un passage du cours de J.-B. Say [3], — où cet éminent

1. Aux États-Unis, on n'admet pas les placements immobiliers pour les banques d'émission. La loi de l'État du Massachusetts de 1829 les limite rigoureusement ; et la loi organique fédérale de 1863, qui interdit l'achat d'immeubles, n'autorise les prêts hypothécaires que pour deux ans au plus.

2. Il en est de même en Suisse.

3. J.-B. Say, Cours d'économie politique, 1840, t. I, p. 473.
Dupont de Nemours, à la Constituante, combattant l'invention des assignats de Mirabeau, n'admettait déjà pas que l'hypothèque fut un gage suffisant des billets.

économiste demande à employer l'excédent de l'encaisse
métallique de la Banque de France (au-delà d'un tiers de
la circulation des billets) en prêts hypothécaires. Les
uns, tels que MM. Fould, Laboulie, Théronanne, De-
larbre, Turck-Prudhomme et Teste (1848), MM. Delbet
et Teyssier de Farges (1866), M. Fleury (1885), ont eu le
triste courage de réclamer l'émission, — sous la garantie de l'État, — de billets sans intérêt, avec affectation
générale et spéciale [1] et faculté d'expropriation rapide
à courtes échéances [2]. D'autres, plus timides, tels que
MM. Wolowski, Bachelet, Langlois de l'Eure, Labarbe,
Dessauret, Barre, (1848), Dethou (1885), et Barbe (1887),
n'ont imploré le patronage du gouvernement que pour
la diffusion d'obligations au porteur à faible intérêt
et remboursables à présentation. Tous ils ont échoué :
parce qu'ils ont méconnu les différences que la nature
même a mises entre le crédit réel et le crédit personnel, différences que les plus savantes combinaisons socialistes sont impuissantes à faire disparaître.

2° Le crédit réel sur nantissement, hypothèque ou
gage, est une conception primitive, destinée à succomber
avec le cortège de vexations qu'il suppose de la part du
prêteur, et le dédale de chicanes qu'il soulève du côté
du débiteur. Le *crédit personnel*, qui n'est, en somme,
que la possibilité d'emprunter des capitaux par la confiance qu'on inspire, est le dernier terme de l'évolution économique. De son organisation dépend l'avenir
matériel des sociétés contemporaines, et de son développement leur prospérité et leur grandeur. Dès l'instant où l'homme ne produit plus lui-même et indivi-
duellement tout ce dont il a besoin, et où il reconnaît

1. M. Fleury (Lettre au *Journal des Débats*, déc. 1884) a expliqué que les *billets hypothécaires* devaient avoir une garantie
spéciale mentionnée dans une obligation notariée et facilement
retrouvable par l'indication en marge du nom du notaire et du
numéro de son répertoire.

2. M. Fould, en 1848, proposait l'émission de billets comme
contre-partie de prêts agricoles à 90 jours.

l'utilité de la division du travail, la nécessité d'un instrument d'échange se fait sentir ; et le jour où il a compris que le transport du numéraire, les chances de perte, le frai du métal, l'éparpillement de toutes les valeurs sans emploi sont une déperdition de forces, les *banques* sont fondées.

Un pays n'est véritablement arrivé à la civilisation que lorsqu'il est parvenu à assurer la sécurité à des institutions capables, grâce à l'appât d'un bénéfice certain, d'attirer les capitaux oisifs, de procurer, moyennant un intérêt raisonnable, des moyens d'action au travail et à l'intelligence, et de rendre possible, par la concentration libre des efforts collectifs, l'exécution des entreprises dont la conception est l'honneur du génie humain. Quoi qu'en pensent des esprits chagrins qui — à l'exemple de Sismondi — ne voient dans cette synthèse des éléments de la production qu'un moyen pour les gouvernements de drainer l'épargne, pour la satisfaction de leurs prodigalités, et pour les spéculateurs, de fausser la valeur des marchandises en les monopolisant, l'établissement de régulateurs du mouvement général des échanges ménageant, par des oscillations lentes et uniformes, les transformations inévitables de la richesse publique et privée, est un indiscutable progrès. Qu'importe, après tout, la fièvre spéculative, cause d'accidents déplorables, sans doute, mais passagers, si elle n'est que l'indication d'un surcroît d'activité, et si ses succès eux-mêmes trouvent dans l'organisation des dépôts, de l'escompte, des comptes-courants, des virements et des arbitrages, une atténuation ; en un mot, si le terme devient le balancier du comptant ?

En réduisant au minimum possible le taux de l'intérêt, les banques favorisent peut-être l'éclosion de projets inconsidérés ; mais, pourvu qu'ils soient viables, elles n'en laissent aucun dépourvu de l'aliment essentiel, de l'appui du capital. Il en résulte que, volontairement ou non, elles sont pour le travailleur, quelque infime qu'il soit, des auxiliaires ; et qu'au lieu de leur susciter, par leurs déclamations contre la ploutocratie, des difficultés incessantes, les pseudo-amis des classes inférieures feraient bien mieux d'en favoriser l'expansion en vantant, — comme les saints-simoniens, — leurs incontestables bienfaits.

a) Dans l'antiquité : c'est à Tyr, à Syracuse, à Carthage, premiers centres d'un commerce appréciable, qu'on commence à balbutier la langue de l'agio. Dans les temps modernes : c'est à Venise (1157), à Barcelone (1359), à Gênes (1407), à Florence, à Milan, à Amsterdam (1609), à Hambourg (1619), et à Stockholm (1608), que l'industrie des capitaux suit pas à pas le réveil des activités pacifiques : et c'est en Angleterre, en Écosse, aux États-Unis, en France et en Allemagne, qu'elle assiste à leur complet épanouissement. Mais, tandis que, dans les pays anglo-saxons, le nombre des banques s'accroît librement au fur et à mesure de l'expansion de la race sur le globe entier, chez nous, au contraire, l'esprit public, jusqu'à une époque assez rapprochée — suivant la tendance simpliste si enracinée dans le caractère français — se laisse séduire par l'idée de la réduction à l'unité.

De là, la tentative des frères Pereire d'opérer par voie de consolidation en un fonds commun la conversion des titres particuliers de toutes les grandes entreprises. Convaincus par l'exemple de la Société générale de Bruxelles et de la Banque de Belgique en 1835, saisis d'émulation en présence de l'éclatant succès de la « Caisse des actions réunies » de Jules Mirès, dès 1850, ils comprennent de suite que ni la Banque de France avec ses statuts surannés, ni le Comptoir d'escompte, de création trop récente, ne sont organisés pour donner satisfaction à l'explosion des besoins nouveaux. Aussi l'établissement de monopoles tels que ceux des chemins de fer, du gaz, des omnibus, des paquebots, implique-t-il directement à leurs yeux celui d'une « société générale de Crédit mobilier » destinée à jouer, à l'égard

1. La *Caisse des actions réunies* (1850-53) a pu distribuer en trois années, — grâce à l'habileté de son fondateur, Jules Mirès, — 91 0/0 à ses commanditaires, en outre du remboursement du capital.

du capital de l'industrie et au moyen de commandites
à long terme, un rôle analogue à celui que remplissent
les banques d'escompte vis-à-vis des valeurs commerciales représentant ce qu'on appelle le fonds de roule-
ment. Malheureusement, ils ne se rendent pas compte
que l'enlèvement d'un marché de bourse, qui d'ailleurs, ne demande que l'absence de contrainte pour
prospérer, est une opération forcément limitée et en
tout cas insuffisante pour justifier un appui que l'État
ne donne pas sans arrière-pensée[1]. Quand le premier
mouvement d'effervescence, dû à des causes générales,
politiques ou financières, est passé ; quand il ne reste
plus à l'arbitrage, si habile qu'il soit, que la ressource
des spéculations de pur hasard, l'échec final n'est plus
qu'une question de temps. On vit encore quelques années sur la réputation acquise ; on abuse de la brièveté
des extraits de comptes inintelligibles pour la majorité[2] ; on distribue, pour soutenir ses actions, des divi-

1. Lors de la création du Crédit mobilier, M. de Persigny — en
opposition avec M. Achille Fould, — (1851-52), avait fait valoir aux
yeux du Gouvernement les services que la nouvelle institution
était susceptible de rendre au Trésor.
   Pour justifier cette bonne opinion, le Crédit mobilier a sous-
crit largement aux divers emprunts du second Empire ; soit,
lors de la guerre de Crimée :
   30 millions sur les 250 demandés par M. Magne en 1854.
133   —   500   —   M. Baroche en 1855.
250   —   750   —
et lors de la guerre d'Italie :
   111 millions sur 500 demandés par M. Baroche en 1859.
231   —   300   —   —   en 1864.
   (Déposition de MM. Péreire, Enquête sur les banques, 1866.)
   2. M. E. Forcade. (Revue des Deux-Mondes, mai 1856.)
   « Au milieu de la fièvre de l'époque, au milieu de cet amour
« effréné du jeu et de ses luttes éperdues, est-ce que le Crédit
« mobilier n'a pas de reproches à se faire ? Cette fièvre, l'a-t-il
« calmée ou excitée ? Est-ce que, en multipliant les entreprises
« au-delà des forces de la place, en les jetant à l'avidité des
« journaux avec cette certitude de primes énormes, doublées
« par la spéculation de tous, en escomptant l'avenir au profit
« du présent, il n'a pas créé, avec d'autres qui doivent partager
« sa responsabilité, de sérieux périls pour la morale publique
« et les intérêts matériels eux-mêmes ? »
   (M. Pinard, substitut au tribunal de la Seine. — Affaire du
   Crédit mobilier.)

dendes fictifs ; et on meurt fatalement d'inanition, parce
que la transaction de bourse n'est pas, de sa nature,
productive d'un accroissement de valeur.

Le monopole ne se justifie donc pas par l'accomplissement d'un service général. Loin de là : il constitue un
véritable danger, en favorisant la multiplication à l'excès
d'affaires lancées, — sous prétexte de division des risques, et, en réalité, dans le but d'encaisser des primes ;
en permettant l'émission d'obligations à faible intérêt,
moins bien garanties que celles auxquelles elles servent
de contre-partie ; et en assimilant dans l'esprit public
les billets de la compagnie privilégiée à un véritable
papier-monnaie [1].

Comme l'Angleterre [2], la France, instruite par le

1. A l'étranger, les tentatives ayant pour but l'établissement
d'institutions du crédit mobilier n'ont pas eu de succès.

En Suisse, la « Banque générale de Suisse », établie à Genève
en 1853, a succombé.

En Espagne, le « Crédit mobilier espagnol » (branche détachée
de la banque Pereire), n'a jamais eu d'espagnol que le nom.

Et, en Allemagne et en Angleterre, les sociétés de crédit foncier et mobilier n'ont pas prospéré.

2. Il y avait, en 1800, trois cent quatre-vingt six banques en
Grande-Bretagne. Mais, ce n'est que depuis la proclamation du
principe de la liberté par les lois de 1826 et 1833 (modifiées en
1844, 1857, 1858 et 1862), que le nombre et l'importance de ces
institutions se sont rapidement accrus. C'est, en effet, vers cette
époque qu'ont été fondées, à Londres :

• *National provincial Bank of England* (1833) avec 650,000,000
fr. de dépôts et 144 succursales ;

• *London and Westminster Bank* (1834) avec 575,000,000 fr. de
dépôts ;

• *London joint stock Bank* (1836) ;

• *London and Country Bank* (1836) avec 536,000,000 fr. de dépôts et 130 succursales ;

• *Union Bank* (1839),

et nombre d'autres (à Liverpool, Manchester et Birmingham),
sans compter les « colonial and foreing banks », parmi lesquelles
il faut citer :

• *Colonial and Foreign Bank* ;

• *Oriental Bank Corporation* (dont les opérations s'étendent
dans les Indes et l'Extrême-Orient) ;

• *Bank of Montréal* ;
    —   *Australia* ;
    —   *South-Wales* ;
    —   *New-Zealand*.

passé, renonce à imposer aux banques sa tutelle ou sa
protection : elle sait que dans la liberté seule est le salut, et elle assiste avec satisfaction au développement
normal des institutions qui, comme le Comptoir d'escompte (1848), le Crédit industriel (1859), le Crédit
lyonnais (1863) et la Société générale (1864)[1], doivent
surtout leur vitalité aux nombreux profits des opérations courantes, et à l'usage progressif des chèques, des
comptes de caisse et des virements de compensation.

M. Fournier de Flaix estime à 13,300,000,000 fr. le montant des dépôts de ces différentes banques (*Revue des Deux-
Mondes*, 15 mars 1880, p. 454).
En France, c'est surtout depuis 1848 que les grandes banques (à l'imitation de l'Angleterre) ont pris leur essor. Après la
liquidation des établissements de MM. Jacques Laffitte, Gouin,
Ganneron, Baudon : le Comptoir d'escompte de Paris (M. Pa-
gnerre, directeur) est devenu le centre le plus actif de la circulation du papier de commerce, non seulement en Europe,
mais dans l'Extrême-Orient : le Crédit industriel, à l'exemple de
l'Angleterre et de la Hollande, s'est fait une spécialité des avances au commerce et à la grande industrie; et le Crédit lyonnais
et la Société générale (après avoir compromis à leurs débuts une
partie de leur capital dans des opérations hasardeuses) se sont
adonnés plus particulièrement aux émissions de toute espèce,
dont l'importance n'a cessé de croître depuis trente ans.
1. L'adoption des chèques et des virements de compensation,
proposée en 1840 par M. Rossi, — à l'imitation des banquiers de
Hambourg, — est relativement récente en France. La première loi
française sur les chèques est du 20 juin 1865; et ce n'est qu'en
1872, qu'une maison de compensation a été fondée à Paris avec
le concours de quatorze banques : elle fait pour quatre milliards de fr. d'affaires l'an (1881-82).
En Angleterre, l'usage des virements était répandu dès 1775,
— notamment parmi les banquiers les plus connus, tels que
MM. Barclay, Baring, Coutts, Hope, Peter Thelluson. La Banque
d'Angleterre, depuis 1854, est associée au *Clearing-house*, de
Lombard-Street, à Londres, qui a réglé :
En 1856 : 47,500,000,000 fr. d'opérations (*voir M. Hankey*).
En 1875 : 150,000,000,000 fr. d'opérations (*voir M. Stanley Jevons*).
Les villes de Manchester et Newcastle ont chacune un *Clea-
ring-house* depuis 1872.
Aux Etats-Unis, on estimait à deux cents milliards de francs l'an
le chiffre d'affaires de vingt-deux *Clearing-houses*, dont vingt-
cinq milliards pour celui de New-York (1877). Il atteint aujour-
d'hui deux cent cinquante milliards de francs pour trente-cinq
établissements de compensation. (*The financial and commercial
Chronicle*, New-York, 5 janvier, 1883).

Les mêmes conclusions ne s'imposent pas en ce qui concerne les banques d'émission.

b) Le *billet de banque* est un instrument de circulation d'un caractère spécial, dont le progrès de l'expérience et des lumières a enseigné l'adoption aux peuples commerçants. La fonction libératoire accomplie si avantageusement, même de nos jours, par les denrées les plus estimées (en Sibérie, par les peaux et fourrures, sur la côte de Guinée, par l'ivoire et la poudre d'or) n'est pas exclusivement réservée aux métaux précieux. Si perfectionnée que soit la frappe des espèces d'or et d'argent, on n'est pas encore parvenu à s'entendre sur l'unité de forme, d'effigie, de poids et d'alliage; la falsification n'a pas disparu et la perte occasionnée par le frai ou simplement par la destruction est incontestée [1]. Il en résulte que, « pour ouvrir dans les airs le chemin des échanges [2] », il convient de rechercher un signe représentatif de la valeur plus à l'abri de l'erreur, de la fraude et des accidents inhérents au maniement de la matière.

Les anciens ont cru trouver le véritable signe représentatif dans ces *monnaies de confiance* dont Aristote et Eschine [3] font mention, et dont Byzance [4] au moyen-âge et la Russie du dernier siècle nous ont laissé des spécimens tangibles. Mais ce n'est que depuis l'avènement

---

Comme indication d'ensemble, MM. Juglar (*Du rôle du numéraire dans les caisses de la Banque*) et Neymarck estiment que les paiements de commerce se décomposent ainsi :

	Londres.	Paris.
Chèques, comptes courants	90 0/0	66 0/0
Billets de banque	9 0/0	31 0/0
Numéraire	1 0/0	3 0/0

1. En ce sens : Ricardo, Thornton, M. Inglès Palgrave.
2. A. Smith.
3. Monnaie d'étain (de Denys de Syracuse).
  — d'airain (de Timothée, général des Athéniens).
          (Aristote, *Économiques.*)
Monnaie de cuir (enveloppant une matière secrète) des Carthaginois.   (Eschine, *Dialogues sur la richesse.*)
4. Monnaie de fer, de Byzance.
  — de cuivre, en Russie, sous Catherine II.

de la civilisation occidentale qu'il est réellement apparu.

Le billet de banque est une transformation perfectionnée de ces monnaies, purement fictives à l'origine, que la Suède, la Hollande et l'Angleterre, à l'imitation des villes italiennes et allemandes du moyen-âge, ont imposées au monde entier sous le nom de florin et de livre sterling, après les avoir mises en circulation à titre d'obligations des banques de Stockholm et d'Amsterdam ou de reçus de la corporation des orfèvres de Londres[1]. Comme tout papier de commerce, il économise le métal, condense sous le minimum de volume le maximum de la valeur, et met en mouvement des capitaux qui, sans lui, demeureraient stagnants et improductifs; en outre, il présente encore des avantages plus précieux : impersonnel, sans affectation spéciale, ni échéance fixe, il est indéfiniment transmissible, payable en espèces sonnantes à présentation.

J.-B. Say a donc eu raison de dire que le service du papier est égal à celui de la monnaie représentée — à une condition toutefois, celle du remboursement certain.

D'où les questions suivantes, en lesquelles se résument toutes les théories économiques professées sur les banques de circulation légale ou obligatoire :

α. L'émission doit-elle être libre ou limitée ?

6. Doit-elle être abandonnée à l'industrie privée ou concédée sous certaines conditions déterminées à une ou plusieurs institutions privilégiées ?

α. Suivant les *bullionistes*, le billet de banque n'a pas d'autre but que la substitution du papier, marchandise par elle-même sans valeur, à la valeur métallique, instrument d'échange trop coûteux. Aussi n'admettent-ils d'émission au porteur qu'autant qu'il existe matériellement dans les caisses de l'établissement signataire

1. Les obligations de la Banque de Stockholm circulaient en Suède dès 1668, et les reçus de la corporation des Orfèvres étaient acceptés à Londres comme monnaie au XVI° siècle.

De là viennent, en partie, les succès financiers des Anglais, qui sont les plus grands régleurs des affaires du monde entier parceque la livre sterling signifie : un poids net d'or.

une contre-partie en espèces ayant cours libératoire, ou tout au moins en lingots [1]. Pour eux, toute transgression à cette règle constitue une altération réelle : l'or et l'argent « supposés » sont des falsifications aussi nuisibles que celles de l'épicier qui trompe sur la nature ou la qualité de ses denrées, aussi contraires à la loyauté qu'à la raison et aux principes de la science. Celui qui ne se conforme pas à cette sage réserve spécule sur le bénéfice d'intérêt que procure momentanément une circulation fictive ; il abuse de la confiance publique, et prépare une catastrophe plus ou moins éloignée, mais certaine. Sans doute, excitées par la facilité du crédit, les affaires prendront au début un essor qui illusionnera les ignorants, les prix s'élèveront et sembleront plus rémunérateurs, grâce à l'extension des consommations improductives ; mais, à cette décevante pléthore, succédera une dépréciation du papier : le métal sera drainé par l'importation étrangère et la panique précipitera une crise où s'effondrera d'un seul coup la fortune publique et privée [2]. En un mot, l'idéal, c'est la suppression du billet de banque, cette « monnaie de l'état de siège », et son remplacement par le « bon de caisse », à l'exemple de l'ancienne banque d'Amsterdam [3].

Telle est la pratique que rejettent aujourd'hui comme insuffisante la plupart des économistes. Ils reconnaissent, il est vrai, qu'elle laisse intact le bénéfice du frai [4], qu'elle a même pour effet de favoriser dans une certaine mesure les paiements par chèques et en virements, mais ils soutiennent, non sans raison, qu'elle

1. Ricardo, *The high price of bullion, a proof of the depreciation of bank notes* (1809).
2. M. Victor Modeste (*Journal des économistes*, 1865).
M. Cernuschi, *Contre le billet de banque* (1865-66).
M. A. Legrand, *le Billet de banque fiduciaire* (1879).
3. Quand la Banque d'Amsterdam (1609-1790) fut incendiée en 1672, on y retrouva en espèces (frappées à la date de sa fondation et noircies par le feu) de quoi rembourser tout le papier en circulation.
4. Le bénéfice du frai était estimé par M. E. de Laveleye, en 1865, à 40,000,000 fr. par an pour l'Angleterre, les États-Unis et la France.

méconnaît le mobile essentiel de la circulation fiduciaire, lequel consiste surtout à procurer le plus possible d'avances à la production représentée par des engagements bien garantis et à la faire profiter d'un abaissement stable du taux de l'intérêt. Est-ce à dire qu'il faille affranchir l'émission de toute limitation légale et adopter sans discussion la thèse optimiste des *inflationistes* au nombre desquels on compte tant d'esprits éminents [1] ? Assurément non ! MM. Carey, Courcelle-Seneuil, Michel Chevalier et E. de Laveleye ont trop de confiance dans les indications de la raison et de l'intelligence. Ils comptent sans les suggestions de la passion, sans les illusions de l'intérêt mal compris. Il ne suffit pas de rappeler à un homme, en fût-il convaincu d'avance, qu'il doit modérer ses appétits, pour être assuré qu'il ne se ruinera pas. Quand on voit chaque jour le Code pénal impuissant à arrêter les délinquants, il est bien difficile de supposer qu'on conjurera les crises en laissant libre cours aux lois économiques. Les besoins de l'échange, les facultés commerciales d'un pays constituent une limite qui ne s'impose pas immédiatement aux banquiers par des symptômes certains et incontestables.

Est-ce qu'il s'est arrêté dans la voie désastreuse où, dans l'espoir de liquider les dettes de Louis XIV [2],

1. En ce sens : Carey, *Cours d'économie politique.*
M. Wilson, économiste anglais. (Avril 1845.)
M. Courcelle-Seneuil,
M. Michel Chevalier,   } *Traités sur les banques.*
M. E. de Laveleye,
M. Lipke, *notions sur la monnaie*, (*Journal des économistes*, 1re série, t. XXXVI, p. 321.)
M. Millet, *le Brésil pendant la guerre du Paraguay* (1877).
Mémoire de la Chambre de commerce de Glasgow, — remis à M. Gladstone, chancelier de l'Échiquier (1866).
Quant à Adam Smith, c'est à tort qu'on le range comme partisan de cette théorie ; en fait, il ne distingue pas l'émission de l'escompte (Voir liv. II, chap. 2, *de la Richesse des nations*).
2. A la mort de Louis XIV (sept. 1715), la dette française s'élevait à 3.111.000.000 livres, en capital, portant 86.000.000 de livres d'intérêts. Malgré la réduction — par simple visa du Régent —

l'avait engagé le Régent, cet aventurier désintéressé
et de génie qui, en cinq cent cinq jours (1er janvier
1719-20 mai 1720), inonda la France de deux milliards
deux cent trente-cinq millions de livres de bons?

Est-ce que la Révolution a senti que la multiplication des assignats conduisait infailliblement à la banqueroute?

Et, de nos jours, n'assistons-nous pas aux déplorables effets de l'abus du papier-monnaie? Les États
qui croient, par cet expédient, diminuer le poids des
intérêts de leurs dettes, ne font qu'aggraver les périls
de leur situation financière. L'Autriche, en demandant
à sa banque nationale de lancer dans la circulation intérieure pour quatre-vingts millions de florins de billets
sans contre-partie, abîme son crédit. L'Espagne fait pis
encore. La Russie — à laquelle un long recueillement
à la suite de la guerre de Crimée ménageait, grâce
au rapide développement de sa population et à une
mise en valeur progressive de ses richesses naturelles,
une prospérité égale à celle des pays neufs, — ne sait
quel remède apporter à la dépréciation de ses roubles,
parce que[2], fidèle aux traditions budgétaires de Catherine II et aux decevants conseils de l'école de M. Katkow,
elle n'a pas voulu arrêter à temps les tirages extrava-
gants de la banque de St-Pétersbourg[3]. D'autre part,

à 2.000.000.000 en capital et 8.000.000 en intérêts, la banqueroute était imminente:

les revenus du Trésor étant de	165,000,000 livres
et les charges de	243,000,000 —
il manquait annuellement	78,000,000 livres
qui, ajoutés aux	743,000,000 —
des dettes exigibles.	
portaient le déficit à	821,000,000 livres

En fait, il ne restait guère dans les caisses de l'État que
800,000 livres.

1. Voir M. A. Thiers, *Histoire de Law*, p. 181.

2. A la mort de Catherine II (1796), il y avait en circulation
157,000,000 de roubles-papier, gagés par une monnaie de
cuivre dont le poids avait été volontairement altéré. Un
ukase du 2 février 1810 en a prescrit le retrait.

3. Pour une réserve métallique de 920,000,000 fr. en or, la
Banque de Saint-Pétersbourg a émis 2,500,000,000 fr. de papier

l'Allemagne défend énergiquement son nouveau stock d'or; l'Italie se relève depuis que, docile à l'impulsion de son ministre Magliani, elle modère ses émissions; et les États de l'Amérique du Sud — le Brésil, le Chili et la République Argentine, — voient le cours de leurs rentes s'élever à mesure qu'ils remplacent par des notes nationales garanties par des dépôts d'or, le papier à cours forcé de leurs anciennes banques libres[1].

En présence de tels exemples que doit-on penser, sinon que MM. Rossi et Wolowski[2] avaient raison de dénoncer le péril de la liberté des émissions et d'en réclamer impérieusement la réglementation comme cela a lieu pour les machines à vapeur, dont l'explosion ne compromet cependant pas l'existence économique d'une société tout entière?

Il n'est parfois pas inutile que la loi arrête les entreprises inconsidérées des financiers de l'école des frères

monnaie. Aussi, depuis 1853, le cours des roubles ne cesse-t-il de baisser :

1853. — 4 fr. au pair.
1860. — 3,70, perte 7 1/2 0/0.
1866. — 3,04.
1871. — 3,17.
1876. — 3,23, perte 15 0/0.
1877. — 2,69.
1878. — 2,54.
1879. — 2 52, perte 37 0/0.
1881. — 2,63.
1885. — 2,41 1/2.
1886. — 2,39, perte 40 0/0.
1887. — 2,19 3/4.
1888. — 2,15 — 2,00, perte 45 à 50 0/0.

Il y a, cependant une reprise depuis un an, due à une bonne récolte et à une gestion financière plus sage :

1888 (sept.) — 2,60 (soit 30 0/0 de hausse sur les plus bas cours.
1889 (avril.) — 2,70)

1. Le Brésil est parvenu à ramener son papier au pair (1888-89). Quant à la République Argentine — en dépit de ses récents emprunts en or (200.000.000 fr. en 1887-88 , et de la nouvelle loi ordonnant (mars 1888) le retrait, en sept années de 95.000.000 fr. de papier — elle demeure encore dans une situation relativement précaire. L'émission des billets y atteint 250 fr. par hab. (plus qu'en Autriche et en Russie) et l'or y fait 33 à 35 0/0 de prime.

2. M. Rossi (rapport à la Chambre des pairs. 1850).
M. Wolowski (déposition à l'enquête de 1866).

Pereire, qui ne veulent pas admettre que le billet, signe représentatif[1] de numéraire, n'a pas la vertu créatrice. Law voyait faux quand il écrivait en 1720 : « La » valeur des choses varie par deux causes distinctes : la » plus ou moins grande abondance des produits, et la » plus ou moins grande abondance de la monnaie. De » ces deux choses, l'une échappe à l'action de l'homme » tandis que l'autre peut être soumise à son empire. Il » ne dépend pas de l'homme que la quantité du blé, du » vin... se maintienne toujours en équilibre avec les » besoins; mais il dépend de lui que la somme de la » monnaie demeure toujours dans un juste rapproche- » ment avec la demande, pourvu que cette monnaie » n'ait pas de valeur intrinsèque, qu'elle ne consiste » pas dans l'or et dans l'argent. » Le métal, « rail sur lequel glissent les transactions[2] », n'est pas, quoi- qu'en ait pensé Turgot, une marchandise comme une autre. Il est et demeure une commune mesure : parce qu'indépendamment de la fonction que lui attribue l'usage, il représente la matière précieuse la plus jus- tement acceptée de tous que l'homme ait encore extraite des entrailles de la terre, parce que le porteur a en lui-même la conviction qu'il trouvera toujours un or- fèvre pour le fondre ou un voyageur pour l'exporter[3]. Un peuple, fut-il gorgé de richesses accumulées, fût-il un producteur de matières premières sans rivales, ne saurait s'en passer : en 1848, à Paris, l'or faisait prime de 120 pour mille; en 1825, à Londres, il s'empruntait à 710 %, l'an; en 1857, la place de Hambourg, encom- brée de marchandises, était sur le point de sombrer faute d'espèces ; et, à cette heure, lasse de subir d'in- cessantes crises monétaires, la République Argentine achète à Londres tout l'or disponible[4].

1. M. E. Forcade, *Le Crédit mobilier*. (*Revue des Deux-Mondes*, 1856.)

2. Carey.

3 Storch, *Cours d'économie politique* (premier exposé de la situation des banques en Europe), 1813.

4. En ce sens : M. de Laveleye, *les Banques*.
           M. Fullarton, *Règlement de la circulation*.

L'émission doit donc être astreinte à subir une limitation stricte, variable suivant le temps, les tendances du caractère national et la nature du développement économique [1].

Malheureusement, c'est un peu le hasard qui jusqu'ici a fait les frais des méthodes suivies en la matière [2].

En Angleterre — suivant cette tendance analytique propre à l'esprit anglo-saxon qui, de peur de verser dans l'abstraction, refuse si souvent de se dégager de l'étreinte du fait (matter of fact), — on s'est jusqu'à ce jour contenté du *currency principle*. Saisi de la justesse des critiques théoriques d'A. Smith, de Ricardo et de Cobbet [3], et ému des plaintes dont Mac-Culloch, W. Clay, le colonel Torrens, Loyd Norman s'étaient faits les spécieux interprètes, sir Robert Peel (1844-45) a fait adopter un système sous lequel la Grande-Bretagne vit encore : les émissions sont fixées, pour les banques anglaises, au montant de l'encaisse augmenté de seize millions de liv. st. et, pour celles d'Écosse, au montant moyen de la circulation au 1er mai 1845.

Cette pratique empirique, que l'Autriche-Hongrie et l'Italie ont imitée [4] et que la France a suivie par routine [5], a le grave défaut de n'avoir pour point de départ aucune idée synthétique, d'être arbitraire et d'une

1. Ainsi il est évident qu'un pays civilisé, habitué dès longtemps à manier du papier, comme l'Écosse ou le Massachusetts, est mieux préparé à s'accommoder d'une large circulation qu'une société agricole en voie de transformation industrielle telle que la France de 1810, toute tremblante encore au souvenir de la banque de Law et des assignats de la Révolution.

2. M. Léon Faucher, *Études sur l'Angleterre*. (1845.)

3. A. Smith, *Richesse des nations*.

M. Cobbett, *Paper against gold or the history and mystery of the Bank of England*, (1810).

4. L'Autriche (loi du 27 juin 1878) fixe l'émission maximum de sa Banque nationale à 200,000,000 florins en sus de l'encaisse.

En Italie, le « consortium » des six grandes banques fixe la circulation à un milliard.

Aux États-Unis, la loi fédérale a interdit l'émission au-delà de 350,000,000 dollars de 1870 à 1875.

5 En France, l'émission a été limitée de tout temps, sauf de 1850 à 1870, et fixée arbitrairement à :

rigidité exagérée. Elle s'est déjà trouvée insuffisante trois fois, en 1847, 1857, 1866 ; et, bien que vantée par Hankey, ancien gouverneur de la Banque d'Angleterre, elle n'a pas résisté au blâme de l'école économique orthodoxe[1].

Le *banking principle* qui tient compte des besoins du marché des capitaux et des nécessités du négoce est plus défendable, parce qu'il est fondé sur cette conception du crédit d'Adam Smith : « Aussi long- » temps qu'une banque n'émet des billets de circula- » tion qu'en échange des valeurs commerciales créées » pour le paiement des marchandises, bona fide, ven- » dues et livrées, la sécurité est absolue ». Son princi- pal mérite vient de ce qu'il s'inspire de l'examen des *lois naturelles* et de ce qu'il établit entre la circulation et l'encaisse un rapport sensiblement égal à celui de la promesse et du paiement[2]. Cette proportion, que la loi de 1829 du Massachusetts restreint à 1:5/100 et que dans l'usage les Ecossais élèvent à 950/100, est le plus souvent acceptée à 300/100[3]. Reconnue comme normale par les anciennes banques allemandes, et proposée par M. Magliani au Parlement italien (nov. 1887), elle est entrée dans la législation d'Empire en 1875 (art. 14),

350.000.000 fr.	— décret du 15 mars 1848.	
325.000.000 —	— 29 déc. 1849.	
1.800.000.000 —	loi du 12 août 1870.	
2.400.000.000 —	— 14 août 1870.	
2.800.000.000 —	— 14 déc. 1871.	
3.200.000.000 —	— 15 juillet 1872.	
3.500.000.000 —	— 23 déc. 1883.	

1. Mac-Leod.
M. Michel Chevalier.
M. E. de Laveleye.
M. Wolowski (bien que dans une moindre mesure).
2. Rossi pose ainsi l'équation :
$$\frac{\text{circulation.}}{\text{encaisse.}} = \frac{\text{promesse.}}{\text{paiement.}}$$
3. En ce sens : J.-B. Say, *Cours d'économie politique*, t. I, p. 472.
M. A. Clément, *Science sociale*, 1867.
M. Cunin Gridaine, *Rapport sur la Banque de Rouen* (1852).
M. d'Eichthal (*la Monnaie de papier*) préfère le rapport de 200/100.

dans celle de la Belgique, et sert de guide aux régents des grands établissements européens pour la fixation de l'escompte. Peut-être la règle, ainsi posée, n'est-elle pas d'une efficacité absolue; peut-être même est-elle susceptible d'être mise en défaut dans ces bouleversement politiques intenses où — comme en 1797 et 1814 pour l'Angleterre, comme en 1805, 1814, 1848 et 1870-71 pour la France — tous les liens sociaux se tendent au point d'éclater; mais elle a au moins l'avantage de n'avoir pas reçu de flagrant démenti en présence des crises purement économiques qui résultent d'une contraction accentuée de tous les intermédiaires de l'échange; et, complétée par l'ingénieuse prescription qui sépare, à la Banque d'Angleterre, le département de l'émission de celui de l'escompte et des dépôts ou comptes courants — et par celle non moins prévoyante qui interdit la funeste « clause d'option »[1] des banques écossaises, — elle constitue le principe le plus certain sur lequel on puisse asseoir une circulation fiduciaire sérieuse.

L'accord, qui semble établi sur la nécessité d'une législation protectrice de la sécurité des transactions, n'est pas aussi complet sur la question de l'intervention gouvernementale et de l'unité ou de la pluralité des institutions autorisées.

A entendre les intransigeants de l'école individualiste, toutes les fois que l'État sort de son rôle d'exécuteur d'une loi générale applicable à tous les citoyens sans distinction, pour créer un monopole, il outrepasse ses droits au grand détriment d'une sage gestion des intérêts privés et publics. Or, c'est ce qui a lieu quand il impose à des institutions privilégiées sa participation dans leur administration intérieure. L'intrusion de la politique est la ruine des entreprises financières. Ce sont d'abord des conditions léonines à la fondation; puis, d'incessantes demandes d'avances à un taux inférieur à celui du marché libre, de hautaines

1. Les banques d'Ecosse offraient parfois aux porteurs de leurs billets le choix entre le remboursement immédiat et le bénéfice d'un intérêt pour prix de leur attente. Cette clause dite « d'option » est interdite depuis l'« act » de 1765.

exigences de prolongation de crédit, accompagnées de menaces de retrait de la concession; enfin la proclamation du cours forcé, aveu d'une situation embarrassée et prélude de la faillite définitive. Si elles avaient été entièrement dégagées de toute main-mise, les banques de Stockholm et de Copenhague n'auraient pas failli succomber (en 1720 et en 1791) sous le poids des « reichs schulden zettel [1] ». La Banque d'Angleterre, dépouillée par Charles Ier (1640) et Charles II (2 janvier 1672), n'aurait pas été obligée d'implorer la justice de Guillaume III (1709) et tenue, par reconnaissance, de subir : la honte de la suspension de paiement du 27 février 1797 et l'interdiction des versements en numéraire pendant vingt-cinq ans (1802-1827) [2]. La France n'aurait pas connu : la folle tentative de Law, les scandaleuses pratiques de Calonne à l'égard de la Caisse d'escompte de Paris [3], la déplorable catastrophe des assignats et les crises monétaires de 1806, de 1814, de 1870-71. Enfin l'Autriche, depuis 1848, la Russie, depuis 1854, ne seraient pas soumises au régime du cours forcé, que l'Italie a dû accepter pendant dix-sept ans (1866-1883).

À ces objections plus spécieuses que véritablement fondées, on peut répondre. Le monopole de l'émission des billets est raisonnable parce qu'il n'appartient qu'à l'État de rendre le service de la fabrication des espèces : *battre monnaie* est un droit régalien aussi incontes-

---

1. Billets d'État.

2. La Banque d'Angleterre n'a dû la restitution partielle de son capital et la concession de son privilège de cent vingt-sept ans (1700-1826) qu'à la reconnaissance de Guillaume III, auquel son directeur, W. Patterson, avait envoyé des subsides par l'intermédiaire de son associé, Godfrey, — lequel fut tué au siège de Namur (avril 1694).

Sous le ministère Pitt, elle a également fait à l'État anglais des avances importantes, remboursables au terme d'un mois après la paix.

3. La Caisse d'escompte de Paris, fondée en 1776 par Penchaud et Bernard, sur l'autorisation de Turgot, a été ruinée par ses avances à l'État :

1787. — 70,000,000 livres.

table que celui de rendre la justice ou que celui de
veiller au maintien de l'ordre public. Il importe peu
qu'il s'agisse de frappe de métaux précieux ou de
tirage de papier. Il y a mieux : c'est précisément parce
que le billet, n'étant qu'un engagement de livrer [1], est
incapable par lui-même de suppléer à une création de
capital circulant, qu'il doit être l'objet d'une surveillance toute spéciale de la part du législateur. « La
» libre concurrence en matière de banques, a dit Rossi,
» est un danger que ne peuvent tolérer les lois d'un
» peuple civilisé. Autant vaudrait permettre au pre-
» mier venu d'émettre au milieu de nos cités des débits
» de poisons, des fabriques de poudre à canon [2]. »

D'ailleurs, dans la pratique, le système de la liberté
n'a pas tenu les promesses de ses défenseurs. Dans le
Royaume-Uni, la Banque d'Angleterre, plus puissante
qu'elle ne l'a jamais été, exerce en fait le monopole que
la loi de 1826 lui avait retiré en droit. En Écosse, le nombre des établissements d'émission ne cesse de diminuer,
à mesure que celui de leurs embranchements s'accroît [3] :
s'étant élevé au chiffre de trente-cinq en 1850, il n'est
plus, depuis plusieurs années, que de onze pour une circulation amoindrie et mieux proportionnée aux besoins
réels du pays [4]. Aux États-Unis — dans le passé — le
régime des « billets continentaux » (septembre 1774-mai
1781) a abouti à une banqueroute [5], et les abolitions
successives par Jefferson (1811) et par Jackson (1836)
des institutions nationales fondées par Hamilton,

fin 1788. — 170.000.000 livres.
Elle a été définitivement supprimée par Cambon, le 4 août 1793.
1. Réponse à une objection de M. Horn (*Liberté des banques*,
p. 382).
2. M. Rossi (à la chambre des Pairs, 1840). — Dans le même
sens : M. Coullet, *Études sur la circulation monétaire*, (1865).
3. Fait constaté par M. Wolowski, *Examen des comptes de situation des banques d'Écosse en 1819, 1830, 1845 et 1864*.
4. En Écosse la circulation des billets, qui s'élevait à
1.143.750.000 fr. en 1858, est tombée à 899.150.000 fr. en
1863 (*Économist de Londres*, 19 sept. 1863), et de nos jours à
720.000.000 fr.
5 En mai 1781, cinq-cents dollars-papier en « billets continentaux » valaient un dollar en or.

(1791) et par Madison (1816), n'ont pas été le point de départ d'une amélioration sensible de la circulation fiduciaire. Conçues en haine d'établissements fiers de leurs services et de leur indépendance [1], ces destructions politiques n'ont ni arrêté les crises de 1837 et de 1857, ni atténué les effets de la débâcle inouïe de 1861 [2]. Lors de la guerre de Sécession, les mille six cent banques de l'Union, soumises au cours forcé pendant seize années (1863-1879), ont dû subir, à l'imitation de celle de New-York (loi de 1838), l'obligation de déposer le tiers de leur capital aux caisses du Trésor. Et dans le présent (1885) — deux mille sept cent vingt-cinq comptoirs renoncent pour la plupart à des émissions, que l'achat de contre-parties en rentes fédérales à faible revenu et remboursables au pair à bref délai rend de plus en plus onéreuses [3].

Il en résulte qu'il n'est pas exact que le régime de la libre concurrence ait pour effet de soustraire les pays même parlementaires aux étreintes du despotisme gouvernemental, et qu'il n'est pas encore démontré qu'il ait l'avantage d'étendre au maximum la circulation [4].

1. M. A. Gigot, vie de Jackson.

2. Le papier-monnaie perdait 61 0/0 au change en or.

3. La loi Chase, du 3 juin 1864, modifiée par celles de 1870, 1874, 1875, impose aux banques d'émission le dépôt d'un tiers de leur capital sous forme de rentes fédérales, cotées au cours du jour. En échange, le contrôleur du Trésor leur remet des « green-backs » pour une somme égale à 90 0/0 de la valeur nominale des titres remis en gage. Il en résulte que les établissements de crédit n'ont intérêt à lancer du papier dans la circulation qu'en temps de crise : cette conséquence n'est pas sans dangers.

4. L'émission a plus progressé en France, pays de monopole, qu'en Angleterre et qu'aux Etats-Unis, ainsi qu'il résulte du tableau suivant :

	France.	Angleterre.	Etats-Unis.
1837.	260,000,000 fr.	»	149,000,000 doll.
1845-46.	262,000,000 »	9 25,000,000 fr.	»
1860.	600,000,000 »	»	207,000,000 »
1878.	2,700,000,000 » à 2,800,000,000 »	1,110,000,000 »	»
1886.	2,711,000,000 »	628,000,000 »	»

(Réponse à une objection de M. Courcelle-Seneuil (Traité sur les banques.)

La question de savoir s'il convient d'autoriser une seule ou plusieurs banques à lancer ensemble du papier — par régions ou sur toute l'étendue du territoire, — soulève une controverse plus actuelle.

Sans adopter la conclusion de M. Mauguin (1830) ayant pour objet la création de comptoirs cantonaux, MM. Rossi, Michel Chevalier[1], Léonce de Lavergne et Baudrillart se sont plaints de la suppression des banques départementales dont quelques-unes (telles que celles de Bordeaux[2], de Boulogne, de Calais et de Dieppe), modèles d'organisations financières, avaient rendu, chacune dans leur ressort, d'incontestables services; et, plus spécieux, les frères Pereire ont regretté qu'il n'ait pu être donné suite à leur idée de faire de la Banque de Savoie agrandie[3] (1860-1863) « un levier de crédit commercial » au profit des compagnies de chemins de fer et de l'État.

Mais aujourd'hui théoriciens et praticiens estiment que l'unité est, en tous pays, une nécessité conforme aux besoins généraux. Revenue de l'engouement de son Parlement pour la législation de 1826 et de 1844-45, l'Angleterre tend, suivant la pensée de Ricardo

Il convient toutefois de faire observer que la plus grande diffusion des chèques et des comptes de compensation dans les pays anglo-saxons détruit en partie cette argumentation.

1. M. Paul Leroy-Beaulieu émet les mêmes regrets; mais il reconnaît du moins, l'impossibilité de rétablir les banques provinciales autonomes, à cause de l'éventualité fatale d'un rétablissement du cours forcé en cas de crise européenne. (*Économiste français*, 20 avril 1889.)

2. La banque libre de Bordeaux, fondée en 1846-47, avait distribué jusqu'à 15 0/0 à ses actionnaires.

3. MM. Pereire avaient, dès 1857, dans une note à l'Empereur, exposé leurs projets de réforme. Aussi, lorsque, en 1860, par suite d'un oubli des plénipotentiaires de Zurich, la Banque de Savoie réclama le privilège de l'émission pour la France entière, la Société générale de crédit mobilier imagina-t-elle, par traité, d'en porter le capital de quatre à quarante millions. Mais cette transformation n'obtint pas l'assentiment du Gouvernement (lettre de M. Fould, ministre des finances, 9 octobre 1860), et la Banque de France, moyennant quatre millions de francs, put, quatre années plus tard (21 nov. 1864), se débarrasser d'une dangereuse concurrence.

et de Tooke [1], à la concentration; l'Italie et l'Allemagne, à l'instigation de Stein [2], réduisent périodiquement — au profit de leurs banques nationales — les privilèges régionaux d'établissements dont le rachat ou la suppression n'est plus qu'une question de temps; les anciennes institutions libres de la Suède (1877) et de la Suisse établissent entre elles une fédération; la Belgique, convaincue par M. Frère-Orban, ministre libéral, se prononce énergiquement contre la dualité [3], et la France, heureuse de la sécurité qu'elle doit à une fondation de Napoléon Ier, se félicite d'avoir suivi les sages conseils de M. Thiers (1840) et de MM. Léon Faucher, Bussières, d'Eichthal et Fould (1847-1848).

c) Elle est plus embarrassée pour discuter les conditions de renouvellement d'un privilège dont l'expiration relativement prochaine (1897) préoccupe déjà l'attention de représentants clairvoyants [4].

Il apparaît, en effet que si, repoussant la pratique anglaise des prorogations annuelles, on veut faire une œuvre sérieuse et progressive — à l'abri des surprises d'un vote dicté par les passions ou les nécessités d'un jour — l'examen des conditions d'une aussi grave concession impose une enquête sérieuse à la fois commerciale, industrielle et financière.

L'organisation du Consulat du 24 germinal an XI (14 avril 1803), que les lois des 22 avril 1806, 30 juin 1840 et 9 juin 1857 [5] ont laissée subsister dans ses

---

1. Tooke a écrit : « *Free trade in banking is synonymous with free trade in swindling* ».

2. M. Stein (*Das Bankwesen Europa's und die Gesetzgebung*, Vienne, 1862).

3. M. Frère-Orban a dit : « C'est un projet insensé que de « vouloir établir deux banques dans une même localité ».

4. A l'appui de cette opinion, on fait remarquer que la société du Comptoir d'escompte, qui arrivait à expiration en mai 1887, a été, par décision de 1883, prorogée jusqu'au 18 mai 1927, et que le Crédit foncier, fondé en 1852 pour 99 ans (1951), a obtenu, le 22 juin 1852, un décret approuvant une prolongation jusqu'en 1980.

5. La Banque de France, fondée le 20 février 1800 et organisée pour 20 ans, le 24 germinal an XI (14 avril 1803), a obtenu prorogation de son privilège:

grandes lignes, est, à notre époque d'intense activité économique, notoirement surannée.

En présence du développement de l'escompte et de la circulation des billets, le capital de l'institution de la rue de la Vrillière est devenu insuffisant, la négociation de ses actions trop laborieuse, et son administration intérieure trop fermée au courant démocratique.

Pour un ensemble d'affaires de plus de douze milliards de francs [1] et une émission de trois milliards, cent quatre-vingt-deux mille cinq cents titres, d'une valeur nominale de 1.0 0 fr. et vénale de 3.500 à 4.000 fr. [2], ne constituent pas une garantie suffisante; l'admission restreinte des deux cents plus forts porteurs de cent actions au moins aux assemblées générales (articles 10 et 11 de la loi de germinal an VI) est déraisonnable; et la composition du conseil de régence n'accorde pas à l'industrie et au petit commerce la place que leur assigne la croissante importance de leurs transactions. La réforme doit donc porter au moins à un million six cent mille le nombre des actions de 250 fr., convoquer aux délibérations tous les intéressés (comme cela a lieu dans les grandes compagnies de chemins de fer et les autres sociétés de crédit), et appeler à côté des trois receveurs généraux dont la présence est obliga-

Le 22 avril 1806 pour 25 ans (jusqu'au 31 décembre 1846).
Le 30 juin 1840 — 20 — — 1867).
Le 9 juin 1857 — 30 — — 1897).
1. Les bilans de 1885 et 1886 accusent, pour l'ensemble des opérations, les chiffres suivants :
1885. — 1 .324,000,000 fr.
1886. 12,089,000,000

2.	Capital.	Escompte annuel.	Émission des billets.
An II. —	45,000,000	510,000,000	•
1807. —	67,000,000	333,000,000	80 à 48,000,000
			(maximum et minimum).
1848. —	91.250,000	1,643,000,000	•
1857. —	182,500,000	5,597,000,000	622,000,000
1884. —	•	10,385,000,000	3,974,300,000 (fév. 84)
1887. —	•	•	2,755,000,000
1868. —	•	•	2,742,000,000

toire (décret-loi du 22 avril 1806), des représentants plus nombreux du négoce — délégués de toutes les chambres de commerce, — à discuter les mesures générales d'administration, c'est-à-dire celles qui ont rapport à la nature des coupures émises, aux dépôts, avances et comptes-courants et à cette fonction par excellence de toute banque, à l'escompte [1].

MM. Pereire avaient raison lorsque, témoins intelligents de la crise de resserrement métallique de 1863-64, ils réclamaient en 1866-67 une circulation plus ample de ces petits billets que la Banque doit au public comme les compagnies de chemins de fer doivent des trains omnibus. MM. Clapier, Wolowski et A. Clément se trompaient quand, fidèles interprètes d'une théorie d'A. Smith, ils combattaient, le premier en 1837, la proposition de M. Léon Faucher en faveur des coupures de 100 francs, les deux autres, la disposition de la loi de 1857 accordant leur abaissement à 50 francs. Loin de constituer une prime à l'exportation du métal, ce fractionnement, dont la Banque n'a usé, en fait, qu'à partir de 1864, a l'avantage, sans augmenter sensiblement les dangers de la contrefaçon, de faciliter la défense de l'encaisse, et il y a tout lieu de supposer que l'expérience des services rendus, en 1870, par l'émission de billets de 25 et de 20 francs sera, dans un avenir prochain, un encouragement à adopter définitivement un usage qui, répandu en Écosse depuis l'« act » de 1765, n'a encore soulevé aucune objection de principe [2]. La

---

1. Napoléon Iᵉʳ disait : « Je ne conçois clairement dans les opérations de banque que l'escompte ».

2. La Banque de France n'émettait à sa fondation que des billets de 1,000 et de 500 francs pour Paris, et de 250 francs pour les départements.

La loi du 28 mai 1816 l'a autorisée à émettre des billets de 5,000 francs (couleur carmin), supprimés depuis,

celle du 10 juin 1817, des coupures de 200 fr. peu usitées.

—	15 mars 1818	—	100 —	
—	9 juin 1857	—	50 —	
celle du	12 août 1870	—	25 —	) supprimées
—	12 déc. 1870	—	20 —	} depuis l'a-
-	29 déc. 1871	—	10 et 5 fr.	} bolition du
				) cours forcé.

diffusion des « bons de monnaie » de 10, 5, 2 et 1 francs (à l'exemple de l'Autriche et de l'Italie) présente plus d'inconvénients : elle a le tort d'être incommode et peu sûre, d'offrir de trop nombreuses chances de destruction ou d'usure, et, ce qui est plus grave, de répandre dans les populations cette défiance instinctive que soulève l'apparence même du cours forcé. Il semble, par conséquent, plus sage de réserver cette ressource extrême pour les cas désespérés de catastrophe nationale[1], et de ne pas recourir inutilement à des instruments de circulation divisionnaire dont l'abus est généralement considéré comme un indice d'appauvrissement sinon de ruine.

Il est également regrettable qu'à l'inverse des nouveaux établissements financiers anglais et français, la Banque de France s'obstine à n'accepter de dépôts qu'à Paris, Bordeaux, Lyon et Marseille, à les entraver par des formalités et des frais de garde qui favorisent la concurrence[2], à ne les faire bénéficier d'un intérêt infime qu'à partir de 20.000 fr. en espèces, et à ne concéder des avances que sur des titres dont la nomenclature est beaucoup trop courte[3]. MM. Pereire (1866),

L'« act » de 1765 autorise les banques d'Écosse à émettre des billets d'au minimum un livre.

1. La loi du 16 novembre 1871 a autorisé un syndicat de banques (dont faisaient partie le Comptoir d'escompte et la Société générale) à émettre des bons de 5, 2, 1 fr., sous la condition d'un dépôt équivalent de billets de la Banque de France à la Caisse des dépôts et consignations.

2. La Banque de France, qui reçoit des dépôts de titres depuis 1853, exige des frais de garde supérieurs à ceux des autres établissements, tels que le Comptoir d'escompte, la Société générale, le Crédit lyonnais, le Crédit foncier et le Crédit industriel.

3. Autorisée par la loi du 17 mai 1834, la Banque fait des avances jusqu'à concurrence des 4/5 de la valeur cotée en Bourse, sur dépôt de rentes françaises, d'obligations des grandes lignes de chemins de fer et de la ville de Paris (décret du 12 mars 1852). Ces prêts s'élevaient à 269.000.000 francs en février 1888. Ils seraient beaucoup plus importants, plus utiles et mieux garantis s'ils étaient consentis pour la moitié seulement de la valeur sur les deux tiers des titres admis depuis dix ans à la cote officielle de la Bourse de Paris.

comme M. Humann (1834), ont justement signalé cette lacune de la gestion intérieure, cette tendance à préférer des lingots improductifs à des valeurs cotées portant intérêt, et cette insouciance à rendre au grand public ces services multiples dont la rémunération indirecte paie largement le surcroît de personnel et les agrandissements de locaux qu'ils nécessitent.

Dans cet ordre d'idées, la suppression des commissions pour virements des comptes courants d'une ville « bancable » sur une autre également pourvue d'une succursale (1879), la délivrance de chèques gratuits (1880), constituent de réelles améliorations ; mais il n'y a là que des indications qui gagneraient à être complétées par une extension propice à toutes les villes « rattachées » et par la création de comptoirs pour la négociation des fonds publics[1].

L'escompte stable et à bon marché est le bienfait le plus sérieux qui puisse justifier le monopole d'un établissement d'émission. Par ce seul fait qu'elle a le privilège de lancer dans la circulation, même dans des limites déterminées, un capital qui n'exige aucune rémunération, la Banque de France encourt une responsabilité qui n'a échappé ni à ses fondateurs, ni à tous les hommes versés dans l'étude des questions financières.

La fixation législative d'un taux maximum préconisée par MM. Pereire (1866) est une erreur, à laquelle l'Angleterre a dû renoncer depuis 1839[2], parce qu'elle n'est effective qu'autant qu'elle empiète sur le domaine de la loi naturelle de l'offre et de la demande. Mais il n'en résulte pas qu'il faille laisser à un conseil de régence, si éclairé qu'il soit, la faculté de modifications arbitraires et sans mesure. Les oscillations d'un pendule

---

1. Vœu de M. Neymarck. Rapport aux Chambres syndicales des industries diverses (29 mai 1885).

En fait, la Banque de France comptait en décembre 1887 : 94 succursales et 38 bureaux auxiliaires (sans préjudice de 29 places rémunies et de 101 rattachées).

2. Jusqu'en 1844, la Banque d'Angleterre n'a pas eu le droit d'escompter à plus de 5 0/0.

n'ont pas de valeur scientifique quand leur amplitude est altérée par le fait d'une volonté humaine : or, c'est ce qui a lieu lorsque le taux de l'escompte atteint ou dépasse celui de l'intérêt moyen des placements mobiliers ou des achats immobiliers récents. Il n'est pas normal que le crédit fait au papier de commerce — signe réalisable à bref délai d'une vente effective de marchandises — soit plus avantageux pour la Banque que celui qu'accorde un prêteur à long terme, soumis aux fluctuations incessantes du marché des capitaux. D'ailleurs, qu'on le remarque, des trois éléments de bénéfice que fait équitablement valoir le banquier ordinaire — prix de ses services, commission ou assurance contre les risques, loyer de l'argent — l'institution privilégiée qui réclame trois signatures, et émet comme contre-partie du papier à cours légal, ne peut raisonnablement revendiquer que le troisième. Napoléon était donc fondé quand il écrivait d'Anvers, le 5 mai 1810 : « S'il y a, « dans tout l'Empire, des provinces où, avec du bon « papier, on ne puisse escompter à 4 1/2 %, je n'en « prendrai à la Banque, qui manquera au but de sa « création, qui ne réalisera ni mes espérances ni mes « promesses, et qui perdra ses droits à la faveur que je « lui ai accordée, en la faisant jouir d'un si grand privi- « lège ». Qu'eût-il dit, s'il avait vu le taux atteindre, comme aux États-Unis, 32 et 36 % (mai 1837, octobre 1857), s'il avait dû assister aux vingt-quatre variations de la Banque d'Angleterre en 1873 ; qu'eût-il fait s'il avait dû subir à Paris, en 1857, à l'exemple de Londres, des exigences de 8 à 10 % [1] ? Il eût menacé de fermer les

1. VARIATIONS DE L'ESCOMPTE.

	Banque de France.	Banque d'Angleterre.	États-Unis.
Mai 1837.	4 0/0	»	32 0/0
1844.		2 1/4 à 3 0/0	
1847.		2 1/2 à 8 0/0	
1854.		5 0/0	
1855.	5 à 6 0/0		
1856.	6 0/0		
1857.	6 à 10 0/0	8 à 10 0/0	36 0/0
1861.	7 0/0		
1862.	3 1/2 à 5 0/0		

bureaux de la rue de la Vrillière; puis, le premier mouvement d'humeur passé, il eût fait décréter par Mollien le cours forcé [1], c'est-à-dire sacrifié temporairement l'émission à l'escompte.

Aurait-il eu raison? On en peut douter. Un expédient n'est pas un remède. Le mal n'est pas absolument dans l'absence de toute séparation entre les deux départements de l'émission et de l'encaisse, il est surtout dans le défaut d'élasticité du capital disponible de la Banque. L'immobilisation partielle étant inévitable — puisque tous les gouvernements se font une règle de harceler les conseils de régence de demandes d'avances exorbitantes à chaque crise politique ou sociale [2], — il ne

1863.	8 0/0	
1864.		8 0/0	3 1/2 à 7 0/0
1866.		10 0/0
. . . . .	. . . . .	. . . . . .
1877.	2 à 3 0/0	2 à 5 0/0
1884.	3 0/0	3 1/2 0/0
1885.	3 0/0	4 0/0
1886.	2 1/2 0 0	2 0/0
1887.	3 0/0	4 0/0
1888.	3 0/0 à 1 1/2 0/0	2 1/2 0/0 à 5 0/0	2 1/2 0/0 à 3 0/0

Il résulte de ce tableau que les variations sont moins fréquentes en France qu'en Angleterre et qu'aux Etats-Unis; mais cela est dû à ce fait qu'en aucun pays, sauf en temps de crise politique, l'encaisse métallique n'y est aussi considérable.

1. Le cours forcé a été décrété le 15 mars 1848 et aboli le 6 août 1850; rétabli par la loi du 12 août 1870, il a fait place au cours légal le 8 août 1875.

2. Non seulement la Banque a dû faire des avances occultes au premier Empire, mais en 1814, 1815, 1821, 1823, 1844, 1832, le montant de ses prêts à l'État a excédé l'ensemble de ses escomptes au commerce (M. Gauthier, 1839, *Dictionnaire encyclopédique du droit*, au mot *Banque*).

En 1848-49, elle a versé au Gouvernement 150,000,000 fr. contre garantie (1/2 rentes, 1/2 forêts domaniales).

En 1857, elle a immobilisé 100,000,000 fr. en une inscription de rente payée au-dessus du cours de la Bourse.

En 1870-71, elle a fait face à un découvert de 1,500,000,000 fr. (loi du 21 juin 1871), dont le remboursement définitif n'a été effectué que le 14 mars 1879:

au détriment de son encaisse réduite à.... 219,000,000 fr.

pour une émission de..................... 2,212,000,000 »

Et en vertu de la loi du 13 juin 1878, elle a accepté d'abandonner la jouissance de 140,000,000 fr. à l'État contre remise

reste plus qu'un moyen préventif sérieux : la formation
d'une réserve rapidement réalisable au moment des
afflux de papier. La pratique anglaise d'achats de 3 %,
aux époques de pléthore ayant pour effet d'effondrer,
en cas de vente précipitée, les cours des rentes nationales (ainsi qu'on a pu le constater en Écosse vers 1864-
65), au détriment du crédit de l'État et des intérêts de
la spéculation honorable, MM. d'Eichthal et Aubry [1]
ont proposé d'appliquer le système de l'échelle mobile
aux appels de fonds, gradués et temporaires, du capi-
tal-actions exigible : toutes les fois que le taux moyen
de l'escompte s'élèverait au-dessus de 3 %, le porteur
inscrit serait mis en demeure, sous peine de déchéance
de ses droits, de faire un ou plusieurs apports dont le
montant ne pourrait dépasser un maximum de garantie statutaire, et inversement l'abaissement au-dessous
de 2 1/2 % le constituerait créancier d'une somme liquide équivalente.

Cette méthode a, nous le reconnaissons, le défaut
d'écarter définitivement d'un placement légalement
immobilisable la clientèle des incapables (mineurs,
interdits, femmes dotales et établissements publics[2]),
mais cet inconvénient nous semble largement compensé
par des avantages multiples : le commerce et l'industrie assurés d'un crédit plus stable prendraient librement leur essor ; les capitalistes militants, que n'effraie
pas l'éventualité des mouvements de l'agio, reviendraient à une valeur solide dont le marché aurait été
considérablement élargi, et l'action de la Banque de
France réduite en petites coupures deviendrait, à l'imitation des Consolidés et des coupons payables en or,
une monnaie de change recherchée sur toutes les
Bourses du globe.

de bons du Trésor renouvelables par trimestre et productifs de
1 % d'intérêt par an.

1. M. d'Eichthal, la Monnaie de papier.
   M. Aubry, les banques et l'escompte, (nov. 1864).
2. Les 182,500 actions de la Banque sont ainsi réparties :
116,849 titres libres,
   65,651   —   immobilisés (Loi du 16 janvier 1808, art. 7).

Pour obvier à l'arrêt du développement du portefeuille[1] et lutter contre la rivalité des sociétés par actions qui, depuis trente ans, n'ont cessé d'élargir le
champ de leur activité commerciale, des financiers[2]
rompus à la pratique des affaires estiment que la Banque pourrait, sans danger, se départir de la rigueur de
ses statuts, et ne plus restreindre son escompte uniforme au papier à quatre-vingt dix jours revêtu de
trois signatures notoirement solvables et payable dans
une ville « bancable ». Ils ont la conviction que notre
grand établissement n'est pas assez soucieux d'attirer
à lui les valeurs de « couverture » que ses concurrents
« nourrissent » dans leurs cartons, et ils considèrent
qu'il serait urgent, à l'exemple de la Banque d'Angleterre, de ne plus prendre le taux fixé périodiquement
par le conseil de régence que comme un maximum sujet à de fréquentes réductions.

En dépit des affirmations de M. Dufaure[3] il leur semble qu'il y aurait lieu d'étendre la faculté d'emprunt
sur deux signatures — autorisée par la loi de 1840 et le

---

1. Le portefeuille de la Banque de France estimé à :

    150,000,000 fr. vers 1830,
    252,000,000   —   1848,
    700,000,000   —   1866,
    1,280,000,000   —   1873,
    1,250,000,000   —   1884 (fév.), est tombé à
    703,328,000   —   1888 (fév.), (dont 272,804,000 fr. pour
Paris, et 430,524,000 fr. pour les départements).

On constate la même tendance dans le Royaume-Uni. La
Banque d'Angleterre n'escompte guère que la trentième partie
du papier en circulation à Londres.

Par contre, la progression est manifeste dans les pays où les
banques libres par actions n'ont pas encore atteint leur complet
développement.

Belgique. . . . .   200,000,000 fr.
Italie (Banque nationale seule) . . .   250,000,000 »
Hollande. . . . .   300,000,000 florins.
Russie . . . .   150,000,000 roubles.
Espagne. . . . .   200,000,000 pesetas.

2. MM. Pereire, le National (26 fév. 1844).
M. Courcelle-Seneuil, Traité des Banques, (1853).
M. Georges Mugnier, les progrès à la Banque de France, (1883).
3. M. Dufaure, Discours du 27 avril 1840.

décret du 13 janvier 1869[1], — et l'idée d'admettre progressivement tout papier « déplacé » offrant quelque sécurité ne leur répugne pas.

Plus hardi encore, M. Georges Mugnier propose « l'endossement conditionnel » : son système a pour but d'attirer aux guichets la haute clientèle qui, n'épuisant jamais son crédit, ne dédaigne cependant pas d'y recourir pour un temps limité dont elle se réserve de fixer seule la durée. L'adoption de cette mesure, restreinte à un minimum de trente jours et de 2.000 fr., aurait probablement de bienfaisants effets : la Banque prête à apposer, en cas de faillite, sa griffe sur des valeurs de tout repos, à l'abri des revendications des tiers[2], en retirerait de beaux profits, et l'esprit d'entreprise, que les kracks de bourse et la crise agricole ont momentanément paralysé, y trouverait un appui et un encouragement.

Les intérêts de l'Etat ne doivent pas non plus être négligés. Il est de toute évidence qu'on ne saurait lui contester équitablement la tutelle d'une institution qui jouit du plus important des monopoles et représente la plus grande puissance financière du pays. Aussi n'est-ce pas sans quelque raison que de bons esprits, regrettant l'impardonnable adoption du rapport de M. Devinck par le Corps législatif, s'associent aux protestations de M. Kœnigswarter contre la loi du 9 mai 1857 et demandent, en retour d'une prorogation nouvelle, des compensations sérieuses.

Ils ne réclament pas, à l'exemple de l'Allemagne, la nomination à vie, par le chef de l'Etat, de tous les membres du conseil de régence sous l'autorité suprême d'un premier ministre impeccable ; ils sont prêts à déclarer que le droit de proposition et d'acceptation du gouver-

1. La loi du 30 juin 1840, complétée par le décret du 13 janvier 1869, autorise l'escompte à deux signatures contre nantissement en valeurs. Il serait possible de l'étendre à un plus grand nombre de titres, mais il y aurait péril à admettre le régime des catégories d'escompte.

2. Code de commerce, du Gage (Liv. I, titre VI, loi du 23 mai 1863).

23.

neur et du sous-gouverneur, combinaison sage d'obstacles et de facilités, est une garantie suffisante contre les
abus d'une gestion hostile ou indélicate ; mais ils veulent, fidèles à la pensée de Napoléon Ier [1], que la Banque
de France soit dans la main du gouvernement, sans y
être trop. Ils n'exigent pas qu'elle lui prête de l'argent,
mais qu'elle lui procure des facilités pour réaliser à bon
marché ses revenus aux époques et aux lieux convena-
bles, et ils entendent que, sous une forme à déterminer,
il lui soit accordé une participation à des dividendes qui
ont dépassé 200 fr. par action, soit 20 % du capital
nominal. A notre époque de déficits budgétaires, il ne
serait pas inutile que les sommes déposées en compte-
courant par le Trésor fussent productives d'intérêts à
4 % au moins, que la comptabilité du ministère des
finances fût déchargée du service des rentes et pensions,
comme cela a déjà eu lieu par deux fois dans les périodes de 1800-1804 et 1817-1827, et que l'on pût substituer — à l'imitation de la Belgique, de l'Espagne, de la
Hollande et du Portugal [2], — aux treize millions de francs [3]
que coûtent annuellement ces fonctionnaires munis
d'une trop riche prébende qu'on appelle les trésoriers-
payeurs généraux, un abonnement réduit à de plus
raisonnables proportions [4]. Chez nos voisins d'ou-
tre-Manche, la Banque d'Angleterre paie environ
4.500.000 fr. l'an (180.000 liv. st.) un privilège soumis

1. Napoléon Ier au Conseil d'État (Séance du 27 mars 1806).
2. En Belgique, la Banque nationale fait le service de tréso-
rerie de l'État moyennant 175.000 fr. l'an depuis 1875.
En Espagne, moyennant 2,62 0/0 pour la perception de l'impôt foncier et 3,46 0/0 pour celle des taxes industrielles.
En Allemagne, en Hollande et au Portugal, le Gouvernement
ne paie aucune redevance depuis les renouvellements de 1875,
1863 et de 1886.
3. Le service des trésoriers a coûté à l'État, en 1893 : 13,069,000
fr. (dont 6,123,000 fr. pour frais du personnel et du matériel).
4. En ce sens : propositions de M. Camille Dreyfus, député de
la Seine, et de 71 de ses collègues (déc. 1885) ; — de MM. de
Soubeyran et d'Aillières, députés ; — de M. Chesnelong, sénateur (fév. 1888).
Vœux des congrès des Chambres syndicales de la rue de Lan-
cry (mai 1885 et nov. 1887).

à une tacite reconduction annuelle; en Allemagne, la Banque nationale (obligée de subir la concurrence de seize autres établissements d'émission,) verse au trésor impérial, en vertu de l'article 24 de la loi du 14 mars 1875, la moitié de ses bénéfices à partir de 4 1/2 % et les trois quarts au delà de 8 % [1]; en Hollande, l'État, suivant une tradition de la municipalité d'Amsterdam, entre en partage au delà de 5 %; l'Espagne et l'Italie (janvier 1888) négocient avec leurs banques d'émission la conversion de leur dette flottante et l'amortissement de leurs engagements à court terme.

Seul, le gouvernement français, plus routinier que toutes les monarchies européennes, s'obstine, dans une indifférence coupable, à ne pas revendiquer sa part de profits [2] à une société privée démesurément enrichie, grâce à lui, qui lui doit sa prospérité, et qui ne lui en acquitte pas le prix. Qu'on ne l'oublie pas ! Le traité de 1857 — conçu dans l'intérêt mesquin d'un emprunt de 100.000.000 fr. à bon compte, — a fait perdre depuis trente ans la recette annuelle nette de dix à trente millions de francs qu'eût produit le partage des bénéfices au delà de 6 % [3]. On a déjà trop attendu ! Quand l'action de la Banque valait 5.000 francs l'assemblée générale éblouie, eût ratifié sans murmure une convention même immédiatement restrictive, comme l'a fait il y a quelques années celle de la compagnie de Suez, sur les réclamations des armateurs anglais. Aujourd'hui que les revenus ont fléchi, on ne peut plus guère discuter que sur le « modus vivendi » qui suivra l'année 1897, et demain il arrivera ce que l'on a vu en 1883 lors de la conversion de la rente 5 % en 4 1/2 %. Alarmé par les déclamations des députés, le capitaliste vendra, le

1. En fait, la part de l'État a été de 1.710.000 marks en 1887 (la moyenne est de 2 à 3 millions fr. depuis 1875).

2. M. Aubry (nov. 1864) demandait que l'État prelevât moitié des bénéfices au-delà de 10 0/0

La Semaine financière (1888), plus justement ambitieuse, en réclame les 3/4 au-delà de 6 ou 7 0/0, ou mieux une part d'amortissement de la dette publique française.

3. M. Paul Leroy-Beaulieu, *Traité des finances.*

marché se dérobera, les Chambres, pour faire quelque chose, accepteront un contrat apportant sous des dehors brillants des modifications dérisoires, et les contribuables perdront encore, par la maladresse du Parlement, une occasion d'atténuation des charges qu'ils doivent à l'exagération des dépenses tant civiles que militaires.

Telles sont les réformes que peut raisonnablement accepter en principe l'assemblée générale des actionnaires de la Banque de France.

Le négoce sérieux à tous les degrés de fortune, l'Etat dispensateur du monopole ont droit à des satisfactions qu'une attitude dilatoire de résistance ne pourrait rendre que plus impérieuses. Hésiter à aborder franchement une discussion aussi intéressante pour l'avenir économique du pays serait une faute.

Il importe de faire justice, une fois pour toutes, du billet foncier, de détourner le danger de nouveaux assignats, et d'en finir avec les élucubrations du groupe socialiste, ayant pour objet la constitution d'une nouvelle Banque d'Etat, « monnayant et régularisant le crédit[1] », au gré des appétits ou des fantaisies de mandataires en quête de réclame électorale. La Chambre, divisée sur toutes les questions de politique pure, n'est pas incapable de délibérer avec calme sur le programme d'affaires de MM. Delmas et Siegfried; qu'elle prouve, en élaborant une loi sage, qu'elle n'est pas impuissante à résoudre les problèmes qui intéressent réellement la France laborieuse, et elle aura plus fait pour réhabiliter le régime parlementaire qui lui tient à cœur qu'en s'abandonnant, par pusillanimité, aux expériences funestes du radicalisme anarchique ou autoritaire.

1. M. Millerand (la Justice, mai 1888).

LA POLITIQUE

I.

Les origines du pouvoir. — Le système autoritaire ou le régime parlementaire. — L'aristocratie anglaise; la bourgeoisie française. — Le règne du positivisme politique.

Le pouvoir a trois origines : la force, les intérêts, les idées. A la première se rattache l'autocratie, la monarchie héréditaire ; à la seconde, le parlementarisme ; à la troisième, la démocratie. Bien que partisans des solutions progressistes, Saint-Simon et Auguste Comte se défient de la résistance des intérêts, et comptent sur la force pour imposer l'idée. Suivant eux, l'administration ayant pour mission la mise en vigueur des lois sociologiques révélées par le prêtre ou découvertes par le savant, le gouvernement parfait est nécessairement le despotisme scientifique exercé par les capacités. De là, ce mépris pour la liberté de discussion ; de là, cette révolte en présence des revendications égalitaires.

L'école autoritaire prétend que le « système parlementaire », adopté par la plupart des peuples civilisés sur les conseils des philosophes du XVIIIe siècle [1], est aujourd'hui ruiné, parce qu'incompatible avec l'ordre et le progrès, il a inauguré dans l'Europe occidentale et l'Amérique centrale l'ère des révolutions populaires et des « pronunciamentos » militaires. Pour la valeur des hommes, le régime héréditaire a fait ses preuves. Les princes de la famille d'Orange, les rois des maisons de Savoie et de Hohenzollern sont supérieurs, en tant que souverains, aux empereurs élus de l'Allemagne et aux

---

[1]. Le modèle politique offert par l'Angleterre a été adopté successivement en France, en Espagne, au Portugal, aux Pays-Bas (Hollande et Belgique) ; puis, après un long intervalle et d'importantes modifications : en Grèce, en Roumanie, en Italie, en Autriche et en Allemagne.

papes. Et les favoris, — qu'ils s'appellent Richelieu,
Mazarin, Turgot, Talleyrand, Wolsey, Burleigh, Bacon,
Milton, Marlborough, Oxenstiern, Ximenes, Alberoni,
Pombal, Metternich, Bismarck ou Gortschakof, — n'ont
rien à craindre de la comparaison avec les grands ministres des assemblées, fussent-ils William Pitt, Fox,
Palmerston, Disraéli, Gladstone, de Beust, Andrassy,
de Villèle, de Martignac, Casimir-Perier, Molé, Thiers
ou Guizot.

Le *gouvernement représentatif* du pays par le pays
est faussé par la corruption, l'ignorance et l'indifférence. Quand on décompose le mécanisme de la souveraineté nationale, on s'aperçoit que les électeurs ne
sont que le tiers de la nation ; que les votants ne sont
que la moitié des électeurs, et que le député, « cet élu
de la bêtise moyenne » [1], n'est réellement que le délégué de la coterie dominante, choisi sans souci de la
valeur morale ou intellectuelle, en raison de son programme et de ses promesses [2]. Arrivé au sein de la législature, le candidat, voulant montrer qu'il est digne
de sa mission, entreprend cette tâche de géant, pour laquelle il n'est pas préparé, qui consiste à contrôler et à
diriger la vie entière de la nation, « persuadé qu'il est,
sans doute, que les lois de l'univers sont un objet de
vote » [3]. Mais cette ardeur est bientôt calmée. Dans les
parlottes des groupes ou des commissions, les visées
orgueilleuses de l'homme disparaissent devant « l'effer-
» vescence de l'ambition ; et l'égoïsme naïf ou cynique,
» jugeant licite de tout rapporter, de tout sacrifier à

1. M. Herbert Spencer, *le Gouvernement représentatif*, p. 131 et
suivantes.
Le parlementarisme est également attaqué par Stuart Mill,
Bentham et Augustin Thierry (lettre 25 sur *l'histoire de France*).
2. M. Dupuy (*de la Démocratie en France*, 1882) a bien expliqué comment, grâce au régime du mandat impératif — tradition
primitive des abandons de l'ignorance et des affirmations de
la passion, — on marche au pas accéléré vers le régime des nullités.
3. « En politique, un homme peut injurier, sinon en paroles,
« du moins en esprit, une loi naturelle, sans s'apercevoir
« qu'il est absurde et sans en faire apercevoir les autres. »
M. Herbert Spencer, *Introduction à la science sociale*.

soi [1], » imagine ces scandaleuses évolutions qui, brisant les liens moraux d'une société, en font un « objet de scandale ou de commisération [2]». Cette part exorbitante faite à « l'animosité, à la fantaisie, au vent qui souffle », [3] est le mal qui ronge l'organisme constitutionnel. La suite dans les idées, la stabilité nécessaire pour l'élaboration des grands desseins politiques, tels que la conclusion des traités de paix et d'alliance ou la création de puissantes armées, la promptitude dans l'initiative et la sûreté de vues dans la décision, lui font généralement défaut.

La Pologne, soumise aux déplorables pratiques du « liberum veto », a succombé. La Prusse n'a conquis l'hégémonie en Allemagne que le jour où un homme d'État a osé briser la résistance du Landtag au développement de ses forces militaires [4]. En Amérique, les états

1. M. Thureau-Dangin, *Histoire de la monarchie de Juillet.*
2. Le même, *loc. cit.*
3. M. le duc Victor de Broglie, *Souvenirs*, 1830.
L'instabilité ministérielle est, sous ce rapport, une conséquence déplorable du régime parlementaire. En France, depuis la création du ministère de l'Intérieur, dont le premier titulaire fut M. Guignard de Saint-Priest (nommé par le roi Louis XVI, par ordonnance du 7 août 1790), jusqu'à M. Sarrien (1886), il y a eu cent-deux ministres de l'Intérieur :

8 sous le règne de Louis XVI ;
2 — la Convention nationale ;
5 — le Directoire ;
3 — le Consulat ;
3 — le premier Empire ;
1 — le Gouvernement provisoire de 1814 ;
1 — le Gouvernement de Louis XVIII (1814-1815) ;
1 — les Cent jours (Empire) ;
5 — le règne de Louis XVIII ;
4 — le règne de Charles X ;
16 — le règne de Louis-Philippe Ier ;
4 — la République de 1848 ;
10 — la présidence de Louis-Napoléon Bonaparte ;
12 — le second Empire ;
27 — la 3e République.

4. M. de Bismarck a, toute sa vie, été l'ennemi de la prépondérance des parlements : aussi bien au début de sa carrière diplomatique, comme délégué de la Prusse à la diète de Francfort (lettres à M. Motley, historien américain et ancien ambassadeur, avril 1863), qu'à l'apogée de sa puissance en sa qualité de

confédérés du Nord, bien que plus nombreux et plus riches, ont dû lutter pendant plusieurs années pour vaincre la tentative des «sécessionnistes» organisée par d'éminents tacticiens tels que Jefferson Davis et le général Lee ; et le Paraguay conduit par le président Lopez n'a été vaincu qu'au bout de cinq années (1865-1870) par les forces combinées de ses trois puissants voisins[1].

En France, en Italie, l'expansion coloniale est sans cesse entravée par l'incapacité taquine des Chambres, auxquelles des ministres trop timides conservateurs de leurs portefeuilles n'osent demander que l'envoi de petits paquets de troupes notoirement insuffisants à maintenir le prestige de la métropole en Tunisie, au Tonkin, à Madagascar ou en Abyssinie; et en Belgique, la discussion du projet de fortification des villes frontières et du service militaire obligatoire et personnel menace de traîner sans aboutir.

Telles sont les objections. Sont-elles péremptoires?

Nous ne le pensons pas. Le despotisme, condition nécessaire de l'existence des sociétés primitives[2], ne peut

---

gardien de la Constitution impériale de l'Allemagne. Un article du « Times », discutant sur les résultats de l'entrevue de Berlin (nov. 1881), tend à prouver que, sur ce point du moins, ses convictions n'ont pas changé : — « Voici ce que m'a déclaré le chancelier, a dit ensuite le comte Schouwalof : — J'ai été forcé de stipuler que les armées autrichiennes devront être commandées par un général allemand, car autrement la mobilisation autrichienne ne serait terminée qu'au moment où nous signerions la paix. » — Parlant ensuite de l'Italie, le chancelier a dit : « Je préfère que l'Italie soit notre alliée plutôt que celle de la France, et rien de plus. Ce que j'estime le plus, c'est une alliance russe, parce qu'au moins on a affaire à un homme qui peut faire ce qu'il veut, et non pas à des parlements qui manquent de volonté quand ils ont les moyens, ou à des ministres qui manquent de moyens lors même qu'ils ont la volonté ».

1. Le Brésil, l'Uruguay, la République Argentine s'étaient coalisés pour combattre le président Lopez.

2. « Toute grande révolution agit toujours plus ou moins sur « ceux mêmes qui lui résistent et ne permet plus le rétablissement total des anciennes idées. » Joseph de Maistre.

Confondant la monarchie avec l'absolutisme, Lamennais (des Progrès de la Révolution, janvier 1828) a écrit... «... cette doc« trine dégradante pousse les peuples à la République par une

plus durer d'une façon permanente chez les peuples civilisés de l'Europe occidentale. Dans notre civilisation contemporaine le progrès implique une complexité des organes chargés chacun d'une fonction propre. Le gouvernement est soumis à cette loi. Pour mieux remplir son devoir essentiel, celui de protecteur des citoyens et de juge intègre, il est nécessaire qu'il ne garde, dans une adaptation plus intime à son œuvre propre, qu'un pouvoir limité. Ainsi compris, le système représentatif cesse d'être un symptôme de déchéance, et n'est plus que la forme naturelle propre aux sociétés les plus avancées. La soumission de tous à un seul est répugnante, inutile, impossible. Le culte du héros est fini. Il n'en est pas plus question que du cheval de Roland qui, malgré ses qualités, a le grave défaut d'être mort. La fin de Cromwell, ce grand homme exalté par Carlyle, a été suivie d'une épouvantable réaction contre l'ascétisme, et la déchéance de Napoléon Iᵉʳ a été suivie du « ouf ! » que ce génie militaire avait prévu.

Le parlementarisme contient, comme toute conception humaine, sa part d'erreur, mais il y subsiste une « âme de vérité » : expression sincère du sentiment d'équité que le peuple est capable de comprendre et de supporter à un instant déterminé [2]. Grâce à lui, il n'est

- théorie de la royauté qui répugne à la conscience du genre
- humain... -
  - 1. La liberté politique, qui n'est qu'une complexité plus grande,
- de plus en plus grande, dans le gouvernement d'un peuple, à
- mesure que le peuple lui-même contient un plus grand nombre
- de forces diverses ayant droit et de vivre et de participer à la
- chose publique, est un fait de civilisation qui s'impose lentement
- à une société organisée, mais qui n'apparaît point comme un
- principe à une société qui s'organise. -

M. E. Faguet, de Bonald, (Revue des deux mondes, 15 avril 1889.) Idée développée par Burke et par M. Taine (Histoire de la Révolution française).

2. Il convient de remarquer que les grands mouvements de la pensée humaine ont eu pour conséquence l'établissement de gouvernements de discussion : il en a été ainsi à Athènes, à Rome, dans les républiques italiennes de la Renaissance, en Angleterre au XVIIᵉ siècle, en France à la fin du XVIIIᵉ, et de nos tours en Italie et en Allemagne.

plus possible de disposer des différentes parties du corps social aussi librement que des pièces d'un jeu d'échecs; et les nations ne sont plus ces troupeaux dont la Réforme et la révolution d'Angleterre ont préparé l'affranchissement, et pour lesquelles les Français de 1789 ont conquis les libertés civiles « à la sueur de leur front [1] ».

Ces progrès, dus à la persistante vitalité de l'aristocratie anglaise, aux efforts généreux de la bourgeoisie française de 1789 et de 1830, sont-ils définitivement acquis?

L'auteur de « Locksley Hall », le poète Tennyson, qui chanta, il y a plus de cinquante ans, à l'avènement de la vierge-reine, les promesses du nouveau règne, a brisé le luth de ses juvéniles aspirations. Sans vouloir convenir de l'irréalisation de ses espérances, il laisse percer le sentiment d'effroi que lui cause la persistance du mal moral et social. En dépit de ce mot du prince Albert : « nos institutions sont aujourd'hui mi-» ses à l'épreuve », il ne partage pas l'enthousiasme de M. Gladstone pour l'ensemble des réformes accomplies depuis un demi-siècle ; et il se demande si le « Grand Vieillard » — si ce chef bientôt octogénaire de la nation anglaise dont l'ardeur physique et l'énergie morale sont, par ce siècle de dévorante activité, un sujet de respectueuse admiration, — ne compte pas trop souvent sur les effets modérateurs de la libre discussion, et n'accorde pas une confiance exagérée à l'esprit de raison et de justice de ces masses qu'il a promues à la vie politique et que les restes chaleureux d'une voix qui tombe font encore tressaillir jusqu'aux entrailles. Ni M. Gladstone, ni son digne émule M. Disraëli, ces deux grands lutteurs d'un combat d'influences dont la Carthage moderne est le prix, n'ont suffisamment mesuré le chemin parcouru par le radicalisme doctrinaire, par ce positivisme sans passion — mélange de science économique pure et de sensibilité simple, — que

1. Victor Cousin a dit de l'œuvre de la Constituante: « C'est la » plus grande, la plus sainte, la plus bienfaisante qui ait paru » dans le monde depuis l'Évangile. »

Stuart Mill a inauguré dans sa sombre retraite de Blackheath, développé dans ses rares apparitions à la Chambre des communes et définitivement fondé sous les effluves radieux du soleil d'Avignon. Aussi les disciples de l'apôtre de « la Liberté »[1], de l'émancipateur de la pensée humaine, ont-ils continué son œuvre. M. Charles Dilke, malgré ses tendances républicaines, a pu, grâce à la prépondérance de la revue « l'Athenæum », s'imposer comme ministre, et M. John Morley, qu'une brillante carrière de polémiste[2], aussi impitoyable que scrupuleux, désignait au rôle pondérateur de « leader » parlementaire, est parvenu à imprimer au dernier cabinet Gladstone l'attitude morale de réformation démocratique qui caractérise la nouvelle école politique.

L'opinion moyenne a applaudi au programme de ces hommes qui, sans avoir l'orgueilleuse prétention d'abolir tous les maux dont souffre l'humanité, ont eu la noble ambition de les adoucir « par la diffusion de l'é- » ducation, par la participation de tous au gouverne- » ment de la commune (parish) et du pays, et par la » possibilité pour tous d'obtenir, en vertu de la loi du » travail et de l'économie, la possession d'un toit et d'un » champ[3] ».

Mais il n'en a pas été de même quand MM. Chamberlain et Labouchère[4] sont venus proposer l'expropriation des grands domaines au profit des petits cultivateurs et l'établissement d'une progression spoliatrice de « l'income-tax » dans le but avoué de frapper les gros capitalistes. Non seulement l'aristocratie, plus directement visée par ces mesures, a protesté, mais la classe bourgeoise elle-même a élevé la voix, autant par le

1. Stuart Mill, *la Liberté*.
2. M. John Morley a été successivement rédacteur au *Pall Mall Gazette*, directeur de la *Fortnightly review*, du *Morning Star* et du *Macmillan's Magazine*, avant de devenir secrétaire d'État pour l'Irlande dans le ministère Gladstone (1886).
3. Citation de M. Morley, *Le Temps*. (12 février 1886).
4. Sir Randolph Churchill appelle à tort les radicaux anglais : « des nuages sans eau ».

sentiment de la sauvegarde de ses intérêts matériels que par cette affectation piétiste de supériorité, surnommée « cant [1] », qui la pousse à imiter ceux qu'elle suppose, souvent bien à tort, au dessus d'elle. Des libéraux sincères, tels que le duc d'Harrington, le comte Ripon, sir James Caird, MM. Goschen et Forster, se sont révoltés à la pensée de devenir, par leur silence indifférent, les complices d'un système qui prépare les voies au socialisme révolutionnaire de MM. Bradlaugh, Hyndman et Cunningham Graham ; et les vieux parlementaires — émus à l'idée des bouleversements que présage la périodique manifestation d'une foule affamée, — en sont arrivés à envisager sans regrets l'éventualité d'une extension des prérogatives du pouvoir et du remplacement de la pairie héréditaire [2] par une sorte de « Conseil fédéral » de toutes les possessions britanniques. Ils espèrent qu'ainsi consolidées leurs anciennes coutumes de « self-governement » braveront à l'intérieur l'assaut des soulèvements démagogiques et préviendront au-delà des mers les tentatives séparatistes des colonies impériales. Puissent-ils ne pas se tromper ! puissent-ils maintenir entre les partis cette balance et cette harmonie qui font la force et la grandeur des États, et prouver à leurs détracteurs qu'Albion, assise comme une émeraude sur l'Océan, est encore capable d'assurer à ses prolifiques enfants la prospérité matérielle et le progrès moral qu'impliquent des institutions libres consacrées par une pratique séculaire.

Un doute non moins cruel agite notre pays. La classe moyenne, qui a pris la Bastille, qui a chassé Charles X, commence à comprendre que si elle a été habile à constituer une société civile sur les bases solides de la famille et de la propriété, elle a été, par contre, impuissante à fonder une constitution politique durable. Dans leur animadversion contre le monde aristocratique et

1. M. Sidney Withman, *Conventionnal cant, its results and remedy* (1887).
2. « Videz la place, messeigneurs : vous avez eu votre jour. « Vous dites non ; l'Angleterre dit oui : voilà la réponse. » Swinburne, poète anglais.

féodal, ses légistes ont dépassé la mesure ; ils ont trop
sacrifié à la haine du passé, — à ces satisfactions de la
vanité qui sont plus dangereuses que celles des intérêts,
— et ils ont aimé l'égalité à ce point qu'ils l'ont préférée
à la liberté. Organisée pour une lutte sans merci contre la noblesse, la bourgeoisie a vaincu, mais elle n'a
pas survécu à son triomphe : comme l'abeille, elle a
laissé son aiguillon et son âme dans la plaie qu'elle a
faite et elle en est morte. Omnipotente sous Louis-Philippe, avec des ministres tels que Casimir Périer, Thiers
et Guizot, elle a succombé sous les attaques inconscien-
tes des orateurs des banquets réformistes — bourgeois
eux-mêmes, — et a vu son règne s'effondrer pour n'a-
voir pas su résister aux émeutes encouragées par la
complicité de la garde nationale parisienne[1].

De ce jour, elle a perdu sa prépondérance. Tous les
gouvernements qui se sont succédé n'ont pas manqué
de lui sourire tour à tour ; elle s'est laissée séduire par
des faveurs, parce qu'elle n'ignore pas que l'acceptation du fait accompli est encore, à défaut de conviction, ce qui sert le mieux ses intérêts de père de famille et de propriétaire, ce qui sauvegarde le plus
sûrement cette liberté civile relative que M. Clément
Laurier[2] appelait un hommage rendu au droit des
riches. Mais le pouvoir politique, instruit par l'expérience, est devenu sceptique. Il sait que l'aristocratie
impuissante est demeurée fidèle aux traditions de l'hé-

1. « La garde nationale qui ne pense qu'à ses boutiques, et
« ne se dérange pas si elle n'a pas à craindre le pillage après
« l'émeute. » Lord Brougham (à propos de la Révolution de
février 1848).

2. Dans son *Entretien avec un préfet* M. Laurier accepte le fait
accompli et réclame simplement la liberté au nom des classes
moyennes. « Le bourgeois, dit-il, qui est propriétaire, qui possède
« des prés, des maisons et des vignes, a plus que personne be-
« soin de liberté. Pour le prolétaire, la liberté est un besoin
« aussi, mais elle est surtout un principe et un hommage rendu
« au droit des riches. Là où l'ouvrier se sert une fois de la li-
« berté politique, le bourgeois en use cent fois ; c'est donc à lui
« de la défendre, car elle est plus particulièrement son patri-
« moine. Il l'a mal défendue, mais il ne la regrette pas moins
« vivement. »

rédité politique et de l'autorité ; que la domination appartient à ceux que portent les grands courants de l'opinion; et il renonce à demander aux classes moyennes un point d'appui où le second Empire et la réaction de « l'ordre moral » n'ont trouvé que d'insuffisants éléments de résistance [1]. Plein de défiance envers les doctrinaires hautains qui ruinent les institutions par leur raideur, dégoûté des intrigants dont le souple talent s'adapte à la nécessité des temps, et dont l'indépendance de sentiments s'accommode des défections prévoyantes, des abandons bien ménagés et des mensonges élégants, le peuple dans ses couches profondes, sans parti pris préconçu, tend à donner la préférence au programme positiviste.

Est-ce que la doctrine de Comte [2] exerce sur les masses la fascination d'un avenir social rempli de paradisiaques promesses? Non assurément. Peut-être même, mieux connue, irait-elle grossir sous la poussière des bibliothèques, ce linceul de l'utopie, le nombre des conceptions vouées aux succès passagers et à l'oubli. Mais, dans notre temps d'indécise transition où les partis s'agitent d'autant plus qu'ils savent moins ce qu'ils veulent, où l'homme soumis au règne de la médiocrité tombe sans défense au service de l'événement, un système qui n'est lui-même, du moins en apparence, que la négation de tout système, est bien celui qui semble le mieux répondre aux aspirations des majorités.

Napoléon, qui détestait les « idéologues » et ne voyait dans le monde que des faits, des états de faits, des forces et des calculs de forces, avait devancé la sociologie contemporaine. Son regard génial avait plongé au fond du cœur des foules qui n'ont pas toujours la force de penser plus haut qu'un fait ; il avait senti, lui, l'officier

---

1. Il ne faudrait cependant pas oublier qu'aucun gouvernement « ne peut espérer une vie solide et durable en dehors de « la confiance des classes bourgeoises, riches, influentes... »
(M. Jules Ferry, discours sur la tombe de M. Claude, des Vosges, mars 1888.)

2. Aug. Comte a écrit : « Les savants doivent élever la politique au rang des sciences d'observation. »

de fortune du souper de Beaucaire, le Robespierre à cheval de la Révolution, que ce n'est pas avec des théories, fussent-elles celles d'un Rousseau, qu'on s'impose et il n'avait pas voulu n'être qu'un grand esprit isolé au milieu d'un désert humain [1].

Les positivistes, plus modestes ou plus patients, n'ont pas des prétentions moins absolues. Seulement — et c'est là la distinction essentielle — c'est au nom de la science qu'ils entendent soumettre le monde politique à leurs décisions. Le défaut de cette méthode appliquée hors de propos est facile à distinguer : elle permet aux hommes passionnés, fussent-ils animés des intentions les plus droites, de déduire d'expériences incomplètes des conclusions supérieures à toute discussion, dont l'absence de fondement ne peut être prouvée mathématiquement. « La pire manière d'être faux c'est d'a-
» voir du vrai ; le faux absolu serait moins grave : car,
» marque certaine d'erreur, il le serait de vérité [2]. »

M. Paul Bert qui, au banquet de Lyon (janvier 1885) devant les électeurs sénatoriaux du Rhône, exposant son plan de bataille, s'écriait : « Il y a trois pilotis à
» enfoncer pour soutenir l'édifice — 1° l'égalité devant
» l'éducation — 2° l'égalité devant l'obligation du ser-
» vice militaire sans exemption, sans volontariat, sans
» dispenses — 3° l'égalité devant les charges sociales
» par l'impôt sur le revenu », — et terminait par ce
» toast: «je bois à l'union des républicains sans épithète,
» à ceux que la nation reconnaît à ces deux caractères —
» l'amour de la démocratie et la haine que leur porte
» l'Eglise, » — en a subi la déplorable épreuve. Son ar-
dent patriotisme lui a tardivement ouvert les yeux sur les dangers de faire de l'anti-cléricalisme un « article d'exportation », et il a reconnu que la société n'était pas un

1. « Napoléon Ier savait mieux que personne tirer parti des
 forces matérielles et exploiter les passions égoïstes, mais à
 côté de ses talents, comme général et comme homme d'Etat,
 il n'avait nulle idée des pensées morales qui agitent le cœur
 de l'homme. » (De Sybel, *Histoire de l'Europe pendant la Révolution française*.)
 2. M. E. Faguet.

cadavre qu'on pût impunément disséquer pour en étudier la structure.

Non, ce mot glacial d'expérience, quand on l'applique,
sans certitude absolue, à un organisme vivant, est ce
qu'il y a de plus cruel et de plus alarmant pour celui qui
envisage avec calme l'avenir de nos destinées politiques.

Que n'en a-t-il mieux pesé les conséquences, ce
tenace champion de la démocratie doctrinaire de
Montmartre, grandi dans la haine du second Empire
et dans le culte des réalités positivistes[1]? Le voyez-
vous au Palais-Bourbon, tantôt assis à son banc, les
bras croisés, le regard mobile et perçant, tantôt debout
à quelques pas de l'hémicycle, foudroyant du geste la
droite de la Chambre, rappelant ses amis au sentiment
des convenances parlementaires et cinglant l'orateur
du gouvernement d'une de ces apostrophes ironiques
qui coupent la période apprise par cœur et figent les
mains levées prêtes à applaudir? Le voyez-vous s'élan-
çant, d'un bond, frémissant, à la tribune. L'attention de
ses collègues ne fait qu'accentuer la froideur de ses
débuts volontairement négligés. Il a la tête carrée d'un
docteur allemand, la tenue correcte d'un radical anglais, la vivacité d'allures bien française d'un montagnard de la Convention. Le dilemme pressant, utopi-
que, flétrit le modérantisme, l'inanité des demi-mesu-
res opportunistes s'évanouit devant la souveraineté des
principes, la menace des représailles doit décider les
tièdes aux concessions sans marchandage; les protestations de la réaction sont une précieuse indication de
la nécessité d'agir, son silence, la preuve manifeste de
la duplicité des centres; mais peu à peu le ton s'é-
chauffe, la sécheresse du débit, la brièveté de la phrase
éclairent l'idée qui chemine à travers de courtes digres-
sions — à titres d'exemple de fait, — et si une contes-
tation d'interprétation s'élève, le « debater » qui, sous
la contradiction des apparences, est demeuré maître de
tous ses moyens, bondit pour se dégager et riposte d'un
coup droit, brutal, qui cloue sur place son impré-

1. M. Clémenceau est le traducteur de divers ouvrages de
philosophie positiviste, de Stuart Mill.

voyant adversaire. Ce n'est pas tout. Quand il a, les mains dans les poches, arpenté la tribune, en homme satisfait de son effet, ce tombeur de ministres pose en bon diable les conditions du programme minimum des revendications parisiennes. Après Robespierre, Chamberlain, mais après Chamberlain, Barère !

M. Clémenceau est un arbitre en matière d'honneur. Il a trop de possession de lui-même pour cultiver les euphémismes par trop détachés, pour qualifier de « mesure acerbe » l'exécution criminelle de la rue des Rosiers ou les sauvageries des cannibales de Decazeville, mais il ne dédaigne pas l'art de laisser passer la colère populaire. Au 31 octobre 1870, il donne sa démission de maire nommé par le gouvernement de la Défense ; le 20 mars 1871, il propose à l'Assemblée nationale des concessions impossibles au Comité central, et, lorsqu'éclate un soulèvement gréviste inquiétant pour la sécurité publique, on l'entend protester chaque fois contre l'intervention des gendarmes, sous prétexte que leur seule présence est une provocation à l'adresse des ouvriers. Cette attitude intransigeante a pu, jusqu'à présent, conserver au député la confiance de ses électeurs et au chef de l'extrême gauche l'autorité due à l'expression nette d'un impitoyable radicalisme. Mais le jour où, dégringolant de la butte où il trône, il sera obligé, abandonnant la devise de ses anciens collègues du conseil municipal : « champ de gueules sans écus », de rétablir à Paris dans les faits, en qualité de ministre nécessaire de la France, l'écusson plus noble « fluctuat nec mergitur », peut-être alors sera-t-il confondu par la presse avancée « avec tous les » autres politiciens roses ou écarlates qui n'ont d'autre » programme que la peur du socialisme, d'autre but » que l'exploitation du suffrage universel[1] », traité de théoricien en chambre, de professeur, de faux frère. Il accordera l'instruction intégrale, la séparation de l'Église et de l'État, l'impôt progressif. Et puis... M. Jules Guesde le dénoncera comme une « poule mouil-

1. *Le Cri du Peuple* mai 1887.

24

lée[1] » à la fureur de tous ceux qu'offense sa supériorité d'intelligence et de fortune; il aura à se mesurer avec le collectivisme pratique; il devra composer avec la rue, et enfin se démettre ou appeler à son secours — lui l'ennemi du césarisme, — une idole de café-concert dont il exaltera la vaillance pour idéaliser son despotisme et nous consoler de notre servitude. Triste fin d'un beau talent, mis au service d'incommensurables convoitises et d'un absolutisme scientifique qui ne compte ni avec les inquiétudes du nombre ni avec l'impatience des foules.

Par contre, cet ensemble de procédés rationnels appliqués à la recherche de la vérité a ses avantages. Il arrête les entreprises inconsidérées, prévient l'adoption des solutions précipitées ou violentes, et soumet les dispositions mûries par la délibération au stage de l'expérience et des applications opportunes; enfin il arrache l'homme au découragement spéculatif, au pessimisme, en l'attachant à la poursuite du progrès indéfini[2]. Saint-simoniens et comtistes ont donc, par certains côtés, bien mérité de l'humanité. Adversaires du déprimant désespoir philosophique éclos sous les brumes germaniques[3], ils ont été les véritables représentants

1. Discours de M. Jules Guesde (déc. 1887), salle Gaucher.
2. Doctrine française de Pascal, de Turgot, de Condorcet, de Saint-Simon, d'A. Comte et de MM. Caro et Faguet.
3. Le pessimisme — conséquence de la faculté qu'a l'esprit humain de se dualiser par l'abstraction et la généralisation — est plutôt le fait de l'inaction orientale et du « mythisme » allemand que celui du « self help » anglo-saxon et du positivisme français. Le panthéisme hégélien qui, par sa négation de la responsabilité, a engendré cette idée de Schopenhauer (développée par Hartmann) que l'œuvre du Créateur est vouée aux malédictions de la créature, a été sans influence sur le développement intellectuel occidental. Le « spleen » lamentable de Byron procède du Hamlet de Shakespeare; la Confession d'un enfant du siècle de Musset, la Tristesse d'Olympio de Victor Hugo, s'inspirent du Werther de Goethe; et si M. Edmond Haraucourt, l'auteur de l'Âme nue, « honteux du siècle pâle et de ses vertus mièvres, » a le triste courage d'aller en Allemagne à la remonte de ses ténébreuses pensées, il est certain que ni les Poèmes barbares de M. Leconte de Lisle, ni les Blasphèmes de M. Richepin,

de cette race latine toujours si pleine de vie[1] quoique
si cruellement flagellée, les dignes continuateurs des
grands connaisseurs de l'honneur et du cœur du
dix-septième siècle, des sensibles croyants[2] du dix-huitième à la perfectibilité[3]. Ils ont compris qu'en dépit
des ridicules exagérations de « l'humanitairerie[4] », le
respect de l'énergie virile et la religion de la souffrance
étaient les caractères historiques de notre époque ; et,
bien que méfiants des mouvements de l'imagination, ils
n'ont pas accordé leur confiance à la jeune école des
gens d'esprit et de talent qui, sous prétexte de peintures
réelles et de résultats assis sur documents authentiques,
ne tend à rien moins qu'à faire douter des meilleurs
instincts de l'homme et de son fonds indélébile d'hon-

ni la *Voulzie* d'Hégésippe Moreau, ne relèvent de l'atrophiante
conception philosophique que résume ce seul mot : néant.
    Comparant Gœthe à Diderot, M. Barbey d'Aurevilly fait remar-
quer que si la philosophie de l'un, toute orientale, n'est en
réalité que celle de « la résignation pusillanime à tout ce qui
est, celle de la « jouissance ruminante de la vie », celle de l'autre
est digne d'un homme « qui a du sang dans les veines ».
    1. « Le peuple français, a dit Henri Heine, ne se casse ja-
mais le cou, de quelque hauteur qu'il puisse tomber, et se retrouve toujours debout. »
    « O Français, ajoute Mme de Staël, si l'enthousiasme, un jour,
s'éteignait sur votre sol, si le calcul disposait de tout et que le
raisonnement seul inspirât même le mépris des périls..... une
intelligence active, une impétuosité savante vous rendraient
encore les maîtres du monde ; mais vous n'y laisseriez que la
trace de torrents de sable, terribles comme les flots, arides
comme le désert. »
    2. Vauvenargues a relevé la nature humaine, la confiance en
ce qu'elle a de bon et de précieux, le goût des passions nobles.
C'est lui qui a dit : « Les grandes pensées viennent du cœur. »
    3. « Le dix-huitième siècle, c'est l'idée de perfectibilité insé-
« parable de la croyance à l'homme. L'homme n'est si respec-
« table que parce qu'il est capable d'un progrès continu et il
« n'est capable d'un progrès continu que si l'on respecte, en
« son exercice et en toutes ses démarches, la faculté indéfinie
« qu'il a de grandir. Ayez confiance en lui : croyez sa nature
« très bonne en son origine, excellente en ses desseins, venant
« du bien et y tendant. »
M. E. Faguet, *Mme de Staël*. (*Revue des Deux-Mondes*, 15 septembre 1887.)
    4. V. Hugo en a été, dans ses dernières œuvres, le défenseur
passionné.

nêteté naturelle[1]. « Plus on examine le passé, a dit Ma-
» caulay, et plus on voit combien se trompent ceux qui
» croient que notre siècle a enfanté de nouvelles mi-
» sères. La vérité est, au contraire, que ces misères sont
» anciennes; ce qui est nouveau, c'est l'intelligence qui
» les découvre et l'humanité qui les soulage. »

L'homme, « feuille périssable d'un laurier toujours
» vert [2] », a deux mobiles : l'amour et la faim. Or, il
semble qu'essoufflée par les accès de lyrisme de Bernardin de Saint-Pierre, de Byron et de George Sand, la
nature — qui ne perd jamais ses droits — ne veuille plus
faire montre publiquement de l'ivresse éphémère du
baiser et qu'elle retienne dans le domaine de la vie intime le brûlant récit des grandeurs de la chair[3]. Par
contre, le sentiment de la conservation et de l'accroissement, la recherche des satisfactions matérielles et tangibles sont devenus les objets des préoccupations sociales du plus grand nombre. La marée montante des
appétits menace de tout emporter. Les docteurs en l'art
de gouverner avec mesure, les politiques du juste-milieu
sainement entendu réussiront-ils, loin du despotisme
et de l'anarchie, à assurer aux générations prochaines
le triomphe du libéralisme et du droit sur la fatalité[4]?

Auront-ils l'énergie nécessaire pour maintenir parmi
les masses le culte de l'individu, le respect de toutes
les croyances qui consolent et élèvent les âmes[5]? Le

1. La peinture d'un fumier peut être justifiée, pourvu qu'il y
pousse une belle fleur; sans cela, le fumier n'est que « repoussant ». Discours de M. E. Renan : réponse à M. Claretie, reçu à
l'Académie française, le 21 fév. 1889.

M. Anatole France a écrit à propos de « la Terre » de M. E.
Zola : « ce sont les « Géorgiques » de la crapule ». Dans le même
ordre d'idées, il trouve qu'après la lecture des « Mensonges »
de M. Paul Bourget, il reste « des cendres dans la bouche ».

2. M. Secrétan.

3. Carlyle a dit : « Toute l'affaire de l'amour est une si mi-
« sérable futilité qu'à une époque héroïque personne ne se don-
« nerait la peine d'y penser. »

4. Michelet a dit que « le monde a commencé une guerre qui
ne finira qu'avec le monde : celle de la liberté et de la fatalité. »

5. On a reproché, et avec raison, à la société française, de
n'avoir pas établi sur des bases solides :

relèvement de l'influence morale des classes dirigeantes est à ce prix : qu'elles élèvent contre les convoitises d'aujourd'hui, contre les spoliations de demain, une barrière. La passion, la folie des désirs inassouvis est une force aveugle, mais la raison, « cette bonne raison qui sert à tout et ne nuit à rien[1] » a, elle aussi, sa contagion. « Si elle n'est pas la plus répandue elle » est la plus persistante, et c'est à elle que sont réser- » vées les dernières victoires[2]. »

> la liberté individuelle,
> la liberté d'association,
> la liberté d'enseignement,
> la liberté religieuse.

Plusieurs tentatives ont cependant été faites, à l'effet d'organiser la liberté d'association : en ce sens on doit citer les propositions de MM. Brisson, Lockroy, Tolain (1871), Dufaure (1880), Waldeck-Rousseau (1883), et Duchâtel (juin 1886).

1. Conseils de Mme Necker à sa fille Mme de Staël.
2. M. A. Franck. Sa dernière leçon. Adieux à ses élèves.

II

La souveraineté du peuple. — Le cens ; le suffrage universel, loi du développement politique normal. — Dangers de la passion de l'égalité et de la tendance à l'écrasement des supériorités ; remèdes : le vote cumulatif, le referendum.

L'idée de la *souveraineté du peuple* succédant à celle du droit divin a introduit dans les lois contemporaines le principe si profondément humain de l'égalité.

Fanatisées par la phraséologie des Jacobins empruntée à l'histoire légendaire de la république romaine et par les creuses déclamations des Girondins nourris de la littérature de Rousseau (exaltée par l'enthousiasme démocratique de Louis Blanc et de Lamartine)[1], les masses ont acquis la conviction de leur force irrésistible. Elles se sont fatiguées d'entendre dire qu'il y avait entre les hommes d'indestructibles différences héréditaires physiques, intellectuelles et morales. Elles se sont plu à regarder les contempteurs du règne de la foule comme des aristocrates endurcis, comme des ennemis de la dignité humaine ; et, obéissant à la fascination de la pure logique[2], elles n'ont voulu voir de salut que dans une organisation qui substitue la puissance numérique de la vulgarité à l'énergie dynamique des

1. Lamartine, *Histoire des Girondins* (1847), Louis Blanc, *Histoire de la Révolution Française* (1847-1863), *Histoire de Dix ans* (1841-1844).
2. M. Paul Laffitte (*Paradoxe de l'égalité*) a bien indiqué le danger de cette tendance : « Aujourd'hui, dit-il, l'égalité est dans nos mœurs comme dans nos codes. L'idée a triomphé : mais voici que quelques-uns voudraient la pousser à ses dernières conséquences logiques, au risque d'épuiser la vertu qui est en elle. Nous les voyons s'agiter autour de nous, impatients de toute hiérarchie, de toute discipline. Ils rêvent l'égalité absolue, sans se demander si elle ne serait pas l'absolue médiocrité. Les constituants de 1789 disaient : « plus de privilège », les constituants de demain, si nous les laissons faire, diront : « plus d'autorité ». Prenons garde : ce n'est plus ici le principe de l'égalité, c'en est le paradoxe ». En ce sens, Platon a dit que l'égalité consistait : « à ne pas

capacités, que dans le dogme de la participation de tous au gouvernement. Tous, nous jouissons de l'air, de la lumière, de l'eau courante ; tous, nous avons un libre arbitre, une conscience, un cœur ; tous, nous sommes accessibles à la joie et à la douleur, soumis à la loi commune de la mort ; tous, nous sommes égaux devant Dieu ! pourquoi ne le serions-nous pas dans les rapports sociaux ?

Le droit de vote est inhérent à la qualité d'homme, de mâle majeur et de citoyen, comme celui de vivre, de travailler, d'ester en justice, de s'associer, de se marier, parce qu'il est une conséquence de l'obligation générale à l'impôt et au service militaire. Il n'y a pas de criterium des bons et des mauvais, des capables et des incapables. Le cens, privilège de la fortune, a vécu. Les extensions fatales qu'il a subies en France, en Angleterre, aux États-Unis, en Hollande, en Belgique, en Italie, en Espagne, en Allemagne, l'ont frappé de mort. « Quand un peuple commence à y toucher, » a dit M. A. de Tocqueville [1], on peut prévoir qu'il » arrivera, dans un délai plus ou moins long, à le » faire disparaître complètement. C'est là une des » règles les plus invariables qui régissent les sociétés... » l'exemption devient enfin la règle ; les concessions » se succèdent sans relâche, et l'on ne s'arrête plus que » quand on est arrivé au suffrage universel [2]. »

empêcher les fils d'esclaves de s'élever au rang des rois : à ne pas empêcher les fils des rois de tomber au rang des esclaves ».

1. M. Alexis de Tocqueville, *de la démocratie en Amérique*, t. I, p. 91.

2. EN FRANCE, les élections ont eu lieu :

En 1789 et en 1791, à deux degrés, par tous les citoyens âgés de vingt-cinq ans et inscrits au rôle de la capitation ;

En 1792, par tous ceux âgés de vingt-et-un ans, ayant prêté le serment civique, (les domestiques exceptés ;

En 1793 et en l'an III, par le suffrage direct de tous, (y compris les domestiques ou officieux) ;

Sous la Constitution de l'an VIII, à deux degrés par désignation des assemblées primaires, sous réserve du choix du premier Consul ;

Sous la Restauration, au cens, par soixante-dix mille électeurs (1.300 fr. de contributions pour être électeur, 1.000 fr. pour être éligible) ;

Le régime plus large, des meilleurs, des classes dirigeantes — consacré par la loi provinciale et commu-

Sous la monarchie de Juillet, suivant le régime de la loi du 19 avril 1831, qui exigeait des électeurs 200 fr. de contributions directes :

Depuis la Révolution de 1848 (Ledru-Rollin, ministre de l'intérieur) : au suffrage universel.

Aux Etats-Unis, le suffrage universel existe depuis cinquante ans pour les blancs, depuis vingt ans pour les noirs.

En Angleterre, les « bills » de 1832 donnant aux grandes villes accession au vote, de 1835 (abolition des bourgs pourris), de 1858, 1860, 1867 et 1884 (élevant le nombre des électeurs dans la proportion de trois à cinq, presque le doublement), sont un acheminement au vote sans restriction qui a failli être proclamé en 1885.

En Belgique, le privilège des censitaires à quarante-deux francs est fort discuté ; et un mouvement d'opinion imposant se manifeste en faveur du suffrage universel avec l'appui des associations ouvrières (Congrès du 13 juin 1886. Manifestation du 15 août 1886, à Bruxelles. — Journaux : le *Vooruit* de Gand, le *Peuple* de Bruxelles, et grâce à l'abstention du parti catholique revenu au pouvoir (*Journal de Bruxelles*, *Impartial de Gand*).

En Hollande, une Union pour l'obtention du suffrage universel s'est récemment formée ; et la deuxième chambre (discutant la révision de la Constitution) a adopté diverses dispositions libérales qui, en attendant un projet définitif sur le droit électoral, abaissent notablement les conditions du cens. Le nombre des citoyens jouissant de leurs pleins droits serait porté de 130.000 environ à 300.000.

En Allemagne, en dépit de la déclaration du gouvernement prussien du 31 janvier 1850 (MM. de Bismarck et Prokesch-Osten), la loi fédérale du 31 mai 1869 — conçue dans un esprit libéral par crainte des revendications au Reichstag des « lassalliens » — déclare électeur « tout citoyen allemand âgé de vingt-cinq ans, jouissant de ses droits politiques et ne recevant pas de secours de l'assistance publique ». A Berlin, où les élections municipales sont faites à plusieurs degrés, suivant un mode de votation qui rappelle la division par classes de Servius Tullius, le droit du suffrage est soumis aux conditions suivantes : vingt-quatre ans d'âge, le paiement de 7,50 marks d'impôt sur le revenu, la justification d'un logement garni de meubles non loués (eigenes Hausstand.)

En Italie, l'avénement de la gauche, avec M. Depretis, au gouvernement (1876) a précipité la réforme électorale et institué un suffrage quasi-universel (l'électorat municipal est encore restreint).

En Espagne, le suffrage universel établi en 1868, lors de la chute de la reine Isabelle, a été supprimé par le coup d'Etat du général Martinez Campos et endigué par la constitution de

nale belge du 24 août 1883, — n'est ni plus durable, ni
plus sûr. L'adjonction des gradés d'Université, des
contre-maîtres ou chefs d'atelier, des reçus à l'« examen
de connaissances élémentaires », mécontente la foule
exclue sans offrir de garanties sérieuses à la propriété
et à la véritable intelligence, « ces deux seules raisons
raisonnables de supériorité parmi les hommes[1] ». L'influence moralisatrice du savoir ne commence, a dit
M. Fouillée, qu' « au moment où il cesse d'être un outil pour devenir un objet d'art ». La table de multiplication n'aide pas à pénétrer la fausseté des thèses du
socialisme d'État ou du collectivisme révolutionnaire.
L'homme qui sait lire a acquis l'instrument du perfectionnement, mais c'est à la condition qu'il n'en mé-
suse pas, et qu'il ne cherche pas dans la brochure,
dans la feuille quotidienne, un compliment à ses erreurs
instinctives ou une flatterie à ses préjugés. En notre
temps, le livre, la parole écrite, est une force assez
grande pour qu'on n'en fasse pas le levier de la politique. Les esprits à demi cultivés des nouvelles couches
ne sont pas aussi inaccessibles aux séductions malsaines
de la presse que ne le pensait M. Émile de Girardin. Les élever à la dignité d'électeurs ou d'éligibles
est moins dangereux que ne le croyait M. Guizot ; les
y admettre exclusivement serait une faute lourde.

Choisir entre les classes et dire laquelle a les intentions les plus droites est impossible.

Est-ce à dire qu'on doive partager sans appréhension
l'enthousiasme de M. Léon Gambetta pour les foules
avec lesquelles il se déclarait en parfaite communauté de
sentiment, pour « ces ouvriers, ces paysans, ces petites
» gens dont la générosité native et la raison vierge

sept. 1875 (ministère de M. Canovas del Castillo). Le projet de
rétablissement intégral déposé par MM. Moret et Sagasta aux
Cortès est l'objet de vives discussions (1888-89).

1. Benjamin Constant, Lettre du 6 prairial an III à la citoyenne Nassau. (Revue internationale, avril 1887.)

2. « Ah ! le peuple ! Océan ! onde sans cesse émue,
« Où l'on ne jette rien, sans que tout ne remue.
(Victor Hugo, Hernani, monologue de Charles-Quint.)

» n'ont pas encore été atteintes par l'attouchement de
» la civilisation [1] ». Lui-même n'a pas dû attendre, pour
en douter, les cris des fauves de la réunion de la rue
Saint-Blaise. Au sortir de cette ville d'Orange où il avait
distribué avec tant de naturel quelques-unes de ces poi-
gnées de mains dont la prodigalité n'a pas sauvé le roi
Louis-Philippe, non loin de ce Mont-Ventoux « couronné
de neiges éternelles, sous ce ciel de lapis-lazuli qu'un soleil digne de l'Attique frappait de ses flèches d'or [1], »
dans cette tournée électorale de 1876 où il préparait
par avance la chute du gouvernement de l' « ordre
moral », à Cavaillon, il a vu de près les périls des dé-
bordements populaires. Sans doute il n'a pas éprouvé
le sort du maréchal Brune, en 1819, ni couru les
mêmes dangers que Napoléon Ier se rendant à l'île
d'Elbe, sous un déguisement (avril-mai 1814); mais
il a pu se rendre compte de ce que serait le retour
des soulèvements de ces classes inférieures demeurées dans un état de demi-sauvagerie et armées des
puissants instruments de destruction que la civilisation crée et multiplie tous les jours.

Les démagogues — ceux qui ne travaillent pas pour
élever des statues aux grands hommes bourgeois, ceux
qui trouvent Victor Hugo « trop riche » pour l'accom-
pagner au Panthéon, — ne sont pas des rêveurs. Les
conquêtes pacifiques ne sont rien pour eux. Ils n'aspirent pas à ce que Hobbes a si bien appelé « la liberté
désolée de l'âme sauvage ». C'est le pouvoir politique
qu'il leur faut — pour défendre non pas l'intérêt d'autrui, mais le leur; et quand les assemblées « auront
» accédé à leurs demandes, ils les remercieront, mais
» ils ne s'en tiendront pas là; après avoir forgé un
» instrument solide pour la législation démocratique,
» ils sauront s'en servir [2] ». Dans quel but ? Sera-ce

1. Voyage de tournée électorale dans le Midi (1876), à Orange,
Avignon, Cavaillon, Marseille. Lettre de M. Léon Gambetta,
publiée par Mme Adam (North-American review, avril 1886).
2. M. Labouchère, à propos de l'extension de la franchise électorale en Angleterre et de l'abolition de la Chambre des lords
(Fortnightly review, mars 1883).

pour livrer l'assaut au capital et à la civilisation, les
exposer aux irruptions de la barbarie intérieure?
Sera-ce pour les épuiser par l'exploitation politique
des partis, aux dépens de la richesse et de l'activité
générales? Sera-ce pour les amoindrir en les soumettant à l'étroit et tyrannique conservatisme de
l'opinion moyenne? Le règne de l'anarchie, du collectivisme, du cantonalisme, inauguré à Paris en 1793
et 1871, à Carthagène en 1873, est ajourné; mais par
contre celui de la médiocrité [1], de l'inobservation des
lois, de la stérilité législative, et parfois même de la
corruption, bat son plein.

La politique est devenue une profession; la candidature une promiscuité qui répugne aux capacités [2]. Les
classes supérieures, aussi bien à New-York qu'à Londres [3] et qu'à Paris, l'abandonnent pour se livrer aux
luttes fécondes de l'industrie, aux fortifiantes études
de la science [4], aux délassements des arts. Il répu-

Dans le même sens, M. Bright a dit : « Comptez-vous, et vous
« verrez que vous êtes, si vous voulez, les maîtres. »
« Le suffrage universel est un legs de 1848 : le flot du socia-
« lisme qui fit irruption dans cette mémorable année l'a planté
« comme un gage de son retour. . . . .
. . . .
« Il est impossible que la question sociale ne se pose pas
« devant des assemblées résolues à la trancher dans un sens
« conforme aux vœux populaires. »　　　Stuart Mill.
1. « Le monde se compose de vulgaire ».
　　　　　　　　　　　　(Machiavel, le Prince.)
2. M. J. Simon a dit (Journal des Débats, 15 mars 1887, à propos du livre deuxième République, par M. de la Gorce): « S'il
« fallait cesser d'être conservateur et libéral pour être républi-
« cain, j'abandonnerais plutôt la République que la liberté ».
3. M. Herbert Spencer (du Gouvernement représentatif, 1857)
constate qu'en Angleterre, les plus honorables commerçants
refusent les fonctions de magistrat municipal, et qu'il en est de
même dans les plus grandes villes aux États-Unis.
4. Michelet repoussait les offres de candidature politique en
disant : « Je me suis jugé; je n'ai ni la santé, ni le talent, ni le
« maniement des hommes...... je suis un artiste. »
Victor Hugo (Choses vues, 1887) relate, à propos de la popularité, la conversation suivante, dont il n'a pas suffisamment pro-
fité :
« Vous avez bien fait, me dit Béranger, de vous en tenir à la

gne aux esprits élevés de tout sacrifier à la popularité[1], « cette gloire en gros sous[2] », et d'adopter la maxime de Ledru-Rollin, « ce Danton pour gravures de modes[3] » qui a dit, dans un moment de sincère abandon : « j'étais leur chef, il fallait bien les suivre ». M. Raoul Frary[4] a mis en lumière l'inélégance morale de cette pratique contemporaine. Le succès est réservé au démagogue. L'ami du peuple connaît les passions, les préjugés de l'opinion publique[5] : il prévoit les vicissi-
udes du courant ; il sait qu'il y a un bon sens pour la
t

[2] popularité qu'on domine. Moi, j'ai beaucoup de peine à me soustraire à la popularité qui vous monte dessus. Quel esclave qu'un homme qui a le malheur d'être populaire de cette popularité-là ! Tenez, leurs banquets réformistes, cela m'assomme, et j'ai toutes les peines du monde à n'y pas aller ! Je donne des excuses : je suis vieux, j'ai un mauvais estomac, je ne dîne plus, je ne me déplace plus, etc. Vous vous direz : Il faut qu'un homme comme vous donne ce gage ! et cent autres, et cætera. — Je suis outré, quoi ! Et cependant il faut faire bonne mine et sourire. Ah ! ça ! mais c'est tout simplement le métier d'un bouffon de cour ! *Amuseur de prince, amuseur de peuple, même chose. Quelle différence y a-t-il entre le poète suivant la cour et le poète suivant la foule ? Marot, au seizième siècle, Béranger, au dix-neuvième, mais mon cher, ce serait le même homme ! Je n'y consens pas, je m'y prête le moins que je peux. Ils se trompent sur mon compte. Je suis homme d'opinion et non homme de parti. Oh ! je la hais, leur popularité ! J'ai bien peur que notre pauvre Lamartine ne donne dans cette popularité-là. Je le plains. Il verra ce que c'est. Hugo, j'ai du bon sens. Je vous le dis, tenez-vous-en à la popularité que vous avez : c'est la vraie, c'est la bonne ».*
1. « Il y a des luttes jusques dans le monde de la science. mais, à la différence des luttes politiques qui vont toujours en s'exaspérant parce qu'elles ne roulent que sur des intérêts, celles-ci ont pour objet des idées éternelles et pour résultat d'adoucir les passions mêmes qu'elles soulèvent. »
(M. Jules Simon, Éloge académique de M. Guizot.)
2. Victor Hugo, *Ruy Blas.*
3. M. Hector Pessard, *Souvenirs (Revue bleue, 1887).*
4. M. R. Frary, *Manuel du démagogue.*
5. « Qu'est-ce que l'opinion publique ? Je l'ignore. Pour moi, je connais un ou deux hommes par village, actifs, peu aimés de leurs voisins, mais redoutés de tous, en lutte avec le curé et dominant le conseil. — C'est pour eux que je gouverne. » M. G. Picot, *Magistrats et démocratie. (Revue des Deux-Mondes,* 15 mars 1884.

ville, un autre pour la campagne ; et ce n'est pas lui qui
se donnera comme centre-gauche à la Guillotière, comme
radical dans les Côtes-du-Nord, ou qui se dira pro-
tectionniste à Bordeaux et libre-échangiste à Rouen.
L'homme d'affaires soulève peu de questions pour
remporter plus de succès. Ses discours sont pleins de
lieux communs peu compromettants : l'oppression clé-
ricale, la tyrannie de la féodalité industrielle et financière, les misères du salariat, une pointe discrète de
chauvinisme, en forment la trame, — ainsi qu'il ressort
des professions de foi de 1881 dont la Chambre des
députés, dans sa manie des enquêtes, a prescrit la collection [1]. L'élection faite, c'est la chasse aux places [2]
qui commence, la désorganisation qui s'accentue, sous
l'influence des intrigues de sous-préfecture [3] fomen-
tées par cette tourbe de ratés et de tarés qu'on embau-
che pour une besogne plus ou moins propre et qu'on
ne peut plus congédier.

L'administration harcelée par les demandes d'exonération d'amendes, ne perçoit plus régulièrement
l'impôt, au détriment d'un budget déjà en déficit, et
faute d'une police préventive suffisante, l'action plus

---

1. L'abus des enquêtes est flagrant. La Commission parlementaire de 1881, qui a entendu plus de quatre cents personnes
sur la crise commerciale et industrielle, n'a proposé aucune réforme sérieuse.

2. « L'égalité c'est nous dessus et eux dessous, » a dit Danton.

3. M. Dugué de la Fauconnerie, député (discours à la Chambre, déc. 1886), a fait du politicien rural le portrait suivant :
« Vous connaissez comme moi ce type grotesque et antipa-
« thique du politicien rural, de l'avocat de campagne, cet être
« intrigant, bavard, mécontent, qui se croit supérieur à tous,
« et qui a la prétention de faire les affaires du pays quand il
« n'a pas pu faire les siennes.
« Espèce de mouche abondante autour du coche sous-préfec-
« toral, auquel il se cramponne avec l'espoir d'acquérir un peu
« d'importance, à défaut d'estime et de popularité.....; des ânes,
« enfin, qui veulent à toute force trouver des reliques, pour
« n'être pas des ânes ordinaires ».
« En province (discours à la Chambre, 28 janvier 1888) on vit
« sous la domination d'une oligarchie d'espions, sous la tyran-
« nie de la canaille et de l'imbécillité. »

nécessaire de la justice est paralysée par les abus du droit de grâce [1].

La stérilité législative des démocraties est partout.

En France, les lois d'affaires [2], telles que celles sur les sociétés, les marques de fabrique, la police rurale, les récidivistes, doivent céder le pas aux interpellations oiseuses, et le sentiment de la fraternité, « cette solidarité volontaire des cœurs [3] », n'est pas assez puissant pour faire inscrire en rang utile à l'ordre du jour, la réforme de la loi sur les aliénés ou la proposition Théophile Roussel sur l'enfance abandonnée [4].

Aux États-Unis les discussions du Congrès s'éternisent, et quand elles s'élèvent à la hauteur d'une question générale, le dernier mot reste à la satisfaction des intérêts privés ou des basses passions : ainsi qu'il résulte de l'adoption d'un protectionnisme outré, du « Bland Bill », et des complaisances de la législature

1. M. Henry Summer Maine (*le Gouvernement populaire*, p. 135) constate la tendance démocratique des tribunaux, en Angleterre et aux États-Unis, à appuyer leurs décisions plutôt sur le sentiment de l'équité, de la « plausibilité » que sur des considérations de pur droit. De là l'insécurité, dont la pratique du « lynch » est la conséquence.

2. Le projet de loi de M. Dufaure ayant pour but de diminuer les droits sur les petites ventes judiciaires — déposé le 17 mars 1876 — n'a été promulgué que le 25 octobre 1884, c'est-à-dire au bout de huit ans et cinq mois.

À propos des travaux de la Chambre actuelle, M. Francis Laur, a publié un article de statistique duquel il résulte que, depuis trois ans, la Chambre n'a produit qu'une seule loi importante : l'expulsion des princes. Le reste de son bilan se compose de dix lois d'intérêt local; quarante-sept lois d'un caractère administratif; quatre lois d'intérêt général importantes, toutes mâchées par les anciennes législatures; une loi d'intérêt général élaborée par la Chambre en trois jours. Total général : soixante-deux lois, soit une loi par quatorze députés (ils sont cinq cent quatre-vingt-trois) en neuf cent vingt jours; deux lois par mois, qui reviennent en moyenne à 320.28 fr. 20 d'honoraires chacune.   (*la France*, 16 mai 1888.)

3. M. Alfred Fouillée.

4. En Allemagne, l'élaboration des lois est très pénible. Il a fallu l'autorité du prince de Bismarck pour mener à bonne fin les lois sur les caisses ouvrières d'assurances; et la discussion des propositions sur l'organisation des corporations, sur les monopoles, menace de ne pas aboutir.

pour la constitution californienne Kearney contre l'immigration chinoise [1]. D'ailleurs, dans le gouvernement intérieur des États, la corruption est si habituelle que des hommes aussi honorables qu'Alexandre Hamilton [2] déclarent qu'il serait impossible de la déraciner. Aussi, malgré la condamnation de M. Tweed, qui a terminé sa déplorable carrière à la maison centrale d'Albany, la ville de New-York est-elle retombée dans les mains des deux factions qui se disputent ouvertement les fonctions municipales comme une proie. Les sociétés « d'Irving Hall » et de « Tammany Hall, » partageant le pouvoir avec les politiciens de quartier (Ward politicians), sont parvenues à faire rentrer leurs créatures dans le conseil des « aldermen » ; et la concession des tramways à vapeur de Broadway a été accompagnée de tels scandales, que le district-attorney, (sorte de délégué fédéral), a été obligé de faire arrêter dix-neuf sur vingt-quatre de ces pères conscrits [3].

1. Le Congrès, après une longue attente, a fini — dans la deuxième session de 1882 — par adopter un amendement à la Constitution (chap. 126 des statuts des États-Unis) qui restreint l'immigration chinoise, conformément aux vœux des États du Pacifique.

2. Alexandre Hamilton, un des principaux rédacteurs de la Constitution américaine (en collaboration avec Madison).

3. Sur ces vingt-quatre « aldermen » composant le conseil municipal de New-York, deux ont été acquittés, trois subissent des peines de sept à dix ans d'emprisonnement et les autres sont détenus ou en fuite au Canada.

Pour prévenir le retour de ces honteux trafics, un projet répressif — imité des législations australienne et canadienne, (1874) — est déposé au Congrès de Washington. Mais, il est douteux qu'il trouve un accueil favorable chez les bailleurs de fonds de l'élection Harrisson, récemment arrivés au pouvoir (1888-89).

En France, le maire de Marseille a été également obligé de prononcer la révocation de quatorze employés de la municipalité et de requérir du préfet des Bouches-du-Rhône la suspension de sept agents de l'octroi (sept.-oct. 1887) : enfin les scandales qui du mois d'octobre à décembre 1887 (Affaires Limouzin, Lorentz, Rattazzi, d'Andlau, Léon Grévy, Wilson) ont atteint de déconsidération la personne même du chef de l'État, ont montré que la démocratie française n'était pas plus à l'abri de reproche que celle du nouveau-monde.

Qu'en faut-il conclure sinon que la démocratie qui
ne veut plus de grands hommes, est demeurée crédule
aux charlatans, aux héros faits à sa mesure et à son
image, et que « prompte à se laisser séduire par le
» triomphe de la force ou par les sonorités de la pa-
» role, elle n'exige de ses élus ni les dons du génie, ni
» les délicatesses de la conscience, ni l'intégrité du
» caractère [1] ? » Tout peut encore être sauvé dans ces
contrées neuves du nouveau-monde où l'activité humaine trouve son libre essor sur un territoire immense
dont les richesses sont à peine explorées. Le danger
est plus proche dans ces pays d'Europe où de généreux
efforts se brisent à tenter un rapprochement des classes prévenues les unes contre les autres ; et où, entre le
patron et l'ouvrier, entre le maître et le serviteur, il
semble « qu'il y ait un fossé, un mur, une montagne,
» parce que tout diffère, éducation, intérêts, idées,
» croyances, langue même [2] ».

Deux esprits éminents (pourtant bien éloignés l'un
de l'autre par leurs convictions), Channing et H.
Spencer, sont d'accord dans leurs défiances. Le chrétien dévoué à l'humanité souffrante [3], l'évolutionniste

---

1. M. A. Gigot, André Jackson, la démocratie autoritaire aux
États-Unis.

« Le pouvoir n'est pas la dignité. Vous trouverez au pouvoir
» les hommes les plus bas, c'est-à-dire les plus infidèles aux
» vrais principes, les esclaves les plus vils de l'opinion. Je suis
» fâché de le dire, mais la vérité m'y force : aujourd'hui, la
» politique fait peu de chose pour élever ceux qui y prennent
» part. Elle est en opposition avec une haute moralité; sans
» doute, la politique — à la considérer comme l'étude des
» affaires publiques, la recherche du véritable bien, du bien
» durable de la société, l'application des grands principes qui
» ne changent pas — est une noble sphère de pensée et d'ac-
» tion ; mais, la politique dans le sens ordinaire du mot, c'est-
» à-dire une invention d'expédients temporaires, une partie où
» l'on joue de ruse, cette tactique des partis qui veulent em-
» porter le pouvoir et s'en partager les dépouilles en élevant une
» coterie au-dessus d'une autre : tout cela n'est plus qu'un
» métier avilissant et méprisable. »

(Channing, Conférences de Boston. 1849.)

2. Raoul Frary.

3. « Mon âme est attirée vers les classes laborieuses, parce

dégagé des préjugés du passé, redoutent également l'avènement au pouvoir des masses organisées par les associations ouvrières ; et ils se demandent si les gouvernements de l'avenir seront assez forts pour opposer une sérieuse résistance aux suggestions de la haine et de l'envie.

Y a-t-il des remèdes contre cette tendance à l'écrasement de toutes les supériorités [1], à l'affaiblissement

« qu'elles constituent la majorité de la race humaine. Mon grand
« intérêt est pour l'humanité et pour la masse ouvrière qui en
« forme la représentation la plus considérable. »
(Channing. *Œuvres sociales*, p. 158. 1840).'

1. « L'homme de mérite n'a pas plus de titres que l'incapa-
« ble. L'honnête homme est confondu avec le coquin : nommé
« et non élu, le fonctionnaire méprisable ne pourrait conserver
« sa place longtemps, la clameur publique l'en chasserait bien-
« tôt. Au contraire, une élection par le peuple est considérée
« comme la consécration de l'ignorance, de l'incapacité, de
« l'oubli des devoirs et même du crime. » M. Ezza Seaman.
Système du gouvernement américain.

« Ce nom (l'égalité) est à double entente : il signifie l'éga-
« lité politique, l'admissibilité aux emplois, en un mot l'aboli-
« tion de tous les privilèges qui ont été détruits avec le droit
« divin (ceci est bien fait), mais il signifie aussi le *nivellement*
» social : ceci est impraticable et par conséquent, anarchique :
« car, ne pouvant réussir, il n'en sort que troubles et agitations
« ruineuses. » M. Littré, *Conservation, Révolution et Positivisme* (1851).

« Ce que veut la masse, c'est ce que veulent les individus
« les plus fortement animés des sentiments communs à la classe
» la plus nombreuse, c'est-à-dire la moins cultivée intellectuelle-
« ment et moralement; et ceux qui prendront la peine d'observer
« verront bientôt combien les autres jouissances paraissent fades
« au prix du plaisir d'humilier et de faire souffrir ceux qu'on
» hait et ceux qu'on envie... L'aristocratie du savoir, l'aristocratie de la vertu ne sont pas moins odieuses que les privilèges
« de la naissance et de la fortune : la démocratie aspire, en
» vertu de sa nature propre, à refouler tout ce qui s'élève au-
« dessus du niveau de la culture moyenne, et, par conséquent,
« à faire baisser constamment le niveau lui-même qui ne sau-
« rait se maintenir que par le déploiement et par l'attrait des su-
« périorités naturelles. »
Secrétan. *Civilisation et croyance.*

En ce sens, un journal médical anglais. (*The Lancet*, février 1886) fait remarquer que le mot « foule » exclut l'idée d'une organisation, la préexistence d'un but commun. L'activité mentale de la foule est limitée à la colère, à l'imitation, aux actes

de la subordination, à la destruction de la hiérarchie ?

Quelques politiciens à courte vue ont cru trouver dans l'obligation de l'instruction publique élémentaire laïque, la panacée universelle [1]. D'autres ont vanté les bienfaits de la décentralisation municipale, cantonale et départementale. Le nombre des déclassés n'a pas diminué, et les administrations locales ne sont devenues ni plus soucieuses de l'ordre, ni plus économes des deniers publics.

Sans exiger, conformément à la loi de 1791, l'exclu-

instinctifs, c'est-à-dire aux énergies inférieures de l'entendement.

« Une société nouvelle s'est élevée. La force a passé au
« nombre ; et ce n'est pas seulement dans l'ordre politique que
« le suffrage universel a modifié les conditions de la vie so-
« ciale. Les problèmes jadis reservés à une élite préparée à en
« peser les termes, à en mesurer les solutions, se sont dressés
« tout d'un coup devant des foules impatientes et inquiètes.
« L'esprit d'affranchissement a pénétré partout, confondant
« trop souvent les privilèges abusifs et les inégalités nécessai-
« res, les ambitions légitimes et les convoitises malsaines, la
« liberté et la licence, le pouvoir et le droit. Et, en même
« temps, de ces mouvements confus et mal réglés se dégage
« un sentiment plus vif de la dignité humaine, une conception
« plus saine de la justice, tout un ensemble d'efforts qui témoi-
« gnent d'une raison publique plus largement éclairée. De l'or-
« ganisation de cette démocratie qui cherche laborieusement à
« discipliner ses forces dépend aujourd'hui la destinée du
« pays, de sa vitalité notre grandeur, de sa sagesse notre sa-
« lut. »
Discours de réception à l'Académie française de M. Gréard
(janvier 1898.)

1. .... « La dé-
« mocratie, pleine de bonnes intentions, a pensé que pour éclai-
« rer le suffrage, il y avait lieu surtout de l'instruire même de
« force, et a cru que par ce grand moyen, on aiderait la nation
« à résoudre le problème de l'intérêt bien entendu. Il n'y a peut-
« être là qu'une généreuse illusion, car l'intérêt bien entendu
« n'a pas de criterium, pas de type : il est changeant, mo-
« bile...
« Donner de l'éducation à des hommes qui doivent être con-
« damnés à la pauvreté, c'est les rendre rétifs ; fonder des ins-
« titutions politiques – d'après lesquelles les hommes sont théo-
« riquement égaux — sur la plus choquante des inégalités socia-
« les, c'est vouloir faire tenir une pyramide sur son sommet. »
(M. Ernest Brelay, l'*Équité électorale*, p. 72).

sion des citoyens sans domicile fixe qui ne paient pas
de cote personnelle, des hommes modérés pensent qu'il
y a lieu d'accorder une influence prépondérante aux
électeurs mariés, aux pères de famille[1], aux membres
des corps savants, aux gradés de l'Université[2], par
l'établissement du vote « *plurinominal* », et de permettre
à tous le vote « *cumulatif* » — à l'exemple des États-Unis
et du Danemark — dans le but d'obtenir une représentation honorable des minorités[3].

Non moins bien intentionnés, de hardis réformateurs
conseillent un retour au régime plébiscitaire et l'adoption du *referendum* auquel le scrutin de liste est un
acheminement. Ils espèrent qu'ainsi affranchi de la
déprimante tutelle des coteries, le pouvoir exécutif
pourra librement choisir les ministres en dehors du
Parlement[4] ; et que, préparées par des conseils compétents, les lois soumises à la discussion des chambres
seront mieux conçues, plus rapidement promulguées et
moins légèrement exécutées[5].

1. Proposition de MM. Raudot, du Douhet, de Belcastel (Assemblée nationale, 1874).
2. Stuart Mill. H. Spencer.
3. M. Georges Picot.
M. Pourrat. Système des catégories de députés ayant chacun
aux assemblées un nombre de voix proportionnel à celui des
suffrages obtenus.
M. Léon Say (Voyage en Italie, *Journal des Débats*, nov. 1883) ;
exposé de la législation municipale milanaise.
M. Thomas Hare, Théorie du quotient électoral.
Proposition de MM. Cobden et Bright, déposée à la Chambre des
communes le 1er mars 1860 (retirée par lord John Russell le
11 juin 1860), ayant pour but de permettre la représentation des
minorités, en limitant le vote plurinominal aux deux tiers de
la liste à élire.
La Représentation proportionnelle, (essais de législation et de
statistique comparées, publiés sous les auspices de la société
pour l'étude de la « Représentation proportionnelle » fondée en
1883 par MM. Pernolet, G. Picot, Boutmy, Beaussire, Dareste et
Anatole Leroy-Beaulieu).
4. M. Alfred Naquet, député. (Conférences et articles de journaux).
M. Michelin, député (le XIXe siècle, 17 juillet 1888).
M. Pascal ancien préfet, *la réforme nécessaire*.
5. Les lois ne sont bien préparées que par des juristes ou

La pratique semble donner quelque fondement à cette
opinion. Quand il s'agit de résoudre une de ces questions simples qui ne se posent qu'à de longs intervalles
(telles que le choix du chef de l'Etat, le changement de
nationalité, le maintien ou la rupture d'un lien fédératif), les appels au suffrage universel n'offrent pas les
mêmes inconvénients que dans les sphères restreintes,
où s'exerce l'influence des petites passions et des convoitises inavouables. Aux Etats-Unis, les élections pré-
sidentielles — à deux degrés il est vrai [1], — ne donnent
lieu à aucun désordre, parce qu'aussitôt le résultat proclamé les comités se dispersent sans arrière-pensée d'opposition de la part des vaincus. En Suisse, les consulta-
tions du corps électoral amènent rarement l'adoption
de mesures révolutionnaires ou oppressives : deux fois,
depuis 1874, la réforme électorale a été ajournée, l'impôt progressif a été repoussé, et les lois réprimant l'abus
des boissons alcooliques ont été ratifiées [2].

En serait-il de même dans les autres pays, en France
notamment? On ne pourrait l'affirmer en ce temps
d'opinion si mobile, où les expériences sont si souvent
des catastrophes. On doit toutefois supposer que les
masses de notre pays ne choisiraient pas plus mal que
celles du nouveau-monde et qu'elles sauraient, après

par des hommes ayant des connaissances techniques et spéciales, ainsi que le prouve la perfection des codifications justi-
nienne et napoléonienne. Les membres du Parlement n'ont ni
le temps nécessaire pour faire des enquêtes sérieuses, ni l'indépendance d'esprit indispensable pour mener à bonne fin des
œuvres de longue haleine. L'intervention plus fréquente de la
section de législation du Conseil d'Etat rétablirait l'ordre et
présenterait les mêmes avantages que celle de la haute cour de
justice des Etats-Unis.

1. M. Taine, académicien a proposé en 1872, dans une brochure, l'adoption pour la France du scrutin d'arrondissement
à deux degrés.

2. Depuis l'adoption du « referendum » introduit dans la constitution suisse en 1874, vingt votes ont eu lieu (mai 1887), dont
treize négatifs et sept affirmatifs. Au nombre de ces derniers, il
convient de signaler: la laïcisation de l'état civil (1875), — la législation sur les fabriques, — la subvention du Saint-Gothard,
— le monopole fédéral de la vente des spiritueux (mai 1887).

les exactions d'un Jackson[1] ou d'un Grant, préférer un Lincoln ou un Cleveland. Soumises à l'épreuve du vote populaire, les lois égalitaires — militaires ou financières, — seraient peut-être acceptées. Mais, les partisans de la séparation de l'Eglise et de l'Etat, du retrait de la liberté de l'enseignement, de la laïcisation des écoles, des maisons hospitalières, des prisons et des cimetières, ne rallieraient probablement pas de majorité : et les sectaires qui ont égaré, sinon trompé leurs électeurs, y trouveraient dans le présent un frein, et pour l'avenir un avertissement.

Pour rendre viable le gouvernement parlementaire et démocratique, il faut une réforme morale. Il faut que le pouvoir sache se faire respecter[2], que les élus des Assemblées, moins absorbés par le soin de leurs intérêts privés, maintiennent sans l'outrepasser, leur droit de contrôle ; et que les électeurs, arrachés « aux ténèbres » des époques de la pierre brute du miocène[3]» acquièrent le sentiment de leur dignité, la conscience de leurs intérêts, la persévérance dans l'affirmation de leurs idées.

S'il n'en est pas ainsi, si après avoir laissé jeter à l'eau le capitaine, les passagers assis à l'arrière de la barque, laissent les mariniers se disputer le gouvernail, sans souci de l'état du ciel, le vent s'élèvera, la mer sera bouleversée, et avant que tous se soient mis d'accord, la frêle nacelle sera engloutie. L'apologue de Platon n'a pas vieilli : les cités grecques ne l'ont pas entendu ; peut-être sera-t-il mieux compris de nos contemporains.

1. On a reproché au président Jackson cette parole cruelle : « aux vainqueurs les dépouilles ».

2. « Les gouvernements ne sont jamais respectés qu'en se faisant craindre et le pouvoir n'inspire jamais de reconnaissance. » Benjamin Constant. *Lettre à la comtesse de Nassau*, 18 fructidor an III, (2 sept. 1795).

3. Docteur Pantaleone, cité par M. Emile de Laveleye (*Nouvelles lettres d'Italie*, p. 103.)

III

Le fédéralisme : en Europe : au nouveau-monde. — Le principe
des nationalités. — La France menacée.

En réclamant, pour l'application de ses rêves humani-
taires, la division de la France en dix-sept républiques
et le morcellement de l'Europe en petits États indépendants, Auguste Comte ne s'aperçoit pas qu'il aboutit au *fédéralisme*. Comme Proudhon, il croit que le
« contrat social » est une fiction légale inspirée à Rousseau par le calvinisme, et ayant pour but d'expliquer
les rapports sociaux autrement que par le droit divin ;
comme lui, il déteste Robespierre et la constitution de
1793 ; comme lui, il souhaite de voir son pays découpé
en confédérations par bassins, (à l'exemple de la vieille
Gaule), et paraît convaincu que le régime fédératif,
— équation définitive de l'autorité et de la liberté — est
seul capable de couper court à l'effervescence des
masses, en un mot de servir de brise-lame aux tempêtes
populaires [1].

Or, l'expérience séculaire de l'évolution politique en
Europe prouve que la prépondérance n'a cessé d'appartenir aux États fortement centralisés : à la monarchie d'Henri IV ou de Louis XIV, au premier Empire,
héritier d'une République une et indivisible. C'est par

1. Proudhon (du *Principe fédératif*) estime que — la loi n'étant
ni l'expression du rapport des choses, comme l'a dit Montesquieu (idée panthéiste), ni un commandement intimé à l'homme
(idée des religions révélées), mais un statut « arbitral » de la volonté humaine — il en résulte que le seul régime compatible
avec le respect de la liberté humaine est celui du contrat. Cela
étant, la fédération s'impose parce qu'elle est une convention
par laquelle « un ou plusieurs groupes, états ou communes,
« s'obligent réciproquement et également les uns envers les
« autres pour un ou plusieurs objets particuliers, dont la charge
« incombe spécialement alors et exclusivement à des délé-
« gués ».

crainte de l'omnipotence des parlements et d'une renaissance des franchises provinciales, que Sieyès a fait
décréter par l'Assemblée nationale de 1789 la division
du territoire en départements: c'est au nom de la patrie en danger et pour écraser dans l'œuf toute tentative de résistance locale en présence de l'ennemi, que
la Convention a sacrifié les Girondins aux rancunes de
l'ivresse populaire ; et la nécessité de l'unité nationale
serait une illusion du passé?

Assurément non? Les confédérations n'ont jamais
assuré aux peuples une puissance durable.

Dans l'antiquité, les ligues « amphictyonique » et
« achéenne » n'ont pas arrêté les conquérants macé-
doniens ou romains.

Dans les temps modernes, la Hollande n'est devenue
un État respecté que, lorsque renonçant à l'autonomie
provinciale, elle a confié à la maison d'Orange le sta-
thoudérat héréditaire. La Suisse unie en 1798, remise
en confédération en 1815, a dû, — après le soulèvement
de sept cantons (Sunderbund de 1847) — apporter des
restrictions à la faculté de révision des constitutions
particulières. Les ligues lombardes, l'autorité papale
ont été impuissantes contre les invasions germaniques
ou françaises. Et le saint-Empire romain[1], bien que
représentant la plus importante unité collective d'États
en Europe, a subi pendant plusieurs siècles les conséquences d'une constitution anarchique.

L'avènement du principe des *nationalités* prédit par
Saint-Simon, et succédant à celui de l'équilibre euro-
péen établi par les traités de Westphalie (1648) et de
Vienne (1815), a concordé avec le discrédit du système

---

1. Herder a dit de l'Allemagne de la fin du XVIIIe siècle: « Tout
» y est divisé, et tant de circonstances favorisent cette division ;
» les religions, les sectes, les dialectes, les provinces, les gouver-
» nements, les mœurs et les droits ».

Henri Heine explique par la lassitude morale des populations
des bords du Rhin, divisées en trois espèces de petits états (fiefs
de chevalerie, villes d'Empire, principautés ecclésiastiques)
l'enthousiasme des allemands au début de la Révolution française, « ce premier rayon du soleil nouveau », comme a dit
Gœthe.

fédératif. Napoléon III, avec sa proposition de confédération italienne, à la conférence de Zurich (1859), a
échoué devant l'opposition absolue de toutes les classes de la population de la Péninsule où, aristocrates et
démocrates, piémontais royalistes et garibaldiens républicains avaient juré, dans un unanime élan patriotique, de ne pas se séparer avant la conquête de Rome.
L'Allemagne, devenue toute-puissante depuis ses succès militaires, n'a pas oublié les déplorables effets de
ses dissensions intestines : elle sait que c'est grâce à
elles que le premier Empire l'a vaincue, que les plénipotentiaires de Vienne (1814-1815) ont pu lui imposer un
morcellement injustifiable[1], et elle n'ignore pas que la
confédération du Rhin et la diète de Francfort ont été
les carcans qui ont entravé son développement pendant
plus de soixante ans. Tous les efforts du gouvernement
de Berlin tendent à renforcer par des lois d'Empire[2] le
pouvoir central, à détruire les dernières résistances
« particularistes »; et tout porte à croire que l'extension
possible des prérogatives parlementaires du Reichstag
ne ferait qu'accentuer le mouvement de concentration.

Repoussé par l'Europe, le fédéralisme a franchi
l'Atlantique et a trouvé en Amérique une terre favorable à son épanouissement. Certes, il n'a pas empêché
les républiques espagnoles de tomber dans l'anarchie,
dont elles commencent à peine à s'affranchir; mais
l'expérience que la grande République des Etats-Unis
en a fait, a suffi à démontrer la perfection du principe
sainement appliqué.

1. C'est grâce aux habiles manœuvres de Talleyrand au congrès de Vienne (1815), que la monarchie prussienne ne put obtenir ni l'annexion de la Saxe, ni celle de l'Alsace ; et qu'elle
fut divisée en deux tronçons, l'un au Nord (Brandebourg,
Prusse, Posen, Silésie), l'autre à l'ouest le long du Rhin (Prusse
rhénane comprenant Aix-la-Chapelle, Cologne, Coblentz et
Mayence).

2. Septennat militaire, lois ouvrières sur l'assurance obligatoire, projets d'impôts d'Etat sur le revenu ou le capital, monopoles sur le tabac et l'alcool, main-mise sur les chemins
de fer.

A un pays neuf, sans passé, sans traditions, à un territoire d'une immense étendue où viennent s'installer, plus nombreux chaque année, des émigrants de toute race et de toute langue — comme des stratifications successives, — il fallait une forme politique nouvelle. Les treize États confédérés de 1787 l'ont trouvée dans une Constitution qui garantit aux parties le gouvernement le plus libre, tout en réservant à l'ensemble le gouvernement le plus fort. Les prédictions de M. A. de Tocqueville et de Macaulay ont été démenties par les faits. L'organisation fédérale a résisté aux secousses de la plus terrible guerre civile de notre temps: parce que le législateur américain n'a pas commis l'imprudence de laisser à chaque État son autonomie absolue — à l'exemple des Ligues de la Grèce antique, des confédérations des Pays-Bas ou de l'Allemagne, — parce que le Président, exécuteur des décisions du Congrès, appuyé par l'autorité morale de la Cour suprême, secondé par la force armée, veille, par l'intermédiaire de ses agents directs, à l'exécution des lois, lève l'impôt fédéral, et a seul le droit de représentation à l'étranger.

Notre vieux monde est-il prêt à revenir bientôt à un système que M. Gladstone a appelé « l'œuvre la plus » merveilleuse qui soit sortie d'un seul jet du cerveau de » l'homme pour son bien »? On peut en douter. Il est vrai qu'au lendemain de la guerre de Sécession, l'union américaine a résisté ; que le général Grant, comme Jackson, comme Washington, est descendu du pouvoir, refusant la dictature et respectant la constitution fédérale. Mais un tel exemple pourrait-il être suivi sur notre continent, où les motifs de rivalités ou de haines nationales sont si nombreux et où les traités ne sont respectés, les revanches ajournées, qu'autant que l'équilibre des forces respectives n'est pas rompu? La guerre, cet immense brigandage [1], est devenue la préoc-

---

1. « Grande latrocinium, » a dit Saint-Augustin.

Klopstock a ajouté : « la guerre est la flétrissure du genre humain ».

« Des patries engagées contre des patries, écrivait Herder

cupation essentielle des dix-sept états de l'Europe. En dépit de la généreuse propagande de la Société des « amis de la paix »[1], des congrès, des propositions d'arbitrage[2], de conférence internationale, on n'entend que le clique-

---

« en 1791, dans une lutte sanglante, c'est le pire barbarisme
« des langues humaines. »

1. Le Congrès des amis de la paix s'est réuni :
à Londres, en 1847 ;
à Bruxelles, en 1848 ;
à Paris, en 1849, sous la présidence de Victor Hugo, (assisté de l'abbé Deguerry et du pasteur Athanase-Coquerel,) ;
à Francfort, en 1850 ;
à Londres, en 1851 ;
à Genève, en 1866 ;
à Lausanne, en 1869 ;
à Genève, en 1871, où les députés allemands Sonnemann et Simon de Trèves proclamèrent la nécessité d'établir une confédération des États-Unis d'Europe ;
à Lugano, en 1872 ;
à Genève, en 1872 ;
. . . .
à Bruxelles, (1882) ;
à Berne (1884) ;
à Neufchâtel (sept. 1888);
à Milan (janvier 1887).

« L'association humanitaire française de la Ligue de la paix » qui tient sa réunion annuelle dans les salons de la mairie de la rue Drouot, à Paris, compte 70.000 adhérents. Elle comprend parmi ses membres MM. Frédéric Passy, Jules Simon, A. Franck F. de Lesseps.

Elle s'inspire de ces paroles de Michelet mourant : « ... Le secret de l'avenir, mes amis, il se trouve dans les deux premiers vers d'une ode de Béranger,

> Peuples, formez une sainte alliance
> Et donnez-vous la main ! »

2. Propositions de MM. Planteau et Antide Boyer, à la Chambre des députés (mars 1887) ; de M. Frédéric Passy (avril 1888).
En ce sens : M. Jules Simon (Le Désarmement), article de la Revue internationale de Rome, 1887.
Proposition de M. Bright et de cent soixante-treize membres de la Chambre des Communes, août 1887.
De 1783 à 1886, l'arbitrage a été accepté dans vingt-six affaires internationales au nombre desquelles on peut citer : la cession aux États-Unis de la Louisiane par la France (1803) et de la Floride par l'Espagne (1819), la question des Bouches du Danube (1855) celle du Luxembourg (1867), de l'Alabama, et le différend des Carolines (1886).

tis des armes, que le sourd grondement des manœuvres
préparatoires. On ne parle, dans la presse quotidienne,
que d'alliance double, triple, quadruple ; que de budgets succombant sous le poids des dépenses militaires.
Les peuples, loin de réclamer leur autonomie, tendent
à se grouper, à s'unir, par des liens plus étroits. Le
pouvoir se concentre entre un nombre de mains chaque jour plus restreint; et les souverains, pour éviter la
gêne du contrôle, amassent d'avance des trésors métalliques, « ce nerf de la guerre »[1], pour cette suprême
lutte de la fin du siècle où Latins, Allemands et Slaves
se disputeront la domination européenne.

Dans ces conditions le désarmement rêvé par les
partisans du régime fédératif est-il possible? et la
France doit-elle, une fois de plus, combattre pour une
idée? Qui donc oserait le proposer? La désagrégation
morale, œuvre des divisions politiques, a déjà exercé
sur elle assez de ravages pour qu'elle n'affronte pas
une nouvelle épreuve. Les soulèvements de 1358, de
1793, de 1871 marquent les pages les plus sombres
de son histoire; puissent ces cruels souvenirs l'éclairer pour l'avenir, et prévaloir contre le retour de sublimes folies ou de criminelles tentatives.

1. L'empereur d'Allemagne, sur les cinq milliards de l'indemnité de guerre du traité de Francfort s'est réservé (1875),
un milliard à sa libre disposition:

700.000.000 sont affectés à la Caisse des Invalides;
150.000.000 à la reconstitution du matériel de guerre:
125.000.000 ne sont pas employés.

L'empereur peut déclarer la guerre, la soutenir sans demander de subsides au Reichstag.

(L. Barthélemy, *l'Ennemi chez lui*, avril 1887.)

Le trésor métallique de Spandau, qui était en 1872 de
43.000.000 marks (53.750.000 fr.) a été augmenté de 150.000.000
marks en 1887 : les deux tiers de cette somme provenant d'emprunts.

Le premier, le grand Frédéric en a créé un, dans lequel on a
trouvé 250.000.000 fr.

IV

Paris : son rôle dans le monde. — La « ville-lumière » livrée
à un conseil municipal autonomiste et socialiste.

L'idée de faire de Paris l'initiateur et le régulateur
des réformes sociales n'est pas une erreur moins funeste.

Les enseignements de l'histoire, l'expérience desfaits
auraient dû éclairer Aug. Comte et ses disciples MM. Littré [1] et le Dr Robinet sur les dangers, dans un Etat de
gouvernement centralisé, de l'omnipotence des élus [2]

[1]. M. le docteur Robinet, disciple d'Aug. Comte, — ancien combattant de février 1848, ancien maire provisoire du 6e arrondissement pendant le siège de Paris (1870-71), ancien membre de
la Commune élu le 26 mars 1871, puis démissionnaire, auteur
d'une adresse aux membres de l'extrême-gauche de l'Assemblée de Versailles dans laquelle il les invite à venir constituer
un gouvernement nouveau à Paris, — peut être considéré comme
un des plus ardents promoteurs du système de l'autonomie
communale.
Quant à M. Littré il a plus d'une fois exprimé ses regrets
d'avoir défendu, sous la République de 1848, la prépondérance
de l'élément purement parisien : c'est à lui que l'on doit en
partie l'évolution de quelques positivistes républicains vers
l'opportunisme politique et social.
[2]. « Paris est le siège du gouvernement, du ministère, du
« Sénat, du Corps législatif, du Conseil d'Etat, de la Cour de
« cassation... C'est là que se rendent les ambassadeurs de
« toutes les puissances étrangères et qu'affluent les voyageurs,
« spéculateurs, savants et artistes du monde entier. C'est le
« cœur et la tête de l'Etat... C'est dans la capitale que se trou-
« vent les académies, les hautes écoles, les grands théâtres,
« là que les grandes compagnies financières et industrielles
« ont leur siège, là que le commerce d'exportation a ses prin-
« cipaux établissements. C'est à la Banque et à la Bourse de
« Paris que se constituent, se discutent, se liquident toutes les
« grandes entreprises, opérations, emprunts... Tout cela, il faut
« en convenir, n'a rien de municipal. Non ! Paris, tant qu'il res-
« tera ce que l'ont fait la politique et l'histoire, le foyer de notre
« agglomération nationale, tant que, capitale de l'empire, de
« la monarchie ou de la république — le nom ne fait rien à la

d'une capitale qui représente à elle seule plus d'un vingtième de la population totale du pays. Les positivistes ont-ils donc oublié les hauts faits de ces hommes de la Commune révolutionnaire qui, d'octobre 1790 au 14 fructidor et aux journées de prairial an III, furent les complices et les organisateurs des plus lamentables catastrophes. Le massacre du 10 août, au lendemain de la nomination par les sections de commissaires « avec pouvoirs illimités pour sauver la patrie [1] » ; les égorgements de septembre, (votés par quelques assemblées générales de section, exaltés par la circulaire du comité de surveillance de la Commune [2] et

• chose, — il aspirera au titre supérieur encore de métropole de • la civilisation, Paris ne peut s'appartenir. •
(Proudhon, *de la Capacité des classes ouvrières.*)
• Paris n'est plus lui-même : il a été dépossédé, aliéné par • son immensité même...
•... Au Paris véritable, industriel, commercial, laborieux, • s'est ajouté quelque chose d'énorme, de monstrueux, d'indé- • finissable qui l'absorbe...
• A voir ce qui se passe, on pourrait croire qu'une sorte de • loi historique condamne les trop grandes villes. Comme la • Rome des Césars, le Paris moderne est menacé de périr par • sa grandeur démesurée. Les villes de ce genre sont des es- • pèces de monstruosités incompatibles avec l'ordre, le travail, • les vertus laborieuses et saines d'un peuple libre. Le patrio- • tisme s'y perd dans l'esprit occulte et dans la religion farou- • che des associations internationales anonymes, sans patrie, • sans domicile. Le sentiment municipal lui-même y devient • impossible, il se fausse étrangement dans ces foules cosmo- • polites et nomades qui sont la révolution ambulante... • Paris devra choisir entre ces deux alternatives de sa des- • tinée : devenir la commune révolutionnaire du monde, ou • rester la capitale de la France. •
(M. Caro, *Les Jours d'épreuve*, 1871-72, p. 202-203.)
En ce sens, M. E. Boinvilliers : *de la Souveraineté de Paris* (*Revue Contemporaine*, août 1868.)
1. Rossignol, Bourdon (de l'Oise) M.-J. Chénier, Fabre d'E- glantine, Robespierre, nommés commissaires, appelèrent à faire partie du nouveau conseil ainsi transformé le 9 août, trois membres de l'ancien : Pétion, Mancel et Danton, et désignè- rent Santerre comme commandant de la force armée pari- sienne.
2. Ce comité de surveillance, composé des administrateurs de police Duplain, Panis, Sergent et Jourdeuil, s'était adjoint,

provoqués par les appels à la violence de Marat, d'Hébert, et même de Danton [1], membres ou anciens membres de la Commune); la honteuse capitulation de la Convention livrant trente-quatre victimes (les Girondins) le 2 juin 1793 au brutal Henriot, sont leurs œuvres —; la Révolution de février 1848, les sanglantes journées de juin, sont celles de ceux qui se déclarent leurs fils, des Blanqui, des A. Barbès, des Louis Blanc —; la Commune de 1871, commençant ses exploits rue des Rosiers (18 mars), par l'assassinat des généraux Lecomte et Clément Thomas, pour les terminer par le massacre des otages (24 mai), est encore celle de leurs descendants.

Il y a, dans toute métropole, une lie de bandits et de déclassés, une masse ignorante et crédule proie désignée de tous les ambitieux sans vergogne [2], parce que, ainsi que le disait le marquis de Mirabeau, père du grand orateur, « l'entassement des hommes engendre la pourriture comme celui des pommes ». Il en résulte qu'on regrettera peut-être un jour l'abolition de la prévoyante mesure qui transportait le siège du gouvernement, la résidence du chef de l'État et du Par-

le 2 septembre, comme collaborateurs, Lenfant, Cally, Leclerc, Duffort, Desforgues et Marat.

1. M. le docteur Robinet a tenté de disculper Danton des accusations qui pèsent sur sa mémoire, à propos des massacres du 10 août et du 2 septembre. Rien ne prouve qu'il ait été le chef suprême des assassins, mais il paraît établi que cet homme, d'une incontestable énergie, n'a rien fait pour arrêter les fureurs populaires qu'il avait déchaînées. Ainsi il fut au nombre des chefs les plus en vue, lors de la prise des Tuileries, et il prononça ces paroles peu équivoques, lorsque l'apologie des massacres fut expédiée en province, sous le couvert et le contre-seing du ministère de la Justice : « Il faut faire peur aux royalistes. »

2. Tout individu qui se croit capable de faire quelque figure dans le monde prend un billet de chemin de fer pour Paris. Tout un peuple de travailleurs, commerçants, artistes, écrivains, professeurs, savants, qui est l'honneur de la France, et à côté deux cent mille vagabonds et mendiants, voilà Paris.

M. Paul Laffitte (le Suffrage universel et le régime parlementaire).

lement à Versailles, loin d'un centre toujours prompt
à s'émouvoir, à s'émanciper ou à s'ameuter [1].

La Ligue des droits de Paris, fondée en 1871, n'a
pas désarmé. Le Conseil municipal de Paris, sorte de
Conseil d'État ou de troisième Chambre, où se discutent
impunément les motions les plus extravagantes et
souvent les plus odieuses, voit chaque jour son influence grandir et son indépendance légale sur le point
d'être sanctionnée par le législateur.

Qu'on y prenne garde ! L'autonomie, le droit commun « élargi », ne sont qu'euphémismes [2]. Ce que
veut l'assemblée de l'Hôtel de ville, c'est l'écrasement
des campagnes au profit de Paris — ce rêve des
révolutionnaires, — c'est la prépondérance des ouvriers
de la « ville-lumière » sur ceux des campagnes dont
Michelet a dit : « tourbe fanatique, barbares aveugles,
» jouet des nobles et des prêtres, serfs d'une servitude
» invétérée ». M. Cattiaux parle déjà d'honorer la Révolution sans restriction, M. Hovelacque de « la glori-
» fier, y compris le 21 janvier 1793 ». En attendant, on
appliquera librement les théories économiques de la
Commune « en supprimant les octrois, en dégrevant

---

1. Les États-Unis de l'Amérique du Nord ont établi le siège
du gouvernement à Washington, loin des agitations de New-
York, de Philadelphie ou de Chicago.

2. Les hommes de la Commune ont abusé de la confusion
que les électeurs parisiens ont laissé s'établir entre les franchises municipales et l'autonomie communale. La circulaire de
M. Gaston Carle aux électeurs du quartier du Val-de-Grâce (mai
1887) fait justice de cette machine de guerre inventée par M.
Sigismond Lacroix, député :

« Je ne veux pas, dit-il, de l'autonomie communale, parce
» qu'elle veut faire établir l'assiette et le mode de perception des
» impôts par le conseil municipal seul ; parce qu'elle veut que
» toutes les décisions de celui-ci soient immédiatement exécutoi-
» res sans approbation ni opposition de l'État, ce qui constitue
» un pouvoir législatif plus considérable que celui de la Chambre,
» puisque les lois du pays doivent avoir été votées et par la
» Chambre et par le Sénat. Je ne veux pas, enfin, de l'autonomie
» communale, parce qu'elle veut un maire disposant d'une armée
» de huit mille hommes, ce qui, dans l'avenir, pourrait consti-
» tuer le plus grave danger pour la République. »

les pauvres, et en frappant les riches [1] ». Puis quand
les défiances seront calmées, quand aucune loi ne
s'opposera plus à l'exécution intégrale du programme esquissé pendant la Semaine sanglante, on
pensera « à tordre le cou à la vieille société [2] », on
osera glorifier le civisme du conseil municipal de
Marseille qui a proclamé, le 18 mars 1887, que « la
« Commune de Paris, avait sauvé la République » ;
on n'hésitera plus à flétrir « les méchants desseins
de M. Thiers », à exalter « l'héroïsme de la garde nationale » lors de la tentative d'enlèvement des canons
de Montmartre ; et on se demandera si « un peuple entier peut être criminel » alors, « que la patrie elle-même
se dresse terrible, farouche et si menaçante que ses ennemis disparaissent emportés dans une déroute inénar-
rable [3] ».

La digue sera rompue et la France sera peut-être
livrée aux bêtes féroces parce que Paris aura voulu re-
devenir, suivant le mot du prince de Bismarck, « une
maison de fous habitée par des singes ».

1. Discussion de la proposition de M. Ernest Hamel formulant
les revendications de Paris, séance du conseil municipal du
1er décembre 1886. Discours de M. Hovelacque, conseiller.

2. M. Longuet, conseiller municipal, au meeting des travaux
de Paris, mars 1887.

En ce sens ; discours du président M. Hovelacque (séance du
5 juin 1884).

3. M. de Ménorval, conseiller municipal, rapport sur les motions de MM. Longuet et Deschamps, au sujet de la dissolution
du conseil municipal de Marseille, publié par le *Bulletin officiel* de la ville de Paris (mars 1887).

TABLE DES MATIÈRES
DU TOME PREMIER

Page

PRÉFACE.. IX

LIVRE PREMIER
Le Communisme.

Ch. I. — Les précurseurs. — Platon. — Thomas Morus. —
Campanella. — Harrington. — Restif de la Bretonne.. 1

Ch. II. — Le communisme religieux. — Le Christianisme. — Les premiers chrétiens. — Les Pères de
l'Église. — Le mouvement protestant. — Le soulèvement anabaptiste. — Les Frères moraves. — Les Jésuites au Paraguay. — Les mouvements communistes
en Orient... 7

Ch. III. — La Révolution française. — Le mouvement intellectuel de 1750. — Morelly. — Mably. — J.-J. Rousseau. Son œuvre. — Caractère individualiste de la
première partie de la Révolution. Robespierre. — Le
maximum et les assignats. — Babœuf et le soulèvement communiste de 1796.................................. 14

Ch. IV. — Robert Owen et les revendications anglaises.
— Le chartisme en 1842.................................. 28

Ch. V. — La Révolution de 1848. — Louis Blanc et son système. — Le droit au travail à l'Assemblée nationale
en septembre 1848. — Les ateliers nationaux. — Les
journées de juin. — L'Empire............................ 35

Ch. VI. — Cabet et l'Icarie............................... 51

Ch. VII. — Pierre Leroux. — Le panthéisme social. —
Théorie du circulus et de la triade.................... 54

Ch. VIII. — Le nihilisme et le communisme slave. — Le
mir et le servage. — Le nihilisme : Herzen, Bakounine. — La propagande par le fait. — Les étudiants,
les femmes, les déclassés psychopathes. — La littérature russe. — Les attentats. — L'avenir. — La lutte
suprême de l'individualisme germanique et du communisme slave.. 58

LIVRE II
Le Socialisme.

Ch. I. — Les prodromes du socialisme. — Condorcet et
l'école libérale. — Le socialisme naissant............ 91
Ch. II. — Fourier : sa vie, sa doctrine. — La théorie pha-
lanstérienne.. 97
Ch. III. — Saint-Simon : sa vie, son école et sa doctrine.. 113
Ch. IV. — Auguste Comte. Sa vie et sa doctrine........ 138

Discussion du saint-simonisme et du positivisme.

PHILOSOPHIE

Conception religieuse. — Méthode historique et scientifique. — La philosophie positive. — Protestation de
l'école anglaise contre la neutralité métaphysique ; la logique associationniste et l'évolution transformiste. —
Insuffisance de leur téléologie et de leur morale........ 161

LA FEMME

Son infériorité naturelle: — physique ; — intellectuelle :
dans la littérature, dans les beaux-arts: peinture, musique ; dans les sciences. — Développement excessif de
l'instruction publique des jeunes filles. Utopie de leur
accès à la vie politique. Réformes civiles raisonna-
bles.. 188

INSTRUCTION PUBLIQUE

Son utilité. Son développement. — I. Les méthodes
primaires. Jacotot. Pestalozzi. — II. L'enseignement secondaire. La question du latin. Les langues vivantes. Philosophie et économie politique. L'enseignement esthétique.
Les sciences. L'enseignement spécial, commercial et
professionnel. — III. L'enseignement supérieur. —
IV. L'instruction gratuite et obligatoire par l'État. Laïcité
ou choix du père de famille. La société est intéressée au
maintien de l'idée de genèse et de morale................ 229

ÉCONOMIE POLITIQUE

I

L'économie politique ; exposé de cette science, en tant que partie de la sociologie. — Les oisifs ; le luxe. — Les impôts somptuaires ; la patente d'oisifs.................... 298

II

Propriété. — Hérédité : réformes proposées par l'école néo-catholique ; par les socialistes. — La justice commutative opposée à l'équité distributive ; la mobilisation du sol... 322

III

1° Crédit réel : hypothécaire, agricole................. 358
2° Crédit personnel : — a) les Banques et la circulation fiduciaire ; — b) les Banques d'émission ; — c) la réforme de la Banque de France............................... 376

POLITIQUE

I

Les origines du pouvoir. — Le système autoritaire ou le régime parlementaire. — L'aristocratie anglaise ; la bourgeoisie française. — Le règne du positivisme politique..... 409

II

La souveraineté du peuple. — Le cens : le suffrage universel, loi du développement politique normal. — Dangers de la passion de l'égalité et de la tendance à l'écrasement des supériorités ; remèdes : le vote cumulatif, le referendum... 426

III

Le fédéralisme : en Europe ; au nouveau-monde. — Le principe des nationalités. — La France menacée........ 442

IV

Paris : son rôle dans le monde : la « ville-lumière » livrée à un conseil municipal autonomiste et socialiste.. 448

Châteauroux. — Typographie et Stéréotypie. A. MAJESTÉ.